이 책을 먹으라

BIBLE

/

이 책을 먹으라

편저자
백신종 · 주해홍

/

성경 낭송에 관한 신학적,
목회적, 선교적
이해와 모델

오늘 성경 읽으셨나요?
에스라 성경통독 사역원
Ezra Bible Reading Ministry

간 행 사

주해홍 목사(에스라 성경통독 사역원 대표)

한국교회와 전 세계 교회가 더 왕성한 말씀 읽기 운동으로 일어나야 한다는 취지로 2009년 에스라 성경통독 사역원(Ezra Bible Reading Ministry)을 설립했습니다. 필자는 오랫동안 지역교회에서 성경통독을 가르치고 인도해 온 경험을 바탕으로 출간한 "90일 통큰통독"(도서출판 에스라)을 보급하고 지역교회와 성도들의 성경통독을 장려하기 위해 많은 노력을 기울여 왔습니다.

한국교회는 설립 초기부터 뜨거운 기도 운동과 말씀 사경회를 통해서 신앙의 열정을 지펴왔습니다. 기독교 선교 역사상 전례 없는 부흥과 교회 성장은 사도행전 28장의 맥락을 계승하고 있다고 해도 과언이 아닙니다. 하지만, 교회의 놀라운 양적 성장에 비해서 교회의 신학적, 성경적, 신앙적 기초는 경제성장, 사회발전과 함께 다소 허약해 졌습니다. 수 많은 교회와 미디어를 통해서 말씀의 홍수를 경험하고 있지만, 오히려 성도들은 하나님 말씀의 기갈을 느끼는 듯 스스로 성경을 읽어야 겠다는 열망을 품게 되었습니다. 그런데 그 순수한 동기에 비해 방법이나 태도는 다소 기복적(祈福的)인 것 같습니다.

열심과 열정을 다해서 성경을 읽지만 자신도 모르게 "성경을 읽는(通讀) 횟

수와 복(福) 받는 양은 정비례 한다"는 기복적 공식을 가지게 되었습니다. 성경적 세계관에 대한 이해와 신학적 기초가 없이 무조건 성경을 많이 읽는 것은 오히려 영적 교만과 공로주의를 조장해 왔습니다. 그래서 하나님의 말씀인 성경을 읽으면서도 자기중심적인 공적주의(功績主義)에서 벗어나지 못하고 (딤후 4:3), 성경의 진리를 깨닫지 못하고, 개인의 삶과 시대를 향하신 하나님의 뜻을 이루지 못하는 것입니다.

필자는 그간 지역교회 성도들이 성경통독을 통해서 하나님의 진리를 깨닫고, 성경적 세계관으로 무장해서 개인적인 삶에 적용하고, 사회적인 책임을 다하도록 지도해 왔습니다. 하지만, 이 일은 한 개인의 노력으로 할 수 없으며 교회와 목회자, 모든 성도가 관심과 열정을 가지고 바른 관점으로 성경읽기 운동을 펼칠 때 가능한 일입니다. 그래서 에스라 성경통독 사역원을 설립하여 성경신학적 관점에서 성경을 읽는 운동을 전개하는 것입니다.

이 사역의 일환으로 2019년 7월 31일에서 8월 2일까지 미국 메릴랜드 주 볼티모어시 근교 엘리엇 시티에 소재한 벧엘교회(Bethel Korean Presbyterian Church, 백신종 목사)에서 미주한인 복음주의신학회(Korean American Society of

Evangelical Theology)와 공동 주
관으로 "성경 포럼"을 개최하였
습니다.

신학의 각 분야에서 저명하
고 전문성을 갖춘 9명의 신학
자, 목회와 선교 현장의 전문가
들이 모여 3일간 "성경"을 주제
로 각 분야의 연구논문을 발표하며 열띤 토의를 은혜롭게 진행했습니다. 그
열띤 포럼의 현장으로 여러분을 다시 초대하고자 포럼 기간 발제했던 논문
을 책으로 묶어 발행하게 되었습니다. 아울러 포럼에서 발표한 학자들의 논
문 발제 동영상은 본 사역원의 홈페이지 http://www.90daysbible.com에서
시청할 수 있습니다.

아무쪼록 이 책과 영상이 본 사역원의 성경 통독 운동과 더불어 한국교회
와 전 세계 교회에 말씀 읽기 운동을 보급하는데 사용되길 기대합니다. 그리
고 말씀을 읽는 세대를 통해서 하나님 나라가 성경의 진리 위에 견고히 세워
져 하나님의 뜻이 이 땅에 이루어지는데 쓰임 받게 되기를 간절히 소망하며
기도합니다. Soli Deo Gloria!

끝으로 이 자리를 빌어 이 포럼을 위해 기도와 물질로서 헌신해 주신 여
러분들, 특히 본 사역원 이사이신 윤여훈 집사님의 헌신에 깊은 감사를 표
합니다.

The publication of this book was made also possible by Bree Grandon's
memorial fund, provided by Bill and Dave Bauer to Ezra Bible Reading
Ministry. Bree's parents, Peter and Sally Grandon, and Bill and Dave Bauer
are always praying hard for the spreading of our Lord's Gospel to the whole
world.

서 문

백신종 목사(KASET 대표, 벧엘교회 담임)

2014년 7월 미국 내 활동하는 한인 신학자들과 한국의 신학자 열 명이 모여 성경에 나타난 기업 무를 자의 신학을 연구하는 "고엘포럼"을 개최했다. 이 모임에 참여한 열 명의 학자와 함께 '미주한인복음주의신학회'(Korean American Society of Evangelical Theology, 이하 미복신-KASET)를 결성하고 정기적인 연구와 발표를 기획하기로 했다. 이후 미복신(KASET)에서는 2017년 고엘포럼에서 발표한 논문을 정리해 홍성사에서 "고엘, 교회에 말걸다"라는 단행본으로 출간했다. 그리고 다음 연구의 주제를 '성경통독'으로 정하고 다음 포럼을 기획하고 준비해 왔다.

2년간의 기획과 준비과정을 거쳐 2019년 7월 미국 메릴랜드 주 엘리콧 시티에 소재한 벧엘교회에서 "성경포럼"을 개최했다. 이 모임에서 미주와 한국에서 온 9명의 신학자가 열 편의 논문을 발표했다. 첫 번째 모임과 마찬가지로 구약학자, 신약학자, 조직신학자, 선교신학자, 실천신학자, 선교사, 목회자등 다양한 분야의 전문가들이 성경을 어떻게 읽어야 하는지 성경읽기의 신학적, 선교적, 교육적 의미를 함께 고민했다. 특별히 이 모임에 함께 한 40 여명

의 참여자의 적극적이고 예리한 질문을 통해서 풍성한 나눔을 가질 수 있었다.

이 책자는 "성경포럼"에서 발표한 열 편의 논문을 다듬어 단행본으로 발간한 것이다. 성경은 단순히 종이에 인쇄된 활자로 전달하는 지식 이상을 담고 있다. 성경은 하나님의 말씀이 유기적이고 인격적으로 기록되어 있어서 독자들이 하나님의 아들이신 예수 그리스도를 만나게 해 준다(요 1:14). 그래서 성경은 다른 책을 읽듯이 한 번 훑어보거나, 지식을 얻기 위해서 연구하는 것으로 그치면 안 된다.

성경에는 세상을 창조하신 하나님의 능력과 영광이 나타나 있다. 성경은 인간의 타락과 세상의 고통에 관해서 기록하고 있습니다. 그리고 타락한 세상을 무한하신 사랑으로 구원하시는 하나님의 구속 역사가 기록되어 있다. 하지만, 성경은 단지 세상의 정보나 인류의 기원에 관한 지식을 얻기 위해서 읽는 책이 아니다. 성경은 하나님에 관한 책이다. 그래서 성경읽기를 통해서 하나님을 배우고, 하나님을 만나고, 하나님의 뜻을 깨달아, 하나님의 길을 가야 한다. 성경은 자세하게 오랫동안 반복해서 읽고, 관찰하고, 묵상해서 하나님의 말씀이신 예수 그리스도와 동행하는 삶으로 나타나야 한다.

사도 바울은 성경에 관해서 디모데에게 이렇게 교훈한다. "모든 성경은 하나님의 감동으로 된 것으로 교훈과 책망과 바르게 함과 의로 교육하기에 유익하니, 이는 하나님의 사람으로 온전하게 하며 모든 선한 일을 행할 능력을 갖추게 하려 함이라."(딤후 3:16-17) 성경읽기는 우리의 인격을 형성하고, 삶에 선한 열매로 나타나야 한다. 예수님은 산상수훈에서 제자들에게 "너희 빛을 사람 앞에 비치게 하여 그들로 너희 착한 행실을 보고 하늘에 계신 너희 아버지께 영광을 돌리게 하라"고 말씀하셨다(마 5:16).

그리스도의 제자로 착한 행실로 선한 일에 힘쓰기 위해서는 우리 안에 "빛"이 있어야 한다. 그 빛은 우리 자신의 빛이 아니라 하나님 아버지의 영광의 광채이다. 계시된 말씀인 성경을 통해서 그 하나님의 빛을 경험하고, 그 빛이 우리 삶을 인도해 가도록 해야 한다. 그래서 시편 기자는 이렇게 고백한다. "주의 말씀은 내 발에 등이요. 내 길에 빛이니이다."(시 119:105) 말씀은 우리의 삶을 인도하는 빛이요, 하나님의 영광을 경험하는 빛이요(요 1:14), 선한 행실로 그 영광을 드러내는 도구이다.

성경의 목적이 여기에 있다. 첫째는 하나님의 영광을 읽고 듣고 보고 경험하는 것이다. 하지만 거기에 멈추지 않는다. 둘째로 하나님의 말씀에 나타난 영광으로 말미암아 우리 삶이 변해야 한다. 성경은 우리 삶을 거룩하게 만드는 하나님의 능력이다(요 15:3; 17:17, 딤전 4:5, 엡 5:26, 시 119:9). 그리고 마지막으로 경건한 삶의 원리를 따라 선한 일에 힘써서 세상에 하나님의 영광을 보여주어야 한다. 이 모든 일이 가능하기 위해서는 우리 삶을 하나님의 말씀으로 가득 채워야 한다.

사람들은 평소에 관심 있는 것에 시간을 투자한다. 그리고 시간을 투자한 것에 열정을 갖는다. 그리고 그 열정이 우리 마음과 생각과 삶에 가득차 어디서 누구와 대화하든지 나도 모르는 사이에 그것이 툭 튀어나오게 된다. 건강에 관심을 가진 사람의 마음과 생각은 건강 음식이나 영양제로 가득 차 있다. 운동에 열정을 가진 사람은 모든 시간과 관계를 운동에 투자한다. 정치에 관심을 가진 사람들은 뉴스를 챙겨보고 정치평론을 듣고 정치에 관한 대화만 하게 된다.

당신의 관심은 무엇인가? 우리의 일상에 가장 많은 시간을 투자하는 관심은 무엇이며, 어떤 열정을 가지고 내 삶을 채워가고 있는가? 그리스도의 제자는 말씀의 사람이다. 그리스도인은 성경의 사람이 되어야 한다. 성경말씀을 읽고 듣고 연구하고 암송하고 묵상하는 삶을 통해서 인격과 삶에 묻어나는 하나님의 영광과 선한 삶의 열매가 나타나야 한다. 이번 포럼에서 발표한 열 편의 논문은 그런 역사가 신구약 성경에, 교회 역사와 교육현장에, 선교지와 목회현장에 어떻게 나타났는지 보고한다.

구약학자인 김의원 총장은 "구약성경에 나타난 성경낭송"을 통해서 신구약 성경에 기록된 성경낭송이 이스라엘 민족을 어떻게 언약의 공동체로 단결하게 했는지 보여준다. 성경낭송에 단절된 시대에는 어김없이 언약 이행의 실패로 이스라엘 사회에 죄가 관영하게 되었고, 언약 관계의 파기로 인해서 고난을 당했다. 하지만, 또다시 성경낭송을 통해서 회개와 부흥운동이 일어났으며, 하나님의 말씀이 신앙공동체의 삶의 법칙이 되었음을 보여준다.

신약학자인 이상명 총장은 "1세기 구전문화와 이민교회의 바람직한 성서 읽기"라는 연구를 통해서 기록된 성경은 본래 읽고 들려지기 위한 경전이었음을 지적한다. 전문적인 이야기꾼에 의한 구화 퍼포먼스는 성경의 가치를 주입하고, 청자들의 태도를 형성하는 탁월한 교육적 기능을 가지고 있다. 이러한 성경읽기가 이민교회의 목회현장에 접목된다면 공동체성 개발과 성경적 가치를 훈련하고 분열과 상처가 아닌 생명과 구원의 공동체로 거듭나게 될 것이다.

요한계시록 전문가인 이필찬 교수는 "요한계시록을 통해 본 성경읽기와 듣기의 중요성"이란 글을 통해서 성경의 통전적 이해의 중요성을 강조하고, 성경의 읽기와 듣기가 성경전체를 관통하는 모티프의 전달방식임을 밝혀준다. 특별히 성경은 "아멘, 주 예수여 어서 오시옵소서"와 같은 청자들의 반응을 기록함으로 성경읽기와 듣기는 공동체적인 반응을 수반하는 예배의 행위요 성경을 관통하는 새에덴의 모티프가 공동체의 중요한 신앙고백임을 보여준다.

선교학자인 백신종 목사는 캄보디아의 무슬림 소수민족에서 사역한 경험과 이슬람 연구를 배경으로 이슬람권 선교전략에 있어서 성경읽기의 중요성을 보여준다. 성경번역 선교회를 설립한 카메룬 타우젠드는 "모국어 성경이야말로 가장 탁월한 선교사이다"라고 말한다. 성경은 선교사가 갈 수 없는 곳에 갈 수 있으며, 선교사가 떠난 뒤에도 오랫동안 남아 진리를 증거할 수 있다. 특히 꾸란에서 선지자로 소개하는 23명의 성경인물은 성경을 떠나 꾸란만으로는 이해할 수 없음을 밝히며, 선지자 이야기를 매개로 성경읽기로 안내하여 예수 그리스도의 복음의 진리에 이르게 할 것을 제안한다.

파이오니어 선교회의 미주동원책임자, 캐나다 디렉터를 지낸 김 제임스 선교사는 남미를 중심으로 진행된 오디오 성경 보급 사역의 과정과 결과를 보고한다. 문맹률이 높은 선교현장에서 기록된 성경을 읽고 가르치기 어려운 마을의 사람들은 성경을 읽을 수 없다. 그래서 라디오 방송과 오디오 성경 보급을 통해서 산지의 문맹자들도 성경을 쉽게 이해하고 들을 수 있도록 자신들의 언어로 번역되고, 현지문화에 상황화된 오디오 성경보급이 효과적임을 보여준다.

고든 코넬 신학교의 학장인 제프리 아더스 (Jeffrey D. Arthurs) 교수는 성경읽기와 설교에 관해서 "Devote Yourself to the Public Reading of Scripture: The Transforming Power of the Well-spoken Word(2012)"라는 책을 출간했다. 그는 이번 포럼에서 발제한 두 편의 논문을 통해서 성경을 공적으로 읽는 것의 중요성을 강조했으며, 성경의 공적읽기를 통해서 회중으로 하여금 "그리스도를 상기시켜야 함"을 지적한다. 설교학 교수인 그는 성경읽기는 설교의 중요한 중심축이며, 메시지 전달의 방법론임을 보여준다.

미주의 여러 신학교에서 조직신학을 가르쳐 온 전정구 교수는 "신학교육과 성경읽기"라는 주제로 그의 관심 연구주제인 언약신학을 천착한다. 성경은 하나님과 그의 백성간의 언약을 기록한 '언약적 정경'이다. 하나님의 백성은 각 시대마다 언약공동체로써의 사명을 가지고 있었다. 하지만, 언약이행에 실패하여 하나님의 심판이 임할때 영적인 지도자의 성경읽기를 통해서 언약공동체의 확인과 갱신이 이루어져 왔다.

영성신학자이며 목회자인 강준민 목사는 "하나님의 선하심을 맛보는 거룩한 독서"라는 주제로 성경을 읽는 바람직한 태도에 관해서 영성신학적 관점에서 제시했다. 성경을 읽는 방식으로 제시하는 '거룩한 독서'(lectio divina)는 중세 카톨릭의 수도원적 영성에서 탈피해, 말씀을 통해서 하나님의 선하심과 아름다움을 맛보고 영적인 성숙을 경험해야 한다고 지적한다. 이것이 시편기자가 보여주는 성경적인 영성임을 보여준다.

성경통독 운동의 전문가인 주해홍 목사는 이번 성경포럼을 초기부터 함께 기획하고 후원했다. 이미 지난 십 수년간 에즈라 성경통독 사역원을 통해서 다양한 책자를 출간하고 미주와 한국교회에 통독세미나를 진행해 온 경험을 바탕으로 이번 포럼에서 "통전적 성경읽기"라는 글을 발표했다. 특별히 성경통독의 기본철학인 전인적 성경읽기, 하나님의 다스림을 받는 신위적 성경읽기의 개념을 통해서 왜, 어떻게 성경을 읽어야 하는지를 시원하게 밝혀 준다.

이 책자는 성경읽기의 신학적, 목회적, 선교적, 신앙적 의미와 목적을 규명하여 무엇보다 직접 성경을 손에 들고 읽도록 하기 위해서 연구한 논문집이다. 신학자, 목회자, 선교사, 평신도가 함께 같은 뜻, 같은 마음, 같은 생각을 가지고 하나님의 말씀을 소중히 여기며, 말씀을 통해서 인격과 삶이 빚어져 이 땅에 빛과 소금의 역할을 감당하길 소망한다. 그래서 선한 일로 하나님의 영광을 세상에 드러내고 칭찬받는 일이 더욱 늘어나길 간절히 바란다. 오직 성경! 오직 말씀을 통해서만 그런 일이 일어날 수 있다. 하나님의 말씀으로 우리 자신을 가득히 채우길 바란다. Sola Scriptura!

벧엘교회 목양실에서
Ellicott City, Maryland, USA

• 차례

· 김의원(PH.D., ATEA 대표)

숭실대학교(B.A.), 총신대 신학대학원, 필라델피아의 웨스트민스터신학교(M.Div., Th.M.), 뉴욕
대학교(NYU, Ph.D.; Hebrew and Judaic Studies 전공), 뉴욕중부교회 설립 및 담임, 총신대학
교 구약교수 및 총장 역임, 복음주의신학회 회장과 개혁주의신학회 회장 역임, 현재 은퇴하고
현재 ATEA(Alliance of Training and Education in All-nations; 국제지도자훈련연맹) 대표로
일하고 있다. 저서로 하늘과 땅의 톨레돗: 창세기 연구, 레위기 주석, 사사기 주석 외에 수 권이
있다.

구약성경에 나타난
율법낭독

구약성경에 나타난 율법낭독

김의원

바울은 디모데에게 성경을 읽는 것에 전념하라고 권고한다. "내가 이를 때까지 '읽는 것'과 권하는 것과 가르치는 것에 전념하라"(딤전 4:13). 여기서 "읽는 것"은 공중 낭독(public reading; 헬. αναγνωσις [아나그노시스])으로 바울이 디모데에게 요청한 주된 책무 중의 하나이다. 초대교회에서 성경을 공적 낭독한 것은 유대교의 관행에서 비롯된 것으로 주후 일세기 유대주의에 독특한 것이었다. 이는 랍비 시대 이전의 것으로 유대인의 오래된 관습으로 알려졌다. 상당히 이른 시기부터 회당에서 구약성경 토라와 선지서가 낭독되었고, 이와 같은 관행은 누가-행전에서도 언급되었다(눅 4:16; 행 13:15; 15:21). 이런 회당 예배를 이어받은 초대교회는 초기부터 개인 혹 공동으로 성경을 낭독하고 토론하는 활동이 활발하였다.

필자는 구약성경에서 율법낭독의 사례들을 주해하면서 다음 몇 가지를 살피려 한다. 1) 성경낭독에 관한 용어와 용례들, 2) 율법낭독과 관련된 구약 본문들, 3) 언약 규정으로서의 낭독과 보관 규례: 그 의미, 4) 유대교의 성경

낭독, 5) 책의 종교로서의 초대교회, 6) 요약과 사례들

성경낭독에 관한 용어와 용례들

구약 용어와 용례

모세가 시내 산에서 율법서를 〈낭독하자〉 백성들에게 이를 준행하겠다고 맹세하였다(출 24:7). 모세는 매 7년째 되는 해 초막절마다 율법서를 백성들에게 〈낭독하라〉 명하였다(신 31:11). 여호수아는 에발 산에서 율법의 모든 말씀을 백성들에게 〈낭독했고〉(수 8:34, 35), 세겜에서 언약을 갱신하면서 하나님 율법을 책에 기록하고 돌비를 증거로 세웠다(수 24장). 에스라가 나팔절을 맞이하면서 율법서를 〈낭독했고〉 백성들이 회개하고 곧이어 초막절을 준수하게 되었다(느 8:3, 12). 요시아 왕 때 성전을 수축하다가 발견된 율법서를 사반이 왕에게 〈읽어〉 주었다(왕하 22:8; 참. 대하 34:18). 왕이 여호와의 성전에서 백성들에게 언약책의 말씀을 〈읽고〉, 곧이어 유월절 준수를 비롯한 종교개혁의 불을 지폈다(왕하 23:2; 참. 대하 34:30). 이외에도 바룩이 백성들과 고관들에게 여호와의 말씀이 기록된 두루마리를 〈읽었고〉, 관원 중 한 명이 두루마리를 여호와김 왕 앞에서 〈읽었고〉, 이를 불태워버렸다(렘 36:21, 23).

신약 용어와 용례

1) 회당에서의 낭독: 예수님은 안식일에 회당에서 선지자 이사야의 두루마리를 〈낭독하고〉 이 약속이 자신을 통해 성취되었음을 선포하였다(눅 4:16-19). 바울은 안식일에 비시디아 안디옥에 있는 회당을 방문했는데, 회당장이 그날 〈낭독〉 된 "율법과 선지서의 글"에 대하여 권할 말을 요청받았다(행 13:15-16). 마지막으로 행 15장도 일찍부터 이 회당에서 '모세'의 글, 곧 모세오경이 안식일마다 정기적으로 낭독되었음을 보여준다(12절).

2) 교회의 성경 봉독 관행: "내가 이를 때까지 〈읽는 것〉과 권면하는 것과 가르치는 것에 전념하라"(딤전 4:13). "이 편지를 너희에게서 〈읽은〉 후에 라오디게아인의 교회에서도 〈읽게〉 하고 또 라오디게아로부터 오는 편지를 너희도 〈읽으라〉"(골 4:16). "내가 주를 힘입어 너희를 명하노니 모든 형제에게 이 편지를 〈읽어주라〉"(살전 5:27). 또 사도행전 8은 빌립이 에티오피아 내시에게 이사야 글을 읽으면서 예수의 복음을 전한 사실을 기록한다. "…에디오피아 여왕 간다게의…내시가…선지자 이사야의 글을 〈읽더라〉"(28절); "빌립이 달려가서 선지자 이사야의 글 〈읽는 것〉을 듣고 말하되 〈읽는 것〉을 깨닫느냐"(30절); "〈읽는〉 성경 구절은 이것이니…"(32절). 이외에도 여러 구절들이 있다(마 12:3; 고후 3:14, 15; 엡 3:4 등).

말씀 낭독과 관련된 구약 본문들

에스라의 율법낭독과 초막절 준수와 언약갱신(느 8-10장)

느 1-7장은 느헤미야의 주도하에 이루어진 예루살렘 성벽 재건의 역사로 이스라엘 회복의 가시적 증거를 기술하지만, 느 8-13장은 이스라엘의 영적 회복을 기술한다. 이런 맥락에서 느 8-10장은 이스라엘의 신앙회복의 본질적 요소를 언급하다.

1) 에스라의 율법낭독과 백성들의 깨달음(8:1-12): 예루살렘 성벽이 완공한 후에 처음으로 맞이하는 절기에 모든 백성(1절)이 수문 앞 광장에 모였다. 이 날은 '칠월 초하루 절기' 곧 '나팔절', 새해 첫날로 성일이었다(출 23:16; 34:22; 레 23:24). 심한 영적 부족을 느꼈던 그들은 새해 절기를 경건하게 지키려 했고 성벽을 건축하는 동안에 여호와께서 그들에게 내려주신 자비에 감사하여 절기로 지내고자 하였다.

백성들은 일제히(직. '하나처럼') 제사장이자 학사인 에스라에게 "모세의 율법책"을 가져와서 읽어주기를 청하였다(1절). 에스라는 연단에 올라서서 "남자나 여자나 알아들을 만한 모든 사람", 곧 특정 계층이 아닌 말씀을 듣고 이해할 수 있는 모든 부류의 사람들에게 율법을 낭독하였다(2, 3절). 그는 "새벽부터" 정오까지 6시간 동안 낭독하였고(3절), 백성들은 낭독되는 말씀에 귀를 "기울였다"(직. '모든 사람들의 귀가 그 책을 행하고 있었다'; 3절).

에스라가 강단에 서서 율법책을 펴자 모든 백성이 "일어섰다"(5절). 이런 모습은 그들의 여호와께 대한 경외심과 말씀에 대한 복종심을 보여준다. 먼저 에스라는 율법낭독에 앞서 여호와를 송축했고(6a절), 백성들은 "손을 들고", "아멘 아멘"하며 응답하고 몸을 굽혀 "얼굴을 땅에 대고" 여호와께 경배하였다(6절). 이런 삼중 표현에서 당시의 율법낭독 예전의 모습을 엿볼 수 있다. 백성들은 마치 하나님께서 친히 말씀하시는 것처럼 경청했다. 이런 모습은 당시 백성들이 선조들의 경험, 곧 시내 산에서 "서서" 직접 하나님을 대면하고 말씀을 들었던 때(출 19:17; 20:18)를 상기시켜준다.

에스라가 율법책을 "낭독하고… 해석하여… 깨닫게" 했다(8절). 에스라가 히브리어 된 율법책을 낭독해주면, 레위인들은 당시 백성들이 사용하던 아람어로 한 구절씩 번역해주고 그 뜻을 보다 상세하게 설명해주었다. 랍비들은 이 구절을 아람어 탈굼역에 대한 가장 이른 언급으로 여긴다. 율법이 낭독되고 해석되자 백성들은 율법의 말씀을 들음과 함께 자신들의 범죄와 나태, 율법에 대한 무지 등을 깨닫고 울면서 회개하였다(9a절). 성경낭독은 그들에게 과거의 기억뿐 아니라 깊은 자각을 불러일으켜서 강렬한 회개 운동으로 이어졌다.

느헤미야와 에스라는 그들에게 이날은 "성일"로 "여호와를 즐거워하는 날"이기 때문에 "슬퍼하지 말며 울지 말라"고 권면하였다(9b). 느헤미야는 이사야 58:13에 근거하여 이날에 좋은 음식("살진 것"과 "단 것")을 먹고 가난한 자들에게 나누어 주라고 권면한다(10절). 이처럼 영적 각성이 일면서 유대인들은 가난한 자들, 즉 과부, 고아, 나그네를 도왔다. 이처럼 율법낭독은 회개를 불러일으켰고, 신앙공동체를 회복시키는 계기를 만들었다.

낭독된 "모세의 율법책"은 어느 부분이었길래 백성들의 회개를 불러일으키고, 성일에 가난한 자들을 돕도록 하였을까? 낭독과 해석을 곁들인 여섯 시간의 낭독된 분량이라면 꽤 긴 분량으로 여겨진다. 오경 전체라기보다는 언약 전통과 관련된 성경이 낭독된 것으로 보인다. 아마 신명기 전체, 혹 일부분으로 추정할 수 있다(축복과 저주 규정[신 27-28장; 참. 레 26장], 또는 율법낭독 및 보관 규례[신 31:9-13]).

2) 초막절 준수(8:13-18): 율법낭독은 율법교육으로 이어졌다. 다음날 유대 백성들은 말씀의 갈급함으로 절기가 아님에도 불구하고 에스라를 찾아와서 더 자세한 교훈을 듣기를 원하였다(13절).

에스라는 그들에게 그달(일곱째 달)의 절기인 초막절 규례를 가르쳤다(레 23:33-47; 참. 신 16:1-17; 출 23:14-19). 초막절은 이스라엘의 모든 남자가 "여호와 앞에 서야 하는" 세 절기 가운데 하나로서 유월절과 오순절과 더불어 가장 큰 절기이다. 초막절은 유대 민족이 40년 동안 광야에서 보냈던 장막 생활을 기념함과 동시에 일년 동안 수고하여 가을에 거두는 농사를 기념하여 기쁨으로 지키던 절기이다.

이스라엘 백성들은 "율법에 기록된 바"(14절)대로 여러 종류의 나뭇가지를 가지고 초막을 짓고 거하였다(16-17a절; 참. 레 23:40). 초막절은 1년의 마지막 달인 일곱째 달(티쉬리)의 15일부터 7일간 계속되었다. 에스라는 초막에 거하는 백성들에게 한 주간 동안 율법을 낭독해주었다(18a절). 그러자 이스라엘 백성은 율법이 정한 대로 8일째 되는 날을 "규례를 따라" 대규모 성회로 모였다(18b절). "규례를 따라"란 말은 '이미 관습화된 대로'란 뜻으로 15절의 "기록한 바"(레 23:36; 참. 민 29:35-38)와 연결되어, 그 절기가 가끔이나마 준수되었음을 암시해준다.

이를 통해 이스라엘 백성은 여호수아 시대 이후로 가장 완벽한 초막절을 준수할 수 있었다. 이 절기는 역사 가운데 제대로 지켜지지 않았을뿐더러 (17b절) 특히 바벨론 포로 기간에는 거의 지켜지지 않았던 것 같다. 그러나 본문은 율법낭독을 통해 귀환한 유대인들은 과거의 출애굽 때와 마찬가지로 포로 생활 동안 지켜주신 하나님의 은혜에 감사하여 이 절기를 제대로 지켰다고 보고한다.

3) 언약 갱신(9-10장): 초막절에 이어 같은 달 스무나흘 날에 백성들은 다 모여 금식하며 굵은 베 옷을 입고 티끌을 무릅쓰며 언약 백성으로서의 자신들의 실패를 통감하고 조상들과 자신들의 죄를 회개하였다(2절). 그들은 3시간 동안 율법서를 낭독하고 이에 대하여 3시간 동안 회개하며 하나님을 경배하였다(9:1-4). 여기서 백성들은 율법의 어느 부분을 낭독하고 회개했을까? 과거의 언약 전통과 밀접하게 연결된 것으로 보인다. 그 이유는 뒤이은 언약 갱신(느 10:28-29)과 느헤미야의 2차 개혁(느 13:7-27)에서 다루어진 규정들이 모세 언약 규정들을 반영하기 때문이다.

백성들을 언약 갱신으로 이끈 자들은 레위인들이었다. 그들의 선창으로 백성들은 모두 일어서서 여호와를 찬양하고 위대한 하나님의 영광을 깨달으며 기도를 드렸다(4절). 기도와 뒤이은 내용은 일반적 의미에서 구약성경의 언약과 고대 근동지역의 조약문서의 패턴을 따르고 있다. 축복과 저주 부분은 생략되었는데, 이 부분은 앞서 율법낭독(8장)과 율법교육(9장)에 포함되었을 것이다. 여기에 언급된 규정은 수많은 법규 중에서 다섯 가지만 나열되었다(느 10:28-39). 따라서 남은 부분은 서두와 이스라엘이 여호와와 맺은 관계의 역사적 서언이다.

(1) 서두: 여호와는 유일하신 한 분 하나님으로 고백하였다(9:6a).

(2) 역사적 서언: 그들은 여호와께서 베푸신 은혜의 역사를 회상하였다. 그는 창조주이자 아브라함과 언약을 체결하였으며(9:6b-8), 그의 후손 이스라엘을 출애굽을 통해 시내 산으로 인도하셔서 율법과 규례들을 주시며 언약을

맺으셨다(9:9-14). 거기서부터 하나님의 기적적인 공급하심이 없이는 불가능했을 가나안까지의 여정을 인도하셨다(9:15). 그러나 이후 역사는 이스라엘의 끈질긴 반역의 역사이다. 그럼에도 여호와께서 자비하심으로 백성들을 인도하시고 가나안의 거민을 내어쫓고 그 땅을 소유로 삼게 하셨다(9:19-25). 그러나 거기서조차도 그들은 하나님을 저버렸지만, 하나님은 그들을 구하시려고 사사들과 선지자들을 세워 주지만 포로로 잡혀갈 때까지 그들은 계속해서 악한 길을 좇았다(9:26-30). 그럼에도 불구하고 고통과 심판 속에서도 은혜를 베푼 자는 여호와 하나님이시다. 포로 생활에서 돌아온 공동체야말로 하나님이 베푸신 은혜의 선물이다.

(3) 언약 인준(9:38); 백성들은 자신들의 가난, 재난, 정치적 종속 등은 조상과 자신들이 율법을 순종하지 않았음을 회상하면서 언약을 갱신하였다. 그들은 지도자들-통치자들, 레위인들과 제사장들(10:1-27)-과 더불어 뒤이은 언약 규정(10:28-39)에 서약 도장을 찍었다(9:38).

(4) 언약 규정(10:28-39): 이는 평범한 언약 용어로 쓰였다. 이스라엘은 한목소리로 하나님께서 "모세를 통하여 주신 하나님의 율법"을 따라 모든 규정을 지킬 것을 맹세했다(29절). 그 규정은 다섯 가지로 나열되었다(32-39절). 그들은 ① 이방인들과 다시는 결혼하지 않을 것이며(30절; 참. 스 9:1-10:44), ② 안식일을 지키고(31절), ③ 정해진 성전세를 납부하며(32-34절), ④ 그들이 수고하며 얻은 첫 소산물을 드리고(33-37a절), ⑤ 레위인들의 필요를 돌볼 것을 서약했다(37b-39절). 상기 규정들의 주제는 안식일 준수와 성전을 중심한 예배 규정에 국한되었다. 그리고 이방인과의 결혼도 예배 원리의 파기로 해석된다. 구별된 삶을 살아야 할 이스라엘 백성이 가나안 사람들과 통혼하는 것은 배교이다. 통혼은 이방신들을 섬기게 되는 통로가 되기에 십계명의 첫 원리의 파기이다.

4) 두 번째 개혁(13:4-31): 느헤미야가 페르시아에 돌아간 뒤에 유대에서 여

러 문제가 발생하였는데, 그의 두 번째 개혁의 핵심사안도 성전 예배 규정과 안식일 계명에 국한되었다.

성전과 예배와 관련하여 세 가지가 언급되었다. (1) 대제사장 엘리아십이 유대인의 적수 도비야(2:10; 6:1, 17-18)에게 성전의 방을 전유해준 일이다(13:7). 느헤미야는 성전에서 도비야와 그의 물건들을 내치고 성전을 정결케 하였다 (13:8-9). (2) 성전을 관리해야 할 레위인들의 지원 문제이다(13:10). 이들을 위해 지원하지 않아 레위인들이 가족부양을 위해 다른 직업을 가져야 했다. 느헤미야는 레위인들에게 적절한 분깃이 분배되도록 곳간을 관리하는 감독들을 임명했다(13:11-14). (3) 이방인과의 결혼 문제이다. 느헤미야는 이 문제가 다시 반복되지 못하도록 서약하게 했다(13:23-27).

또 다른 문제는 안식일 범죄이다. 상인들이 안식일에 성안으로 물건을 들여와서 장사했다(13:15-16). 느헤미야는 신속하게 이 문제를 강력하게 대처했다. 그는 안식일을 어기고 하나님의 심판을 받았던 과거를 상기시키며 그런 일을 방관한 성의 관리들을 책망했고(13:17-18; 참. 렘 17:21-23), 안식일 전날 해가 질 무렵부터 안식일이 끝날 때까지 성문을 모두 걸어 잠그도록 명령했다 (13:19). 어떤 상인들은 장사할 시간이 다시 시작되기를 기다리면서 안식일에 하루 종일 성문 근처에서 서성거리기도 했다. 그들의 그런 행동이 율법 정신을 저해하는 것으로 보았던 느헤미야는 그런 자들에게 벌을 가할 것이라고 경고했다(13:20-22).

5) 요약하면, 느 8-10, 13장의 기사는 시대적 의미가 크다. 이스라엘 백성들은 에스라의 율법낭독을 통해 회개하고 7월의 초막절 규례를 율법에 따라 엄격하게 준수하였다. 또 에스라의 율법교육은 출애굽 후 시내 산에서 하나님이 모세를 통하여 율법을 선포하시고 하나님의 주도하에 이스라엘 백성들과 언약을 체결하심으로써 언약 백성으로 삼으신 것과 같이(출 19-24장), '제2의 출애굽'이라 할 수 있는 바벨론 포로 귀환 후 백성들은 에스라를 통하여

언약을 갱신하면서 언약공동체로 새롭게 거듭났다. 이같은 사실은 언약 체결식의 한 과정인 언약을 인봉한 사건(9:38)과 율법 규례 준수에 대한 백성들의 맹세(10:28-29)를 통해 잘 나타난다.

당시 사회적, 종교적 문제가 수없이 많았을 터인데, 이스라엘 백성들은 언약 갱신(느 10장)과 종교개혁(느 13장)으로 새로운 언약공동체를 세우면서 수많은 문제를 두 가지로 집약했다. 곧 예배문제와 안식일 문제이다.

이와 유사한 정황과 언급이 유다 왕국 멸망 직전의 예레미야와 역대기에 나온다. 그들도 율법의 수많은 규례 중에서 안식일 규례를 하나의 예로 지적하면서 이스라엘 백성이 하나님을 얼마나 멀어졌나를 꾸짖었다. 예레미야는 성전 문에 서서 백성들에게 '안식일을 거룩하게 지키라'고 명하였다. "너희는 스스로 삼가서 안식일에 짐을 지고 예루살렘으로 들어오지 말지며 안식일에 너희 집에서 짐을 내지 말며 어떤 일이라도 하지 말고 내가 너희 조상들에게 명령함 같이 안식일을 거룩히 할지어다"(렘 17:21-23). 백성들이 하나님의 안식일 계명에 순종하면 예루살렘은 보존될 것이나 그리하지 않는다면 예루살렘은 멸망될 것이다(렘 17:24-27). 또 역대기도 동일 법규를 예로 삼아 이스라엘의 멸망을 보고한다. 이스라엘이 안식일을 지키지 못한 일로 "토지가 황폐하여 땅이 안식년을 누림 같이 안식하여 칠십 년을 지냈다"(대하 36:21). 이는 레위기의 약속이 성취되었음을 말한다. "그들이 내 법도를 싫어하며 내 규례를 멸시하였으므로 그 땅을 떠나서 사람이 없을 때에 황폐하여 안식을 누릴 것이요…"(레 26:43).

유다 왕국 멸망 직전과 포로기 이후 시대, 더 나아가 느헤미야서의 언약 갱신과 종교개혁의 규정들을 살펴볼 때, 이스라엘 백성들의 '영적 바로미터'로 율법의 많은 규례 가운데 안식일 준수 여부에 둔 것은 결코 우연이 아니다. 이는 예배 원리와 더불어 과거 언약 전통의 핵심주제였다.

율법낭독에 대한 규례(신 31:10-13)

에스라의 율법낭독과 언약 갱신은 신명기의 율법낭독 규례와 밀접하게 연결된다. 고대 근동 사회에서 쌍방간의 조약이 체결되면 조약문서는 장래에 참고할 수 있도록 보관되었다. 세상을 떠나게 될 모세는 이스라엘이 약속의 땅에 들어가서 영적 쇠퇴를 피하도록 율법보관 및 율법낭독을 지시하였다.

모세는 율법을 기록하여 제사장들과 장로들에게 주면서 매 칠년 끝 해 곧 면제년의 초막절마다 여호와의 성소에 모여 이 율법을 낭독하여 온 이스라엘에게 듣게 하라는 규례를 제정하였다(9-11절). 지도자들은 모든 백성과 성 안의 타국인들에게도 율법을 가르쳐 그들로 하나님의 계명을 준수하게 해야 한다(12, 13절). 모세는 율법낭독을 통해 백성들고 하나님의 율법에 자발적으로 순종케 하도록 했다. 여기서 율법낭독은 성경의 몇 구절 혹 몇 단락이 아니라 모세가 기록한 율법 전체로 보인다. 곧 성경은 통으로 낭독되었다.

1) 공적 회집: 율법낭독은 백성들을 성소로 회집한 뒤에 시행해야 한다(11절).

2) 공적 율법낭독의 이유(12절): ① 이스라엘 공동체가 하나님 명령을 "듣고 배워야" 한다. 이스라엘 공동체 안에 속한 자는 어린이나 객을 포함하여 한 사람도 빠짐없이 율법의 말씀을 가르침 받아야 한다. ② 여호와를 "경외케" 하고, 율법을 "지켜 행하게" 하여 이스라엘과 복을 누리도록 하기 위함이다 (참. 출 20:20). 이런 공적 낭독은 하나님 앞에서 '회중으로서의 모임'의 중요성을 강조해준다.

3) 이스라엘은 이런 낭독 관례가 이스라엘이 가나안을 정복하여 소유하며 사는 날 동안 필요하다(13절). 율법은 이스라엘과 후손들에게 삶의 목표가 되어야 한다. 부모들은 출애굽의 경험과 율법을 모르는 자녀에게 가르쳐야 한다(참. 신 6:4-9). 공동체 전체의 성숙을 위해 율법의 공적 낭독이 매우 중요하

다. 또 모세는 이스라엘 백성과 그들의 후손을 위해 율법의 말씀을 다 책에 기록한 뒤에 레위 사람들에게 명하여 이 율법책을 언약궤 곁에 두어 그들에게 증거가 되게 하라고 규정하였다(신 31:24-26).

이 구절은 성경낭독의 기초구절이 되었고, 시간이 흐르면서 율법낭독은 언약 규정에 명시된 세 개의 절기와 연계되었을 것이다. 여호와는 백성들 가운데 특별한 처소(곧 성막과 성전)에 거하시며 공동체 전체가 그분 앞에 나와야 하는 특별한 절기를 정하셨다. 모든 백성은 세 절기(유월절[무교절], 칠칠절[맥추절, 오순절], 초막절[수장절])에 토지 소산을 가지고 "여호와 앞에 나아와" 성회로 모였다(신 16:1-17, 참. 출 23:14-17, 레 23:4-36; 민 28:16-29:38). 이 절기 기간에 백성들은 언약궤 곁에 보관된 율법서의 낭독을 통해 언약 규정 곧 하나님의 말씀과 규례를 배웠을 것이다.

요시아의 언약 갱신(왕하 22장; 참. 대하 34장)

1) 요시야 왕의 성전 수리와 율법책의 발견(왕하 22:1-11): 므낫세로 시작된 영적 쇠락의 한파는 요시아의 등장과 함께 끝이 났다. 요시아는 '여호와 보시기에 정직히 행하여 그 조상 다윗의 모든 길로 행하고 좌우로 치우치지 않는' 통치 행적을 남겼다. 그중에서 가장 주목할 업적이 성전 수리와 율법책의 발견이다. 이를 계기로 언약 갱신과 더불어 대대적인 종교 개혁 운동이 일어났다(왕하 23:1-25).

성전을 수축하는 과정에서 대제사장 힐기야가 '율법책'(모세 오경 혹은 적어도 신명기)을 발견하였고, 서기관 사반이 그 두루마리를 곧 요시아에게 가져가서 읽었다(22:10). 여기서 '읽으매'는 책의 내용 중 일부분을 읽은 것으로 보인다. 뒤이은 문맥에서 유추해 보면 사반이 요시아에게 읽어준 율법서 부분은 말씀 순종 여부에 따른 하나님의 축복과 저주를 말하는 신 27-28장이었을 것이다. 요시아는 구체적으로 기록된 하나님의 말씀을 접하게 되자 하나님의 심판과 유다의 멸망을 두려워하여 즉각적으로 옷을 찢으며 회개했다. 지난 세월 동안 온 나라가 그 언약의 규정들을 지켜오지 않았음을 알게 되었다.

2) 언약 갱신과 종교개혁(왕하 23장): 요시아는 모든 백성이 참여한 가운데 율법서를 낭독하면서 백성들과 언약 갱신 예식을 성대하게 거행했다(2, 3절; 참. 대하 34:29-33). 요시아는 온 백성이 하나님의 언약에 순종할 것으로 서약하고 예루살렘과 그 주변에 있는 이방 산당과 우상들을 모두 제거해 버렸다(4-14절). 그리고 벧엘에 있었던 여로보암이 만든 금송아지까지도 그리하였다(15-20절; 참. 왕상 13:1-3). 그 결과 성경은 500년 이상이 지난 사사 시대 이래로 전례가 없던 규모와 방식으로 유월절이 지켜졌다고 보고한다(21-23절). 이처럼 개혁의 초점은 예배 문제(1-2계명)과 유월절 준수로 귀결되었다.

요시아의 이런 행위는 언약 규정으로 과거로부터 유래된 법적 규례에 의한 것이다(신명기 전체 혹 십계명과 언약서[출 20-23장; 참. 신 5-26장]). 이 개혁은 성공하지 못했지만 주후 70년 예루살렘 멸망과 이후까지 율법연구의 패턴으로 이어진다. 곧 언약 의무를 법규와 일치시켰고, 언약 갱신은 율법 규범의 강화로 이어졌다.

3) 요시아의 이런 모습은 여호야김의 행동과 대조를 이룬다(왕하 36장). 여호야김 왕 4년에 하나님은 예레미야에게 그분이 주신 모든 예언의 말씀을 두루마리에 기록해서 백성들에게 크게 읽어주라고 말씀하셨다. 백성들이 회개하면 하나님께서 그들의 죄를 용서하실 것이다. 예레미야는 성전에 들어갈 수 없었기 때문에 바룩을 성전으로 가게 했다(1-7절). 예레미야는 바룩이 두루마리를 읽는 동안 백성들이 회개하기를 바랐다.

바룩은 성전 뜰에 모인 백성들에게 두루마리를 낭독해주었고, 곧이어 방백들에게도 낭독해주었다(8-19절). 여후디가 왕 앞에서 그 두루마리를 낭독했다. 여호야김 왕은 여후디가 서너 줄 읽을 때마다 그를 멈추게 하고 그 부분을 칼로 오려내 화로에 던졌다. 하나님의 심판을 전혀 두려워하지 않으면서 왕은 두루마리를 다 태웠다. 여호야김은 하나님의 경고에 불순종한 일로 하나님은 그의 자손 가운데 그 누구도 보좌에 앉지 못하며, 여호와김은 죽은 후 제대로 묻히지 못하게 하셨다.

여호수아의 언약 갱신(수 8, 23, 24장)

수 23-24장은 언약의 갱신 기사이다. 이 기사는 수 8장과 밀접하게 연결되어 있다. 여호수아는 마지막 고별 연설을 하기 위해 이스라엘 온 백성들을 에발 산과 그리심 산 사이에 위치한 세겜에 두 번째로 회집시켰다. 첫 번째 회집은 이스라엘 백성이 약속의 땅에 들어온 직후 여호수아가 모세의 명대로 회집할 때이다. 에발 산에서 하나님 언약의 말씀, 곧 축복과 저주의 말씀을 엄숙히 낭독했고, 그 결과 이스라엘은 약속의 땅을 정복할 수 있었다(수 8:30-35). 여호수아가 그의 최후 설교지로 동일한 세겜을 두 번째로 택한 것은 다분히 의도적이다. 그는 옛날 조상들의 신앙적 결단의 장소에서 설교함으로써 백성들로 하여금 보다 하나님을 잘 섬기고 우상을 멀리하도록 단호히 신앙적 결단을 내리도록 촉구하였다.

1) 첫 번째 세겜 회집(수 8장)

여호수아는 이스라엘이 요단강을 건너 가나안을 정복한 후 세겜 땅에서 모세의 명령에 따라 백성들을 회집시켰다. "너는 그리심 산에서 축복을 선포하고 에발 산에서 저주를 선포하라"(신 11:29; 참. 신 11:26-32; 27:11-26).

여호수아는 '에발' 산에 제단을 쌓고 여호와께 제사 드린 후에 모세의 기록한 율법을 이스라엘 자손의 목전에서 그 돌에 기록하였다(수 8:32). 그런 다음에 이스라엘의 여섯 지파는 축복하기 위해 그리심 산에 서게 하고, 여섯 지파는 저주하기 위해 에발 산에 서게 했다. 그 중간에서 여호수아는 율법책에 기록된 대로 축복과 저주 규정을 낭독하였다(수 8:34-35). 이때 낭독된 부분은 신명기 전체 혹 일부분-신 11:26-32과 신 27-28장(특히 신 27:11-26)-일

것이다.

율법의 축복과 저주 조항 하나하나를 낭독할 때마다 온 백성들이 '아멘' '아멘'으로 확답하였다. 율법을 낭독하면서 율법의 내용을 귀로만 듣게 한 것이 아니고 이스라엘 백성이 몸으로 참여하면서 응답하게 하였다. 이 언약을 지켜 행하느냐, 아니면 행하지 않느냐에 따라 이스라엘의 복과 저주, 생명과 사망이 달렸기 때문이다. 이는 생존의 문제였다. 이후 이스라엘의 가나안 정복은 이때 낭독된 율법 규정을 수행했던 결과이다.

2) 두 번째 세겜 회집: 언약 갱신(수 23, 24장)

(1) 권면과 경고(23장). 언약의 서두가 암시되어 있다. "너희의 하나님 여호와 그는 너희를 위하여 싸우신 이"다(3절). 여호수아는 적들을 물리치신 자는 하나님이심을 상기시켰고 모든 과업이 끝날 때까지 그리하실 것을 확신시켰다(2-5절). 그러나 여기에 하나의 조건이 있었다. 그들은 여호와 하나님께 신실하고, 그의 언약 규정을 순종해야 한다(6-13절).

(2) 역사적 서언: 하나님 구원역사 회고(24:1-13). 여호수아의 고별사는 아브라함 때부터 그들에게 이르기까지 이스라엘과 하나님의 은혜로운 관계를 담은 역사적 회고이다(2-13절; 참. 신 1:6-4:40). 이스라엘 역사에는 조상들의 선택, 애굽으로부터의 구출, 광야 생활, 요단 동편 땅의 정복, 그리고 자신들의 손으로 짓지 않은 집과 성읍에서 살게 된 현재 상황 등이 주된 내용으로 언급되어 있다. 이는 여호와 말씀의 순종 결과이다. 뒤이어 여호수아가 취한 행동은 과거(출애굽과 정복)에 종지부를 찍고 백성들이 약속의 땅에서 정착할 미래를 알리는 신호였다.

(3) 여호수아의 촉구와 백성들의 결단(24:14-18): 규정들이 예견되는 곳(13절과 14절 사이)에서 기사가 끊기고, 여호수아는 백성들에게 하나님만을 섬길 것을 촉구하였다(14절). 여기 빠진 부분에 대하여 여러 학자들이 연구하였지만, 합의된 사항은 없다. 아마 빠진 규정들은 오경을 전제했거나 수 8장에서 선

포된 것으로 여겨진 신 27-28장 혹 신명기 전체로 보여진다.

하나님의 축복을 누리려면 백성들의 순종이 요구된다. 그 결정은 전적으로 이스라엘 백성들의 선택에 달려 있다. 그는 하나님께서 가나안 정복 중에 보여주셨던 은혜에 순종할 것을 요청하자, 백성들도 모든 이방신들을 버리고 하나님만을 섬기겠다고 결단하였다(16-18절). 여호수아는 율법의 수많은 조항을 1계명과 2계명으로 압축하였는데, 이는 모세 언약 규정의 핵심 사안이다 (출 20:4-6; 20:23; 23:24).

(4) 백성들의 약조(24:19-28): 백성들은 여호와만을 섬기겠다고 결심하지만, 여호수아는 백성들이 쉽게 죄의 유혹에 넘어갈 것을 알았다. 그는 백성들로부터 재차 다짐을 받은 후에야(19-24절) 비로소 언약을 갱신하였고(25절), 곧이어 백성들이 여호와께 한 맹세를 영원토록 증거할 기념비가 될 돌들을 그 자리에 세웠다(26-28절).

시내 산 언약 체결(출 24:1-11)

앞서 언급된 사례에서 율법낭독은 백성들의 회개와 절기 준수, 종교개혁과 언약 갱신으로 이어졌다. 많은 규정 가운데 압축되어 언급된 내용은 1-2계명 혹 4계명으로 '예배 원리'에 관한 것이다(느 8-10, 13장; 수 24장; 왕하 22장 등). 이는 모세 언약 규정인 십계명과 언약서의 핵심내용이다. 이를 자세히 살펴볼 필요가 있다.

1) 언약 체결 예식(24장): 이 장은 하나님과 이스라엘 사이의 공적인 언약 체결을 소개한다. 그 내용을 살펴보면 언약 체결에 앞선 하나님의 명령과 그에 따른 준비 상황을 소개하고(1-6절), 앞장에서 소개된 언약서(출 20-23장) 낭독과 백성들의 언약 준행 약속(7절)을 소개하고 피뿌림으로 언약을 정식 체결하는 장면을 언급한다(8절), 그리고 백성의 대표자들은 70명의 장로들이 여호와 앞에서 친교의 식사를 함으로써 언약 체결이 종결되었음을 말한다

(9-11절).

(1) 말씀과 율례의 전달과 문서 기록: 십계명(20:1-17)은 시내 산꼭대기에서 하나님께서 백성들에게 직접 말씀해주신 법규이다. 이와 달리 여기의 "여호와의 모든 말씀과 그의 모든 율례"(3절. 참. "모든 말씀"[4a절])는 모세 혼자서 여호와께로 나아가 들었던 각종 율례(출 20:22-23:33)를 지칭한다. 이는 언약서(7절)로 불린다.

모세가 이를 낭독하여 들려주자 백성들은 만장일치("한 소리")로 준행하겠다고 서약하였다(3b절; 참. 19:8). 하나님의 명하신 대로 살겠다는 맹세는 애굽에서 구원을 받았던 이스라엘이 하나님과 언약을 맺으려는 의지의 표현이다. 모세는 언약 의식을 거행하기에 앞서 하나님으로부터 받은 "모든 말씀"을 보존하기 위해 문서로 기록했다(4a절).

(2) 언약 체결 예식: ① 모세는 산 아래에 제단을 쌓고…열두 기둥을 세웠다(4b절). 단과 기둥을 쌓는 것은 언약 체결식의 일부다. 단을 쌓은 이유는 율법 준수의 언약 체결시에 하나님께 희생 제사를 드리기 위함이며 열두 기둥은 세운 것은 언약 체결 시에 이스라엘 12지파가 참여한 사실을 자손들로 대대로 기억하게 하기 위함이었다.

② 모세는 "(기록된) 언약서를 가져다가 백성에게 낭독하여 듣게" 하였다(7a절). 문자적으로 '백성의 귀에 들리게 읽어.' 이는 모세가 율법을 이스라엘 백성들 모두가 숙지할 수 있도록 세세하게 가르쳤음을 말해준다. 백성들이 재차 "여호와의 말씀을 우리가 준행하리이다"고 답하다(7b절; 참. 3절).

여기서 낭독된 "언약서"(7절)는 문맥에서 두 가지로 해석할 수 있다. 하나는 언약 체결 예식을 위해 출 19:5-6에 근거한 짧은 문서거나, 다른 하나는 십계명과 "모든 율례" 곧 언약서(20:22-23:33)를 포함한 하나님 말씀 전체를 기록한 문서로 볼 수 있다. 여기의 언약서는 언약 체결 때 사용될 뿐 아니라 언약의 내용을 보존하고 기억하게 할 목적을 지녔기 때문에 후자의 해석이 더 적절하다.

③ 곧이어 모세는 제단에 드려진 제물들의 피를 백성에게 뿌리면서, "이는 여호와께서 이 모든 말씀에 대하여 너희와 세우신 언약의 피"라고 선포하다(8절). 이런 제식은 여호와와 백성 사이의 연합을 기초하여 둘 사이에 언약을 맺는 행위를 상징한다. 이는 이스라엘이 죽음을 각오하고 언약 준수를 상징하는 제식이다. 이스라엘은 피 뿌림으로 하나님의 언약 백성이 되었다. 끝으로 모세와 아론과 70장로들이 언약 백성들을 대표하여 "하나님을 뵙고 먹고 마셨다"(11절). 언약 당사자들이 함께 식사하는 것은 언약 체결 예식의 일부로, 이는 상호 신뢰의 표시였다.

(3) 이제 이스라엘은 언약서를 가진 '책의 백성'이 되었다. 언약에는 두 당사자인 여호와와 이스라엘 사이에 조건이 있다. 하나님과 언약을 체결한 이스라엘은 싫든지 좋든지 십계명과 언약서에 기록된 하나님의 뜻을 순종해야 한다. 이를 순종하면 복과 생명이지만, 불순종하면 저주와 사망이다(참. 신 27-28장). 이런 조건 때문에 모세는 언약궤에 보관된 율법을 "면제년의 초막절"에 백성들을 회집하여 낭독케 하고(신 31:11), 더 나아가 후대의 자녀들에게도 듣게 하여 하나님을 경외할 것을 가르치고(신 31:13), 더 나아가 모세는 기록된 율법책을 언약궤 곁에 보관할 것을 명하였다(신 31:26). 이후 역사에서 이스라엘은 언약을 갱신할 적에 언약 규정들이 담긴 문서를 공적으로 낭독하였을 것이다(참. 수 8:34-35, 24:25-27; 왕하 23:2; 느 8:5-9.)

2) 십계명(20:1-17)과 언약서(20:22-23:33)의 핵심내용

하나님이 이스라엘과 맺은 언약 규정은 십계명과 언약서에 담겨 있다. 십계명은 뒤이은 언약서의 서론이다. 십계명은 언약공동체의 헌법이라면, 언약서는 이에 대한 설명들이다. 전자는 기본적 원리를 말하고, 후자는 구체적 법적 사례를 표현하였다.

각각 동심원 구도를 취한 두 문서의 중심은 '예배' 원리에 맞춰져 있다.

(1) 십계명의 앞뒤 문맥은 하나님의 강림과 이에 대한 백성들의 반응을 둘

러싸고 동심원 구도를 가지다(도표 A).

도표 A

　A. 하나님의 임재와 백성들의 반응(19:16-25)

　　-자연현상(우레, 번개, 구름, 나팔 소리)

　　- 백성들은 산기슭에 서 있고 두려워 떨다

　　X. 십계명(20:1-17)

　A' 하나님의 임재와 백성들의 반응(20:28-31)

　　- 자연현상(우레, 번개 나팔 소리와 산의 연기)

　　- 백성들은 멀리 서서 이를 보고 두려워 떨다

하나님의 임재의 현상 묘사(우레, 번개, 구름, 나팔소리, 연기 등)가 십계명(X [20:1-17])을 중심하여 앞과 뒤에서 마치 괄호를 친 것처럼 윤곽을 형성하다(A [19:16-25]와 A' [20:18-21]).

이 구도는 다음 세 가지를 강조한다. ① 시내 산을 중심으로 산 정상에 강림하신 하나님의 강림은 산기슭에 "서서" 두려워 떠는 이스라엘의 모습(출 19:17; 20:18)과 대조를 이룬다. ② 이런 무시무시한 우주적 현상을 바라보던 이스라엘 백성들은 떨면서 자신들이 죽을까 두려워하여 모세에게 중재를 요청했다(출 20:18-19). 모세는 여호와의 임재는 너희를 진멸하기 위함이 아니라 "너희를 시험하고 너희로 경외하여 범죄하지 않게 하려 하시려는" 은총이라고 위로하였다(출 20:20). 하나님의 강림은 이스라엘로 하나님의 기적에 참여하여 그분의 경외를 보도록 하기 위함이다. ③ 십계명은 처음부터 끝까지 인간의 말이 아니라 하나님의 말씀이다. 십계명의 서론인 20:2이 이를 강조해 준다. "나는 너를 애굽 땅, 종 되었던 집에서 인도하여 낸 네 하나님 여호와니라"(출 20:2). 뒤이은 십계명의 계명들은 이스라엘이 하나님을 경외하고 세상에서 구별된 삶을 살아가게 하는 성화의 도구이다. 곧 율법은 무서운 법규가 아니라 이스라엘을 애굽에서 건져낸 하나님의 은혜의 지침이다.

(2) 상기 구도 중심의 십계명(X [20:1-17])도 그 자체로 아래와 같은 동심원 구도를 가진다(도표 B).

도표 B

-하나님의 강림과 백성들의 반응(19:16-23)
  1A. 하나님께 결단: 1-3계명(20:2-7)
    -하나님을 절대적으로 사랑하라는 계명
    1X. 안식일 계명: 4계명(20:8-11)
  1A' 사람들에게 결단: 5-10계명(20:12-17)
    -세상 속에서 이웃을 사랑하라는 계명
-하나님의 강림과 백성들의 반응(20:18-21)

안식일 준수를 중심(1X [20:8-11])에 놓고 앞뒤 윤곽으로 공동체에서 예배의 중요성을 강조한다(1X [20:8-11]). 안식일 준수 계명은 하나님 사랑(1A [3-7절])과 이웃 사랑(1A' [12-17절]) 사이의 경첩처럼 전환점으로 기능한다. 전자(1A)는 인간의 하나님에 대한 수직적 관계를 알려주고 하나님을 절대적으로 사랑하라는 계명(20:3-7)이며, 후자(1A')는 인간들 사이의 수평적 관계를 다루면서 세상에서 행할 이웃과의 계명들(20:12-17)이다.

안식일 계명의 중요성은 십계명 중에서 이 계명이 가장 길게 기록된 데에서 읽을 수 있다. 대체로 필연법은 짧게 기록되는데 안식일의 지침은 명령뿐 아니라 이에 대한 설명이 덧붙어 있다. ① 명령: 안식일을 "기억하라", "거룩하게 지키라"(8절); ② 방법 서술: 이 명령을 '어떻게' 실천할 것인가(노역이 허용된 것과 노역이 금지된 것, 9-10절); ③ 주석: 하나님의 창조(참. 창 2:1-3)와 관련하여 이 명령을 '왜' 준수해야 하는가(11절).

안식일 규정을 이방 문서와 비교하면 매우 독특하다. 십계명을 포함하여 언약서에 나타난 모세 언약 규정들은 고대 근동의 조약문서와 많은 점에서 상응하지만, 안식일 규정은 이방 문헌에는 나오지 않고 오직 십계명과 언약서에만 나온다. 안식일 규정은 이스라엘의 독특성을 보여 준다. 이런 배경에서 안식일 계명은 시내 산에서부터 가나안으로의 이스라엘 여정으로 나아가는 언약공동체의 '영적 바로미터'가 되었다. 안식일 준수는 하나님께 대한 헌신과 세상과 이웃에 대한 사랑의 '바로미터'다. 예레미야와 역대기 저자가 이스라엘 백성의 안식일 준수 여부를 여호와의 율법 준수의 '바로미터'로 보았다. 이를 준수할 때 예루살렘은 보존되었겠지만, 그리하지 못하여 예루살렘은 멸절되었다(렘 17:21-23; 대하 37:21; 참. 느 13:15-21).

(3) 언약서(20:22-23:33): 십계명과 마찬가지로 언약서도 동심원 구도를 형성하면서, 둘 사이의 공통 주제를 '예배 원리'에 맞추고 있다. 십계명에서 예배 원리인 안식일 계명은 앞뒤 계명들(1A [1-3계명]과 1A' [5-10계명])의 중심에 놓이는데, 언약서에서 예배 원리는 시작 부분(2A [20:22-26])과 끝부분(2A' [23:10-19])에서 하나의 윤곽을 이룬다(도표 C). 곧 십계명 중심에 있는 안식일 규정의 예배 원리는 언약서에서 언약 규정들의 윤곽이 되었다. 언약서 구도를 살피면 예배에 관한 지시(2A와 2A')가 윤곽이 되어 결의론적 법규들(2Xa [21:1-22:20])과 필연적 법규들(2Xb [22:21-23:9])을 하나로 묶고 있다. 이런 구도는 하나님 예배와 사회적 정의가 함께 묶여 이스라엘의 언약 소명이 되었음을 말해준다.

도표 C	
십계명	**언약서**
1A. 하나님의 배타적 주장에 대한 필연법 규정	2A. 여호와 예배에 대한 규례(20:22-26)
1X. 안식일 준수(20:8-11)	2Xa. 결의론적 법규(21:1-22:20)
	2Xb. 필연 법규들(22:21-23:9)
1A' 인간 사이에 관한 필연법 규정(20:12-17)	2A' 여호와 예배에 대한 규례(23:10-19)

① 언약공동체의 법규(2X)는 예배 원리로 시작되고 끝맺는 틀(2A//2B') 속

에 있다.

앞 윤곽(2A[20:23-26])은 십계명의 1-2계명과 관련된 예배의 '대상'과 '장소'을 설명한다. a) 예배의 대상(20:23): "우상"이 예배의 대상이 아니라는 십계명의 원리(20:4)를 언약서는 이를 상세하게 설명해준다. 하나님의 형상은 창조된 어떤 것이라도 만들 수 없기에, 은이나 금으로 만들어진 '신들'(엘로힘)은 있을 수 없다. b) 예배의 장소(20:24-26): 여호와께서 임재를 드러내는 곳이면 어디든지 예배 장소가 될 수 있다(24절). 그것들은 흙이나 다듬지 않은 돌로 만들어진 단순한 제단들이어야 한다. 이스라엘 역사 속에 이런 제단들이 여러 번 사용되었다(예. 삿 6:25-27; 13:15-20; 삼상 9:11-14; 16:1-5; 왕상 18:30-40).

끝 윤곽(2A'[23:10-19])은 예배의 특별한 '시간', 곧 안식년과 안식일(10-13절), 또 매년 세 번 모이는 종교적 '절기들'(14-19절)을 설명해준다. a) 휴경년(안식년)과 안식일에 하나님은 가난한 자, 이방인, 짐승(가축 혹 야생짐승)을 돌보신다(11-12절). b) 백성들은 여호와의 성소에 일 년에 세 번씩 올라와 토지 소산 중 가장 좋은 것을 제물로 드려야 했다(14-17절): 무교절, 맥추절(칠칠절)과 수장절(초막절). 절기마다 제사의 적절한 의식 절차가 지켜져야 했다(18-19절). 이 절기를 통해 12 지파는 국가적 결속과 영적 유대감을 가졌다.

② 언약서 중심(2X)에 언약공동체가 준행해야 할 규정들(21:1-22:20)로 십계명의 기본적 원리들을 확장하고 있다. 하나는 결의론적 법규들(21:1-22:20)이고 다른 하나는 필연적 법규들(22:21-23:9)이다. 전자는 공동체의 세속적 삶을 규정하는 다양한 사항들을 포함하고 있다(예. 노예, 살인, 상해, 재산 손상 등). 후자는 도덕적이고 윤리적 이슈와 관련되어 있는데, 중심은 사회적으로 고난을 받는 자들-과부, 고아, 가난한 자들-의 보호에 있다.

언약서에 세속적 법규와 종교적 법규들이 혼합되어 있는데, 이런 구조는 성경 외에는 잘 나타나지 않는다. 언약 소명을 가진 이스라엘은 언약서의 규정에 따라 이 땅에서 세상에 대한 책임과 하나님께 대한 헌신을 드러내야 한다.

③ 언약서의 에필로그(23:20-33): 여호와는 이스라엘에게 가나안 땅에 들어갈 절차와 그들이 그곳에서 직면하게 될 환경을 언급한다. 약속의 땅에 들어가면 언약의 백성인 이스라엘은 여호와 외에는 그 누구도 섬겨서는 안 된다. 그들은 이방 우상들을 버리고 여호와 하나님만을 섬겨야 했다. 앞으로 1-2 계명의 예배 원리는 모든 언약 관계의 기초가 되어, 언약 소명을 수행할 열쇠이자 가나안 땅을 소유하게 될 축복의 기준이 된다. "너는 그들의 신에게 무릎을 꿇지 말고 예배하지 말라…너는 너희 하나님 여호와를 예배하라 나는 네게 빵과 물로 축복할 것이다"(23:24-25; 참. 32-33절). 이스라엘이 여호와께 순종하면, 그가 대신하여 싸움으로 모든 적에 대하여 승리와 안식을 얻게 할 것이다(22-23절). 거룩한 전쟁의 당연한 귀결은 이방의 모든 거치는 것들과 이교 우상숭배의 파괴였고, 여호와에 대한 전적인 헌신이었다(24절). 그 결과 조상들에게 약속한 땅이 주어질 것이다(31절). 그러나 불순종, 곧 언약 파기의 경우는 여호와의 진노와 처벌을 야기하게 될 것이다(32-33절).

3) 언약 체결의 목적(출 19:3-6).

왜 여호와는 이스라엘을 해방시키고 언약 관계를 맺었을까? 그 이유는 출 19:3-6에 있다. 여기에 '하나님 백성의 정체성'이 언급되었다.

이 단락은 세 부분으로 되어 있다. 이 단락은 언약 문서의 특징을 보여준다. ① 하나님의 전능하신 행위에 대한 역사적 서론(3-4절), 하나님이 이집트에 어떤 일을 행하셨는지와 시내 산까지 어떻게 이스라엘을 인도하셨는지를 말한다. ② 언약의 조건들(5-6절). 하나님은 이스라엘에게 언약의 조건을 말씀한다. 이것이 하나님이 이스라엘을 선택한 이유이다(5-6절). 출애굽기 전체를 보게 하는 렌즈는 19:3-6에서 하나님이 하신 말씀이다. 끝으로 ③ 언약의 조항들에 대한 이스라엘의 응답(7-8절)이 언급된다.

⑴ 하나님은 이스라엘에게 언약의 조건을 제시한다. "너희가 내 말을 잘

듣고 내 언약을 지키면 너희는 모든 민족 중에서 내(특별한) 소유가 될 것이다."(5절) 이 약속은 하나님의 이스라엘 선택을 말한다. 이는 이스라엘이 얻어낸 공로가 아니고 하나님의 무조건적 선택에서 비롯된다. 이런 선택은 하나님의 기이한 방법으로 주어졌다(4절). 이스라엘 백성들이 애굽에 있을 때 그들은 바로에게 속하였으나 이제 하나님은 이들을 자신에게로 데려옴으로 이제 전적으로 자신에게 속했다고 선언한다. 이로 인하여 하나님이 종주가 되시고 이스라엘이 봉신이 되어 하나님과 언약 관계를 갖게 된다.

(2) 하나님의 언약 체결 이유는 이스라엘을 "제사장 나라"와 "거룩한 백성(직. 민족)"(6절)으로 세우기 위함이다. ① '제사장 나라': 이스라엘은 모든 민족 중에 제사장 역할을 하는 민족이다. 이스라엘은 제사장처럼 성별되어 거룩한 삶과 행동을 통해 하나님의 거룩하신 임재를 세상에 중재하는 통로이다. ② '거룩한 백성': 이스라엘은 거룩한 백성으로 다른 민족들과 구별된 삶을 살아야 한다.

그들은 하나님의 언약 관계가 어떻게 한 민족의 삶을 바꾸는지를 세상에 보여 주는 모델이자 진열품이다. 그들은 세상에 보이는 하나님 나라의 모델이자 신정정치의 실례이다. 이스라엘은 언약파트너로서 '열방의 빛'(사 42:6)으로 부르심을 받았다. 그들은 열방을 하나님의 언약 속으로 끌어들이는 삶을 살아야 한다. 이처럼 이스라엘의 소명은 하나님의 언약 규정에 따라 세상에서 '성별되고' '구분되는' 대조사회를 형성해야 한다.

율법낭독과 보관 규정: 그 의미

고대 근동의 문화 속에서 인간관계(친구, 민족, 결혼 당사자 등)의 관계를 규정하는 구속력 있는 협정을 설명하기 위해 사용된다. 엄숙하고 구속력 있는 계약으로 각 당사자들은 서로 간에 체결된 조약들을 신실하게 지켜야 한다. 고대 근동에 널리 알려진 헷 종주권 조약은 헷 제국과 봉신들 사이의 동맹 관계가 있었음을 보여 주는데, 앞으로 논할 모세 언약과 여러 면에서 상사점이 있다.

종주권 조약은 종주와 봉신 사이의 구속적 관계를 기술한다. 그런 관계는 불변하며 깨트릴 수 없고, 언약 당사자 간의 완전한 헌신을 요구하였다. 언약 당사자들은 충성서약을 맹세하고 협정 이행을 약속한다. 종주는 그의 봉신에게 한 약속을 이행했고, 봉신에게는 신뢰, 복종, 완전한 순종과 충성, 심지어 사랑으로 신실하게 반응해야 한다. 언약을 파기하면 죽음에 처했다.

헷종족 종주권 조약과 모세 언약

1) 헷종족 종주권 조약

이 조약의 행태는 다음과 같이 6개의 특징적 요소들을 가진다. ① 서두는 조약을 만든 종주의 정체성을 밝힌다. "이것들은 000의 말씀이다." 그의 타이틀, 호칭, 계보가 뒤이어 주어진다. ② 역사적 서언은 조약을 체결한 두 당사자간에 주어진 관계성을 묘사한다. 종주가 봉신에게 베풀었던 선한 행위를 강조하면서 주로 '나-너' 형태로 주어진다. ③ 규정들은 종주의 관심사를 규정함과 아울러 봉신들이 보호를 받음으로 종주의 영토 내에 평화를 유지시키는 역할을 한다. 봉신은 종주가 명한 조약을 지켜야 한다. 십계명과 유사한 조항들이 많다. ④ 조약문서는 일련의 증인들의 목록으로 끝맺는다. 종주와 봉신에게 알려진 모든 신들의 이름들을 기록하였다. 이에 덧붙여 삼라만상도 언급된다. ⑤ 증인으로서의 신들이 봉신의 순종과 불순종에 대하여 행할 축복과 재난을 열거한다. ⑥ 끝으로 우리의 관심사인 기록된 조약의 문서 보관과 정규적인 공적 낭독 조항이 있다. 조약문서들은 각각 종주의 신전과 봉신의 신전에 보관해야 한다. 봉신은 일 년에 한번 혹 세 번 공물을 갖고 종주를 알현하고 조약문서를 낭독해야 한다. 그리함으로 종주는 봉신의 의무 이행을 살핌으로 그들의 반역 가능성을 미연에 방지하였다.

2) 모세 언약

바로와 언약에 묶여 그의 주권 아래 살았던 이스라엘은 시내 산의 언약을 통해 어떻게 그런 속박에서 해방되었고 종주인 여호와 하나님의 봉신이 되었다. 여호와와 이스라엘 사이에 맺은 모세 언약 내용은 십계명과 언약서이다. 이스라엘은 이 언약에 기초하여 민족 공동체는 종교적 공동체가 되었다. 여호와와 이스라엘의 관계는 앞서 언급된 헷족속 종주권 조약과 유비된다. 여호와는 왕들의 왕으로 세상의 여러 민족 중에서 이스라엘과 언약을 맺었다.

(1) 모세 언약에는 상기 헷족 종주권 조약과 비교하면 6개의 상응하는 요소들이 있다.

① 서두: 십계명에서 '나는 너희 하나님 여호와다'로 소개되다. 언약을 주고 명하고 세운 종주는 여호와이다. 성경은 종주되신 하나님의 정체성을 더 이상 밝힐 필요가 없다. ② 역사적 서언: "나는 너를 애굽 땅 종 되었던 집에서 인도하여 낸(너희 하나님 여호와로라)"(출 20:2). 신적 계시는 역사적 사건과 구분되지 않으며 언약 기초이자 이를 규정하는 의무이다. 애굽의 속박으로부터 이스라엘을 구원하심에 있어서 하나님의 관대하심, 위대하심과 자비로우심이 강조된다. 여호와는 위대한 왕이다. 이 은혜에 기초하여 뒤이은 규정들이 부과되었다. ③ 규정들: 이스라엘은 여호와 외에 다른 신을 두어서는 안 된다. 하나님이 전쟁을 명하면 전쟁을 수행해야 하며(민 14장; 삿 5장; 21:5), 하나님에 대한 불평은 규정파기이다. 광야에서의 불평 기사(예 민 11장)는 이런 행위가 처벌 대상임을 설명해준다. 하나님은 백성들에게 여러 규정을 금하여 백성들 사이에 평화를 헤치지 못하게 한다. 살인, 도둑질, 간음, 거짓 증거, 거짓 고소, 자녀들의 불순종 등이 언급되었다. 이처럼 십계명과 언약서의 내용은 고대 근동의 조약규정과 별 차이가 없는데, 단 예외는 안식일 조항이다. 이 규례는 이스라엘로 고대 근동의 여러 나라와 뚜렷하게 구분케 해주다. ④ 증인 목록: 이 부분은 헷족 종주권 조약과 이스라엘과 여호와 사이의 언약

과는 차이가 있다. 이와 유사한 언급이 신 32장에 나온다. 이것 말고도 백성들에 대한 증거로 돌비를 세운 적도 있다(수 24:27). ⑤ 축복과 저주: 레 26장과 신 27-28장에 상세하게 나온다. 일반적으로 저주가 축복보다 앞서고 저주는 파멸, 멸족, 재난, 가난, 역병, 기근. 이와 반대로 축복은 신적 보호, 봉신 자손들의 번성, 건강과 번성과 안정을 말하다.

(2) 끝으로 우리의 관심사인 보관조항과 낭독 조항이 있다. ① 언약의 동일한 두 돌판이 언약궤에 놓였다(신 10:5). 하나는 증인으로서의 하나님 앞에 놓이고 또 다른 하나는 증인으로서 이스라엘 백성들 앞에 놓인 것이다. ② 언약 규정의 공적 낭독 조항은 신 31:10-11에 언급되며 역사적 전통과 율법에 반복하여 공적 낭독이 명하여졌다(참. 수 8:30-35). 이를 통해 이스라엘은 언약파트너로서 하나님 언약 규정에 신실해야 했다. 또 이와 같은 낭독은 가족 내에서도 시행되었다(신 6:20-25).

율법낭독과 언약공동체

이스라엘이 언약에 '조인'했다는 언급은 없지만, 구두로 자신들의 동의 의사를 밝혔다: "여호와의 명하신 모든 말씀을 우리가 준행하리이다"(출 24:3, 7). 그때 체결된 언약은 피 뿌림에 의해 재가를 받았다(출 24:8). 이후 언약 민족이요 여호와 계시의 수령자이자 말씀의 보관자가 된 이스라엘(신 31:24-26; 롬 3:2)은 열방의 한 가운데서 하나님에게 순종하고 언약의 법에 따라 살아야 한다.

1) 언약과 선택: 하나님은 이스라엘을 언약을 맺기 위해 이스라엘을 구속하여 선택하셨다. 이스라엘은 세상 속에 하나님의 특별한 소유가 되었다(출 19:4). 하나님은 값을 치루고 사신 이스라엘에 대해 당연한 권리를 가진다.

하나님은 그의 백성들의 응답을 기다린다. 이스라엘은 이행해야 할 책임을 갖다. 선택과 응답은 양자택일의 문제가 아니다. 하나님은 예배와 봉사의 신앙적인 반응을 기다린다. 이스라엘은 그들에게 계시 된 하나님의 성품을 나타내기 위해 부르심을 받았다. 그들은 각 시대와 지역의 이방인들에게 하나님의 뜻을 전달하고 수행하기 위해 택함을 입었다(대상 5:26; 대하 36:22).

2) 언약과 소명: 언약을 맺은 이유는 이스라엘을 "제사장 나라와 거룩한 백성(직. 민족)"으로 세우려는데 있다(출 19:6). 여호와는 열방을 위하여 이스라엘로 거룩한 직무를 행하도록 세우셨다. 이스라엘은 열방 가운데서 하나님의 대리자로서 그의 영광을 드러내야 했다. 이스라엘은 세상 속에서 제사장 나라와 거룩한 민족으로 이방의 빛이 되어 세상과 다른 '대조사회'를 이루어야 한다.

3) 언약과 율법: 하나님은 이스라엘에게 삶의 지침으로 율법(십계명과 언약서)을 주셨다. 이스라엘은 시내 산에서 '책을 가진 백성'이 되었다. 십계명과 언약서는 이스라엘로 열방 가운데서 거룩한 백성과 대조적 백성으로 살아가도록 돕는 성결 설계도이다. 이 규정들은 사회를 향한 요구일뿐 아니라 하나님에 대한 의무를 말한다.

이스라엘은 열방의 한 가운데서 하나님의 왕국의 참된 모델이 되려면 여호와 하나님만을 섬겨야 한다. 이스라엘이 여호와에게 순종할 때 그들은 열방 가운데서 대조사회를 만들 것이다. 율법에 순종하는 삶은 주변 나라들의 감탄과 부러움을 자아내게 된다. 주변 나라들은 "오늘 내가 너희에게 선포하는 이 율법과 같이 그 규례와 법도가 공의로운 큰 나라가 어디 있느냐"(신4:8)고 외칠 것이다. 여호와 율법에 순종하는 것은 주변 민족들에게 증거가 되었다. "너희는 지켜 행하라 그리함은 열국 앞에서 너희의 지혜요 너희의 지식이라"(신 4:6).

4) 언약과 실패: 이스라엘은 하나님께 봉사하기 위해 구별된 특별한 민족이었으나, 자신들에게 부여된 선교적 의무들을 제대로 살피지 못했다. 그들

은 율법에 불순종함으로 자신들의 선교적 정체성을 포기하고 자신들의 사명을 성취하지 못하였다. 그들은 타민족과 완전히 격리되지 못하였고 이웃 민족들의 종교와 문화에 빠졌다. 언약 규정에 순종하지 못한 일로 이스라엘과 유다가 멸망하였었다. 그러나 하나님은 그들에게 은혜를 베푸셔서 일부 유다 백성들로 예루살렘으로 귀환케 하셨다.

언약 전통과 선지자들의 메시지

선지서에는 율법낭독의 관습이 언급되지 않았지만, 선지자들의 메시지는 앞선 언약 전통을 따르고 있다. 율법낭독 대신에 선지자들은 언약규정에 따른 메시지를 선포함으로 백성들로 회개를 촉구하였다. 포로기 이전 선지자들은 백성들이 율법을 어긴 일로 하나님과의 언약 관계를 파기하였고 그 결과 하나님의 진노가 임박하였으니 그들에게 회개할 것을 종용하였다. 포로기와 포로기 이후 선지자들도 마찬가지였다. 특히 포로기 이후 선지자들은 포로로 끌려갔다가 귀환한 백성들이 아직도 하나님의 율법을 파기하고 있다고 지적하면서 회개하지 않으면 하나님의 징계를 불러일으킬 것이라고 선포하였다. 선지자들은 이스라엘 백성들에게 모세의 언약규정을 지켜 행할 것을 누누이 강조하였다.

소논고의 지면상 포로기 이전 선지자인 아모스와 호세아의 메시지를 살피려 한다. 그들의 메시지는 세 가지로 요약된다. 1) 언약 관계 파기, 2) 백성들의 죄의 목록, 3) 회개 촉구가 그것이다.

언약 관계 파기

아모스는 하나님과 백성 사이에 맺어진 언약 관계를 전제하고 백성들이 언약규정을 지키지 못함에 대하여 준열히 꾸짖으면서 백성들에게 임할 심판을 경고한다. "…내가 땅의 모든 족속 중에 너희만 알았나니 그러므로 내가 너희 모든 죄악을 너희에게 보응하리라"(암 3:1-3). 호세아도 동일한 메시지를 전한다. "…이 땅에는 진실도 없고 인애도 없고 하나님을 아는 지식도 없고…"(호 4:1-2).

상기 구절에서 "내가…알았나니"와 "하나님을 아는 지식"이란 어구는 언약 관계를 전제한다. '아는'(히. 야다)이란 용어는 법적 의미로 사용된 언약-조약 용어이다. 다른 이를 '아는' 것은 그를 조약-언약상대자로 인정하며, 그런 합의하에 상대자를 안다는 것은 설립되고 수용된 합의적 규정들을 순종함을 의미한다. 이런 구도에서 언약상대자가 아닌 다른 사람을 '아는' 것은 언약상대자들 사이에 맺었던 약정이 파기되었음을 의미한다.

아모스는 여호와의 요구하는 언약규정이 이스라엘 백성들 가슴속에서 사라져 버렸다고 통탄하였다. 이스라엘은 어떻게 '바른 일'(암 3:10)을 행할 줄도 모르고 다만 포악과 겁탈을 행할 뿐이라고 꾸짖다. 그는 이미 하나님과 백성들 사이에 주어졌던 언약이 파기되었음을 선포하였다. 호세아의 "하나님을 아는 지식"이란 용어도 백성들이 여호와와 맺은 모든 결속을 전적으로 버렸다는 사실과 밀접하게 연결되어 있다.

죄의 목록

아모스는 이런 고소와 아울러 백성들의 행동을 "모든 죄"(פשע, '페샤'; 곧 배반의 행위)로 기술한다. 이 용어는 고대의 조약 언어에서 '봉기하다', '배반하다', '범하다'란 의미로 조약 당사자들에게 주어진 조약 규정들을 파기함으로 종주의 권위를 벗어 버린다는 뜻이다. 암 2:4-8에서 백성들이 행한 '배교적' 행위는 하나님과 백성들 사이에 주어졌던 언약 관계가 깨졌음을 묘사한다. 호세아도 "하나님을 아는 지식", 곧 하나님의 언약규정을 인지하여 행동하는 올바른 지식이 없어 백성들이 언약 관계를 깨트렸다고 말한다.

선지자들은 백성들이 삶의 모든 영역에서 죄를 범하였다고 지적하면서 그들이 범한 죄의 목록을 나열하였다. ① 사회적 범죄: 그들은 가난한 자들을 압제하였고(암 8:4), 시장에서 거짓이 횡행하고(암 8:5), 보호받지 못한 자들을 노예로 팔며(암 8:6), 상아의 침상에 누우며(암 6:4), 여자들이 사치와 쾌락으로 일삼았다(암 4:1). ② 종교적 범죄: 종교지도자들(호 4:9), 지도자 계층(호 5:4)뿐 아니라, 백성들마저 모두 "하나님의 지식"을 거절하여, 그들은 하나님을 그들의 언약의 종주로 더 이상 인격적으로 알지 못하여 곁길로 나아갔다. 온전한 지식이 없다 보니 언약 규정을 지키기보다는 쉬운 방법인 종교적 제의로 이를 대체하려 한다(암 4:4-5). 그러나 그들이 열심히 드리는 헛된 제의와 텅 빈 순례도 언약규정을 파기한 죄를 속하지 못한다. 그 결과 하나님도 '너를 버려'(호 4:6b), 이스라엘과의 언약 관계를 종결시키겠다고 선포하신다.

회개 촉구

선지자들은 반복하여 백성들로 죄에서 하나님께로 돌아오라고 선포한다. "너희는 살기 위하여 선을 구하고 악을 구하지 말지어다…너희는 악을 미워하고 선을 사랑하며 성문에서 공의를 세울지어다…"(암 5:14-15). 아모스가 말하는 '선'은 언약에 비추어 사는 것을 말한다. 곧 언약규정을 온전하게 행하라고 말한다. 이런 '돌아옴' '되돌아옴'은 백성들 편에서 언약 관계유지를 재개하겠다는 뜻을 내포한다. 하나님이 백성들에게서 요구한 것은 돌아와 주어진 언약 책임을 수용하는 일이다. 백성들은 하나님께 돌아와 언약규정이 가르치는 대로 살아야 한다: "오직 공법을 물 같이 정의를 하수 같이 흘릴지로다"(암 5:24). 백성들은 하나님과 언약을 체결할 때 합의한 바를 행할 때에만 그의 특별한 백성이 될 수 있다.

요약하면, 포로기 이전 선지자들 시대에 과거로부터 전해오는 언약 전통이 살아 있었다. 선지자들은 언약 전통에 따라 이스라엘이 언약규정을 준수하지 않아서 나라가 멸망될 것이라고 선포하였다. 그들은 백성들에게 언약규정으로 준수하여 여호와께 돌아오라고 회개를 선포하였다. 율법낭독은 선지자들의 언약규정 선포로 이어졌다.

유대교의 성경낭독

토라 낭독

느 8장의 에스라 개혁 이후 율법낭독과 율법연구는 회당 예배의 중심이 되었다. 상당히 이른 시기부터 토라 낭독은 절기 축제에 공동체 예배의 주된 요소였다. 주후 200년경에는 토라 낭독 관습은 매 월요일, 목요일과 안식일에 시행되었다. 이외에도 특별한 토라 낭독이 시행되었다. 예를 들면, 하누카와 부림절과 같은 절기, 특별한 금식일과, 더 나아가 유월절 절기에 앞선 네 번의 안식일에서도 시행되었다(참. M. Meg. 3:4-6). 매주 안식일 토라 낭독은 유월절 절기에 앞선 네 번의 안식일 낭독 관습에서 발전했거나 확장된 것으로 보인다(참. 행 15:21; Jos. Apion II.175; Philo, II Somniis 27). 매주 안식일 낭독이 이어지면서 토라 전체가 연속적으로 읽히게 되었다.

선지서 낭독

시간이 흐르면서 선지서들 일부가 유대인 낭독 예전에 포함되었다. 곧 이사야, 예레미야, 열왕기상, 열왕기하, 에스겔 등과 같은 책들이다. 이들의 일부 단락들이 토라 낭독의 끝맺음(Haphtarah, '하프타라')에 곁들여졌다. 이 관습의 기원은 아직 밝혀지지 않았지만, 토라 낭독이 시행된 연후에 나타났다. 눅 4:16-21의 예와 같이 일반 안식일에 선지서가 낭독된 경우는 당시 정착된 관행이 아니었다. '하프타라'(Haphtarah) 낭독은 시간이 흐르면서 여러 절기와 유월절에 앞선 4번의 안식일에 주어졌던 오경 낭독에 곁들여진 것으로 보인다(Tosefta와 T. B. Meg. 31a-b). 토라의 경우와 같이 이 관습도 절기에서 시작되어 각 안식일로 확장되었다. 토라가 낭독되는 매 안식일, 절기 혹 금식일에 고정된 선지서 낭독이 주어졌다. 낭독할 단락 선별의 기준은 선지서가 내용이나 언어상 오경 낭독 부분과 유사한 데 있었다(T. B. Meg. 29b). 예를 들면 사 42:5는 창 1:1ff에 할당되고 미 5:6ff는 민 22ff에 할당되었다.

'하프타라' 발전에는 미드라쉬 문헌과 유대인 설교(homilectics)도 크게 공헌하였다. 랍비들은 토라 낭독 부분과 선지서 낭독 부분을 설교 형태 속에서 잘 묶어 풀어내었기 때문이다.

다섯 두루마리(메길로트)의 낭독

유대인 낭독 예전의 마지막 발전 단계는 탈무드의 전통에서 읽을 수 있는데, 다섯 개의 두루마리들이 절기에 낭독되었다고 한다. 에스더는 부림절에 낭독되었고, 시간이 지나면서 룻기는 칠칠절(오순절)에, 아가서는 유월절에, 애가는 아브월 9일째에, 전도서는 초막절(수장절)에 낭독되었다.

신약과 초대교회 시기

신약의 주된 본문

1) 예수의 회당에서의 설교(눅 4:28-30)

예수님은 두루마리를 펼쳐서 이사야 61:1-2을 읽으시고(참. 사 58:6), 이를 덮은 뒤에 "맡은 자"(20절)에게 주고 앉으셔서 회중들을 가르쳤다. 이사야는 이스라엘의 미래를 레위기 25장에 나오는 희년 혹 면제년이란 관점에서 말하였다. 성경 저자 누가는 의도적으로 인용문을 구원에 대한 말로 끝냈다. 예언이 즉각 성취되었다는 예수님의 말씀('오늘날'[4:21-22]; 참. 2:11; 19:5; 23:43) 때문에 회당에 모인 모든 사람이 분노했다. 예수님이 공생애 동안 왜 공격을 당하시게 되는지를 보여 주는 첫 번째 열쇠이다. 당시 많은 랍비와 교사들은 예수님이 읽은 본문이 메시야 시대에 성취되는 것으로 가르쳤다. 성경을 이렇게 해석하는 것 자체가 1세기의 팔레스타인 유대인들에게 거슬리는 것은 아니었다. 그들을 불쾌하게 한 것은 종말의 때가 예수님의 사역 안에서 도래되었다고 말한 데 있다. 나사렛 사람들은 이미 예수님을 알고 있었지만, 새로운 시대의 도래 안에서 예수님을 받아들이는 데에 마음이 열리지 않았었다.

예수님은 회당에서 선지서를 낭독하셨는데, 당시 관행은 선지서 낭독뿐 아니라 율법서 낭독도 함께 시행되었었다. 당시 회당에 표준화된 예전용 낭독 성구집이 만들어지지 않아서 낭독자들이 선지서에서 아무 본문이나 마음대로 골라 읽었던 것으로 해석될 수 있다. 혹 당시 회당에서 책임 맡은 자들(개. '맡은 자'; chazan, '하잔', 20절)이 어떤 책을 읽을지를 선택했을 수도 있다. '하잔'은 회당에서 건물과 두루마리 등을 관리하는 책임을 맡은 관리들로 나중에는 유급직이 되었다. 그들은 회당장보다는 권한이 적었다.

2) 바울의 회당에서의 설교(행 13:15)

바울이 사역하던 당시 회당에서 율법과 선지서의 낭독이 있었고 이에 따른 권면 또는 본문 강해가 이미 행해지고 있었다(행 13:15; 참. 15:21). 율법서와 선지자의 글을 읽은 후에 회당장들이 바울에게 회중들에게 권할 말이 있으면 말하라고 권유하였다. '회당장'은 지역 회당에서 가장 높은 공직자였다. 이런 직함은 당시 여러 지역에 걸쳐 발견된 유대인의 비문으로 입증된다.

바울의 성경을 꿰뚫은 강해(행 13:16-43)는 사도행전에 수록된 그의 다른 설교와 대조된다(행 14:15-17과 17:22-31). 바울은 그의 서신에서처럼 설교에서도 각기 다른 청중에 맞춰 각기 다른 방식으로 설교하였다. 유대 팔레스타인에서는 강해자가 앉아서(참. 예수님의 경우[눅 4:20]) 율법을 해설했지만, 바울은 여기서 서서 하고 있다. 아마 그 이유는 그가 해석하기보다는 권면하였기 때문일 수도 있고 아니면 이 지역의 관습은 팔레스타인과 다르기 때문일 수도 있다.

초대교회의 낭독 관습: 책의 종교

로마 시대의 종교 환경에서 보면 초기 기독교는 다른 종교와는 달리 '책의 종교'였다. 초대교회는 유대교 회당 예배와 같이 회집할 적마다 성경을 봉독했다. 더 나아가 성경을 필사하고, 전파하는 활동을 했다. 이는 유대교를 제외하면 로마 시대의 종교 집단들 사이에서 이례적 특징이었다. 초대교회는 성경 공동체였다.

1) 성경낭독

성경낭독은 초기부터 대다수 초대교회에서 행해지던 공중 예배의 순서 중 하나였다. 이는 로마 시대의 다른 종교 관행들과 다르다. 이방 종교의 경우 경전은 사제용이지 공중 예배의 일환으로 낭독되지 않았다. 이와 반면 초대교회의 성경낭독 관행은 정기적으로 행해졌다.

(1) 기독교인들은 예배에서 성경을 '구술'했다. 즉 사람들의 이해를 돕기 위해 글을 읽을 줄 아는 사람이 공중 앞에서 크게 소리를 내어 읽었다. ① 다수가 글을 읽지 못하더라도, 성경을 읽어줄 수 있는 사람이 한 명만 있으면 가능했다. ② 기독교인들이 공중 예배에서의 낭독을 위해 성경이 여러 교회에서 사용될 수 있도록 이를 필사하고 유포하였다. ③ 초기의 몇몇 기독교 사본을 보면 성경낭독을 장려하기 위해 고안한 특별한 장치들이 보인다. 예로 기본적 구두법, 문장과 구문 같은 의미 단락을 표시하기 위한 띄어쓰기, 줄마다 첫 글자를 큼직하게 쓰기, 큼직한 글씨와 넉넉한 줄 간격 등이다. 이는 성경 낭독자들을 위한 시각적 장치였을 것이다.

(2) 1-2세기의 여러 문헌은 유대인들과 기독교인들에게 성경낭독의 관행이 있었음을 보여준다. 요세푸스는 1세기 후반에 유대인들은 회당에 모여 "율법을 듣고 율법에 대한 정확하고 철저한 지식을 얻었다"고 말한다(아피온 반박문

[Against Apion] 2권 175절). 필로는 알렉산드리아의 관행을 말한다. 또 이를 증언해주는 고고학적 증거도 있다. 1세기 예루살렘에 세워진 회당 건설을 기념해 세운 테오도투스(Theodotus) 비문이 그렇다. 회당 건립 목적을 '율법의 봉독과 율법의 가르침'으로 표현하였다. 또 2세기 중엽의 순교자 유스티누스의 변증서에 따르면, 교회는 예배에서 "사도들의 회고록이나 선지자들의 글"을 정기적으로 낭독하였다고 말한다(제1변증서[First Apology] 67:3). 여기서 '선지자의 글'은 구약성경을 지칭하고 '사도들의 회고록들'은 복음서를 지칭한다. 요약하면 1-2세기에 바울 서신과 복음서들이 구약성경과 함께 초기 교회에서 낭독되었다.

2) 성경 필사

신약성경은 교회에 참석한 회중에게 '소리 내어 읽어줄' 의도로 기록되었다고 말할 수 있다. 바울 서신들과 기타 서신들이 여러 교회로 보내졌으며, 처음부터 교인들이 모여 공중 예배를 드릴 때 회중 앞에서 낭독하도록 작성된 것으로 보인다. 고린도전후서는 고린도 교회 성도들 앞으로 보낸 것이고, 데살로니가 교회와 빌립보 교회에 보낸 편지들도 특정한 지역의 성도들에게 보낸 것이다. 반면 로마서는 "로마에서 하나님이 사랑하심을 받고 성도로 부르심을 받은 모든 자에게"(롬 1:7), 곧 로마에 있는 여러 교회에 보내진 서신이었다. 지역이 다른 두 개 혹 그 이상의 교회들이 바울의 편지를 공유했다는 언급도 있다 골 4:16은 바울이 편지를 "라오디게아인의 교회에서도" 읽게 하라고 지시한다. 갈라디아서는 "갈라디아 여러 교회에"(갈 1:2) 보낸 편지이다. 여기의 '여러 교회'는 갈라디아의 여러 도시에 있던 다수의 기독교 공동체를 지칭한다. 바울의 편지들은 전달된 즉시 혹은 오래지 않아 다른 지역의 교회에 전달되었다. 요한계시록도 로마의 속주인 소아시아 지역의 일곱 도시에 있는 교회들을 대상으로 기록되었다(계 2:1-3:21). 야고보서는 "흩어져 있는 열 두 지파에게"(약 1:1) 보낸 편지다. 베드로전서는 "본도, 갈라디아, 갑바도기아, 아시아와 비두니아에 흩어진 나그네"(벧전 1:1)에게 보내진 편지였다.

바울 서신들은 초기부터 권위를 가진 성경이었다. 벧후 3:15-16의 "그 모든 편지"는 바울 서신 '모음집'을 암시하며, 이를 "다른 성경"과 같은 권위를 가졌음을 말한다. 이는 기독교 문서를 '성경'으로 언급한 가장 이른 시기의 증거이다. 이처럼 구약성경뿐 아니라 복음서와 여러 서신이 공중 예배에서 낭독되었을 뿐 아니라 개인적으로도 읽혔다. 유대교 회당에서 오경과 선지서에 국한하여 낭독하는 관습이 있지만, 이와 달리 초대교회는 구약성경과 더불어 복음서와 여러 서신을 공중 예배의 일환으로 정기적으로 낭독하였다.

성경낭독과 새로운 삶의 법칙

초기 기독교부터 성경낭독은 신자들에게 사회적 실천과 올바른 행동의 책무를 가져다주었다. 기독교인들은 지역 안에서 사회적 행동 양식을 바꾸려고 공개적으로 대조적 삶을 살았다. 이런 태도는 비기독교인의 심기를 불편하게 하고 적개심을 불러일으켰다. 때로 기독교인들은 어려운 선택을 해야 할 때가 많았다. 할 수 있는 일과 해서는 안 되는 일이 무엇인지를 구별하면서 주변 사람들과 다른 삶을 살았다. 이 과정에서 가장 빈번하게 갈등을 빚는 것은 정부 당국이 아니라 자신의 가족, 친구, 이웃들이었을 것이다.

그들은 성경낭독을 통해 들은 대로 살면서, 로마 사회와 다른 대조사회를 만들었다. 몇 개의 예를 들어보자. 1) 영아 유기: 개인 영역. 부모들이 신생아를 목 졸라 죽이거나 바다에 빠트리거나 외진 곳에 버렸다. 로마법은 영아 유기를 금하는 법이 없었다. 버려진 아기는 맹수나 맹금에게 먹히거나 누군가 거둬들이더라도 보통 노예로 길러졌다. 이런 영아 유기 관행을 비판하고 거부했던 집단은 유대교와 그 전통을 이어받은 기독교가 유일했다. 2) 이방 제사와 제물: 바울은 이방신에게 드려진 음식을 먹는 일을 '우상숭배'라고 지적하다(고전 8:1-13; 10:14-22). 이에 반하여 시장에서 파는 고기는 '묻지 말고' 사서 먹어도 좋다고 허용하다(10:23-26). 이방인이 식사 자리에 초대하면 음식에 대하여 '묻지 말고' 먹을 것을 권하다(10:27). 하지만 주인이 이방 신에게 바친 제물이라고 밝히면 이를 먹어서는 안 되었다(10:28).

기독교인들은 '세계 곳곳의 도시에' 흩어져 살지만, 이 세상에 속한 자들이 아니었다. 그들은 나라의 법을 준수하면서 또 세상의 법을 넘어서는 삶을 살았다. 그들의 시민권은 하늘에 있었기 때문에, 세상이 요구하는 것보다 더 높은 기준에 따라 살았다. '기독교인들은 자신들을 미워하는 자들을 사랑하고,' '그들은 핍박을 받을수록 날마다 그 수가 늘어난다.' 이처럼 매번 모일 적마다 낭독되는 성경 말씀은 기독교인들의 삶을 변화시켰고, 교회는 그 지역을 변화시켰다. 신자들은 세례를 받는 즉시 올곧은 행동들을 실천하였다. 초기 기독교는 사람들의 행동거지를 올바르게 교정하기 위해 '공동으로 노력한 특별한 집단'이었다.

초기 기독교인들은 낭독된 성경 말씀대로 살면서 세상과 구별된 '대조사회'를 형성하였면서 세상을 변화시켰다. 또 성경 말씀을 필사하여 다른 지역에도 보내어 그곳에서도 동일한 사역이 일어나게 하였다. 초대교회는 외부 사람들에게 빛이 되고 언덕 위의 도시가 되고 열방에 등불이 되는 삶을 살아냄으로 언약소명을 이루어내었다.

요약과 성경낭독 실례

요약
성경낭독 실례
1) 말씀의 교회(양수분 목사: 2003.12.07. 설립)
2) 우간다의 중국선교사의 성경교육 사역
3) 김대영(중국 선교사[전], 휄로십 교회 담임목사[현])의 성경통독 사역
4) 최성종(필리핀 선교사)의 성경통독 사역

· 참고목록

Archer, Gleason L. *Exodus*. Springfield, Mo.: World Library Press, 1996.

Balentine, Samuel E. *The Torah's Vision of Worship*. Minneapolis: Fortress, 1999.

Breneman, Mervin. *Ezra, Nehemiah, Esther*. Nashville: Broadman & Hollman Publishers, 1993.

Cassuto, Umberto. *A Commentary on the Book of Exodus*. Jerusalem: Magnes Press, 1967.

Cole, R. A. Exodus. Downers Grove, Ill.: InterVarsity Press, 1973.

Craigie, Peter C. *The Book of Deuteronomy*. Grand Rapids: Wm. B. Eerdmanss Publishing Co., 1976.

Fensham, F. Charles. *The Books of Ezra and Nehemiah*. Grand Rapids: Wm. B. Eeradmans Publishing Co., 1982.

Gorman, Jr., F. H. *The Ideology of Ritual: Space, Time & Status in the Priestly Theology*. Sheffield: JSOT, 1990.

Harris, R. Laird. "Leviticus." In *The Expositor's Bible Commentary*, vol. 2. Grand Rapids: Zondervan Publishing House, 1990.

Hartley, John E. *Leviticus*. Dallas: Word Books, 1992.

Kaiser, Walter C. "Exodus." In *The Expositor's Bible Commentary*, vol. 2. Grand Rapids: Zondervan Publishing House, 1990.

Kalland, Earl, S. "Deuteronomy." In *The Expositor's Bible Commentary*, vol. 3. Grand Rapids: Zondervan Publishing House, 1992.

Kidner, Derek. *Ezra and Nehemiah*. Downers Grove, Ill.: InterVarsity Press, 1979.

Madvig, Donald H. "Joshua." *In The Expositor's Bible Commentary*, vol. 3. Grand Rapids: Zondervan Publishing House, 1992.

McComishky, Thomas E. *The Minor Prophets: An Exegetical and Expository Commentary*. 3 vols. Grand Rapids: Baker Book House, 1992, 1993, 1998.

Patterson, Richard D., and Hermann J. Austel, "1, 2 Kings." *In The Expositor's Bible Commentary*, vol. 4. Grand Rapids: Zondervan Publishing House, 1988.

Thompson, J. A. *Deuteronomy*. Downers Grove, Ill.: InterVarsity Press, 1974.

Williamson, H. G. *Ezra, Nehemiah*. Waco, Tex.: Word Books, 1985.

Wiseman, Donald J. *1 & 2 Kings*. Downers Grove, Ill.: InterVarsity Press, 1993.

Woudstra, Marten H. *The Book of Joshua*. Grand Rapids: Wm. B. Eerdmans Publishing Co., 1981.

Yamauchi, Edwin M. "Ezra-Nehemiah." *In The Expositor's Bible Commentary*, vol. 4. Grand Rapids: Zondervan Publishing House, 1988.

김의원. "선지서에 나타난 언약신학 연구". 신학지남. 1966.
이학재. 선지자들의 메시지. 도서출판기쁜날. 2008.

· 이상명

클레어몬트대학원(Claremont Graduate University)의 종교학부에서 신약학으로 M.A. 학위와 Ph.D. 학위를 받았다. 장로회신학대학교(M.Div.)와 계명대학교(B.S.)에서 수학하였다. 그의 박사 학위 논문은 Wissenshaftliche Untersuchungen zum Neuen Testament (Tübingen, Germany: Mohr Siebeck)의 제 2시리즈에 채택되어 The Cosmic Drama of Salvation: A Study of Paul's Undisputed Writings from Anthropological and Cosmological Perspectives로 개정되어 2010년 봄에 출간되었다. 현재 미주장로회신학대학교에서 총장으로 학원을 섬기면서 신약학을 가르치고 있으며 그의 학문적 관심은 기독교의 기원과 성서해석, 그리고 그레코-로마 콘텍스트에서의 바울사상 해석에 있다.

The
HOLY BIBLE   **FORUM 2**

1세기 구전문화와
코리언-아메리칸 이민교회의
바람직한 성서읽기

1세기 구전문화와
코리언-아메리칸 이민교회의
바람직한 성서읽기

The Oral Culture of the First Century
and a Desirable Bible Reading of the Korean-American Immigrant Church

---

이상명

"그러므로 믿음은 들음에서 생기고, 들음은 그리스도를 전하는 말씀에서 비롯됩니다."(로마서 10:17)

"하나님께서 우리에게 새 언약의 일꾼이 되는 자격을 주셨습니다. 이 새 언약은 문자로 된 것이 아니라, 영으로 된 것입니다. 문자는 사람을 죽이고, 영은 사람을 살립니다."(고린도후서 3:6)

들어가는 글: 태초에 '소리'가 있었다!

태초에 '소리'가 있다. 빛이 있으라! 하나님의 '다바르'(דבר, 헬. λóγος)는 이 우주(κóσμος, 본래 뜻은 '질서')에 생명을 부여하는 태고적 빛을 생성시킨다. 전통적으로 유대 신학자들은 그 소리를 초기 지혜문학에서는 '호크마'(חכמה/σοφία/지혜)로, 후기 지혜문학에서는 '토라'(תורה/νόμος/율법)와 '로고스'(λόγος)로 동일시한다.[1]

호크마, 토라, 로고스는 우주를 창조하고 보존케 하는 하나님 말씀의 다른 표현일 뿐이다. 그런 의미에서 하나님의 말씀은 이 우주 만상을 생성시킨 소리-사건이다. 그 소리는 어느 거리 한 모퉁이를 한 바퀴 휘감고 돌다 맥없이 사라지는 그런 바람 소리가 아니다. 그 소리는 허공을 가르고 지상으로 떨어지는 유성(流星)이 일순간 불꽃을 뿜어내다 이내 꺼지면서 발하는 그런 찰나적 소리도 아니다. 그 소리가 울려 퍼지는 공간에는 어김없이 창조와 생명 현상을 일으키는 사건이 일어난다. 그 소리는 때로 다양한 성서 저자들과 하나님의 백성들에게 영감 있게 전달되고, 그 소리에 그들이 삶으로 반응하여 기록한 것이 바로 성서다. 따라서 성서는 신적 소리의 울림과 그 울림에 대한 역사 속 다양한 사람들의 반응을 문자화한 것이다.

인류가 입에서 입으로 메시지를 전하는 구전(口傳) 문화(oral culture)를 얼마나 오랫동안 간직했는가를 추정하는 것은 거의 불가능하다.[2] 고인류학자들은 그 기간을 50,000년에서 수백만 년으로 다양하게 추산한다.[3] 장구한 인류의 전(全)역사에 비해 글쓰기는 불과 수천 년 전에 발명되었기에 인류역사의 대부분 동안 인류는 구화(口話), 즉 말을 매체로 사용하여 말 되어지고 행위 되어지는 예술로만 소통하였다는 사실이 의미하는 바는 크다 하겠다.

성서시대는 요하네스 구텐베르크(Johannes Gutenberg)가 동판 인쇄술을 발

---

1 주전 6세기 기록된 것으로 보이는 잠언서에서 지혜(חכמה/σοφία)는 인격화하고 실체화하며, 주전 2세기 초 기록된 시락서(Sirach)/벤시라의 지혜서(Wisdom of Ben Sira)에서 지혜와 율법(תורה/νόμος)은 동일시된다. 그러다가 솔로몬의 지혜서(Wisdom of Solomon)가 기록된 주전 200년부터 주전 50년 사이에 지혜는 로고스(λόγος)와 동일시된다. 그렇게 됨으로써 신약성서 시대가 펼쳐지는 주후 1세기경 지혜와 율법과 로고스 사이의 동일시는 전통적 사상이 된다. 지혜-율법-로고스 사이의 이러한 동일시가 이뤄지는 과정에 대한 보다 자세한 논의는 필자의 저서, *The Cosmic Drama of Salvation: A Study of Paul's Undisputed Writings from Anthropological and Cosmological Perspectives*(Tübingen, Germany: Mohr Siebeck, 2010), pp. 39-64, 100-107 참조.

2 필자는 본 소고(小考)에서 'oral culture'를 '구전문화'(口傳文化), '구술문화'(口述文化), '구화문화'(口話文化), '구송문화'(口誦文化)로 문맥에 따라 다양하게 표현하나 동일한 의미로 사용한다.

3 Donald Johanson, Blake Edgar, and David L. Brill, *From Lucy to Language*, rev. ed. (New York: Simon & Schuster, 2006), pp. 106-107.

명한 주후 1,500년경 보다 2,500년 이전, 즉 적어도 주전 1,000년 전으로 거슬러 올라간다. 따라서 성서의 가장 오래된 전승은 기록이 아닌 전적으로 구화로만 전달된다. 성서가 양피지나 파피루스에 기록되기 시작할 때조차도 소수의 사람들만이 그것을 소유할 수 있고, 소수의 사람들만이 그것을 읽을 수 있다. 당시 대부분의 사람들은 성서 메시지를 여전히 생생한 구화나 청각 행위로서 경험할 뿐이다. 따라서 인류가 성서의 메시지를 활자화한 책으로 읽게 된 것은 500년에 불과하다. 우리는 2,500년 동안 대부분의 사람들이 성서 메시지를 구화나 청각 행위로서 경험하였다는 사실을 망각한 채, 성서 시대 초기부터 그들이 성서 자료를 '눈'으로 읽었다고 착각하곤 한다. 그뿐인가. 구두전승을 필사(筆寫)하던 시대에도 소수의 엘리트 특권 계층만이 읽고 쓰는 능력을 지니고 있다. 활자화한 정보가 너무 만연되어 있고, 활자문화가 우리 문화에 깊이 정착된 나머지 성서가 기록되기 전, 성서의 상당 부분이 전적으로 구화로 전달되며, 심지어 성서의 중심인물들이 우리 시대에 너무나 당연시되는 읽고 쓰는 능력조차도 그들에게는 없을 수 있다는 사실조차 망각할 때가 있다.

구전문화에서 활자문화로의 전환은 인류역사에 아날로그 문화와 디지털 문화의 차이보다 더 큰 변화를 가져온다. 1세기, 내레이터 성대(聲帶)의 떨림을 통해 성서 이야기를 전달하던 구전문화는 15세기 이후부터 지속된 활자문화와 근본적으로 다르다. 내레이터가 낭송하고 모든 회중이 함께 듣는 구화/청각 퍼포먼스(oral/aural performance)를 통해 전달된 성서 이야기는 우리가 현재 눈으로 읽는 성경 이야기와는 판이하게 다르다.

글을 깨지 못한 문맹(文盲)의 민중들에게 성서 이야기는 '그람마'(γράμμα/문자)가 아닌 내레이터의 목소리를 타고 그들의 귀에 들려진 한 편의 생생한 이야기요, 그들의 삶을 송두리째 바꾸어 놓는 사건이 된다. 적어도 성서 속 인물들이 활동하던 시대는 구전문화가 편만한 시대다. 그러한 문화 속에서 성서 이야기는 구화로 유포되어나가고, 그와 더불어 교회와 복음의 지경은 점점 더 확장되어간다. 1세기 구전문화에서 성서 이야기는 활자화한 문서를 읽는 것이 아닌, 내레이터가 전하는 성서 이야기를 들음으로써 그리고 내레이터의 신체 언어(body language)를 통해 전달됨으로써 회중들의 얼(정신)과 영(靈)에 공명되는 사건, 즉 구원사건이 된다. 하여 바울은 로마서 10장 17절에서 "믿음은 들음에서 난다."고 말하지 않았던가? 이 소고에서 필자는 1세기 구전문화 속에서 생생하게 읽혀지고 들려져 생명사건이 된 성서 이야기의 울림과 현상과 역사를 반추(反芻)하고, 어떻게 하면 활자문화 속에 놓인 21세기 교회 현장에서 다시 그 소리를 울리게 할 수 있는지를 살펴보며 그 방안을 제안하고자 한다.

고대의 구전문화

인류역사에서 글쓰기 방식이 도입된 것은 주전 4,000년 고대 메소포타미아와 이집트에서다. 가장 잘 알려진 것이 메소포타미아의 설형문자와 이집트의 상형문자다.[4] 주전 2,000년에 서구 알파벳이 중동의 어느 지역에서 창제되는데, 일반적으로 페니키아인들이 지중해 전역에 셈어 계통의 알파벳 사용을 보급한 것으로 알려진다. 그 알파벳도 본래 자음으로만 구성되고, 오늘날조차 히브리어 및 아랍어와 같은 셈어는 모음 표기 없이 사용되고 있다. 주전 8세기 그리스인들이 그 자음 알파벳에 모음을 첨가함으로써 모든 현대 서구 알파벳의 시조(始祖)가 된 알파벳을 만들게 된다.

'사본'(寫本)을 뜻하는 영어 단어 '매뉴스크립'(manuscript)은 "손으로 쓴" 것을 뜻한다. 글쓰기가 행해진 재료와는 하등 관계가 없다. 고대에는 문자를 돌, 나무, 점토, 파피루스와 양피지와 같은 재료에 쓴다. 수천 년 동안 모든

---

4 폴 엑터마이어(Paul Achtemeier)가 편집장으로 편저한 *HarperCollins Bible Dictionary*(San Francisco: HarperSanFrancisco, 1996)의 "Writing"(pp. 1227-1230)이란 제하의 섹션 참조.

글쓰기는 메뉴스크립, 즉 필사(筆寫)이다. 인쇄기가 발명되고서야 사람들은 인쇄상의 쓰기, 즉 기계를 매개로 한 글 쓰는 방식을 도입하기 시작한다. 1세기에 기록된 대부분 작품은 두루마리 형태를 취한다. 현대의 책과 유사한 코덱스(codex)로 알려진 책의 형태가 있지만, 그것은 대부분 물품·명세서와 다른 세속적 임무를 위해 사용되었다. 두루마리는 읽기가 꽤나 성가신 것으로 한 칼럼에서 다음 칼럼으로 움직일 때마다 두루마리를 말아야 하기에 두 손을 사용해야만 한다. 헬라어로 기록된, 현존하는 가장 오래된 사본인 2세기경의 '대문자 사본'은 띄어쓰기도 구두점도 없다. 따라서 헬라어를 숙지한 현대의 독자라도 이러한 사본을 해독하기 위해서는 상당한 시간을 들여야 할 것이다.

서구문화에서 문학이란 글자/문자를 떠나서는 생각할 수 없는 개념이다. '문학'을 뜻하는 'literature'란 말을 보더라도 그 단어의 어원인 라틴어 'litera'는 '글자/문자'를 의미한다. 이런 의미에서 글자에 의존하는 활자문화를 떠나서 서구문화는 존재할 수 없다. 그러나 고대세계는 현대인의 의식과 생활을 지배하고 있는 활자문화가 아닌 전적으로 구전문화가 지배한다. 글자/문자로 기록된 문학작품이 존재하기 전에 구전문학이 먼저 존재한다. 구전전통은 세대를 거쳐 전해내려 온 인류의 역사와 문화, 그리고 전통을 간직한 보물단지라 할 수 있다. "아프리카에서 노인이 죽는다는 것은 도서관이 불타버리는 것과 같다."는 말이 있다. 아마두 함파테 바(Amadou Hampate Ba)라는 사람이 한 말이다.[5] 아프리카에서 구전전통이 갖는 가치를 잘 드러내는 말이다. 오랜 시간 구전을 통해 누적된 정보를 간직한 나이 많은 이가 죽게 되면 기실 모든 정보와 지식의 보고인 도서관 하나가 불타서 사라지는 것과 매한가지다. 아프리카의 구전(口傳)·구비(口碑) 전통은 다른 대륙에 비해 그 중요성이 더욱

---

5 Amadou Hampate Ba, 이희정 역, *Amkoullel, L'Enfant Peul*《들판의 아이: 아프리카 아이들은 이야기를 먹고 자란다》(서울: 북스코프, 2008). 이야기꾼, 전통학자, 구도자로 '검은 아프리카의 현자'라 불리던 저자는 이 책에서, 아프리카에서 한 부족의 역사는 이야기가 모이고 모인 또 하나의 거대한 이야기 형태로 존재함을 피력한다.

큰데, 그 이유는 많은 역사적 자료들이 문자 기록보다는 입에서 입으로, 즉 구전으로 내려오기 때문이다. 마치 조각가가 아름다운 예술품을 창조하기 위해 나무나 돌을 재료로 사용하듯 구전문화 속에서는 이야기꾼이 이야기나 노래를 창작하기 위해 '발설된 언어'를 사용한다.

성서가 문자로 기록되기 전에 성서시대 사람들은 신화, 전설, 속담, 격언, 시, 노래, 이야기, 그리고 음악 등을 통해 사랑과 증오, 행복과 고뇌, 희망과 절망을 담아내거나, 하나님을 향한 사랑과 믿음을 표현한 내용을 구전으로 보존하면서 후세에 스토리텔링(storytelling) 형식을 빌려 전한다. 문자의 기록에 의존하는 시대나 문화권에서는 사람들이 과거에 대해 일종의 거리감, 격리감을 품기 마련이지만, 말과 말로써 소통하고, 말과 말로써 세대를 이어가던 구전시대의 문화권 속에서는 조상대대로 내려오는 이야기가 그들 삶의 일부이기에 지난 역사를 어제, 엊그제 일처럼 받아들이기도 한다. 따라서 구전 이야기는 대대손손 읊어지는 공동의 자산이다. 이렇듯 기록된 문학이 문자를 매체로 사용하는 것과 마찬가지로 구전문학은 구화(口話), 즉 발설된 언어와 그 언어를 행위로 표현하는 연기(performance)가 구전문학의 중요한 특징이 된다.

고대의 구전문화 속에서는 장구한 세월을 두고서 수많은 정보며 갖가지 이야기가 한 마을 사람들로부터 이웃마을로, 또 다시 다른 이웃마을로 전파된다. 그리고 한 세대에서 다음 세대로 대를 이어 정보나 이야기를 전승하게 하는 매체는 글자가 아닌 말 그 자체이다. 구전문학이 갖는 또 다른 특징은 구화로 전달되는 이야기를 통해 공동체 구성원들이 공동체의 정체성을 확인하고 함께 웃고 울고 위안하고 격려하며 영감을 불어넣는다. 구전문화에서 말하고 듣는 행위를 통해 전달되는 지식은 그 사회 집단의 사회적, 종교적 규범을 내포하고 사회구성원에 대한 교육적 지침의 구실을 한다. 또한 과거의 역사를 추적해주는 귀중한 자료의 몫을 담당하기도 한다.

그레코-로마 시대에 글을 읽고 쓸 수 있는 사람들은 학자들에 따라 정도의 차이는 있지만 전체 인구에서 차지하는 비율을 10% 정도로 추산한다.[6] 성서의 배경이 되는 지중해 거주민 90% 이상의 사람들은 청각을 이용해 모든 것을 경험하고 배우는 문맹인 농부거나 도시 거주자들이다. 1세기, 집단주의적 문화 속에서는 대부분 사람들에게 있어 프라이버시를 누릴 기회는 거의 없다. 당시 사람들은 노예까지 포함한 확장된 가족으로서 함께 살고, 집들은 이웃에게 공개되며, 시장은 사회적 상호교류의 센터이다. 다시 말해 고대인들의 삶이란 현대인들이 생각하고 추구하는 그런 개인주의가 자리할 곳이 없는, 전적으로 공동체적 차원을 지닌다. 지식은 사회구성원들이 함께 공유하는 지식이고, 기억 또한 사회적 차원을 지닌 기억이다. 각 개인이 알고 있는 지식이란 가족, 촌락, 공동체 모든 구성원들이 집단적으로 알고 있는 그런 지식에 다름 아니다. 구전문화에서 삶이란 전적으로 관계적이고 사회적 차원을 지닌다. 그런 구전문화에서 사는 사람들은 자신들이 들은 것을 기억하는 것에 상당히 능숙할 수밖에 없다. 그 이유는 부분적으로 자신들이 들은 것을 기억하는데 숙달되어 있고 훈련되어 있기 때문이다.

앞에서 이미 언급한 것처럼, 구텐베르크의 동판 인쇄술이 창안되고, 그 이전에는 결코 상상할 수 없을 정도로 읽고 쓰는 것이 장려되기 시작할 때까지, 대부분 사람들은 주로 구술/청각에 의존하여 소통하는 세상에서 산다. 그러나 그러한 구술/청각 문화는 필사문화와 함께 지속되었다는 사실을 짚고 넘어가야 한다. 필사는 저자가 직접 하기보다는 거의 대부분 저자가 구술하고 서기가 받아쓰는 방식을 통해 이루어진다. 또한 한 사람이 큰 소리로 읽어 주면 여러 필사자들이 동시에 받아쓰게 하여 대량의 필사본을 제작한다. 그러나 필사본은 자주 읽히지는 않고 오히려 암기되며, 그렇게 암기된 것으로부터 기억에 의존하여 낭송된다. 이것은 우리가 신약성서에서 발견하는 구약성서 인용문 대부분이 복사본 문헌으로부터 필사한 것이 아니라 기억

---

6 William V. Harris, *Ancient Literacy*(Cambridge: Harvard University Press, 1989)는 그레코-로마 시대 전체 인구의 10~20% 미만만이 읽고 쓸 수 있었다고 추정한다.

에 의존한 인용일 수 있다는 것을 뜻한다. 구전문화 속에서는 즉석에서 행하는 연설을 높이 평가하기에 기록된 자료도 그것이 중요하다 판단되면 암기되었을 것이다. 구전시대에 학생들은 읽는 것을 배우자마자 암송을 위해 기록된 자료를 암기해야 한다. 예수께서 헬라어를 배우셨다면 학교에서 가장 먼저 대하신 작품이 호머(Homer)의 《일리아드*Iliad*》와 《오디세이*Odyssey*》였을 것이다. 선생들은 학생들로 하여금 그 두 작품을 통째 암송하게 함으로써 헬라어를 숙지케 한다. 이렇듯 고대 구전문화 속에서는 어떤 중요한 문서를 암기하지 않고 그냥 읽는 것을 수치스럽게 여기는 경향이 강하다.[7]

구술문화의 많은 관례가 필사문화 속에서 보존된 것처럼 구술문화의 특징인 유동적이고 가변적인 언어 표현도 유지된다. 다시 말해 구전문화 속에서는 언어가 유동적이고 가변적이기에 동일한 작품을 낭송하는 어떤 구술 공연도 동일할 수 없는 것처럼 동일한 문헌을 필사하는 과정을 통해 나온 어떤 필사본도 동일한 것이 없다. 이를 반영하듯 현존하는 5,336개 신약성서 필사본 가운데 서로 완벽하게 일치하는 것은 없다.[8] 필사에 사용하는 모든 재료는 손으로 제작하기에 재질의 표면도, 페이지의 규격도, 잉크의 농도도 제각각 고르지 않다. 또한 필사하는 서기는 원래의 필사본을 베낄 때도, 이후 그 동일한 필사본에 추가하거나 삭제하는 교정을 할 때도, 엄청난 자유를 행사한다. 한 문헌의 정확한 복사와 그것을 규격화한 대량 복사가 이뤄지는, 활자시대를 살고 있는 현대인들이 그런 형태의 필사가 행해지는 구술시대를 상상하기란 힘들 것이다.

---

7 예를 들면, 퀸틸리안(Quintilian 11.3.132)은 학생들에게 연설문을 읽지 말라 훈계하는데 그 이유는 법정의 판사들이 그러한 행위를 경멸하기 때문이라고 한다. 이후 인용되는 그리스 및 라틴 고전 자료는 모두 The Loeb Classical Library(Cambridge, Mass.: Harvard University Press)에서 인용된다.

8 우리가 현재 소유하고 있는 것은 약 5,400여 개에 이르는 부분적 혹은 전체적 신약성경이 기록된 헬라어 필사본들과 구 라틴어, 시리아어, 콥트어, 에티오피아어 등으로 번역된 약 8,000개에 이르는 번역본들, 그리고 존 크리소스톰(John Chrysostom), 이레네우스(Irenaeus), 터툴리안(Tertulian), 저스틴 마터(Justin Martyr) 등과 같은 교부들의 글에 인용된 성서구절들이다. 안타까운 것은 이 많은 사본들 중 서로 완벽하게 일치하는 사본은 하나도 없으며 서로 일치하지 않는 본문은 약 300,000여 개에 이른다는 사실이다. 보다 자세한 신약성서 사본학 연구를 위해서는 Bruce M. Metzger and Bart D. Ehrman, *The Text of the New Testament: Its Transmission, Corruption, and Restoration*, 4th ed. (Oxford: Oxford University Press, 2005) 참조.

우리는 고대 사회에서 구전 커뮤니케이션의 활어(活語)와 기록된 텍스트의 사어(死語) 사이를 대조해 본다. 이 둘 사이를 구분하는 태도를 2세기 전반의 기독교 저술가이자 히에라폴리스(Hierapolis)의 감독이었던 파피아스(Papias, 약 60~130년)의 말 속에서 발견한다. 파피아스는 다음과 같은 이유로 기회가 있을 때마다 예수님 제자들의 추종자들에게 말을 걸었다고 한다. "나는 책으로부터 얻는 정보가 생생한 소리로 전달되는 말만큼 나에게 도움을 줄 수 있다고는 생각지 않는다."[9] 화자(話者)의 육체적 현존은 커뮤니케이션의 중요한 요소이다. 구술 커뮤니케이션은 살아있는 유기체처럼 꿈틀거린다. 이제 이런 구전문화 속에서 생생히 회자되고 유포되던 성서 이야기가 구술된 초기 교회로 들어가 본다.

1세기 구전문화와 초기 교회의 구화 퍼포먼스

기독교가 유대교라는 모태에서 자라나 그 모태와 연결된 탯줄을 끊고서 (혹은 탯줄이 잘리고서) 서서히 독립된 종교로 자라가던 1세기, 지중해 문화권을 보면 우리 시대와는 판이한 미디아의 세계를 발견하게 된다. 1세기 구전 문화 속에서 글쓰기는 시행되나 드물고, 읽기는 제한된다. 말/단어는 우리 시대처럼 전화, 인터넷, 신문, TV 등과 같은 기술문명과 연관된 것이 아니라 우선 인간과 관련된다. 헬라어로 '말'의 복수형은 '로기아'(λόγια)인데, 그 단어는 마음의 생각을 입 밖으로 표현하는 것을 뜻한다.[10] 구전시대에 필사하는 작업도 구술된 말로 시작하여 그것으로 끝난다. 이런 의미에서 1세기 지중해 세계는 말과 관련하여 질문한다면 '말이 어떻게 전달되느냐?'가 아니라 '누가

---

9 Eusebius, *Ecclesiastical History* 3.39.1-4로부터 인용.

10 Frederick William Danker(ed.), *A Greek-English Lexicon of the New Testament and Other Early Christian Literature*, 3rd ed. (Chicago: University of Chicago Press, 2000), p. 599.

그 말을 전하는가?'라고 물어야 할 것이다. 구전문화 속에서 말은 그것을 전한 사람과는 불가분의 관계에 놓이게 된다.

구전문화 속에서 성서의 상당 부분이 한 때 기록되지 않았고, 전적으로 구술되었기에 성서는 옛적에 책이 아니었던 때가 있다. 성서적 전승이 순전히 구술 커뮤니케이션으로 이루어졌다는 것은 상상하기 어렵다. 구화 퍼포먼스(oral performance)가 여러 번 시행된다 하더라도 두 번 다시 동일하게 행해질 수는 없다. 예를 들면, 초기 교회의 신앙공동체에서 창세기 이야기나 예수님의 비유가 구화 퍼포먼스(혹은 스토리텔링)를 통해 전해질 때마다 매번 다르다는 것이다. 이는 구전문화가 가지고 있는 가변적이고 유동적인 언어적 표현의 특징 때문이다. 나아가 그러한 구화 퍼포먼스가 공동체적 삶의 자리에서 시행되기에 집단적이고 실제적이며 역동적인 커뮤니케이션이 이루어진다. 이러한 사실은 인쇄시대의 활자문화에 젖어 사는 우리에게 생소할 뿐만 아니라 우리를 무척 당황스럽게 한다. "만일 그런 구화 퍼포먼스가 시행될 때마다 매번 달라진다면, 우리는 그것을 어떻게 신뢰할 수 있는가?"라고 묻지 않을 수 없다. 창세기를 읽다가 어떤 이야기의 변형들을 발견하게 되거나,[11] 복음서에서 예수님이 말씀하신 비유의 이문(異文)을 찾게 될 때조차도, 우리 가운데 누군가는 이런 이야기들의 원형(原形)이 있었다고 주장할지도 모른다. 그러나 이 주장은 구전문화가 아닌 활자문화 속에서나 가능하다.

마가복음은 먼저 구전으로 전해지다가 필사되기 전에 여러 번 구화 퍼포먼스를 통해 재생된다. 추정컨대 여타의 다른 복음서 또한 동일한 과정을 밟

---

11 예를 들면, 세상 만물과 동물까지 창조한 후에 남자와 여자로 사람이 창조되었다고 진술하는 1장의 이야기와 남자 동물 여자 순으로 창조되었다고 진술하는 2장의 이야기, 모든 짐승 한 쌍씩 짝을 지어 방주에 오르는 6장 19절의 이야기와 정결한 짐승 일곱씩 부정한 짐승은 한 쌍씩 방주에 오르는 7장 2절의 이야기가 그러한 경우다. 아울러 아브라함이 자기의 아내 사라를 누이라고 속이는 이야기에서 애굽의 바로 왕이 사라를 범하여 재앙을 받는다는 13장의 이야기와 그랄 왕 아비멜렉이 사라를 범하려는 순간 하나님이 막으신다는 20장의 이야기가 그러한 경우다. 그 외에 야곱이 벧엘의 이름을 지은 이야기가 두 번에 걸쳐 나타나며(28:19; 35:15), 야곱의 이름 역시 두 번에 걸쳐서 이스라엘로 바뀌는 이야기가 있다(28:19; 35:10). 끝으로 지명 '브엘세바'가 아브라함과 아비멜렉이 맺은 계약 사이에서(21:31)와 이삭과 아비멜렉이 맺은 계약 사이에서(26:33) 기원된 것으로 각각 달리 설명하고 있으며 하갈의 추방도 이스마엘이 낳기 전(16장 6절 이하)과 이스마엘이 커서 소년이 되었을 때(21:9) 이루어진 것으로 각각 달리 진술하고 있다.

앉을 것이다. 어떤 복음서는 구화 퍼포먼스를 통해 전해지기 전에 기록되었지만, 분명히 구화 퍼포먼스를 할 요량으로 필사되었을 것이다. 활자문화에 익숙한 우리가 복음서를 기록된 텍스트로 간주하는 것은 어쩌면 자연스런 현상이 아닌가 생각한다. 자신들이 기록한 복음서를 기록된 말씀으로 명백히 묘사하고 있는 두 복음서 저자들의 진술로부터도 그러한 인상을 강하게 받게 된다. 누가복음의 저자는 "우리 중에 이루어진 사실에 대하여 … 차례대로" 전하려고 기술하였다고(1:1-4) 밝히고 있으며, 요한은 "너희로 예수께서 하나님의 아들 그리스도이심을 믿게 하려"고 자신의 복음서를 기록하였다고 (20:30: 21:25) 진술한다. 이 두 본문은 기록된 페이지에 대해서 우리의 관심을 끌기에 충분하여 복음서를 애초부터 기록된 문서로 인식하게끔 한다.

그러나 우리가 복음서의 내러티브 세계로 들어가면 복음서를 기록된 문서로 접하지만 구술세계를 지향하고 있음을 발견하게 된다. 성서색인사전을 펼쳐서 '쓰다'와 '읽다'는 단어를 찾아보면 사복음서에서 이 두 단어의 사용 빈도가 의외로 낮다는 것을 발견하게 된다. 이것은 무엇을 의미하는가? 이것은 복음서가 펼쳐지는 세계에는 읽거나 쓸 수 있는 사람들이 소수였음을 반증한다. 고대 구전문화 속에서는 많은 사람들이 읽고 써야 할 필요성조차 느끼지 못했을 것이다. 소수의 사람들만이 그 필요성을 인식했으리라. 기록된 것은 사회적 관계를 규정하는 법적 문서와 구약성서이다. 구약성서는 그것을 들을 수 있도록 크게 읽혀지는 텍스트로 거의 언제나 묘사된다. 따라서 대다수의 사람들은 읽고 쓰는 방식이 아닌 전적으로 말하고 듣는 방식을 통해 성경을 이해하고 세상과 소통한다. 초기 교회 현장은 어떠한가? 읽고 듣는 행위, 즉 교회 회중들은 구화와 청각 퍼포먼스를 통해 성서 이야기를 함께 듣고, 가슴 뭉클한 감동을 함께 느끼며, 세찬 도전 앞에 새로운 각오를 함께 다짐하기도 한다. 초기 교회 현장에서 실행된 스토리텔링이 현대 스토리텔링과 판이하게 다른 점은 집단적 신앙의 체험을 유발하고 그것이 대물림되는 신앙교육의 일환이었다는 점이다. 이 점은 신약성서를 대하는 우리의 인식

전환을 요구한다. 신약성서를 '기록된 문서'가 아닌 '구술된 말', '말하여진 이야기'로서 인식하게 한다.

이를 테면, 초기 교회 회중들 앞에서 계시록 전체를 전문 이야기꾼 (professional storyteller)이 구화 퍼포먼스를 실행한다고 상상해 보라! 구술되는 동안 계시록에 등장하는 다채로운 색깔과 온갖 소리와 다양한 등장인물과 기기묘묘한 생물들의 묘사는 우리의 청각을 자극하여 우리의 눈앞에는 웅장한 스케일의 우주적 드라마가 펼쳐진다. 계시록 1장 3절에서 저자는 "이 예언의 말씀을 읽는 자와 듣는 자들과 그 가운데 기록한 것을 지키는 자들이 복이 있나니 때가 가까움이라."고 전한다. 이 구절은 읽고 듣는 행위, 즉 구화/청각 퍼포먼스를 통해 계시록이 크리스천 회중들의 예배 가운데서 낭송되었다는 사실을 암시하고 있다. 계시록의 저자는 현대의 최첨단 컴퓨터 그래픽을 이용한 시각효과와 음향효과를 사용하지 않지만, 듣는 드라마 형식을 통해 전하고자 하는 메시지를 전함으로써[12] 오감(五感) 자극에 근거한 이미지 형상화(image-making)를 극대화시킨 뛰어난 이야기꾼이다.[13] 계시록은 전체적으로 밧모 섬의 예언자/선견자 요한이 본 환상적 경험을 구화 퍼포먼

---

12 리차드 보캄(Richard Bauckham)은 계시록이 공적 예배 시 낭독되었다는 사실에 착안하여 '언어적 표식'에 따라 난해한 계시록의 문학적 구조를 분석한다. 그에 따르면 계시록의 저자는 계시록을 낭송하는 구화 퍼포먼스(oral performance)시 예배 분위기를 돋우는 표현들을 많이 사용함으로써 낭독될 때 어느 부분에서 구조가 나누어지는지 은연 중 청각적으로 인지하도록 한다는 것이다. 그러한 암시를 주는 언어적 표식 가운데 가장 대표적인 것은 '엔 프뉴마티'(ἐν πνεύματι/'성령 안에서' 혹은 '성령에 감동하여')다. 이 문구는 계시록의 가장 중요한 부분인, 1장 10절, 4장 2절, 17장 3절, 그리고 21장 10절에서 네 번에 걸쳐서 등장한다. Richard Bauckham, *Climax of Prophecy: Studies on the Book of Revelation*(New York: T & T Clark Ltd, 2005) 참조.

13 계시록에서 표현된 오감과 관련 성서구절은 다음과 같다. (1) 시각: 금빛(1:13; 15:6), 백색(1:14; 2:17; 3:4, 5, 18; 4:4; 6:2, 11; 7:9, 13, 14; 14:14; 19:11, 14; 20:11), 무지개(색)(4:3; 10:1), 빨강(6:4; 12:3), 검정(6:5, 12), 초록(6:8; 8:7; 9:4), 파랑(9:17), 노랑(9:17), 불같은 색깔(9:17; 10:1; 11:19), 자주(17:4; 18:16; 비고. 18:12), 주홍(17:4; 18:16; 비고. 18:12), (2) 미각: 미지근함, 차가움, 뜨거움(3:16), 쓰다(8:11; 10:9, 10), 달다(10:9, 10), (3) 후각: 향(냄새)(5:8; 8:3-5; 비고. 18:13), 계피(향)(비고. 18:13), 몰약(냄새)(비고. 18:13), 유향(비고. 18:13), (4) 청각: 목소리(1:10, 12; 4:1; 5:2, 11, 12; 6:1, 6, 7; 7:2, 10; 8:13; 9:13; 10:4, 8; 11:12; 12:10; 14:2, 7, 9, 13, 15, 18; 16:1, 17; 18:2, 4; 19:1, 5, 6, 17; 21:3; 비고. 18:23), 많은 물소리(1:15; 14:2; 19:6), 천둥소리(4:5; 8:5; 11:19; 16:18; 비고. 6:1; 14:2; 19:6), 우르르 소리(4:5; 8:5; 11:19; 16:18), 나팔 소리(8:7, 8, 10, 12; 9:1, 13; 11:15; 18:22), 하프(거문고) 타는 소리(14:2; 18:22), 노랫소리(18:22), 퉁소 소리(18:22), 맷돌 소리(18:22) (5) 촉각: 두루마리(5:1; 10:2, 8, 10), 거문고, 대접(5:8), 저울(6:5), 종려가지(7:9), 갈대(11:1), 쇠사슬(20:1), Mark Wilson, *Charts on the Book of Revelation* (Grand Rapids: Kregel Publications, 2007), p. 44 참조.

스를 통해 그것을 듣는 이들이 다시 체험할 수 있도록 의도된 작품이다.

전술한 두 복음서 본문, 처음부터 목격자와 말씀의 일꾼 된 자들이 전하여 준 이야기들에 관한 누가의 진술[14] 및 예수께서 행하신 다른 표적들도 있지만 그것들을 다 기록하지 못했음을 밝히는 요한의 진술은(요 21:25), 이 두 복음서에 기록된 내용이 빙산의 일각에 불과함을 나타낸다. 즉 기록되지 않은 채 다만 구술된 예수 관련 전승이 많이 있었다는 이야기다. 구술전승 가운데 일부는 씨실과 날실처럼 엮여져 기록된 복음서 이야기가 되고, 또 다른 일부는 초대교회의 기억 속에 보관되다가 이야기꾼이 읊조리는 구술 퍼포먼스 때만 그 진가를 발휘하기도 한다.

우리가 현재 가지고 있는 기록된 텍스트(즉 신약성서)의 어떤 고정된 자리에 회자된 이야기가 배치되지 않은 경우를 보게 된다. 예를 들면, 간음하다 현장에서 잡힌 한 여인의 이야기는 현재 우리가 가지고 있는 대부분의 성서, 요한복음 7장 53절로부터 8장 11절에 기록되어 있지만, 다른 초기의 복음서 사본에는 요한복음 7장 36절 이후나 누가복음 21장 28절이나 24장 53절 이후에 놓인다. 이 이야기를 다른 위치에 기록한 다수의 사본이 존재한다는 것은 구전으로 전해진 예수님에 관한 이야기들 가운데 하나라는 것을 의미한다. 두 번째 예는 기적적인 고기잡이 이야기다. 이 내러티브는 예수께서 부활하신 이후 베드로와 다른 제자들에게 나타나신 장면이 묘사된 요한복음 21장 4-8절에 기록되어 있다. 그것과 상당히 유사한 이야기가 누가복음 5장 1-11절에도 나타나지만, 부활 이전 예수께서 베드로를 제자로 부르시는 장면에서도 나타난다.

회자된 이야기가 결론이나 적용이 달라진 경우도 있다. 길 잃어버린 한 마리 양을 찾는 이야기도 마태복음(18:12-14)과 누가복음(15:3-7)의 결론부분에

---

14 러브데이 알렉산더(Loveday Alexander)는 누가복음 1장 2절의 '목격자들'(eyewitnesses)이란 법정에 출두하여 증언하는 이들을 언급하는 것이 아니라, 사건의 정통한 지식을 가지고 있는 이들이라고 주장한다. 그의 책, *The Preface to Luke's Gospel: Literary Convention and Social Context in Luke 1,1-4 and Acts 1,1*, Society for the Study of the New Testament Monograph Series 78(Cambridge: Cambridge University Press, 1993), pp. 120-122 참조.

서 달라진다. 두 본문 다 그 앞의 구절들과 연결해서 읽어보면, 그 '길 잃어버린 한 마리의 어린 양'은 전자의 경우, 공동체 안의 소자(小子) 즉 믿음이 아직 연약한 형제를, 후자의 경우 공동체 바깥의 죄인을 가리킨다. 무덤가 군대귀신들린 자에게서 귀신들을 내쫓으시는 예수님의 이야기를 공히 간직하고 있는 마태(8:28-34)와 마가(5:1-20)는 그 이야기를 달리 적용한다. 결론적으로 전자는 예수님의 능력을 입증하는 이야기로(33-34절), 후자는 그 축귀(逐鬼)의 결과 이방지역인 데가볼리(Decapolis) 전역에 복음이 전파된 이야기로 끝맺는다(19-20절).[15] 위의 여러 경우, 저자들이 기존의 전승에 의존하지만 각 복음서가 기록될 때 그 이야기의 위치와 적용이 달라진 것은 그 이야기가 구화로 유포되는 과정에서 생긴 현상이다.

그렇다면 고대 지중해 세계에서 성서 이야기의 구화 퍼포먼스(혹은 스토리텔링)는 어떻게 이뤄지는가? 이를 위해서 우리는 1세기의 스토리텔링 세계를 탐색해야 할 필요가 있다. 고대에 스토리텔링이 행해졌다는 것은 알지만, 그것이 너무나 흔한 활동이어서 극히 소수의 저자들만이 언급하고 있다는 점이 그러한 탐색을 어렵게 한다. 고대의 저자들에게는 구화 퍼포먼스가 친근한 일상 활동이었기에 누구에게 이야기가 구술되었는지, 어떤 종류의 이야기였는지, 어떤 상황에서 구화 퍼포먼스가 행해졌는지에 대해 함구하고 있다. 고대에는 누구나 아는 그렇고 그런 이야기였기에. 구화 퍼포먼스는 물론 고대에만 실행된 행위는 아니다. 현대의 활자문화 속에서도 스토리텔링은 여전히 가정이나 학교, 심지어 교회 안에서도 중요한 교육방법으로 실행되고 있다. 모든 문화는 스토리텔링을 실행하는 각자의 고유한 법칙을 간직하고 있기 때문이다.

---

15 그 외에도 마가와 마태는 귀신 들린 자의 수(한 명이냐 두 명이냐)와 그 사건이 발생한 장소(거라사냐 가다라냐)에 있어서 차이점을 드러낸다.

초기 교회의 이야기꾼과 구화 퍼포먼스의 기능

이제 말과 말로써 사회적, 제의적 네트워크를 형성한 고대 지중해 문화 속에서 숨 쉬며 활동했던 초기 크리스천 공동체가 예수 이야기를 포함한 복음 전승을 어떻게 전하였는지 살펴보기로 한다. 이를 위해 구화 퍼포먼스를 교회 공동체 안에서 시행한 이야기꾼들이 누구였으며, 그러한 구화 퍼포먼스의 기능이 무엇이었는지를 짚어 보아야 한다.

우리는 1세기 지중해 문화권 속에서 구화 퍼포먼스를 통해 개인이든 다수든 사람들을 울리며 웃겼던 이러한 전문적 이야기꾼들의 이야기를 고대 문헌을 통해 듣게 된다. 예를 들면, 고대문헌에는 아우구스투스(Augustus)가 잠이 오지 않을 때나 그가 베푼 연회에서 자기 빈객(賓客)들을 즐겁게 하기 위해 전문 이야기꾼을 고용한 이야기들이 전해져 내려온다.[16] 디오 크리소스톰(Dio Chrysostom)은 자신이 경주장을 어슬렁어슬렁 거닐 때, 이야기를 전하며 돌아다니는 이야기꾼들을 본 장면을 술회하기도 한다.[17] 루키우스 아풀레이우스(Lucius Apuleius)는 자신의 소설 《황금 당나귀》(Golden Ass)에서 대중 여흥의 한 형태로써 스토리텔링을 언급하는데 그 소설에서 전문 이야기꾼의 역할을 수행하는 것으로 자신을 묘사한다.[18]

독자여, 나는 밀레투스식의 몇몇 이야기들을 한데 모아 이야기하려고 합니다. 당신이 나일 강의 여린 나무줄기에 쓰여진 이 파피루스를 읽고자 한다면, 나는 흥미진진한 이야기로 당신의 귀를 유혹하겠다고 약속합니다. 당신은 인간이 동물로 변하고, 후에 수많은 모험을 거쳐 원래의 모습을 회복하는 이야기를

---

16 Suetonius, *Augustus* 74, 78.

17 Dio Chrysostom, *Orations* 20.10.

18 성 어거스틴(Augustine, *The City of God*, 18.18.2)이 《황금당나귀》로 언급한 이 작품의 원제목은 《변형》(*Metamorphoses*)인데 이 소설은 현존하는 로마시대의 작품 가운데 완전한 형태로 남아있는 유일한 작품이다. 이 소설의 기록연대를 정확하게 추정할 수는 없지만 보통 학자들은 170년대나 180년대로 추정한다. 이 작품의 한글역은 루키우스 아풀레이우스, 송병선 역, 《황금 당나귀》(서울: 현대지성, 2018)이다.

보면서 경탄하지 않을 수 없을 것입니다. 그러면 글을 시작하겠습니다.[19]

종교 그룹 안에서 어떤 형태의 공식 역할을 수행한 개개인들은 전문 이야기꾼들이 되어 활동한다. 제사장들이 신들에 관한 이야기를 들려주고, 그러한 이야기는 찬송, 드라마, 그리고 시각적 이미지로 전달된다. 유대 랍비들또한 수많은 이야기를 전해준다. 예를 들면, 누가 가장 큰 자인가 하고 랍비들이 토론하는 이야기나, 떡을 기적적으로 공급하는 이야기 등이다.[20] 이러한 이야기들의 일부는 우리가 복음서에서 만나는 이야기들과 매우 흡사하다. 공관복음서에서 예수님은 비유를 말하는 분으로 묘사된다. 이들(제사장들, 랍비들, 예수님)은 이야기꾼으로서 명확하게 언급되지는 않지만, 그들을 이야기꾼이라고 주장할 수 있는 것은 그들의 기능과 활동에 의해서이다. 이 점은 우리가 초기 크리스천 운동 안에서 이야기꾼들에 관한 문제를 고려할 때명심해야 하는 중요한 사항이다. 신약성서 안에서 어느 누구도 이야기꾼으로불리거나 초기 크리스천 공동체 내부의 역할과 기능 목록에서 스토리텔링은나타나지 않는다.[21] 스토리텔링이 사도들의 기능 가운데 하나였을 수도 있지만,[22] 그들은 결코 이야기꾼으로 명확히 언급되지 않는다. 그러나 이야기꾼과관련된 어휘가 없다고 초기 교회에 이야기꾼이 없었다고 주장하는 것은 어불성설이다. 신약성서에서 이야기가 들려진 예는 여러 곳에서 발견된다. 마가복음 1장 45절에서 예수님에 의해 치유 받은 나병환자가 자기에게 일어난 이엄청난 사건을 전파하는 이야기와 마가복음 5장 27절에서 혈루증을 앓아온한 여인이 예수님의 치유 소문을 듣고 그를 찾아온 이야기가 그러한 예이다. 이야기들이 유포될 때, 그러한 이야기들이 전문 이야기꾼들에 의해서가 아니라, 예수님에 관해서 듣고 놀란 사람들에 의해서 유포된다. 따라서 예수님에

---

19 아폴레이우스, 《황금 당나귀》, 9.

20 *b. Qiddushim*, 32b; *b. Ta'anit*, 24b-25a.

21 예를 들면, 롬 12:4-8; 고전 12:8-10; 딤전 3:1-13; 5:17-22.

22 예를 들면, 사도행전에서 베드로가 행한 연설(2장)은 일종의 스토리텔링으로 볼 수 있다.

관해 유포된 첫 번 이야기들은 비공식적 이야기꾼들 가운데서 발생한다.

서신의 경우는 어떠한가? 바울은 먼저 자신의 서신을 구상하고 그것을 구술함으로써 서기가 받아쓰게 하였다. 그런 후, 바울은 사자(使者)와 함께 그 서신을 수신인들에게 보내었을 것이다. 그 사자는 그 서신이 기록되는 과정에서 바울이 구술하는 것을 들었고 그 서신이 어떻게 구화되어야 하는지 바울로부터 어떤 지침을 받았을 것이다. 나아가 사자는 그 서신을 암기하여 두루마리 서한 자체에 구애받지 않고 그것을 구화 퍼포먼스 방식으로 전달했을 것이고, 때로는 발신자(바울)의 지침에 따라 그 서신을 확충하여 구술하였을 것이다. 그 사자가 수신자들에게 도착하여 서신의 내용을 전할 때에는 권위의 표식으로 두루마리를 펼치지 않고서 한 손에 잡아든 채 암기에 의존하여 구술되었을 개연성이 높다. 1세기 크리스천들이 마가복음이나 바울 서신을 언급할 때, 그들이 두루마리를 언급하는 것도 아니고 하물며 책을 언급하는 것도 아니다. 오히려 그들은 자신들이 경험한 구화 퍼포먼스를 언급할 뿐이다. 그들은 신약성서 작품의 내용을 두루마리 위에 먹으로 기록된 작품이 아닌 구화 퍼포먼스를 통해 접한다. 그 내용/이야기는 그것을 구술하는 이의 퍼포먼스를 통해 공동체적으로 경험하는 사건이다. 이런 점에서 기록된 복음서와 서신은 구화 퍼포먼스의 혹은 구화 퍼포먼스를 위한 기록물로 볼 수 있다. 화석이 살아 꿈틀대던 생명체의 온기를 잃은 채 각인된 기록이듯이, 신약성서의 각 작품 또한 1세기 교회 안에서 구화 퍼포먼스가 생생히 시행된 흔적의 기록물이다.

이제 1세기 교회 공동체 안에서 구화 퍼포먼스 혹은 스토리텔링이 지닌 교육적 기능과 효과를 살펴보기로 한다. 디모데전서의 저자는 집집마다 돌아다니면서 쓸데없이 험담과 참견하는 젊은 과부들을 비난한다.[23] 물론 이 과부들은 저자가 용인하지 않는 이야기를 한 이들이다. 이들과는 달리 고

---

23 딤전 5:13.

대 사회에서 나이든 이들은 젊은이들을 가르치는 일종의 교육방식의 일환으로 이야기를 들려준다. 플라톤(Plato)은 어린아이들의 마음과 성격을 형성하는 데에 스토리텔링이 지닌 힘을 인정하고, "아이들이 첫 이야기를 들을 때 가장 적절한 덕목에 관해 그들의 귀를 기울일 수 있도록 그 이야기들을 검열해야 한다고 주장한다."[24] 플라톤의 제안은 오늘날 자녀들이 유해한 텔레비전 프로그램이나 웹사이트를 보지 못하도록 부모들이 차단하는 장치를 사용하는 것과 유사한 형태라 할 수 있겠다. 고대 사회에서 아이들이 신들에 대해 처음으로 가르침을 받는 것은 어머니나 유모로부터다. 고대 가부장적 사회에서 한 가속(家屬)의 종교를 정하는 것은 아버지들의 몫이지만, 아이들에게 이야기를 들려줌으로써 종교적 가르침을 베푸는 것은 주로 어머니나 유모와 같은 여성들의 몫이다. 이러한 양상은 초기 크리스천 가정에서도 별반 차이가 없었을 것이다. 외조모 로이스(Lois)와 어머니 유니스(Eunice)로부터 신앙을 물려받은 디모데가 이런 경우에 해당될 것이다.[25] 그 외에도, 여성들과 관련된 수많은 이야기들이 비공식적 스토리텔링 방식으로 유포된다. 그러한 예로, 귀신들린 자신의 딸을 고쳐 달라고 예수께 간청하던 수로보니게 여인의 이야기(막 7:24-30), 치유 받은 베드로의 장모 이야기(마 8:14-15), 예수님의 발에 향유를 부은 여인의 이야기(눅 7:36-50)를 들 수 있다. 마찬가지로 복음서에서 남성들의 경험에 초점을 맞춘 이야기도 많다. 예수님과 함께 예루살렘을 향해 여행하는 제자들 사이에서 누가 가장 큰 자인가 하고 쟁론하는 이야기(막 9:33-37), 영생을 얻기 위해 무엇을 해야 하는지 예수께 물은 부자 청년 이야기(막 10:17-22), 치유 받은 소경 이야기(막 10:46-52)가 그러한 경우에 해당된다. 여성들이 가정이라는 콘텍스트 안에서 이야기를 전한 반면에, 남성들은 주로 공적인 자리에서 이야기를 전한다. 특히 여행하면서 여러 대상들에게 이야기 하시는 분으로 예수님을 묘사하는 장면을 눈여겨

---

24 Plato, *Republic* 378.E.1.

25 딤후 1:5.

볼 필요가 있다.

비록 남성들과 여성들이 그들의 성(性)에 따라 구별된 영역에서 이야기를 전하지만, 그들이 함께 이야기하는 경우도 있다. 나이든 여인들은 그들의 나이와 연륜 때문에 남자들만의 그룹이나 남녀 혼성 그룹에서 말할 기회를 가졌을 것이다. 그 외, 남녀가 섞인 혼성의 스토리텔링은 가족 구성원 안에서나 개개인이 서로 아는 식탁 교제의 자리에서나 발생한다. 이 점은 초기 기독교 운동에서 스토리텔링을 고려할 때 다음의 두 가지 이유 때문에 중요하다. 첫째 초기 기독교 공동체는 서로를 형제와 자매로 인식한다.[26] 따라서 그들은 가족이나 가상의 친족 그룹으로 서로 연결된 것으로 이해한다. 둘째 최초 크리스천들의 회집은 가정교회에서 이루어진다.[27] 가정교회에 모인 남성들과 여성들은 자신들을 확대된 가족의 구성원들로 이해하기에, 그 둘 모두 초기 크리스천 공동체에서는 활동적 이야기꾼들이었을 것이다. 그런 스토리텔링이 일어났을 법한 자리는 고린도전서 11장 17-22절에 묘사된 것처럼 성찬식이 행해질 때였을 것이다. 단 한 명의 이야기꾼이 초청받아 이야기하겠지만 모인 회중들 사이에서 주거니 받거니 하면서 이야기를 서로 교환하였을 법하다.

그렇다면 스토리텔링이 행해진 이유는 무엇인가? 가장 명백한 이유는 소일거리 삼아 여흥의 차원에서 이루어진다. 현대사회와 마찬가지로, 고대사회에서도 일상생활의 단조로움과 따분함을 떨치기 위해 스토리텔링을 한다. 앞에서 언급한 아풀레이우스는 아리스토메네스(Aristomenes)가 들려준 이야기 덕분에 길고 지루한 여행이 짧게 느껴졌다고 논평한다.[28] 여흥 외에 이야기는 교육적 기능이 있다. 교육 훈련 교범을 쓴 데온(Theon)에 따르면, '뮈토이'(mythoi, 이야기들)는 조언을 제공하기 때문에 '아이노이'(ainoi, 도덕적 교훈이 있

26 롬 1:13; 고전 1:10.

27 Elisabeth Schüssler Fiorenza, *In Memory of Her: A Feminist Theological Reconstruction of Christian Origins*(New York: Crossroad, 1984), p. 176.

28 아풀레이우스, 《황금 당나귀》, 32.

는 이야기들)로도 불려지기도 한다.[29]

고대 사회에서 스토리텔링은 가치를 주입시키고 태도를 형성케 하는 교육 기능을 지녔을 뿐만 아니라 정체성까지도 정립하게 한다. 이야기는 그것을 듣는 이들을 그 세계로 초청하여 등장인물과 동일시하게 함으로써 그들의 인격과 성품을 개조하게 하는 힘이 있다. 누가복음의 선한 사마리아인 이야기(눅 10:25-37)는 예수께서 말씀하신 것처럼 "너도 이와 같이 하라"는 그런 동일시를 유발케 하려는 의향으로 전달된다. 바로 이런 동일시를 유발하는 잠재력이 이야기의 가장 강력하고 역동적인 기능이다.

이야기는 또한 설득을 위한 효과적 수단이 되기도 한다. 바울은 고린도전서 12장에서 고린도교회 회중들을 설득하여 그 공동체의 구성원들이 신앙 공동체의 안녕을 위해 모두 필요함을 깨닫도록 지체(body parts) 이야기를 끄집어낸다(12-26절).

구화 퍼포먼스와 공동체적 정체성

기록된 이야기는 다만 독자와 텍스트만을 필요로 하지만 고대 사회에서 구술된 이야기는 동시에 같은 장소에 있는 적어도 두 사람을 필요로 한다. 즉 말하는 이와 듣는 이다. 이런 점에서 고대 사회에서 스토리텔링은 일종의 사회적 활동이다. 비록 어떤 환경과 기회가 스토리텔링을 유발케 할지라도 이야기는 사람들이 숨 쉬고 살아가며 교차하는 삶의 한복판에서 발생한다. 다시 말해서 구술되는 자리는 장소라기보다 그룹에서이다. 현대사회에서 개인주의적 관점의 스토리텔링을 이해하는 것은 고대사회의 그것이 지닌 공동체적 함의와는 엄연히 다름을 알아야 한다. 기록된 말씀으로서 우리가 읽

---

29 Theon, *Progymnasmata* 73, in George A. Kennedy, trans. *Progymnasmata: Greek Textbooks of Prose Composition and Rhetoric*, Writings from the Greco-Roman World 10(Atlanta: Society of Biblical Literature, 2003), p. 24.

고 있는 신약성서의 이야기는 초기 크리스천들의 경우 공동체 전체가 구술된 말씀으로서 함께 경험한다. 그 이야기들이 펜으로 기록되기 오래 전, 초기 크리스천들은 그들이 식탁교제를 나누거나 실을 잣거나 여행할 때 누군가가 다른 누군가에게 구술한 이야기, 들려준 이야기로서 경험한 것이다.

이야기는 어떤 그룹 안에서 공유할 수 있는 정체성을 세우는 수단이 될 수 있다. 이로써 이야기는 공동체의 구성원들이 함께 거할 어떤 신앙적 혹은 사상적 공간을 창조케 하고 이야기가 창출하는 공동의 경험으로 서로를 묶게 하는 힘이 있다. 그러나 반대로 이야기는 공동체를 쪼갤 수도 있고 긴장을 유발케 하기도 한다. 어떤 이야기 전승에 서 있느냐에 따라 공동체의 정체성은 정해지고 그것은 다른 이야기 전승에 서 있는 다른 공동체와는 어떤 사회적 긴장관계에 들어가는 것을 의미한다. 초기 기독교에는 여러 다양한 공동체가 존재하고 그 공동체들은 여러 다양한 이야기 전승의 토대 위에 그들의 정체성을 세우기에 때로는 협력과 조화를, 때로는 갈등과 분열을 초래하기도 한다.

고대에 구화(내레이션)의 가장 중요한 관례 가운데 하나는 전하고자 하는 이야기나 사건을 청중들에게 생동감 있게 전달하는 것이다. 로마의 철학자 웅변가 정치가인 마르쿠스 툴리우스 키케로(Marcus Tullius Cicero, BC 106-BC 43)는 내레이터 방식과 관련하여 "그 사건들이 우리 면전에서 실제로 일어난 것처럼 생생하게, 그런 인상적인 방식으로 그것들을 말함으로써 큰 효과를 볼 수 있다."고 말한다.[30] 갈라디아서 3장 1절에서 바울이 "어리석도다 갈라디아 사람들아 예수 그리스도께서 십자가에 못 박히신 것이 너희 눈앞에 밝히 보이거늘 누가 너희를 꾀더냐."라고 유대주의자들(Judaizers)에게 현혹되어 예수님의 십자가 구속의 복음에서 이탈한 갈라디아 교회 회중들을 일갈(一喝)할 때, 예수님의 십자가상 수난을 생생하게 전하여 그들을 거짓 복음에서

---

30 Cicero, *On the Making of an Orator* 3.53.202.

돌이키려는 그의 의중을 엿볼 수 있다.[31]

초기 교회에서 구술 퍼포먼스를 시행할 때, 내레이터는 해당 이야기의 각 등장인물 성격과 역할에 걸맞는 그런 음조와 제스처로 표현함으로써 그/그녀가 어떤 유형의 인물인가를 청중들에게 암시하려 한다. 음조와 제스처 외에 구화 퍼포먼스에서 중요한 것은 감정이다. 구화 행위자는 구술 퍼포먼스를 통해 청중으로부터 얼마만큼 감정을 심도 있게 이입(移入)하고 끌어낼 수 있는가에 따라 그의 능력이 판단된다. 예를 들면, 마가복음 15장 16-39절에 기록된 예수님의 십자가 처형 장면은 두 가지 다른 감정을 유발케 한다. 예수님의 고통은 그의 지지자들에게 동정심을 유발하고 오만한 조롱자들에게는 격한 분노를 자아낸다.

1세기 구전문화 속에서 말이란 파워를 지니고 있는 것으로 이해된다. 초기 교회에서 말의 대부분은 수행적(performative) 기능을 지니고 있기에 치유를 가져오고 귀신을 쫓아내며 축복을 선언하는 그런 강력한 힘이 있다. 따라서 말이란 사람들을 변화시킬 양으로 영향을 주는 행위였던 것이다. 말에는 사람들이 이 세상을 생각하고 말하며 상상하는 방식을 변화시키는 그런 힘이 있다. 그런 말들은 기억할 만한 말들이다. 현대 사회에서 '파워'를 지닌 말이란 개념은 1세기 구전문화에 비추어 보면 많이 퇴색된다. 1세기 교회 안에서 시행된 구화 퍼포먼스를 통해 표출된 언어적 힘은 치유, 축사(逐邪), 공동체적 결속으로 나타난다. 구화 퍼포먼스를 통해 공동체는 울고 웃으며, 그들을 둘러싼 위기와 위협을 돌파하는 힘을 공급받고, 주변으로부터 자신들을 구별하는 정체성을 확보할 수 있다. 예수 이야기는 공동체에 새로운 정체성을 부여해 주고 공동체는 그 이야기를 끊임없이 구화함으로써 정체성을 공고히 한다.

---

31 Hans Dieter Betz, *Galatians*, Hermeneia(Philadelphia: Fortress, 1979), p. 131.

나가는 글: 21세기 이민교회의 바른 성서읽기를 위한 제언

1세기 크리스천들이 성서 이야기를 접한 방식은 21세기 현대 크리스천들이 성서 이야기를 이해하는 방식과는 많은 차이가 있다. 현대교회 성도들은 성서를 어떻게 대하고 경험하는가? 우리 대부분은 신약성서를 조용히 개별적으로 읽고 연구한다. 그렇지 않으면 예배 시간에 짧은 성경구절이 설교와 관련하여 봉독될 때 그것을 눈으로 따라 읽으면서 들을 뿐이다. 그러나 이것은 초기 크리스천들이 성서 이야기를 접하던 방식이 아니다. 앞서 설명한 것처럼, 1세기 교회에서 성서 이야기는 구화 퍼포먼스의 과정을 통해 그 시행자(performer)의 말뿐만 아니라 그것을 전달하는 시행자의 어조, 감정과 느낌, 신체 언어, 얼굴 표정 등을 통해 몸 전체로(somatically) 전달된다. 그것도 기승전결(起承轉結)을 갖춘 전체 이야기로서 모든 회중들에게 구송된다. 그런 경험은 개인적으로 성서를 읽고 느끼는 개별적 경험이 아닌, 구화 퍼포먼스에 참여하는 모든 회중들이 집단적으로 체험하는 사건이다.

수세기 동안 우리는 경전을 기록물로 대해오고 있다. 현대 크리스천들은 경전을 연구하고 해석하기 위해 기록한 메뉴스크립으로, 예배 시 교훈을 위해 분절(分節)하여 봉독하거나 헌신을 위해 사적으로 읽기 위해 기록한 작품으로 생각한다. 우리는 마치 경전이 본래 활자문화의 일부였던 것처럼 다루고 있다. 그러나 정경화(canonization) 과정을 통해 신약성서 안에 수집된 작품들은 원래 구술 사건의 잔존물이지 않은가? 복음서가 호머(Homer)의 방식대로 서사 이야기꾼(epic storyteller)이 행한 퍼포먼스를 문자화한 것과 흡사하다면? 서신이 장르상 수사적(修辭的) 스피치에 보다 가깝다면? 계시록이 고대 드라마의 스크립트와 유사하다면? 전술한 것처럼, 실제로 신약성서 작품들은 그렇다. 신약성서의 일부는 구화 퍼포먼스의 문자적 기록이고 다른 작품들은 퍼포먼스를 위해 구술되거나 기록된 스크립트가 아니던가?

구전문화에서 인쇄 문화로의 전환은 모든 것을 바꾸어 놓는다. 신약성서 문서를 구전문학으로 인식하고 그렇게 취급하는 것은 현대 크리스천들이 신약성서를 대하는 방식에 있어 패러다임의 전환을 요청한다. 다시 말하지만 신약성서 안에 수집된 문서들은 원래 먹으로 기록된 '경전'으로서 경험된 것이 아니라, '구전 이야기'와 '서사적 이야기' 및 '스피치'와 '드라마'로서 경험된다. 이것은 무엇을 의미하는가? 신약성서의 각 작품이 사적(私的)으로 읽혀진 것이 아닌, 회중 앞에서 구화 방식으로 시행되었다는 것을 의미한다. 그리고 초기 교회는 현대 교회처럼 신약성서의 어떤 작품을 몇 장 몇 절부터 몇 장 몇 절까지 분절된 형식으로 읽는 것이 아니라 통째 읽어주는 것을 공동체 전체가 듣는다. 그것도 회중 앞에서 무감각하게 책 읽듯 밋밋하게 읽는 것이 아니라, 바다에서 갓 잡아 올린 싱싱한 고기처럼, 즉석에서 기억의 창고로부터 끄집어내어 생생하게 전승을 전달한다. 21세기 현대교회, 특히 이곳 한인 이민교회가 성서를 가르칠 때와 이민교회 성도들이 성서를 읽을 때, 구전문화 속에서 생성되어 보급된 성서 이야기를 생동감 있게 구술로써 전하던 1세기 교회 현장의 이야기에 귀 기울여야 할 것이다. 초기 기독교가 처한 구전문화의 콘텍스트에서 원래 구화 퍼포먼스를 통해 전달된 이러한 작품들을 읽고 연구하기 위해서는 성서를 대하는 우리의 기존 방식을 근본적으로 바꾸어야만 한다. 초기 크리스천들이 신약성서의 전승을 들었을 때 느끼던 그 원초적 경험을 우리도 공유하기 위해서는 강의실과 교회에서 이러한 작품들을 원래 구술된 방식으로 가르치고 전달해야 한다. 그렇다면 이쯤에서 현대 이민교회가 성서를 대하는 방식을 신약성서가 구술되던 초기 교회의 현장에서 진단해 보고 이민교회에 바른 성서 읽기를 위한 제언을 하고자 한다.

성서는 교회 현장에서 가장 귀한 것으로 이야기하지만, 실상 가장 무시되거나 빛좋은 개살구 취급 받고 있다면 지나친 표현인가? 설교단상에서 성서는 설교자가 전하고자 하는 메시지를 장식하기 위해 인용하는 문서는 아니던가? 인스턴트 음식을 먹듯, 적당히 분절된 형식으로 누구나 먹기 쉽게 소위 쪼개진 영적 양식으로 성서 말씀을 대하지는 않았는가? 이민생활이 바쁘다는 평계로 전체적으로 읽기보다는 부분적으로 읽거나 아예 읽지 않아서 성서가 도대체 어떤 책인지 감조차 없는 그러한 크리스천들로 인해 교회가 사교(社交) 클럽으로 인식되고 있지는 않는가? 각 성서를 이해하는 데에 가장 기본적 정보인 기록 동기와 이유와 목적도 모른 채 자신을 크리스천이라고 자부하며 일평생 살아가고 있지는 않는가? 교회와 세속 사이의 경계선이 무너지는 것은 성서 이야기를 다른 잡다한 이야기와 섞어서 회중들에게 전달하기 때문은 아닌가? 신약성서의 문서를 각각의 고유한 형식과 장르에 따라 읽고 그것이 배태된 사회-역사적 상황에서 성서 본문을 이해해야 함에도 불구하고, 그런 원칙조차 지키지 않은 채 성서로부터 퍼 올린 메시지를 성도들에게 하나님의 말씀이라고 전하지는 않는가? 현대 교회가 지나친 개인주의적 경향에 편승함으로써 1세기 크리스천들이 공동체적 사건으로 경험한 성서 이야기를 개인적 경건 훈련을 위한 지침으로만 제시하고 있지는 않는가? 1세기 문맹 크리스천들보다 그렇지 않은 우리가 성서를 더 잘 이해한다고 말할 수 있는 근거는 무엇인가? 필자가 판단컨대, 21세기 현대 크리스천들보다도 1세기 크리스천들이 성서 이야기를 보다 더 잘 이해하고, 그 깨달은 바를 삶 속에서 실행한다. 필자가 그렇게 주장할 수 있는 근거를 제시하면서 바른 성서읽기를 위한 제언을 다음과 같이 한다.

첫째, 1세기 크리스천들은 비록 그들이 글을 읽고 쓸 수 있는 능력은 없지만, 성서를 전체적/통전적으로 듣고서 깨달은 것을 온 몸으로 실천하고자 하는 열정과 헌신이 있다. "율법 조문(혹은 문자)은 죽이는 것이요 영은 살리는 것이니라."(고후 3:6) 바울의 말이다. 문자는 영과 정신의 반영이지만 영과 정신을 문자 속에 가두어 두려고만 할 때, 율법 조문의 노예가 되어 그 에토스(ethos)와 정신(spirit)을 잃어버린 당대의 유대주의자들로 전락하게 된다. 단순히 글을 읽고 쓸 수 있음이 성서에 대한 적절한 이해까지 보증해 준다고 생각하는 것은 오산이다. 대부분 문맹자들이었던 초기 크리스천들은 성서 이야기를 문자가 아닌 구화 퍼포먼스를 통해 통전적으로 이해할 수 있다.

단편적 구절에 근거한 설교를 듣고 분절된 몇몇 성서구절만을 공부하는 데에 익숙한 현대 크리스천들보다 내레이터가 성서를 전체적으로 읽어줌으로써 그것을 통째 이해하고 그것이 던져주는 교훈을 몸으로 느끼며 경험한 초기 크리스천들이 성서를 보다 더 잘 이해하였음을 간과해서는 안 된다. 통째 읽지 않는 한, 각 성서가 전하고자 하는 메시지를 정확히 이해할 수 없다. 모든 부분의 집합이 전체라는 공식은 성서읽기에는 해당되지 않는다. 한 성서를 부분적으로 모두 읽었다 해서 그 성서가 전하고자 하는 메시지가 정확히 포착되지 않는다는 말이다. 처음부터 끝까지 한 편의 드라마나 이야기로 죽 읽어나가면서 여러 번 반추(反芻)할 때만, 각 성서가 전달하고자 하는 메시지를 보다 명확히 파악할 수 있다. 따라서 분절된 형식의 성서공부가 아닌 각 성서를 통째 읽는다든지, 구전문화 속에서 들었던 성서 이야기의 감각을 살리기 위해 MP3(오디오 데이터의 압축 기술)로 성서 이야기를 듣는 것도 좋은 방법이겠다. 눈으로 읽되 통째 읽고, 읽기만 하는 것이 아니라 성서 이야기를 들음으로써 성서를 보다 깊이 있게 이해하려는 노력을 아끼지 않아야 할 것이다.

둘째, 구전문화 속에서 초기 크리스천들은 구화 퍼포먼스를 통해 전달된 이야기를 집단적 체험으로 공유하고 그것을 후대에 구술로서 거듭 전달하여 공동체의 정체성을 유지한다. 나아가 그 공동체는 그러한 이야기들을 소중히 간직하고 전달함으로써 세대를 초월하여 신앙 공동체의 정체성과 맥을 이어나갈 수 있다. 1세기 교회에 있어 개개인의 정체성은 각 개인이 속한 공동체 정체성의 일부가 된다. 21세기 현대 크리스천들은 그런 공동체적 정체성을 간직하여 경험하고 있는가? 있다면 그런 정체성은 어디에 근거하는가? 성서 이야기를 분절된 형태로 대하는 한 그런 정체성은 쉽사리 형성되지 않는다. 영적 맥박은 말씀을 공동체 전체가 생생히 경험할 때 교회 현장에서 뛰기 시작한다. 성서 이야기를 통해 경험하는 그런 구원과 생명 사건이 현대 교회 현장에서 일어나는가? 그런 생명 이야기가 생성되고 유포되며 다음 세대로 전달되는 한 교회는 이 땅에 존속할 수 있게 된다.

　구전문화를 밀어내고 들어온 인쇄/활자문화는 공동체적 차원을 무너뜨리고 활자로써 정보를 대하는 개개인 사이에 경계를 설정한다. 인쇄매체를 통해 정보를 차지하는 능력과 양에 따라 신분과 계급이 매겨진다. 그러나 구전문화에서는 소수의 계층을 제외한 거의 모든 이들이 함께 이야기와 정보를 공유한다. 현대 교회의 위기는 개인주의가 심화되면서 익명성을 지닌 크리스천들로 채워져 가고 있고 그나마 읽는 성서도 각 개인의 영역에서 경험될 뿐이다. 적어도 성서 이야기만큼은 개인주의적 경향을 역행하여 모든 이들이 함께 공유하고 체험하게 해야 한다. 신약성서의 어떤 저자도 어떤 특정 개인을 위해 자신의 작품을 기록하지 않는다. 복음서든 서신이든 그것은 공동체 구성원 전체를 위해 기록된다. 교회가 지나치게 개인주의화할 때, 그리스도 몸(the body of Christ)으로서의 교회가 지닌 공동체적 차원은 상실되고 결국 교회 공동체는 와해된다. 1세기 구화 퍼포먼스를 통해 공동체 구성원 모두가 공유하고 경험한 성서 이야기를 21세기 현대 교회가 다시 살릴 수 있는 방안을 모색해야 한다.

　이를 위해 크리스천 개개인이 성서를 읽는 것도 중요하지만 주중에 어느 정도 성서신학적 소양과 구화 퍼포먼스의 훈련을 받은 이가 공동체 구성원 전체를 위해 한 성서를 선택해 읽어주는 '한 성서 통째 읽기의 날' 제정을 제언한다. 물론 긴 성서는 몇 주에 나눠 연속 읽어주어야 하겠다. 전문 내레이터가 정해진 성서를 읽어 주기 전, 우선 그 성서에 대한 청중의 보다 깊은 이해를 돕기 위해 목회자는 그 성서의 기록 동기와 목적, 사회-역사적 배경, 전체 문학적 구조를 쉽게 설명해 준다. 그러나 목회자가 깊은 신학적 지식을 전달하기보다는 그 성서 전체를 개괄적으로 이해할 수 있도록 맥(脈)만 잡아주는 역할만 해야 할 것이다. 왜냐하면 목회자의 신학적 정보가 자칫 교회 회중이 성서를 이해하는 데에 도움을 주기보다 제한을 가하고 성서 이야기를 전체 문맥에서가 아니라 신학 정보로만 받아들일 수 있기에 그렇다. 구화가 식상하지 않도록 다양한 방법을 구사하는 것도 필요하겠다. 예를 들면, 성서 이야기에 근거해 스크립트(script)를 작성하고 그 이야기의 각 등장인물들의 배역을 정해주고 각 이야기 상황에 맞는 배경음악을 틀어줌으로써 그 이야기가 발생했던 당시의 현장을 회중이 생생하게 느낄 수 있도록 구술연극(口述演劇)을 시도해 봄이 어떠한가. 주중에 한 번이든 한 달에 두 번이든, 주제설교보다는 이러한 형태의 구술연극이 각 성서를 전체적으로 이해할 수 있도록 회중들을 도울 것이다. 이러한 구술연극의 과정 속에서 공동체 구성원들은 함께 울고 웃고 느끼는 정서적 신앙적 공감대를 형성할 것이다. 즉 개인주의 조류에 무너진 공동체적 정체성을 자연스럽게 회복하게 되고 회중 모두가 오감을 통해 공유한 성서 이야기는 그들로 하여금 성서적 세계관과 생활양식을 형성하게 할 것이다.

셋째, 이민교회의 고질적 문제점 가운데 하나는 2세 자녀들의 신앙교육이다. 앞에서 살펴본 것처럼 1세기 크리스천들은 스토리텔링을 통해 자녀들에게 성서적 교훈을 가르치고 신앙적으로 훈육한다. 이처럼 이민가정과 이민교회에서 세대를 이어주는 스토리텔링 방식의 신앙 교육이 필요하다. 개인적 성서 읽기뿐만 아니라 모든 세대를 아우르고 묶는 그런 효과적 스토리텔링의 보급이 필요하다. 시각과 청각을 포함한 모든 감각의 문을 열게 하여 성서 이야기를 2세 크리스천들이 온 몸으로 느낄 수 있도록 전달할 수 있는 그런 방법을 개발해야 한다. 배경음악을 틀어 주고 시각 효과를 극대화하여 전문 이야기꾼이 말과 제스처와 감정을 포함한 스토리텔링의 모든 수단을 최대한 살려 성서 이야기를 부분이 아닌 전체로 전달해 준다면 그들은 성서속에서 어떤 세상을 경험할까? 성서 이야기를 전체적으로 들음으로써 그들은 그 이야기를 통해 체험하고 느낀 것을 공유하게 되며 말씀과 만난 새로운 경험의 이야기를 유포할 것이다. 인쇄 문화를 넘어 이제 멀티미디어 문화로 가는 도상에서 그 두 문화를 함께 경험하는 2세들에게 1세기 구전문화 속에서 회자된 성서 이야기를 어떻게 가르칠 것인지를 놓고 1세들은 고민해야 할

것이다.[32]

포스트모더니즘의 주요 특징 가운데 하나는 '거대 담론에 대한 회의(懷疑)'
다.[33] 영원한 진리란 없고 오직 영원한 흐름만 있다고 주장하며 진리의 상실
을 강조한다. 이 세계에 어떤 보편성도 절대적 진리도 존재하지 않는다고 주
장한다. 이런 포스트모던 시대에 하나님의 구원이라는 거대 서사는 우리 일
상 속에서 완연하게 소멸되고 있다. 포스트모더니즘의 개인적 진리 추구와
작은 것들에 대한 관심은 전체로부터 개인을 해방시키고 개인의 잠재성 실
현에 긍정적 기여를 하나 한계 또한 분명하다. 그것의 주요 한계는 이전의 사
상적 체계를 부정하고 비판하면서도 그 어떤 대안을 제시하지 않고 있어 혼
란만 더욱 가중시킨다는 점이다. 보편적 진리에 대한 불신은 교회에 대한 포
스트모더니즘의 도전이기도 하지만 그에 따른 공동체성 해체는 보다 심각한
위협이다. 이러한 때 성경을 하나님의 말씀과 행동이 드러난 이야기로 통째
전하고 그 이야기 위에 신앙공동체로서의 정체성을 복원해 나가지 않으면
교회는 해체될 위험에 처할 것이다.

마지막으로, 이민교회 목회자들은 한국교회에서 나온 설교집을 포함한 각
종 목회 자료와 프로그램에 지나치게 의존하고 있지는 않은지 자가진단해
볼 일이다. '신토불이'(身土不二)란 말이 있다. 몸과 토양은 둘이 아닌 하나라
는 뜻이겠다. 이 말은 교회/복음과 문화의 관계에도 그대로 적용된다. 교회가
서 있는 문화적 토양을 무시하고서 교회는 존속할 수 없다. 한국교회의 상황
과 미주 이민교회의 상황은 그들이 서 있는 문화적 토양의 차이만큼이나 다
르다. 이민문화와 이민자들의 정서를 파악하지 못한 채 목회하는 것은 언제
든 목회에 위기를 초래할 수 있음을 의미한다. 한국교회가 제작한 각종 목
회 자료와 프로그램은 참조할 수 있지만 그것을 이민교회에 곧바로 사용하

---

32 밀레니엄 세대의 특징을 자세히 분석해 놓은 최재봉, 《포노 사피엔스: 스마트폰이 낳은 신인류 포스트모던의
　조건》(쌤앤파커스, 2019) 참조.

33 Jean Francois Lyotard, 유정완 역, *La Condition Postmoderne* 《포스트모던의 조건》(민음사, 2018), p. 21.

고 적용하는 것은 적절치 않다고 본다. 따라서 이민사회와 이민교회 정서에 맞는 프로그램과 목회 자료를 개발해야한다. 이를 위해 교파를 초월하여 이민교회와 네트워크를 할 수 있고 이민교회를 도와줄 수 있는 전문 연구소를 상설하는 것이다. 연구소는 이민교회의 당면한 현안들을 분석하여 데이터베이스를 구축하고, 그에 따라 이민교회 목회자들을 위해 목회 자료를 제작 공급 프로그램을 개발하며, 바른 이민신학을 정립해 주어 2세 자녀들을 위한 각종 교재를 전문가들의 도움으로 편찬하고 이민교회를 둘러싼 문화적 사회적 종교적 토양을 분석해서 이민교회의 나아갈 방향을 제시하는 것이다. 어느 때보다도 교회안팎의 도전이 거센 작금에 개별 교회 중심의 목회는 복잡한 이민사회와 문화에 적절히 대응하는 데에 많은 한계가 있다. 따라서 전체적 안목에서 이민교회의 길라잡이 역할을 해 줄 수 있는 연구소 상설은 시급한 문제라고 필자는 판단한다.

　1세기 디아스포라 크리스천들은 자신들이 뿌리내리고 살아가는 사회적 환경과 문화적 공간에서 복음을 새롭게 이해한다. 그러하기에 팔레스타인 크리스천들은 소아시아 크리스천들과 다른 방식으로 성서 이야기를 이해/해석한다. 알렉산드리아 크리스천들은 그리스-로마 지역에 교회를 세운 크리스천들과는 다른 복음적 전승을 간직한다. 모든 기독교 공동체들이 거시적(macro)으로 볼 때 통일된 관점을 지니고 있지만 미시적(micro)으로 볼 때 각 공동체는 그들이 처한 환경과 여건에 따라 성서 이야기를 새롭게 해석하여 창출해 낼 것이다. 마찬가지로 교회 성도들은 복음과 문화의 역동적 관계를 고려한 후, 현대의 사회적 정서와 문화적 토양에 맞는 신앙 이야기를 성서로부터 끄집어내어 해석하고 전달할 때만이 성서 이야기를 통해 함께 울고 웃고 느끼던 1세기 크리스천들의 원초적 경험에 다가갈 수 있을 것이다. 그 경험은 세대와 문화적 공간을 초월해서 존속할 수 있다. 그러한 경험들이 단절되지 않은 채 이어져 내려온 것이 지난 2,000년 교회의 역사가 아니던가? 그러나 현대교회는 이전에 경험하지 못한 여러 다양한 도전에 노출되어 있고 위기의 본질은 과거와는 달리 교회 밖뿐만 아니라 교회 안에서 똬리를 튼 채 상존하고 있다. 교회는 성서적이고 복음적인 새로운 생명 이야기를 교회 현장에서 창출할 수 있어야 한다. 분열과 상처의 이야기가 아닌, 생명과 구원사건이 되는 생생한 이야기가 교회 현장에서 회자되고 바깥으로 유포될 때 교회는 그 정체성을 유지할 수 있다.

교회는 말씀공동체로서 가루 서 말 속 누룩처럼 하나님 나라를 이 세상에 확장시켜야 할 사명을 깊이 인식해야 한다.

ABSTRACT

The Oral Culture of the First Century and a Desirable Bible Reading of the Korean-American Immigrant Church

Sang Meyng Lee

This article suggests for the sound reading of the Bible in the Korean-American immigrant church in the light of the oral culture of the biblical times. Modern times is a text based culture, a culture of written documents. In the age of printing, it is difficult for us in a text-based culture to imagine the character of an oral culture, much less understand how the Bible functions in such an oral culture. It is important to try to understand that all of the cultures of the Bible were essentially oral cultures, not text-based cultures, and large portions of the Bible were once exclusively oral, not written. We have forgotten the fact that for 2,500 years prior to Johann Gutenberg's invention of the printing press in the 1450s, most people experienced the Bible either through oral/aural performance. Hence we have been reading in print for only about 500 years.

For thousands of years, literacy was limited to the elite, privileged few. It is estimated that the literacy rate in the first century Roman Empire was only ten percent. The vast majority of people negotiated the world exclusively through words spoken and heard rather than words written and read. All ancient peoples in the Biblical period, whether literate or not, preferred the spoken word.

Most ancient documents including letters were usually read out loud to a group of people. The Biblical texts including letters were composed for oral/aural performance. Namely they were meant to be orally delivered with aural/optical devices(such as rhythm, rhyme, various rhetorical devices, tone, feeling, body language, and facial expression) when they arrive at their destination audience. How can the Korean-American immigrant church approach to this original oral experience which the first-century Christians enjoyed?

In light of the oral culture of the Biblical period, I suggest four helpful tips for reading the Bible in a sensible way for the Korean-American immigrant church. First, each book of the Bible is to be read somatically(holistically) from beginning to end. Otherwise, in reading and teaching the Bible, the church can make a big mistake like seeing the trees but overlooking the woods. Second, the Christian communities have to recover their identity and hand it down to the next generation by sharing communal experience through oral/aural performance of the Biblical narratives Third, storytelling of the Biblical narratives is very helpful for the faith education of our children. Fourth, as the idiomatic phrase 'shintoburi'(one's body and soil are inseparable each other.) expresses, the Korean-American immigrant church needs to develop the ministerial material suitable for its multi-cultural and unique social context and establish the database which analyzes various current issues.

· 참고문헌

최재봉, 《포노 사피엔스 : 스마트폰이 낳은 신인류 포스트모던의 조건》. 서울: 쌤앤파커스, 2019.

The Loeb Classical Library. Cambridge, Mass.: Harvard University Press.

Achtemeier, Paul. *HarperCollins Bible Dictionary*. San Francisco: HarperSanFrancisco, 1996.

Alexander, Loveday. *The Preface to Luke's Gospel: Literary Convention and Social Context in Luke 1,1-4 and Acts 1,1*. Society for the Study of the New Testament Monograph Series 78. Cambridge: Cambridge University Press, 1993.

Apuleius, Lucius. 송병선 역. *Golden Ass* 《황금 당나귀》. 서울: 현대지성, 2018.

Ba, Amadou Hampate. 이희정 역. *Amkoullel, L'Enfant Peul* 《들판의 아이: 아프리카 아이들은 이야기를 먹고 자란다》. 서울: 북스코프, 2008.

Bauckham, Richard. *Climax of Prophecy: Studies on the Book of Revelation*. New York: T & T Clark Ltd, 2005.

Betz, Hans Dieter. *Galatians*. Hermeneia. Philadelphia: Fortress, 1979.

Danker, Frederick William(ed.). *A Greek-English Lexicon of the New Testament and Other Early Christian Literature*. Third Edition. Chicago: University of Chicago Press, 2000.

Fiorenza, Elisabeth Schüssler. *In Memory of Her: A Feminist Theological Reconstruction of Christian Origins*. New York: Crossroad, 1984.

Harris, William V. *Ancient Literacy*. Cambridge: Harvard University Press, 1989.

Johanson, Donald, Blake Edgar, and David L. Brill. *From Lucy to Language*. Revised Edition. New York: Simon & Schuster, 2006.

Kennedy, George A. *Progymnasmata: Greek Textbooks of Prose Composition and Rhetoric*. Writings from the Greco-Roman World 10. Atlanta: Society of Biblical Literature, 2003.

Lee, Sang Meyng. *The Cosmic Drama of Salvation: A Study of Paul's Undisputed Writings from Anthropological and Cosmological Perspectives*. Tübingen, Germany: Mohr Siebeck, 2010.

Metzger, Bruce M. and Bart D. Ehrman. *The Text of the New Testament: Its Transmission, Corruption, and Restoration*. 4th Edition. Oxford: Oxford University Press, 2005.

Ong, Walter J. *Orality and Literacy: The Technologizing of the Word*. London: Routledge, 1982.

Rhoads, David. "Performing the Gospel of Mark." Pages 176-201 in *Reading Mark, Engaging the Gospel*. Minneapolis: Fortress, 2004.

Wilson, Mark. *Charts on the Book of Revelation*. Grand Rapids: Kregel Publications, 2007.

· 이필찬

총신대학교(B.A.)와 합동신학대학원에서 목회학 석사(M.Div.), 미국의 칼빈 신학 대학원에
서 신약학으로 신학석사(Th.M.)를 받았다. 그리고 세인트 앤드류스 대학교(University of St.
Andrews)의 신학부에서 리챠드 보쿰(Richard Bauckham)의 지도 하에 박사학위(Ph.D.)를
받았다. 그의 박사학위 논문은The New Jerusalem in the Book of Revelation: A Study of
Revelation 21-22 in the Light of its Background in Jewish Tradition 라는 제목으로 당시 편
집자인 마틴헹겔의 허락을 받아 Wissenshaftliche Untersuchungen zum Neuen Testament
(Tübingen, Germany: Mohr Siebeck)의 제2시리즈로 2001년 12월에 출간 되었다. 한국의 웨
스트민스터 신학대학원 교수를 역임하고 현재는 〈이필찬 요한계시록 연구소〉에서 연구와 강의
그리고 저술활동에 전념하고 있다. 끝으로 그는 〈요한계시록의 연구와 현대적 적용〉 그리고 창
조와 새창조의 관점에서 보는 〈성경적종말론〉에 학문적 관심을 쏟고 있다.

The
HOLY BIBLE

요한계시록을 통해 본
성경 읽기/듣기의
중요성과 방법

요한계시록을 통해 본
성경 읽기/듣기의 중요성과 방법

|

이필찬 교수

서론 논문 개요

Key verse

이 예언의 말씀을 읽는 자와 듣고 그 가운데 기록된 것들을 키지는 자들이 복이 있다(1:3).

목적

본 논문의 목적은 두 가지가 있다. 첫째는 요한계시록을 통해 성경 읽기와 듣기의 중요성과 그 근거를 제시하는 것이다. 둘째는 요한계시록을 통해 성경 읽기의 방법을 제시해 보고자 하는 것이다.

방법론

이 두 가지 목적을 이루기 위해 그 목적에 맞게 두 가지 방향에서 접근하고자 한다. 첫번째 목적을 이루기 위해 요한계시록의 여러가지 특징들이 읽기와 듣기의 프레임을 가지고 구성되고 있다는 것을 증명하고자 한다. 이러한 증명을 위해 먼저 요한계시록의 구조를 분석하여 요한계시록 자체가 읽기와 듣기의 관계 속에서 구성되었다는 것을 보여주고자 한다. 곧 요한계시록의 구조를 이루게 되는 틀이 바로 이러한 읽고 들음의 관계에서 출발한다고 추정한다. 그리고 1:3과 1:12 그리고 2-3장의 들음의 공식을 통해 읽기의 중요성을 고찰하게 될 것이고 마지막으로 22:20을 통해 성만찬의 현장에서 읽기와 듣기의 패턴이 어떻게 나타나고 있는가를 보여주고자 한다.

두번째 목적을 이루기 위해 요한계시록을 통해 성경 읽기의 방법으로서 통전적 방법론을 논의하고자 한다. 요한계시록은 새창조와 새에덴 모티브로 마무리 된다. 곧 21:1-5에서는 새하늘과 새 땅에 대한 주제를 소개하고 있으며 5:9-10에서는 에덴 회복의 성취를, 22:1-5에서는 에덴 회복의 절정으로서 에덴 모티브를 제시한다. 이러한 내용은 성경 읽기에 대한 방향을 제시하고 있다. 곧 그것은 바로 성경 읽기를 창조에서 창조 회복의 완성을 의미하는 새창조의 통전적 관점에서 읽어야 한다는 것을 의미한다. 이것은 신약 성경 중에 요한계시록에서만 등장하는 하나님의 이름으로서 '알파와 오메가', '처음과 마지막' 그리고 '시작과 끝'이라는 이름에 의해서 창조와 완성에 이르는 통전적 관점을 보여 주고 있다는 점에서 더욱 강화된다.

연구의 한계

요한계시록 자체가 성경 읽기의 중요성과 방법을 보여 주기 위해 기록된 것은 아니다. 그러므로 이러한 주제를 요한계시록을 통해 논하는 것은 다소 인위적이라는 생각을 가질 수도 있다. 이 연구는 이러한 한계점을 충분히 인식한다. 이러한 인식을 통해 요한계시록 본문의 의미가 이러한 주제에 의해 훼손되지 않도록 하기 위해 신중하게 접근하도록 할 것이다.

본론

본론에서는 앞서 서론에서 밝혔듯이 이 논문의 목적 두 가지를 중심으로 논의해 보고자 한다. 첫째로는 읽기와 듣기의 중요에 대한 것이고 둘째로는 요한계시록을 통해 주어지는 읽기의 방법이다.

읽기와 듣기의 중요성

1) 개요

피오렌자는 "신화적인"(mythopoetic) 요소를 사용한 요한계시록의 환상의 체계는 상당한 "설득의 파워"(persuasive power)를 가지고 있으며 이것은 요한계시록을 큰 소리로 통째로 읽을 때 그 진가를 발휘하게 된다고 지적한다.[1] 곧 "요한계시록이 품고 있는 고풍적인 히브리적 언어; 소리들과 형식들의 반복; 색깔과 음성들과 이미지 관련 요소들 이모든 것들이 청중들를 설득하기 위해 동원된다."[2] 이것은 요한계시록의 말씀이 읽기와 듣기의 구조 속에서 구성되고 있음을 잘 알 수 있다. 여기에 덧붙여서 피오렌자는 읽기와 듣기의 구조 속에서 구성되었다면 요한계시록을 심포니 오케스트라의 교향곡을 듣듯이 전체적인 조망 가운데 읽혀져야 한다는 것을 강조한다.[3]

이러한 피오렌자의 주장은 이 논문에서 보여주고자 하는 논지의 윤곽을 잘 잡아주고 있다. 다음에서는 요한계시록에 있어서 들음의 구조를 보여 주는 여러가지 항목들을 관찰함으로써 듣기의 중요성을 말하는 피오렌자의 주장의 정당성을 제시해 보고자 한다.

---

1 E. S. Fiorenza, *Revelation: Vision of A Just World*(Minneapolis: Fortress, 1991), 32.

2 같은책.

3 같은책.

2) 요한계시록의 구조

요한계시록의 구조는 읽고 들음의 관계의 틀 속에서 구성되고 있다고 볼수 있다. 요한계시록의 구조에 대해 많은 학자들이 논의해 오고 있다. 그러나 학자들의 주장이 통일되지 않으며 너무나 다양하다. 그런데 요한계시록의 구조의 이슈를 기존의 방법과는 다르게 접근하는 학자가 있다. 그가 바로 보컴(Bauckham)이다. 구조를 이해하기 위한 그의 방법론의 출발점은 바로 요한계시록이 청중들에게 읽혀지도록 의도되어졌다는데 있다.[4] 이것이 옳다면 요한계시록에 구조의 윤곽을 나타내 주는 "언어적 표시"(linguistic marker)가 존재한다고 추정할 수 있다.[5] 그러한 언어적 표시는 문맥의 흐름을 잘 안내하는 역할을 하도록 고안되었을 것이다. 그 언어적 표시는 무엇이며 어디에 나타나는 것일까? 그리고 그 언어적 표시는 어떻게 요한계시록의 구조의 구성과 관련되는 것일까?

언어적 표시로 사용된 문구는 바로 "엔 프뉴마티"(ἐν πνεύματι)로서 '성령 안에서'라는 의미를 가지며 1:10과 4:2 그리고 17:3과 21:10에 위치한다.[6] 이 위치들은 절묘하게도 문맥의 중요한 부분을 차지하고 있다. 그 위치를 구체적으로 말하면 먼저 1:10은 프롤로그인 1:1-8이 끝나고 1:9부터 시작되는 서론의 시작 부분으로서 "환상적 경험 전체의 시작"을 알려주고 있다.[7] 그리고 4:2은 두 번째 환상으로서 본론이 시작되는 4장의 처음 부분이며 이 본론은 16장까지 진행한다.[8] 그리고 17-22장은 결론 부분이다. 이 결론 부분은 이중적 결론을 이루고 있는데 첫번째 결론은 17:1-19:10에서 바벨론 멸망과 심판을 언급하는 내용이고 그리고 두번째 결론은 21:9-22:5에서 새예루살

---

4 R. Bauckham, *The Climax of Prophecy* (Edinburgh: T&T ㄴClark, 1993), 1-2. 그에 의하면 "…the esssential structure of the book…must have been intended to be perceptible in oral performance"라고 한다(같은책).

5 같은책.

6 같은책, 3.

7 같은책.

8 같은책.

렘의 영광을 소개한다.[9] 이 첫번째 결론의 시작 부분인 17:3와 두 번째 결론의 시작 부분인 21:10에 각각 '엔 프뉴마티'가 존재한다. 읽는 자가 17:3에서 '엔프뉴마티'라고 발음할 때 듣는 자들은 첫번재 결론이 시작되고 21:10에서도 동일한 방법으로 두 번째 결론이 시작된다는 것을 알아차리게 되었을 것이다.

이러한 두 개의 결론에서 각각 바벨론과 새예루살렘은 대조적 평행을 이루고 있다.[10] 전자는 음녀로서 하나님을 대적하는 세상 세력으로서 로마 제국을 상징하는 것이라면 후자는 하나님의 백성으로서 바벨론에 의해 핍박받는 교회 공동체를 가리킨다. 요한계시록은 결론에서 하나님의 백성을 핍박하는 세상 세력은 심판받아 멸망할 것이고 핍박받은 하나님의 백성은 어린양의 신부로서 영광스럽고 완전한 공동체의 모습을 갖추게 될 것에 대한 비전을 보여준다. 여기에서 바벨론과 새예루살렘은 대조적 결말을 맞이한다. 반면 바벨론과 새예루살렘은 서로 도시라는 점에서 공통점이 있다. 역사적으로 볼 때 예루살렘은 바벨론에 비하여 약한 존재일지 모르나 요한계시록의 결론에서 신부 새예루살렘은 음녀 바벨론을 압도하는 영광스러운 모습을 가지게 된다.

이상에서 요한계시록 전체가 읽혀지도록 의도되고 있다는 정황을 근거로 언어적 표시를 통해 읽는 자의 소리를 듣고 듣는 자들이 전체 문맥의 흐름을 이해할 수 있도록 고안되었다. 그러므로 읽음을 통해 요한계시록 전체의 구조와 흐름을 파악할 수 있다. 여기에서 요한계시록의 구조는 읽기의 중요성을 일깨워 주는 매우 의미있는 기능을 갖는다.

---

9 같은책, 4. 이 두 부분 사이에 언어적으로 평행적 관계를 가지고 있다. 곧 17:1과 21:9 그리고 19:9과 22:6 사이에 언어적 평행관계를 갖는다(같은책).

10 같은책, 5.

3) 읽는 자와 듣고 지키는 자들(1:3)

이 예언의 말씀을 읽는 자와 듣는 자와 그 가운데에 기록한 것을 지키는 자는 복이 있나니 때가 가까움이라

요한계시록은 예언의 말씀이다.

위 본문에 의하면 요한계시록은 예언의 말씀으로 묘사되고 있다. 예언의 사역은 하나님의 말씀을 대언하는 행위라고 할 수 있다. 먼저 저자인 요한은 이러한 예언의 사역을 수행하는 선지자이다. 선지자로서 요한은 일곱 교회 성도들에게 예언의 말씀으로서 요한계시록을 읽음으로서 예언의 사역에 동참할 것을 요청하고 있다.

구약에서 예언의 말씀은 어떻게 선포되었는가?

위 본문에서 먼저 요한계시록의 말씀을 '예언'이라고 규정한다. 이처럼 '예언'이란 단순히 미래에 대한 예시 정도가 아니라 하나님의 뜻을 대언하는 의미를 갖는다. 구약에서 선지자들에 의한 예언의 내용들을 보면 이러한 의미가 잘 드러난다. 그런데 구약의 경우에 예언의 말씀이 줄곧 읽혀져 왔다는 것을 여러가지 용례들을 통해 증명된다.

¹ 이스라엘 자손이 자기들의 성읍에 거주하였더니 일곱째 달에 이르러 모든 백성이 일제히 수문 앞 광장에 모여 학사 에스라에게 여호와께서 이스라엘에게 명령하신 모세의 율법책을 가져오기를 청하매 ² 일곱째 달 초하루에 제사장 에스라가 율법책을 가지고 회중 앞 곧 남자나 여자나 알아들을 만한 모든 사람 앞에 이르러 ³ 수문 앞 광장에서 새벽부터 정오까지 남자나 여자나 알아들을 만한 모든 사람 앞에서 읽으매 뭇 백성이 그 율법책에 귀를 기울였는데 (느 8:1-3)

율법책을 낭독하고 그 뜻을 해석하여 백성에게 그 낭독하는 것을 다 깨닫게
하니(느 8:8)

[60] 예레미야가 바벨론에 닥칠 모든 재난 곧 바벨론에 대하여 기록한 이 모든
말씀을 한 책에 기록하고 [61] 스라야에게 말하기를 너는 바벨론에 이르거든 삼
가 이 모든 말씀을 읽고 [62] 말하기를 여호와여 주께서 이 곳에 대하여 말씀하
시기를 이 땅을 멸하여 사람이나 짐승이 거기에 살지 못하게 하고 영원한 폐
허가 되리라 하셨나이다 하라 하니라 [63] 너는 이 책 읽기를 다한 후에(렘 51:60-
63)

위와같은 구약의 말씀들을 통해 잘 드러나듯이 이스라엘 백성들은 그들
의 회집에서 율법책을 읽었으며 예레미야의 경우에도 이러한 읽기는 매우 분
명하게 드러나고 있다. 그러므로 요한계시록의 읽기는 구약의 전통을 이어받
고 있다고 할 수 있다.

고대 사회에서 읽기의 의미

고대 사회에서 크게 읽기는 통상적인 관습이다.[11] 이것은 크게 읽음은 청
중의 존재를 전제하게 되고 청중의 존재는 읽는 자의 존재를 전제하게 된다.
이처럼 읽는 자와 듣는자의 교감이 매우 밀접하게 동반된다. 여기에서 고대
사회의 공동체성이 두드러진다. 그리고 읽음과 들음은 동일시되어 나타난다.
다음 글이 이러한 내용을 잘 보여주고 있다.

Terms for reading and hearing(ἀναγνῶναι—ἀκούειν; legere—audire) were
often used synonymously(Herodotus 1.48), or together as an idiomatic

---

11 D. Aune, *Revelation*(Dallas: Word, 1997), 20-21.

expression referring to two aspects of a single activity.[12]

읽기와 듣기의 이러한 특징들은 고대 사회에서 지식의 공유를 원활하게 했으며 그러한 지식의 공유를 통해 공동체성을 유지했을 것이다. 이러한 고대 사회에서의 읽기의 특징들이 요한계시록에도 공유되고 있다고 할 수 있다. 다음 계 1:3에 대한 이해는 이러한 사실을 잘 보여 주고 있다.

읽는 자와 듣고 지키는 자들

1:3에서 읽는 자는 단수이고 듣고 지키는 자는 복수인 것을 주목할 필요가 있다. 이러한 관계에 의해, 구조에서도 고찰했던 것처럼, 요한계시록은 읽혀지는 정황을 전제로 기록되었다는 것을 알 수 있다. 곧 예배의 정황에서 한 사람이 앞에서 읽고 다른 사람들은 그 말씀을 듣는 상황을 떠올리게 한다. 여기에서 수신자인 일곱 교회 성도들은 읽는 자의 음성을 들음으로써 요한계시록의 메시지를 접하게된다.[13]

여기에서 듣고 지키는 행위는 읽는 행위와 구별되는 하나의 행위로 간주할 수 있다. 왜냐하면 'τοὺς λόγους τῆς προφητείας καὶ τηροῦντες τὰ ἐν αὐτῇ γεγραμμένα'라는 문장에서 보듯이 하나의 정관사(τοὺς) 안에 '듣다'와 '지키다'라는 두 개의 동사가 동시에 사용되고 있고 '읽는 자'(ὁ ἀναγινώσκων)는 따로 독립적으로 정관사(ὁ)를 가지고 사용되고 있기 때문이다. 최초의 요한계시록 청중들은 요한계시록의 말씀을 듣고 지킬 때 엄청난 고난을 감수해야만 하는 환경에 휩쌓여 있었다. 그러므로 청중들에게 강한 임팩트가 필요하다. 어떻게 이것을 강하게 할까? 바로 소리의 충격을 통해서 가능할 수 있다. 소리가 인격을 나타낸다면 그 소리를 통해 하나님의 음성을 들을 수 있다.

---

12 같은책.

13 물론 공중 예배 때에만 요한계시록을 접하게 되는 것이 아니라 한가할 때(at leisure) 따로 요한계시록을 연구할 수 있는 여지는 있다(R. Bauckhma, *The Climax of Prophecy*, 3).

정리

위의 논의에서 요한계시록은 예언의 말씀으로서 구약의 예언의 말씀의 전통을 이어 받을 뿐만 아니라 그 절정의 상태를 나타내주고 있다. 구약의 선지자들의 예언의 사역 가운데 중요한 기능은 하나님의 말씀을 읽고 이스라엘로 하여금 그것을 듣게 하는 것이다. 이러한 패턴은 이스라엘 뿐만 아니라 고대 사회에 통상적 의사 전달의 방법이었다. 1:3에 대한 간단한 고찰을 통해서 요한계시록도 예언의 말씀으로서 읽기와 듣기가 매우 중요한 메시지의 교감을 위한 방법으로 자리잡고 있음을 알 수 있다.

3) 소리를 보다(1:12)

개역개정) 몸을 돌이켜 나에게 말한 음성을 알아 보려고 돌이킬 때에 일곱 금 촛대를 보았는데 πέστρεψα βλέπειν τὴν φωνὴν ἥτις ἐλάλει μετ' ἐμο 나의 사역)나는 나와 함께 말하는 소리를 보기 위하여 돌이켰다

위 본문에 의하면 소리를 듣는다고 하기 보다는 소리를 본다고 한다. 이러한 구성은 소리와 시각의 관계의 재구성을 보여주고 있다. 요한계시록은 분명 환상적 계시의 형태를 취하고 있는 것이 분명하다. 여기에서 '환상'과 '소리' 곧 시각과 청각이 교차한다. 보는 것과 듣는 것이 동일시 될 수 있다. 더 나아가서 소리는 시각을 자극한다고 할 수도 있다. 이러한 경우를 환상 계시를 담고 있는 요한계시록 전체에 적용하면 요한계시록은 읽음의 소리를 통해 환상에 대한 그림이 더욱 명료해지는 효과를 가져 오도록 디자인되었다고 할 수 있다. 챨스(Charles)는 이 소리를 "인격"(person)으로 간주한다.[14] 이러한 이해는 요한계시록에서 소리는 하나님의 인격의 존재를 경험하는 통로이

---

14 Charles, R.H. *A Critical and Exegetical Commentary on the Revelation of St John*, International Critical Commentary, Edinburgh: T&T Clark International, 1920), vol. 25.

기도 하다.

이러한 패턴은 바로 출 20:18에서도 잘 나타나 있다.[15]

> 뭇 백성이 우레와 번개와 나팔 소리와 산의 연기를 본지라 그들이 볼 때에…

위의 본문에서 백성들은 나팔 소리를 본다. 물론 보는 대상에는 물리적으로 보이는 번개와 연기도 있지만 눈으로 볼 수 없는 소리인 우레와 나팔 소리도 있다. 이 둘의 경우는 보는 것이 아니라 듣는 것이다. 그럼에도 보는 행위의 범주에 포함시키고 있다. 여기에서 출애굽기의 저자는 보는 것과 듣는 것을 구분하지 않는다. 곧 보는 것을 통해 듣고 듣는 것을 통해 본다. 이러한 패턴이 바로 계 1:12의 적용되고 있다.

요한계시록은 대체로 환상을 통해 계시가 주어진다. 환상은 시각적 현상이다. 그런데 이러한 환상은 소리를 통해 더욱 극대화 되어 전달된다. 이러한 패턴은 우리에게 요한계시록이 읽혀질 때 어떤 결과를 기대할 수 있는지 보여준다. 그것은 소리를 들을 때 존재하시는 하나님을 볼 수 있다는 기대를 하게 한다. 곧 요한계시록을 읽을 때 하나님을 만날 수 있다는 것을 기대할 수 있을 것이다.

4) 2-3장에 나타난 '들음'의 공식

요한계시록 2-3장은 일곱 교회에게 보내는 선지적 메시지이다. 2-3장에서 일곱 교회에게 보내는 각 메시지의 끝 부분에 '성령이 교회들에게 하시는 말씀을 들을지어다'라는 문구를 반복하여 기록한다. 이것은 일종의 '들음의 공식'(hearing formula)이라고 불리어 진다.[16] 이 들음의 공식은 성령을 통한 모든 교회를 향한 말씀의 보편적 선포의 의미를 갖는다. 곧 각 메시지는 예수님의

---

15 D. Aune, *Revelation*, 87.
16 이러한 용어들은 대부분의 학자들이 사용한다.

말씀이 각 교회에게 선포되는 형식으로 시작하여 모든 교회들이 들어야 하는 성령의 말씀으로 끝을 맺는다. 여기에서 '들음'의 공식을 사용하는 것은 이 말씀이 기본적으로 읽혀짐의 형식을 갖추고 있는 이유이다. 결국 요한계시록을 읽음은 결국 성령의 음성을 듣게 하는 효과를 가져오게 되는 것임을 알 수 있다. 여기에서 말씀의 읽음과 들음은 상호적이며 성령의 역사를 초래할 수 있음을 보여준다. 이러한 내용은 다시 한 번 요한계시록의 읽음의 중요성을 강조해 주고 있다.

5) 성례전적 메시지로서의 요한계시록: 아멘 주 예수여 어서 오시옵소서 (22:20)

계 22:20의 '아멘 주 예수여 어서 오시옵소서'라는 문구는 일각에서 주로 예수님의 재림을 촉구하는 의미로 주로 해석되어 왔다.[17] 그러나 이 문구는 아람어의 기원의 기도인 마라나타(μαράνα θά)를 연상시켜 주고 있다.[18] 그러므로 이러한 언어적 전통과 배경을 가지고 이 본문을 이해하는 것이 필요하다.

디다케(Didache) 10:6에도 이와 유사한 문구가 등장한다. 이 문구를 헬라어 원문과 영어 번역을 함께 비교하면 다음과 같다.

헬라어	영어 번역
εἴ τις ἅγιος ἐστιν, ἐρχέσθω· εἴ τις οὐκ ἔστι, μετανοείτω· *Marana tha. Amen.*[19]	Let grace(i.e. Jesus) come, and let this world pass away. *Hossana to the God of David.* Whoever is holy, let him come; whoever is not, let him repent. *Marana tha. Amen.*[20]

---

17 대표적인 학자는 오스번(Osborne)이다(G. R. Osborne, *Revelation* [Grand Rapids: Baker Academic, 2002], 797).

18 J. P. M. Sweet, *Revelation*(London: SCM Press, 1979), 319.

19 R. H. Charles, *A critical and exegetical commentary on the Revelation of St John*(Edinburgh: T&T Clark International, 1920), 226 에서 가져 옴

20 이 번역은 J. P. M. Sweet, *Revelation*, 319의 것임.

위의 디다케의 문구는 "성만찬의 대화"(eucharistic dialogue) 중에 등장한다.[21] 이 문구는 신약의 고전 16:22에서 'μαράνα θά'라는 문구로 등장한다. 고린도 전서의 이 문구의 사용도 "성만찬의 모임"(eucharistic gathering)에서 읽혀지도 록 의도되었다.[22]

성만찬 모임에서 이러한 '오심'의 요청은 어떤 의도를 갖고 있는가? 온 (Aune)은 다음과 같이 세가지 견해를 소개한다[23]: 첫째로 예수님의 제의적 오 심(cultic coming of Jesus)인데 이것은 이 문구를 성만찬시에 예수님의 임재를 요청하는 경우라고 할 수 있다; 둘째로, 종말적 오심을 요청하는 것으로 예 수님의 재림을 기대하는 경우이다; 세째로는 제의적 오심과 종말적 오심을 동시에 요청하는 것으로서 이경우는 성만찬에서 현재적 오심에 의한 임재의 경험을 통해 종말적 오심을 기대하게 된다는 것이다.

이 세 가지 중에서 제의적 임재를 배제하고 종말적 오심과만 관련짓는 두 번째는 동의하기가 어렵다. 왜냐하면 이 문구는 분명히 제의적 의미를 가지 고 있는 것이 여러가지 이유로 분명하기 때문이다. 남은 것은 첫번째와 세 번 째의 경우인데 이 두 개의 차이는 종말적 오심을 포함하느냐 않느냐에 있다. 이 둘의 차이는 적절하게 조화를 이루게 될 수 있다고 볼 수 있다. 왜냐하면 스몰리의 의견처럼, 제의적 오심에서 종말적 오심을 기대할 수 있기 때문이 다.[24]

다음의 빌(Beale)의 글은 제의적 오심에 대한 이해를 위해 적절한 내용을 제공해 준다.

If so, then an inaugurated understanding of the "coming" can be

---

21 같은책.

22 같은책.

23 D. Aune, *Revelation*, 1235.

24 S. S. Smalley, *Revelation: A Commentary on the Greek Text of the Apocalypse*(Doners Grove: IVP, 2005), 585.

comprehended within the liturgical framework of the Lord's Supper, where
Christ comes in blessing and judgment repeatedly throughout the age until
the end of history(see further below). It would be fitting for the epilogue thus
to conclude on a liturgical note, since the prologue opened with such a note
in connection with ideas of initial fulfillment of prophecy, including the
Messiah's coming...[25]

위의 인용글에 의하면 요한계시록의 시작 부분은 메시아의 오심에 대한
약속의 성취에 집중하여 기록하고 마지막 부분(에필로그)은 그것에 근거하여
제의적 정황에서 예수님의 임재를 강조하여 보여주고 있다는 것이다. 그러한
오심은 초림부터 시작하여 재림 때까지 반복되는데 특별히 성만찬의 정황에
서 발생한다. 따라서 이 본문의 마라나타 기도에 의해 요한계시록 전체가 성
만찬의 정황에서 "공적으로(publicly) 읽혀지도록 의도되었다"고 할 수 있다.[26]
　이러한 제의적 오심은 라오디게아 교회의 정황 가운데서 부정적 측면에
서 개진되고 있다. 3:20에서 '더불어 먹는다'는 행위는 성만찬의 정황을 의미
하는 것으로서 라오디게아 성도들이 로마 제국의 황제 숭배를 거부하고 하
나님을 예배하는 삶을 살게 된다면 예수님의 제의적 임재를 경험할 수 있게
될 것을 약속하는 장면이다.[27]
　이상의 내용에서 예언의 말씀을 읽는 자가 '아멘 주 예수여 오시옵소서'라
고 외칠 때 그 소리에 의해 공동체는 예수님의 임재를 경험한다. 특별히 이러
한 외침이 성만찬과 함께 병행된다면 듣는 자들은 공동체적으로 함께 예수
님의 임재 가운데 들어가게 될 것이다. 그리고 그러한 임재 가운데서 예수님
의 구속 사역의 기쁨과 천상적 존재로서의 정체성을 만끽할 수 있었을 것이

25 G. K. Beale, *The book of Revelation: a commentary on the Greek text*(Grand Rapids: W.B. Eerdmans,
1999), 1155.

26 I. Boxall, *Revelation of St. John*(London: Continuum, 2006), 318-319.

27 B. K. Blount, *Revelation*, (Louisville: WJK, 2009), 416.

다. 여기에서 요한계시록을 비롯하여 성경을 통독하는 의미를 찾아 볼 수 있다. 곧 예배 중에 혹은 성만찬 중에 성경을 낭독할 때 예수님의 임재를 경험할 수 있게 되는 것이다.

요한계시록을 통해 본 성경 읽기의 방법-종말론적인 관점에서 통전적 성경 읽기

이 단락에서는 요한계시록을 통해 성경 전체를 어떻게 읽을 것인가에 대한 기본적인 원리를 모색해 보고자 한다. 앞선 연구는 요한계시록이 읽음과 들음의 관계 속에서 구성되었다는 것을 증명함으로써 성경 읽기의 중요성을 확인하는데 집중하였다면 여기에서는 성경 읽기에 대한 강력한 동기 부여를 위해 요한계시록을 통해 성경 전체에 대한 관점을 제시하는 것이다. 이러한 연구가 중요한 것은 성경에 대한 관점을 잘 가지고 있을 때 성경읽기가 단순히 소리가 아니라 하나님의 뜻을 전하는 음성으로 들려 올 수 있기 때문이다.

요한계시록은 성경 전체를 어떻게 읽을 것인가에 대한 방향을 제시한다. 성경을 소리로 읽는 것과 함께 중요한 것은 어떤 관점에서 읽느냐도 매우 고려해야 할 사항이다. 이러한 사실에 대해 매우 분명하게 제시하고 있는 본문은 다음과 같다: 21:1-5과 22:1-5 그리고 5:9-10.

1) 새창조 모티브(21:1-5)

문맥: 최후의 심판

21:1-5의 직전 위치에 있는 20장은 20:1-10과 20:11-15에서 각각 용과 불신자들에 대한 최종적 심판을 기록하고 그리고 그 이전의 본문인 19:11-21은 예수님의 재림으로 초래되는 두 짐승에 대한 심판을 소개한다. 이 세 본문에서 심판의 결과는 모두 불과 유황이 타는 호수에 던져져서 영원히 괴로움을 당하게 된다는 것이다. 그리고 17:1-19:10은 바벨론에 대한 심판을 기록한다. 여기에서 바벨론과 용과 두 짐승은 요한계시록에서 악의 세력의 구도

를 형성한다. 그리고 이러한 악의 세력의 시스템이 예수님의 재림으로 완전하게 와해되는 과정을 자세하게 소개해 주고 있다.

만물을 새롭게 하노라(1, 5절)

21장의 1절과 5절은 1-5절의 인클루지오로서 서로 상관한다. 1절에서 요한은 '새하늘과 새 땅'을 본다고 했고 5절에서는 보좌에 앉으신 이가 이르시되 '내가 만물을 새롭게 하노라'고 한다. 1절의 '하늘/땅'과 5절의 '만물'이 서로 평행되고 1절의 '새'(καινός)라는 단어와 5절의 '새롭게'(καινός)라는 단어가 동일한 단어로서 평행적 관계를 가진다. 이러한 관계에 의해서 1절과 5절은 서로 상호적으로 이해를 돕는 관계를 설정한다. 다시 말하면 1절의 '새하늘과 새 땅'(줄여서 새창조)을 5절에서 좀 더 구체적으로 설명하는 관계가 성립된다. 곧 새창조는 만물이 새롭게 됨으로써 이루어지게 된다. 만물의 새롭게 됨은 만물의 갱신을 의미한다. 새창조는 만물의 소멸과 재창조가 아니라 만물의 갱신을 통해 이루어지게 된다는 것이다.[28]

그렇다면 왜 새창조는 만물의 소멸의 과정이 아닌 갱신의 과정을 통해 이루어지게 되는 것인가? 창조는 타락 후에 소멸이 아니라 회복을 지향하기 때문이다. 만일 만물이 소멸된다면 창조는 있지만 소멸되어 완성이 없게 되는 기형적 형태가 된다. 시작은 있지만 끝이 없게 되어 시작이 다시 반복하게 되는 것이다. 그러나 완전하시고 신실하신 하나님은 창조하신 것을 타락에도 불구하고 포기하지 않으시고 회복을 통해 반드시 목적하신 바를 이루시는 분이시다. 정리하면 만물을 새롭게 하심으로(5절) 새창조를 이루신다(1절).

하늘에서 내려오는 새예루살렘(2절)

먼저 새예루살렘은 어린양의 신부요 아내로서 완성될 교회 공동체에 대한

---

28 이에 대한 좀 더 자세한 내용을 Pilchan Lee, *A Study of the New Jerusalem in the Book of Revelation*(Tübingen: Mohr Siebeck, 2001), 267 이하를 참조.

상징적 표현이다(21:9-10). 그러한 새예루살렘이 하늘로부터 내려온다. 하늘의 예루살렘(heavenly Jerusalem)이 종말적 새예루살렘(new Jerusalem)이 되는 순간이다. 이것은 또한 천상적 교회와 지상적 교회가 결합하는 순간이기도 하다. 요한계시록에서 지상적 교회와 천상적 교회의 모습이 모두 나타나고 있다. 예를 들면 7장에서 1-8절의 144,000은 지상에서 전투하는 교회를 의미하는 반면 9-17절의 '아무도 셀 수 없는 큰 무리'는 하나님의 보좌 앞에 존재하는 천상적 교회를 의미한다. 여기에서 지상적 교회와 천상적 교회의 긴장이 존재한다. 이러한 긴장은 종말적 성취의 시대에 최종적이지 않고 일시적이다. 종말적 성취가 완성될 때 궁극적으로는 해소될 것이다. 2절에서 하늘의 예루살렘이 땅으로 내려오는 장면은 바로 이러한 긴장이 해소되는 순간을 보여준다. 이것은 하늘과 땅이 하나가 되는 순간인 것이다.

이러한 정황은 최초로 에덴에서 있었다. 에덴은 하늘과 땅이 구별 없이 통일된 상태였다. 왜냐하면 하나님이 에덴에 임재해 계셨기 때문이다. 그러나 타락으로 인하여 하늘과 땅은 분리되었다. 하나님은 땅에서 거처를 거두어 하늘로 올라가셨다. 그 때 이후로 하나님이 자신을 계시하지 않으신다면 아무도 하나님을 볼 수도 만날 수도 없게 되었다. 그러다가 성막과 성전을 이 땅에 세워 주셔서 하나님의 임재를 계시해 주셨다. 그러나 그것은 그림자에 불과했다. 그래서 이제 최종적으로 온전한 무엇인가가 오는 것이 요구되었다. 그러므로 구약의 성전이나 성막을 능가하는 성전의 실체로서 예수님이 오셔서 이 땅에 하늘을 심어 주셨다. 에덴의 회복이 이루어진 것이다. 그럼에도 불구하고 여전히 긴장은 존재한다. 이러한 긴장이 완전히 해소되는 되는 시점은 예수님의 재림의 때이다. 2절에서 새예루살렘 강하 사건은 바로 에덴 회복이 완성되어 이러한 긴장이 완전히 사라지게 됨을 보여준다. 이 사건은 다시 한 번 창조 때의 에덴적 정황으로 우리의 시선을 향하게 한다.

2) 에덴 모티브(1)(22:1-5)

성경의 마지막 책인 요한계시록의 마지막 부분인 22:1-5에서 에덴 모티브를 사용하고 있는 것은 우연이 아니다. 이것은 창조의 회복이라는 성경적 목적성을 잘 드러내 주고 있다. 이 본문은 바로 창조 사건과 창조의 핵심인 에덴을 의식하여 타락 후에 상실한 에덴을 다시 얻도록 하기 위해 경영해 오신 하나님의 계획의 성취의 절정을 잘 보여준다. 다음에 소개하는 다섯가지 항목들은 이러한 명제를 지지해 주고 있다.

수정같이 맑은 생명수의 강(1절)

이 강은 흥미롭게도 '하나님과 어린양의 보좌로부터 나와서 길 가운데로 흐르더라'고 한다. 이 강은 에덴에서는 에덴으로부터 흘러 나와 네 갈래로 갈라져 그 근원이 되었고 정원을 촉촉하게 적셔 주었다고 한 바 있다(창 2:10). 이러한 에덴에 대한 창세기의 묘사로 인하여 에덴을 대표하는 요소는 바로 에덴을 생명으로 충만히 적셔주는 '물'이라고 할 수 있다. 이러한 점에서 물은 생명의 원천으로 간주될 수 있다. 이러한 관계를 보여 주는 구약의 대표적 본문은 겔 47장이다. 47장에서는 생명의 물이 성전에서 흘러 나와 넘쳐나는 강이 되어 죽은 것들을 모두 살리게 된다. 요한계시록 본문에서는 생명수의 강이 하나님과 어린양의 보좌로부터 흘러 나온다. 여기에서 에덴의 주제와 성전의 주제가 서로 결합하여 성취된 형태를 보여준다. 차이점은 요한계시록에서 생명수의 강은 에덴이나 성전의 지정학적 공간이 아닌 어린양의 신부인 새예루살렘 공동체의 중심을 관통하는 것으로 묘사하여 하나님의 생명으로 충만한 모습을 그려주고 있다.

생명나무(2절)

새예루살렘의 생명은 생명수의 강 뿐만 아니라 생명나무에 의해서도 충만히 채워진다. 생명나무는 생명수의 강 좌우에 존재하며 열두 가지 열매를 맺되 달마다 열매를 맺는다. 이것은 가깝게는 겔 47:7을 배경으로 하고 멀게는 창세기의 에덴 정원의 생명나무를 연상케 한다.[29] 에덴에서 아담은 타락한 후에 생명나무를 먹도록 허락받지 못했다. 그러나 본래 인간이 생명나무를 먹도록 하는 것이 하나님의 뜻이고 계획이다. 이것은 회복의 본질을 구성한다. 이러한 하나님의 계획은 구속 역사를 통하여 잘 드러나고 있다. 2절의 말씀은 바로 이러한 구속사적 요구에 반응하고 있는 것이다.[30] 더 나아가서 그 생명나무의 잎사귀는 치료의 효과를 가져오기까지 한다.

다시 저주가 없다(3절)

3절에서 다시 저주가 없다는 것은 역으로 에덴 정원을 연상케 한다. 에덴 정원에는 선악과가 있어 타락에 의한 저주의 가능성이 있었다. 그러나 둘째 아담이요 마지막 아담이신 예수님께서 첫째 아담의 실패를 회복하시고 십자가에서 모든 저주를 감당하심으로 상황이 반전되었다.[31] 이제 새예루살렘 공동체에게는 에덴에서 아담이 타락하여 에덴을 상실한 것과 달리 더 이상 에덴의 상실은 없게 될 것이고 저주도 다시 없을 것이다.

하나님의 얼굴을 보다(4절)

하나님의 얼굴을 본다는 것은 다소 막연한 상황을 상상할 수 있는 것이나 이 문맥이 에덴 모티브로 일관되고 있으므로 이러한 관점에서 이 문구를 조망한다면 그것은 에덴에서 하나님과 아담의 역동적 관계를 특징 짓는 것으로 이해할 수 있다. 곧 에덴에서 거니셨던 하나님과 아담의 관계를 효과적으로 설명할 수 있는 방법은 하나님의 얼굴이 아담을 향하여 있었고 막힘없

---

29 H. B. Swete, ed., *The Apocalypse of St. John*. 2d. ed. (New York: The Macmillan Company, 1906), 295.

30 박스얼(Boxall)은 이러한 정황을 "에덴의 극적 반전"(a dramatic reversal of Eden)이라고 표현한다(Ian, Boxall, *The Revelation of Saint John*(London: Continuum, 2006), 311.

31 R. H. Mounce, *The Book of Revelation*(Grand Rapids: Eerdmans, 1997), 400.

는 교제의 대화를 나누었을 것으로 추정할 수 있다. 그러나 타락한 이후 인간은 하나님을 볼 수도 만날 수도 없는 지경이 되고 말았다. 따라서 모세조차도 하나님의 얼굴을 보는 것이 허용되지 않았고 하나님의 뒷모습만 볼 수 있었다(출 33:20, 23). 왜냐하면 사람이 하나님을 보면 생존할 수 없기 때문이다(출 33:20). 그러나 새에덴에서 반전이 일어난다. 이제 누구든지 하나님을 볼 수 있게 된 것이다. 곧 하나님의 얼굴을 보고도 죽지 않게 된 것이다. 이것도 역시 에덴회복의 절정을 잘 나타내 보여주고 있다.

세세토록 왕노릇하다(5절)

끝으로 새에덴에서 하나님의 백성들은 영원히 왕노릇하게 될 것이라고 한다. 여기에서 '왕노릇하다'(βασιλεύσουσιν βασιλεύω)는 '통치하다'라는 의미를 갖는다. 이러한 통치의 개념 역시 에덴 모티브의 반영이라고 할 수 있다. 왜냐하면 에덴에서 최초의 인간인 아담은 하나님으로부터 통치권을 위임받아 대리적으로 다스리고 정복하도록 창조 명령을 부여 받았다(창 1:28). 타락한 이후 에덴을 상실한 아담은 이러한 대리 통치권도 상실하였다. 마지막 아담이며 둘째 아담으로 오신 예수님이 메시아로서 아담의 통치권을 회복하셨다. 그리고 그러한 통치권을 성도들과 공유하셨다. 그러므로 에덴 회복의 절정의 시점에서 이러한 대리 통치권의 완전한 회복이 가능케 된 것이다.

정리

22:1-5에서 예수님의 재림 이후에 새하늘과 새 땅에서 새예루살렘 공동체가 어떤 삶의 정황에 놓여 있는가를 보여준다. 한 마디로 말하면 에덴 회복의 절정의 삶이다. 이러한 내용은 성경의 역사에 시작이 있고 동시에 끝이 있다는 것을 보여주고 있다. 이러한 사실은 성경을 통전적으로 읽어야 하는 당위성을 제시해 주고 있다.

3) 에덴 모티브(2)(5:9-10)

22:1-5 외에 또 다른 에덴 모티브를 보여 주고 있는 본문은 5:9-10이다.

> ⁹ 그들이 새 노래를 불러 이르되 두루마리를 가지시고 그 인봉을 떼기에 합당하시도다 일찍이 죽임을 당하사 각 족속과 방언과 백성과 나라 가운데에서 사람들을 피로 사서 하나님께 드리시고 ¹⁰ 그들로 우리 하나님 앞에서 나라와 제사장들을 삼으셨으니 그들이 땅에서 왕노릇 하리로다 하더라

문맥

위 본문을 이해하기 위해서는 간단하게 5장의 문맥을 살펴보는 것이 필요하다. 5장의 이슈는 '누가 책의 인을 떼기에 합당한가?'이다. 책의 인을 뗀다는 것은 단 8:26과 12:8-9을 배경으로 하여 종말적 하나님의 나라의 도래와 관련된다는 것이다.[32] 이 질문에 대해 책의 인을 뗄 자로서 이러한 사역을 감당할 주인공이 바로 유다지파의 사자로서 오신 어린양 예수라고 답변한다(5:5-6). 5:9-10의 내용은 바로 어린양이 인봉을 떼기에 합당한 이유를 제시하고 있다.

인봉을 떼기에 합당하신 이유(9-10절)

9절의 후반부는 인봉을 떼기에 합당하신 이유를 소개한다. 그것은 어린양이 "일찍이 죽임을 당하셔서 사람들을 피로 사서 하나님께 드리시고 그들로 우리 하나님께 나라와 제사장이 되게 하셔서 땅에서 왕노릇 하도록 하셨기 때문"(나의 의역)인 것이다. 여기에서 '사람들을 피로 사다'는 대속을 의미하는데 이러한 대속을 위해 필요했던 것은 바로 십자가에 달리심으로 흘리신 피다. 피를 흘리셔야 했던 것은 죄의 대가로 피로 값을 치루어야 했기

---

32 G. K. Beale, *The Book of Revelation*, 339.

때문이다. 그런데 이러한 대속은 수단이고 그 수단은 목적을 가지고 있다. 무엇을 위한 대속인가? 그것은 바로 '모든 족속과 방언과 백성과 나라' 가운데서 사람들을 사서 하나님의 소유로 돌려 드리고 창조의 목적대로 하나님의 영광을 위하여 나라와 제사장으로 살도록 하기 위함이다. 이것은 에덴에서 아담이 최초로 부여받은 창조의 목적이고 존재의 목적이다. 그러므로 위의 요한계시록 본문에서 하나님의 백성을 피값을 지불하고 사셔서 제사장 나라가 되게 하신 것은 에덴에서 아담의 정체성을 회복하기 위한 것이다. 여기에서 다시 한 번 요한계시록은 청중들이 창조에 대한 조망을 가지도록 이끌고 있다.

4) 왜 에덴 모티브?

21:1-5과 22:1-5과 5:9-10은 공통적으로 에덴 모티브를 내포하고 있으며 이 주제에 의해서 요한계시록의 종말론의 중요한 특징을 잘 보여준다. 이러한 결론은 창조 사건이 성경을 읽는 출발점이요 새창조 혹은 새에덴의 주제는 성경을 읽는 방향을 제시해 주고 있다. 성경을 읽을 때 항상 에덴 곧 창조 사건을 출발점으로 간주하여 읽는 것이 중요하다. 타락한 이후에 하나님은 어떻게 역사를 경영해 가실 것인가? 이러한 질문에 대한 적절한 답변의 패턴을 제공하는 것이 바로 창조 사건이다. 타락 이후에 하나님의 창조의 목적은 무효되거나 변경되지 않는다. 왜냐하면 하나님은 완전하시고 신실하셔서 한 번 시작하신 것을 끝까지 포기하지 않으시기 때문이다. 그러므로 타락 이후에 포기 없이 구약 역사는 창조(에덴)의 회복을 향해 진행한다.

신약은 예수님을 통해 이러한 회복의 역사가 마무리 단계에 돌입했다는 것을 보여준다. 이것은 두 단계를 통해 이루어진다. 첫번째 단계는 바로 초림이다. 초림을 통해 회복의 역사는 성취를 맞이한다. 두번째 단계로서 재림은 이러한 회복의 역사를 완성한다. 이와같이 구약은 물론이고 신약도 창조와 창조의 회복의 관점에서 역사를 해석한다. 신약과 구약과의 차이점은 구약은 회복의 과정을 보여주고 있는 반면 신약은 예수님의 초림을 통해 회복의 성취를 소개하고 재림을 통해 완성을 바라보고 있다는 점이다. 바로 우리가 살펴 보았던 요한계시록 5:9-10은 성취를 소개하고 21:1-5과 22:1-5은 이러한 창조 회복의 완성을 보여주는 본문이다. 결국 이 본문의 내용을 통해 성경을 어떻게 읽어야 하는가에 대한 프레임을 제공해 준다.

결론: 정리

서론에서 이 논문의 목적은 첫째로 성경을 읽고 듣는 형식의 중요성을 고찰하는 것이며 둘째로 성경을 읽는 방법으로서 어떠한 관점에서 읽을 것인가에 대해 모색해 보는 것이라고 언급한 바 있다. 이 논문에서 이 목적을 이루어 보려고 시도해 보았다. 첫번째 목적의 경우에 요한계시록의 구조의 특징에서 읽고 듣기의 프레임이 작동하고 있음을 확인하였다. '엔프뉴마티'(성령 안에서)라는 문구의 반복을 통해(1:10; 4:2; 4:2; 17:3; 21:10) 서론과 본론 그리고 결론 부분을 구분한다.

그리고 1:3에서 예언의 말씀을 '읽는 자와 듣고 지키는 자'라는 문구에 의해서도 요한계시록이 읽기와 듣기의 구조 안에서 구성되고 있다. 1:12에서는 소리를 본다고 하여 청각과 시각이 교차하고 있음을 보여주고 있다. 청각을 통해 시각의 효과가 극대화된다. 곧 저자는 읽음의 소리를 통해 요한계시록의 환상적 계시가 좀 더 효과적으로 전달될 수 있을 것을 의도한다. 또한 2-3장은 일곱 교회에 보내는 선지적 메시지로서 들음의 공식이 일곱 번 반복된다. 이러한 들음의 공식에서 읽음은 성령의 음성을 듣도록 하는 것을 가능케 하는 것을 알 수 있다. 그리고 22:20에서 보여주고 있는 것은 요한계시록을 읽음의 현장에서 예수님의 제의적 임재를 경험할 수 있다는 것이다.

두 번째 목적으로서 요한계시록을 통해 성경 읽기의 방법을 찾아 보았다. 그것은 통전적으로 성경을 읽어야 한다는 것이다. 이러한 사실은 21:1-5과 22:1-5 그리고 5:9-10을 통해 입증해 보고자 했다. 이 세 본문의 공통적인 주제는 에덴 모티브 혹은 새창조 모티브이다. 이러한 에덴 모티브의 존재는 성경을 창조부터 회복의 성취와 완성의 구속역사의 통전적 맥락에서 읽어야 함을 보여주고 있다.

· 참고 문헌

Aune, D. E. *Revelation* 1-5. WBC 52A. Dallas: Word, 1997.

Bauckham, R. *The Climax of Prophecy*. Edinburgh: T&T Clark, 1993b.

Beale. G. K. *The Book of Revelation*. NIGTC. Grand Rapids: Eerdmans, 1999.

Blount, B. K. *Revelation*. NTL. Louisville: WJK, 2009.

Boxall, I. *Revelation of St. John*. BNTC. London: Continuum, 2006.

Charles, R. H. *A Critical and Exegtical Commentary on the Revelation of St. John*. Vol 1-2. Edinburgh: T&T Clark, 1920.

Fiorenza, E. S. *Revelation: Vision of A Just World*. Minneapolis: Fortress, 1991.

Lee, Pilchan. *The New Jerusalem in the Book of Revelation: A Study of Revelation 21-22 in the Light of its Background in Jewish Tradtion*. WUNT II 129. Tübingen: Mohr Siebeck, 2001.

Osborne, Grant R. *Revelation*. Baker Exegetical Commentary on the New Testament. Grand Rapids, MI: Baker Academic, 2002.

Smalley, S. S. Revelation: *A Commentary on the Greek Text of the Apocalypse*. Doners Grove: IVP, 2005.

Sweet. J. P. M. *Revelation*. London: SCM Press, 1979.

Swete, Henry Barclay, ed. *The Apocalypse of St. John*. 2d. ed. Classic Commentaries on the Greek New Testament. New York: The Macmillan Company, 1906.

Mounce, R. H. The *Book of Revelation*. NICNT. Grand Rapids: Eerdmans, 1998.

· 백신종

중앙대학교(B.A.), 총신대 신학대학원(M.Div.), 풀러신학교(Th.M.)를 졸업하고 2004년 부터 시드 선교회 파송으로 캄보디아 선교사로 사역했다. 시카고의 Trinity Evangelical Divinity School에서 선교학 박사(Ph.D. Cand.) 과정을 수학하면서, 폴 히버트 선교연구소(Paul G. Hiebert Global Center for Intercultural Studies)의 디렉터로 일했으며, Trinity College에 서 Adjunct Faculty로 문화인류학을 강의했다. 저서로 단기선교 퍼스펙티브(2008)가 있으며, 한국 선교계간(Korean Missions Quarterly), Evangelical Missions Quarterly, International Journal of Frontier Mission, An International Review of Missiology, Trinity Journal등 선교 학 저널에 30 여 편의 논문과 서평을 발표했다. 현재는 메릴랜드주 엘리콧 시티에 소재한 벧엘 교회 담임목사로 사역하고 있다.

성경통독을 통한
이슬람 선교전략

성경통독을 통한
이슬람 선교전략

Engaging Muslims in Reading the Bible Together

|

백신종

서론(Introduction)

기독교 역사학자인 케네스 라토렛(Kenneth S. Latourette)이 19세기를 "기독교 확장의 위대한 세기(the Great Century of Christian Expansion)"라고 부른 이후(Latourette 1970), 기독교 역사학자들과 선교학자들은 19세기를 "위대한 선교의 세기"(the great Missionary century)라고 부르기를 주저하지 않는다(Jenkins 2002, 44-45). 윌리엄 케리(1761-1834)의 인도선교를 시작으로 19세기에는 수많은 선교단체들이 설립되었고, 서구선교사들이 비서구권에서 복음을 전하며 교회를 설립했다. 하지만 19세기의 서구 선교사들은 종종 서구의 식민정부 보호아래서 제국적 상업단지에 선교부를 두고 사역해 왔기 때문에, 20세기 세계 대전 이후 신생 독립국가들의 외면을 받게 되었다.[1] 19세기가 위대한

---

1 선교인류학자인 고 폴 히버트 교수는 20세기 선교가 이전 세기의 식민주의(Colonialism), 상업주의(commercialism), 문화적 진화주의에 근거한 문화적 기독교화(cultural Christianization)에 젖어 있기 때문에 상황화에 실패했으며, 비서구권의 선교현장에서 문화적으로 적합한 방식으로 복음을 증거하지 못한다고 진단한다(Hiebert 1987, 104-106).

선교의 세기라면 20세기는 "선교의 위기"라고 불러야 할 것이다.

선교신학자인 데이빗 보쉬는 이런 점에서 20세기를 선교의 위기(Crisis in mission)로 정의했다(Bosch 1991). 보쉬의 경고대로 탈식민지와 포스트 모더니즘 상황에서의 기독교는 선교의 동기와 방법 모두를 재고해야 한다. 무엇보다 타문화권과 타종교권을 위한 선교신학은 새로운 시대의 기독교에 적합하게 재정립되어야 한다. 지난 19세기와 20세기에 기독교에는 어떤 일이 생겼을까? 위대한 선교의 세기를 지나 선교의 위기에 직면한 기독교 선교의 현주소는 어디인가?

선교통계학자인 토드 존슨(Todd Johnson)과 데이빗 바렛(David Barrett)은 2010년 국제선교사연구지(International Bulletin of Missionary Research)에서 매우 충격적인 통계자료를 발표했다. 에딘버러 대회가 있던 1910년에 기독교인은 6억명에서 100년후인 2010년에는 23억 명으로 증가했다(Johnson et al. 2010, 33). 100년간 전세계의 그리스도인은 3.7배가 넘는 놀라운 증가를 보여준 것이다. 이 기간 아프리카와 아시아의 기독교는 현격하게 증가했다. 북미와 남미의 기독교는 하향세를 보여준다. 하지만, 교회를 부끄럽게 하는 사실이 하나 더 있다. 같은 기간에 전 세계인구는 3.9배 이상 증가했다. 기독교인의 숫자는 늘어났지만 기독교 증가율은 인구증가율을 따라잡지 못했으며, 결과적으로 전세계의 기독교 인구분포는 1910년에 34.8%에서 2010년에는 33.2%로 줄어들었다. 데이빗 바렛은 UN의 통계를 들어 이슬람의 년간 증가율이 6.4%이지만 기독교의 연간 증가율은 1.46%라고 산정했다(Barrett et al. 2001). 이것은 유엔인구통계청(UNFPA, United Nations Population Fund)이 예측하는 전세계의 자연 인구증가율 7%에 훨씬 못미치는 것이다.

21세기 기독교 선교에 있어서 큰 과제 중의 하나가 바로 이슬람 선교이다. 지난 200년간 기독교 선교는 무속세계나 무속과 혼합된 세계 종교권에서 사역해 왔다. 19세기의 선교는 종교간의 대화를 통한 타종교권의 복음증거를 거부하고 서구문화로 채색된 기독교를 수출하는 방식으로 진행되어왔다. 타종교와의 대화가 시작된 것은 20세기 중엽에 이르러서 바티칸 2공의회 이후라고 할 수 있다. 기독교에서는 WCC를 중심으로 다원주의와 종교간의 대화가 진행되고 있지만, 복음증거를 중심으로 한 기독교 선교라고 보기에는 전략적 초점이 희미하다. 복음주의 기독교는 이제 세계의 주요 종교와 선교적인 대화를 시도해야 한다. 상호이해에 기초한 대화는 그리스도의 복음을 증거하기 위한 첫관문이다. 타종교에 대한 이해와 대화가 없이 21세기의 남은 선교과업을 감당할 수 없다. 특별히 급성장하는 이슬람에 대한 복음증거의 새로운 방법들이 모색되어야 한다.

이 글에서 필자는 무슬림 복음증거의 방법으로써 꾸란과 성경을 통한 선지자 연구의 가능성에 대해서 생각해 볼 것이다. 기독교와 이슬람에서 선지자의 개념과 그들이 전한 메지시를 비교함으로 무슬림들에게 예수를 메시야로 증거하는 전도법에 대해서 제안할 것이다. 이를 위해서 먼저 이제까지 이슬람 선교에 사용된 무슬림 전도방법에는 어떤 것들이 있어왔는지 정리하고, 이슬람과 기독교에서 선지자를 어떻게 정의하는지, 선지자의 메시지에 대해서 꾸란과 성경은 무엇을 이야기 하는지 살펴볼 것이다.

무슬림 전도방법들(Muslim Evangelism Methods)

기독교 선교사들이 초창기 무슬림 전도를 위해서 사용했던 방법을 찾는 것은 쉽지 않다. 이슬람권에서 사역한 선교사가 많이 않을 뿐더러 기록을 통해서 남아 있는 자료가 다른 선교역사에 비하여 충분하지 않다. 하지만 근대 선교역사에 있어서 이슬람 선교를 감당했던 훌륭한 선교사들이 있었다. 19세기 무슬림 선교의 선구자라 할 수 있는 헨리 마틴(Henry Martyn, 1781-1812)은 중앙아시아와 인도의 무슬림들에게 복음을 증거하기 위해서 우르드와 페르시아 어로 성경을 번역해 보급했다(Smith 1892; Padwick 2010; Tucker 2010). 그의 이후에 이슬람권에 성경번역과 문서보급은 매우 중요한 선교전략이 되어왔다.

아랍권에 선교사역을 했던 미국인 선교사 사무엘 쯔웸머(Sameul Zwemer, 1867-1952)역시 번역과 문서사역을 통해서 복음을 증거했다(Tucker 2010). 사무엘 쯔웸머는 특별히 The Moslem Doctrine of God(1905), The Moslem Christ(1913), Mohammed or Christ(1916) 등 방대한 저술을 통해서 이슬람과 기독교를 비교하는 비교종교론과 변증을 통한 이슬람 선교방법론을 보여주었다. 쯔웸머의 저술은 복음증거에 있어서 이슬람을 이해하는 것이 얼마나 중요한지 가르쳐 주고 있다.

이슬람에 대한 깊은 이해 가운데 기독교 복음을 전하려는 노력은 아프리카 무슬림을 대상으로 선교했던 데이빗 쉥크(David W. Shenk) 역시 잘 보여주었다. 그는 케냐를 중심으로 아프리카 무슬림 선교를 위해서 1976년과 이듬해에 4권짜리 전도책자를 출간하였다.[2] 각각의 책자는 꾸란에 등장하는 선지자들을 중심으로 성경의 내용을 소개하고 있다. 이 책자 1권에서 아담, 노아, 아브라함, 야곱, 2권에서 모세, 아론, 다윗, 이사야를 통해서 메시야 예언을 중심으로 공부하고 3권에서 예수님을 메시야로 소개한다. 그리고 4권에서는 교회, 성경, 의의 길, 축복, 최후 심판의 주제를 다루고 있다. 쉥크의 복음증거는 무슬림들이 관심을 가지고 있는 선지자들을 중심으로 예수님의 메시야(그리스도) 됨을 증거하려는 상황화의 노력이라 할 수 있다.[3]

또 하나 주목할 만한 이슬람 전도방법은 "낙타전도법"(The Camel Method)으로 알려진 무슬림 복음전도 교재이다(Greeson 2007). 남침례회 선교사인 케빈 그리슨(Kevin Greeson)은 이슬람권에서 16년 이상 사역하면서 성경의 최종적

---

2 이 네 권은 케냐의 Evangel Publishing House에서 인쇄된 것으로 각각 24-26페이지의 성경공부 교재로 편집되었다. 쉥크 박사는 2009년 OMSC에서 만남 이후 본인이 선지자 연구를 통해서 복음을 증거하기 위해서 만든 이 책자와 관련된 자료들을 보내주었다. The Beginning of People(1976), God's Covenant with People(1976), God Loves People(1976), The People of Faith(1977).

3 하지만 아쉬운 것은 꾸란을 인용하거나 주해하기 보다는 무슬림들에게 생소한 성경을 텍스트로 접근했기 때문에 결국 꾸란을 통한 반박을 효과적으로 변증하지 못했다는 점이다. 쉥크박사는 이러한 문제를 보완하기 위해서 많은 이슬람 학자들과 교류하며 상호 이해해는 높여 왔다. 이후에 그는 이슬람의 학자들과의 대화를 통해서 복음을 증거하려는 노력의 일환으로 두 권의 책을 출간하였다: A Muslim and A Christian in Dialogue(Kateregga and Shenk 1997) 와 Journeys of the Muslim Nation and the Christian Church: Exploring the Mission of the Two Communities(2003).

인 권위를 인정하면서도 아랍의 문화에 적합한 방식으로 꾸란을 통해 예수님의 우월성(Supremacy of Jesus)을 증거하는 전도교재를 개발하게 되었다. 이 방법은 성경과 꾸란을 통해서 이싸가 메시야 이심을 무슬림들에게 증거한다. 하지만, 무슬림들에게 예수에 관하여 직접 증거하고 변증하는 것은 기독교로의 개종과 관련된 선교로 간주하기 때문에 모든 상황에서 사용하기는 쉽지 않다.

무슬림 복음증거에 있어서 최근의 논란은 이슬람 상황화의 문제를 놓고 벌어지고 있다. 필 파샬(Phi Parshall)은 그의 저서 New Paths in Muslim Evangelism(1980)에서 이슬람 선교에 있어서 문화적인 상황화가 얼마나 중요한지 강조했다. 풀러신학교의 이슬람 선교학 교수인 더들리 우드베리 교수는 "Contextualization among Muslim: Reusing Common Pillars"(1989)를 발표하면서 이슬람의 5대 기둥으로 알려진 종교적인 형식들은 사실 유대교와 기독교에 그 뿌리를 두고 있다고 역설했다. 우드베리 박사의 제자인 존 트라비스(John Travis)는 무슬림 선교에 있어서 상황화 복음증거를 측정하는 바로미터로 C1-C6의 모델을 제시했다(Travis 1998a; Travis 1998b). C5 운동으로 알려진 "내부자 운동"의 상황화를 이론화 하는 그의 모델은 즉각적인 반박과 계속되는 논쟁을 일으켰다(Parshall 1998; Tennent 2006). 필 파샬이 제시했던 문화적인 상황화는 이제 예수님의 모델을 따르는 커뮤니케이션의 상황화(Caldwell 2000)와 종교상징주의 해석을 통한 종교적인 상황화의 이슈로 확대되고 있다(Baeq 2010). 죠슈아 마시(Joshua Massey)는 우드베리의 연구에서 나아가서 유대교와 초대교회의 전통을 가진 무슬림 문화를 수용해 복음을 전해야 한다고 주장한다(Massey 2004a; Massey 2004b).

이제까지 무슬림 전도는 초기 성경과 기독교 문서를 무슬림들이 사용하는 언어로 번역하는 데서, 이슬람과 꾸란에 대한 이해를 통해 복음을 전하는 방식으로 발전했다. 그리고 근래에 이르러서는 내부자 운동을 통해서 이슬람 내부에서 복음을 증거하는 급진적인 문화적인 상황화에 이르기까지 발전했다. 하지만 이러한 신학적인 논쟁과 발전과는 달리 선교현장에서 느끼는 무슬림 전도의 어려움은 더 커져 가고 있다.

1920년대 이집트에서 무슬림 형제단(Muslim Brothers)의 출현과 함께 성장한 이슬람주의(Islamism)는 기독교 세계와의 충돌의 전면에 서서, 전통적인 무슬림들이 기독교 세계에 등을 돌리도록 다양한 교육과 포교활동을 하고 있다(Euben and Zaman 2009; Ramadan 2005). 저널리스트인 에리자 그리스월드 (Eliza Griswold)는 그녀의 책 The Tenth Parallel(2010)에서 이슬람주의에 영향을 받은 무슬림들과 기독교 세계가 자원과 생존권을 놓고 투쟁하는 현장을 생생하게 분석적으로 기록하고 있다. 이슬람주의는 서구식민주의와 이슬람 권의 사회주의 군사정권에 맞서 일어났지만, 현대에는 서구 세속주의와 기독교에 맞서 꾸란에 대한 문자적인 해석을 바탕으로 무슬림 세계를 통일하고 이슬람 나라의 설립을 추구하고 있다. 이러한 상황속에서 무슬림을 향한 복음증거는 더욱 어려워 지고 있다. 그렇다면 무슬림에게 복음을 전하는데 있어서 이제까지의 노력에서 어떠한 교훈을 얻을 수 있을까?

무슬림 복음증거의 교훈들(Lessons for Muslim Evangelism)

첫째, 복음증거(evangelism)는 인간의 죄를 구속하시기 위해서 오신 예수님을 메시야(그리스도)로 증거하는 것이다. 헨리 마틴에서 데이빗 쉥크, 케빈 그리슨에 이르기 까지 무슬림 복음증거에 있어서 예수님과 그의 메시지는 복음증거의 핵심을 차지했다. 마이클 그린은 그의 책 Evangelism in the Early Church(1970)에서 복음증거는 "기독론 중심적(Christocentric)"이어야 하며 "메시야적 좋은 소식"(Messianic Good News)라고 정의한다. 인간의 죄의 문제를[4] 해결하기 위해서 이 땅에 오신 예수님의 삶과 메시지는 복음 그 자체이다.

---

4 이슬람 선교에 있어서 어려움 중의 하나는 바로 죄의 문제를 신학적으로 정립하는 것이다. 죄에 대한 정의와 죄책감은 문화와 종교마다 다르게 형성된다. 따라서 선교인류학적인 분석을 통해서 각 문화의 양심, 죄, 죄책 감을 정확하게 분석하는 것이 필요하다(Priest 1994). 모캐리(Moucarry)는 이슬람에서 죄의 문제는 아담의 원 죄, 죄의 심각성, 하나님이 죄를 다루시는 방법에 있어서 성경과 다른 해석을 하기 때문에 신학적으로 다루어 야 할 중요한 문제임을 지적하고 있다(Moucarry 2002, 95-100).

둘째, 무슬림들에게 예수님을 증거하기 위해서는 꾸란을 통해서 접촉점을 마련하는 것이 좋다. 특별히 선교학자들은 무슬림 복음증거에 있어서 이슬람과 꾸란에 대한 이해가 얼마나 중요한지 보여주고 있다(Zwemer 1912; Cragg 2006). 커뮤니케이션 이론으로 볼때도 화자는 청자의 디코딩시스템을 잘 이해해야 정확한 의미를 전달할 수 있다. 같은 용어를 사용해도 그 의미가 다르다면 메시지의 의미가 왜곡될 수밖에 없다. 이슬람과 꾸란에 대한 이해는 기독교 복음증거에 있어서 선택사항이 아니다.[5]

셋째, 무슬림 복음증거를 위해서는 그들의 문화와 종교적인 양식을 가교(bridge)로 삼아 이용하는 것이 좋다. 역사적으로 기독교는 초기의 선교에서 복음증거와 교회 설립을 위해서 타종교의 양식을 활용해 왔다(Thomas 1995, 22; Pittman et al. 1996, 75). 폴 히버트가 지적한 "비상황화"(non-contexutalization)는 19세기와 20세기 초반 기독교 선교의 특징이라 할 수 있다(1987, 104-106). 선교에 있어서 상황화 논의는 19세기 상업주의와 제국주의와 함께 전파된 기독교 선교의 문제점을 해결하기 위해서 뿐만 아니라 문화적인 기독교가 아니라 성경적인 기독교를 증거하는데 있어서 매우 중요한 문제라 할 수 있다.[6] 유대교, 기독교, 이슬람의 '문화적인 연속성'을 전제로 복음의 메시지를 상황화 하여 증거하려는 내부자 운동의 노력은 수 많은 논란과 문제점에도 불구하고 주목해서 연구하고 발전시켜야 할 무슬림을 위한 복음증거 방법이다.

---

5 꾸란 연구를 이슬람 선교를 위해서 활용하려는 노력은 최근의 무슬림 복음증거의 새로운 노력이라 할 수 있다. 하지만, 무슬림들에게 꾸란을 통해서 접근하고 전도하지만, 성경의 메시지를 증거하는 것은 쉽지 않은 문제로 남게 된다. 이슬람 학자들은 꾸란의 구절들을 들어 기독교의 성경이 왜곡되었다고 주장한다. 캐나다의 이슬람 학자인 고든 니켈(Gordon Nickel)은 자신의 책 Narratives of Tampering in the Earliest Commentaries on the Qur'an(Nickel 2011)을 통해서 이슬람주의자들이 성경을 공격하는 꾸란의 구절들을 초기 이슬람 해석의 전통과 꾸란 학자들의 연구를 통해서 변증하고 있다. 이 연구를 통해서 니켈은 무슬림에게 성경의 권위와 정당성을 탁월하게 증명해 주고 있다.

6 여기에서 문화적인 기독교란 선교사가 자신의 문화에 기반한 기독교 문화를 타문화권 선교지에 가져가는 것을 의미한다. 찰스 크래프트(Charles H. Kraft)는 기독교가 자신의 문화를 증거하는 것이 아니라 현지의 문화에 적합하고, 성경의 메시지에 충실해야 한다고 단언한다(2005, 3-14).

새로운 무슬림 복음증거(A New Way of Muslim Evangelism)

나는 남아시아의 한 무슬림 그룹에게 복음을 증거하면서 이제까지 알려진 전도방법이 매우 쉽지 않다는 것을 경험했다. 내부자 운동이나 상황화 모델을 따라서 무슬림 공동체 안에서 문화적인 상황화를 통해서 무슬림들에게 다가가는 것은 그리 어려운 과업이 아니다. 하지만, 무슬림들에게 복음을 증거하는 것, 특별히 예수를 메시야로 소개하는데 몇가지 어려움을 겪게 되었다. 첫째는, 예수를 증거하려는 시도 자체가 이미 기독교로의 개종을 시도한다는 것을 많은 무슬림들은 알고 있다. 기독교 복음증거의 중심에는 예수 그리스도가 있다. 사영리나 다리예화, 전도폭발 등 모든 전도방법은 거의 즉각적으로 예수 그리스도를 소개하는데 초점이 맞추어져 있다. 선교사가 문화적인 상황화에 성공했다 할찌라도 무슬림들에게 메시야 예수의 복음을 직접적으로 전하는 것은 거의 즉각적으로 기독교 선교의 일환으로 간주된다. 그리고 결과적으로 무슬림들은 쉽게 마음의 문을 닫아 버린다.

둘째, 선교사로써 성경과 기독론에 기초한 예수를 증거할 수는 있지만, 꾸란이 말하는 예수에 대해서 변증할만한 준비가 부족하다는 점이었다. 꾸란에 대한 깊은 이해와 연구없이 성경에만 기초해서 복음을 전하는 것은 무슬림 복음증거에 바람직한 방법이 아니다. 이런 점에서 볼때 "낙타전도법"(the Camel Method)은 꾸란의 구절들을 인용해서 예수를 증거하기 때문에 무슬림들에게 보다 친숙하게 접근할 수 있다. 하지만, 교재 역시 처음부터 메시야이신 예수(이싸 알마씨)에 맞추어져 있기 때문에 문화적인 무슬림들이나 현대주의 이슬람중 기독교 선교에 거부감이 없는 사람들에게 적합한 방법이다. 무슬림들이 경전에 대한 더 관심을 가지고 예수의 복음을 공부할 수 있는 방법은 없을까? 나는 현장에서 무슬림들과 복음을 나누면서, 예수 그리스도의 복음을 증거하기에 앞서 무언가 더 견고하고 긴 다리가 필요함을 느끼게 되었다.

선지자 아담?(Adam, the Prophet?)

남아시아의 한 나라에서 소수민족으로 살아가는 무슬림들 가운데 사역하던 나는 어느 날 현지언어 습득을 도와주던 마을 지도자가 아담을 "선지자"(nabī Adam)라고 부르는 것을 듣게 되었다. 나는 왜 아담을 선지자라고 부르냐고 물어 보았지만, 시원한 답을 듣지 못했고 그 지도자는 아담은 최초의 선지자 라는 말만 되풀이 했다. 기독교에서는 아담은 선지자로 생각하지 않는데, 왜 무슬림들은 다른 결론을 내리게 되었을까 궁금했다. 그래서 나는 꾸란(Qur'ān)을 읽으며 그 답을 찾아 보기로 했다. 몇개월에 걸쳐 꾸란을 꼼꼼하게 다 읽도록 아담을 선지자라고 말한 수라(Sūra, 꾸란의 장)의 구절을 찾을 수 없었다.

필자의 초기 발견과 마찬가지로 나폴리 대학의 로베르토 토톨리 교수는 꾸란에서 아담은 "선지자나 메신저로 직접 언급되지 않으며, 꾸란의 선지자 목록이 기록된 구절에 아담의 이름이 나타나지 않는다"고 증언하고 있다 (Tottoli 2002, 18). 하지만 꾸란이 아닌 다른 이슬람의 중요한 문헌에는 아담이 최초의 선지자라고 기록되어 있다. 이븐 히반(Ibn Ḥibbān, d. 343/ 965 CE)의 하디스(Hadīth, 무하마드의 삶과 가르침을 기록한 책)에는 아담의 선지자직에 대해서 무하마드와 아부 다르가 나눈 대화가 기록되어 있다.

(아부다르)가 말하길, "알라[7]의 사도여, 그들(선지자)중의 최초의 사람은 누구였습니까?" 그가 대답했다. "아담이니라." 내가 물었다. "알라의 사도여, 그는 메신저로 보냄받은 선지자였습니까?" 그가 대답했다. "그렇다. 알라는 친히 손으로 그를 지으셨고, 당신의 영을 불어 넣으셨으며, 그와 얼굴과 얼굴을 맞대고 이야기 하셨다."(Wheeler 2006b, 25)[8]

---

7 아랍어의 알라는 대부분의 영역본에서 God으로 번역하였다. 이것은 이슬람과 기독교의 연속성을 전제로 한 번역이다. 필자는 이 글에서 불필요한 오해를 없애기 위해서 알라를 지칭하는 모든 영문서적의 God을 한글로는 하나님이 아닌 알라로 번역해 사용할 것이다.

8 아랍어 원본은 다음의 책에서 발췌하여 브래넌 윌러가 영어로 번역하였다. ʿAlī ibn Balaban al-Farsī, *Iḥsān*

만약 하디스에 아담이 선지자로 기록되어 있다면,[9] 아담의 선지자직에 대한 단서는 꾸란이나 꾸란이 말하는 다른 책들에[10] 숨겨져 있을 가능성이 많을 것이다. 현대 이슬람 학자들은 꾸란과 성경을 함께 연구하고 있다(Adelphi 1977; Campbell 1986; Ipgrave 2004). 아담이 선지자임을 증명하기 위해서는 꾸란에서 출발하여 꾸란이 말하는 경전들을 함께 살펴야 할 것이다. 아담의 선지자직을 살펴보기 위해서 아래의 질문에 답할 것이다.

이슬람과 기독교에서 말하는 선지자의 정의와 자격은 무엇인가? 아담을 선지자라고 볼만한 어떠한 조건들이 충족되는가? 그리고 마지막으로 선지자로써 아담의 예언은 무엇인가? 선지자에 대한 연구가 무슬림 복음증거에 어떠한 방법을 제공해 줄 수 있는가?

선지자의 개념(The Concept of Prophethood)

꾸란은 선지자를 지칭하는데 일반적인 선지자를 지칭하는 나비(nabī)와 알

---

bi-tartīb Sahīh Ibn Hibbān(Beirut: Dār al-Fikr, 1996), vol. 1, 207-8, *Hadīth* 363.

9 무하마드의 삶과 가르침을 담은 하디스는 여러 사람에 의해서 기록되었다. 다른 하디스에는 이븐히반의 기록과 상충되는 대목이 기록되어 있다. 사히 알부카리(Sahih al-Bukhari)가 남긴 하디스에 의하면 마지막 심판의 날에 사람들이 몰려와 아담에게 중재를 요청할때 아담은 이렇게 대답한다. "너희들은 노아에게 가서 구하는 편이 낫다. 그는 알라께서 땅의 사람들에게 최초로 보내신 사도이다."(Vol. 9, Book 93, No. 507, italic is mine). Online Collections of Sunnah Hadīth(Bukhari).

10 꾸란에는 하나님이 계시하신 쎠후프(혹은 안비야, 선지자), 타우랏(오경), 자부르(지혜서), 인질(신약) 네 권의 책이 기록되어 있다(Kateregga and Shenk 1997, 53) Kateregga and Shenk 1997, 53). 이 네 권의 책은 유대교, 기독교, 이슬람의 역사와 성경에 깊이 관련되어 있기 때문에 무슬림 학자들은 꾸란에서 말하는 경전들에 매우 부정적인 입장을 취하고 있다. 하지만, 꾸란은 이 책들이 하나님이 인류에게 계시하신 말씀이라고 분명하게 "확증"(confirms)하고 있다(Nickel and Rippin 2008, 144). 꾸란은 인류에게 계시된 이 경전을 "바르게 낭송하라"(수라 2:121)고 가르치고 있다. 무슬림 학자인 바드루 카테레가(Badru Kateregga) 모든 무슬림들이 이 네 권의 책들을 "완전하게 믿고 받아들여야 한다"고 단언한다(Kateregga and Shenk 1997, 53; Shenk 2003, 105). 꾸란 역시 "이전의 계시"의 중요성에 대해서 수 차례 강조해서 언급하고 있다(Lumbard 2007, 108). 이슬람 학자들은 수라 2:73절에 근거해서 유대교와 기독교인들이 경전을 변질(corrupted, tahrif)시켰다고 주장한다. 이를 뒷받침 하기위해서 "변질교리"(the doctrine of corruption, tabdīl, 수라 2:75; 4:46; 5:13, 41)를 만들었다(Nickel 2011, 15-26). 현대이슬람 학자인 압둘라 사이드(Abdullah Saeed)는 이 경전들을 인정하는 상충되는 구절들이 꾸란에 존재하고 있다는 점을 인정한다. 그는 유대교와 기독교의 경전에 대해서 꾸란이 지적하는 잘못은 그 경전의 변질을 말하기 보다는(수라 15:9), 그들의 '잘못된 해석'을 지적하는 것이라고 결론내린다. 사이드는 성경이 "비록 해석의 오류와 관련된 문헌적인 오류가 있다 할찌라도 "하나님의 책"으로 인정할만한 근거가 충분하다"고 결론내린다(Saeed 2002, 419-435). 이러한 관점에 비추어 볼때 꾸란에 기록된 아담의 이야기는 성경의 아담기사와 함께 이해해야 완전하게 이해할 수 있다고 결론내릴 수 있다.

라의 메신저, 사도를 지칭하는 라술(rasūl)[11] 이라는 두 개의 아랍어를 사용하고 있다. 꾸란 자체는 나비와 라술이라는 두 단어를 분명하게 구분하고 있지 않으며, 종종 구분없이 두 용어를 혼용하기도 한다(Esposito 2003, 225, 262). 하지만, 이 두 단어는 "선지자의 사명"에 따라서 서로 다른 선지자의 계급을 나타내는 용어로 사용된다(Glassé 2001, 417)

나비(nabī)[12]라는 용어는 꾸란에서 무하마드를 포함한(수라 6:83-90) 모든 선지자들을 일컫는 일반적인 단어이다. 윌리암 브리너는 이 용어가 히브리어의 같은 단어에서 유래된 것으로 "동일한 셈어의 어근"을 가진다고 설명한다(Brinner 1989, 63). 메신저[13]나 사도[14]라고 번역되는 라술(rasūl)은 꾸란에서 특별한 선지자 그룹을 가리키는 용어이다. 나비가 알라의 메시지를 사람들에게 전달하는 선지자인데 비해서, 메신저는 알라의 메시지를 책으로 받아 "인류를 인도하고 개혁하도록" 이 땅에 보냄을 받은 사람이다(Kateregga and Shenk 1997, 63).[15] 따라서 일반적으로 라술(rasūl, 메신저나 사도)이 나비(nabī, 선지자)보다 더 큰 책임을 지고 있는 것으로 여겨진다.

---

11 아랍어 꾸란에는 *nabī*가(복수형태인 *nabīyūn* 과 '*anbiyā*'a를 포함해서) 75회 사용되었고, *rasūl* 은 333회 사용되었다(Kassis 1983, 1023-1029). Cf. Tottoli's *Biblical Prophets in the Qur'ān and Muslim Literature*(Tottoli 2002, 73).

12 이 단어는 셈족어의 나바(*naba*')에서 유래된 것으로 "소식, 소문, 이야기"라는 의미를 가진다(Kassis 1983, 806,807). 알 아쉬카(Al-Ashqar)는 나비(*nabī*)의 어원에 대해서 다음과 같이 이야기 한다. "일반적으로 누부와(*nubuwwah*, prophethood)라는 단어는 언덕과 같이 솟아오른 지형을 가리키는 나브와(*nabwah*)에서 유래된 용어이다. 아랍인들은 나비라는 단어를 항해에 필요한 지형물(landmarks)을 일컫는데 사용했다. 셈어의 명시적의미가 나비라는 단어에 맞아 떨어진다. 왜냐하면 선지자는 이 세상에서 높은 위치를 가진 사람이고, 하나님의 선지자는 고귀한 창조물이며, 이 세상을 개혁하고 다가올 세상으로 사람들을 인도하는 표지판과 같기 때문이다"(Al-Ashqar 2005, 4:30).

13 알라의 메시지를 받은 특별한 선지자들을 가리킨다. 라술(rasūl) 동사형인 아르살라(arsala)는 "보내다 혹은 풀어주다"는 의미를 가진다(Kassis 1983, 1029).

14 이 용어는 특히 이슬람들의 신앙고백교리인 샤하다(*shahāda*)에 사용된다; *Lā Ilāha illā 'llāh wa Muhammad rasūl Allāh*(알라 이외에 신은 없으며 무하마드는 하나님의 사도이다)(Rippin 2005, 104).

15 알아쉬카(Al-Ashqar)는 이 둘의 차이를 다음과 같이 설명한다. "메신저들은 법(*shari'ah*) 을 계시받은 자로 그것을 가진자이지만 선지자는 계시를 받지만 그것을 독점적으로 소유하는 것은 아니다. 이러한 면에서 모든 메신저는 선지자이지만, 모든 선지자가 메신저가 되는 것은 아니다"(Al-Ashqar 2005, 4:32). 라술(*Rasūl*)은 또한 "새로운 종교나 주요한 계시"를 받은자라고 여겨진다(Glassé 2001, 417).

꾸란이 말하는 선지자의 조건들(Conditions of Prophethood in the Qur'ān)

현대 이슬람 학자들은 아담이 최초의 선지자라는 사실을 광범위하게 수용하고 있다. 무하마드 아타우르라힘은 자신의 저서 "예수: 이슬람의 선지자 Jesus: Prophet of Islam(2002, 1977)"에서 선지자직은 아담에게서 부터 비롯되었다고 진술한다(Ur-Rahim and Thomson 1977, 158). 이와 유사하게 시카고 대학에서 이슬람 연구로 박사학위를 취득한 지아울 하끄(Ziaul Haque)는 꾸란의 증거구절은 하나도 인용하지 않은채 아담이 "최초의 근원적인" 선지자라고 반복해서 주장하고 있다(Haque 2008, 81; Haque 1996, 101).[16] 비록 이슬람 학자들의 대부분이 아담이 선지자라고 인정하지만, 아담의 선지자직이 어디에서 부터 연원되었는지 근본적인 설명이나 근거를 제공해 주지 않는다. 하지만 이슬람 학자들이 말하는 선지자의 조건이 무엇인지 살펴보고, 아담을 선지자라고 말할 수 있는 선지자의 조건을 꾸란에서 찾는 것은 가능하다.

이슬람에서 말하는 선지자의 조건은 무엇인가? 캐나다 알버타에 소재한 이슬람 센터의 소장이며 시라큐즈대학의 이슬람학 부교수인 함무다 압달라티(Hammudah Abd al-Ati)는 이슬람의 선지자에 대해서 다음과 같이 말하고 있는데 여기에서 선지자의 조건을 찾아볼 수 있다.

(선지자는) 알라께 부르심을 받아 그의 메시지를 인류에게 전달하고 가르치도록 보냄받은 사람이다 … 그들의 메시지와 종교는 근본적은 동일한 것으로 이슬람(복종)이라고 불린다. 왜냐하면 그것은 알라라고 하는 동일한 유일의 근원을 가지고 있기 때문이다. 그것은 모든 인류를 알라의 곧은 길로 인도하는 하나의 동일한 목적을 가지고 있다. 모든 메신저들은 한 명의 예외도 없이 유한한 인간이며, 거룩한 계시를 받아 일정한 역할을 수행하도록 알라께 선택을 받

---

16 그는 선지자의 목록에 노아, 이스마엘, 모세, 롯, 예수, 무하마드와 세 명의 아랍 예언자들인 후드, 살리, 슈아입을 포함하고 있다(Haque 2008, 81; Haque 1996, 101).

은 자들이다(Al-'Āti 2003, 27-28).[17]

그는 선지자로 인정받기 위해서 일정한 조건이 충족되어야 함을 암시하고 있다. 그렇다면 꾸란이 말하는 선지자의 조건은 무엇인가? 첫번째 조건은 선지자직의 근원이다. 선지자는 알라께서 부르셔서 세운 사람들이다(수라 6:87, 57:25). 그들의 특별한 소명은 그들이 전달하는 메시지와 그에 수반되는 증거(ayāh)를 통해서 확증된다(수라 3:4; 21:5; 57:17, 25).[18] 이러한 신적인 선택은 꾸란이 말하는 선지자인 아브라함(수라 16:121), 모세(수라 7:134), 그리고 다른 선지자들(수라 6:87)에게서 모두 발견된다.

두번째 조건은 선지자가 받는 알라의 메시지이다. 선지자들은 "성서와 권능과 예언자의 능력"을 부여받은 자들이다(수라 6:89). 그들은 성서의 메시지를 선포해야 한다. 수라 33:7에는 알라의 메시지를 받은 다섯 명의 선지자, 즉 "그대와 노아, 아브라함, 모세, 예수"에 관하여 기록하고 있다(Al-Hilali and Khan 1993, 616).[19] 꾸란에 보면 아브라함(수라 87:19), 모세(수라 2:87, 6:154, 11:110, 17:2, 23:49, 87:19), 그리고 예수(수라 2:87)는 모두 알라의 메시지를 책으로 받은 선지자들이다. 하지만 노아는 영감(inspirations, 수라 4:163)과 인도(guidance, 수라 6:84)만을 받았다고 꾸란은 기록한다.[20] 그들의 메시지는 그들이 "선지자"

---

17 그의 책의 일부는 "이슬람 믿음의 기본 조항들"이라는 제목으로 인카운터 이슬람(Encountering the World of Islam, (Swartley 2005) -한국어 역본에는 135-144쪽)에 수록되었다(Abdalati 2005, 100-110).

18 아야(Ayāh)는 주로 하나님의 메시지와 관련하여 사용한다. 하지만 이 단어가 하나님의 심판(S 27:51-52), 하나님의 구원(S 29:15), 기적(S 43:46-8)등에 연관되어 사용되기도 한다(Al-Hilali and Khan 1993). Cf. 아야(Ayāh)는 또한 꾸란의 구절을 의미하기도 한다. 이것은 꾸란의 모든 구절이 하나님의 기적이요, 기호라는 의미를 담고 있다.

19 이 구절의 이인칭 대명사가 누구를 의미하는 지는 명확하지 않다. 무슬림 학자들은 일반적으로 이 대명사가 마지막 예언의 종결자인 무하마드를 가르킨다고 동의한다. 하지만 이 본문은 노아, 아브라함, 모세, 예수의 선지자직과 관련하여 그들 이전에 존재했던 아담의 선지자직을 의미하는 구절이라고 보는 학자들도 있다(Wheeler 2006a, 11).

20 한글 꾸란(최영길 역본)에는 계시라는 단어가 사용되었지만, 원본이나 다른 영역본에는 없는 단어이다. 비록 노아에 관련된 구절들이 그의 메시지나 계시에 대해서 침묵하고 있지만, 무슬림 학자들은 노아 역시 일반적으로 메시지를 받은 선지자로 인정한다. 하나님의 메시지를 책으로 받은 선지자(라술)들의 메시지가 무엇이었는지에 대해서 꾸란은 침묵하고 있다. 이것은 그들의 메시지는 이미 책으로 주어졌기 때문에 "책의 사람들"에게 물어보면 되기 때문이다.

임을 증명한다(수라 2:136; 29:27; 57:26a). 위에서 언급한 대로, 이슬람 학자들은 계시의 책을 받은 이 선지자(rasūl)들이 다른 선지자(nabī)들에 비해서 더 존경받고 특별한 지위를 가진 것으로 인정한다.

세번째 조건은 선지자들에게 메시지를 전달하도록 책임지워진 사람들, 즉 인류를 인도해야 할 책임이다. 알라의 선지자들은 알라와 사람들이 "관계를 회복"하도록 그들이 살아가는 공동체에 보내심을 받은 자들이다(Lumbard 2007, 102). 꾸란은 "하나님[21]이 각 민족에 선지자를 보내어"(수라 16:36)라고 기록하고 있다. 토톨리는 "선지자들이 알라로 부터 계시를 받은 만큼, 그들의 책임은 자신의 백성들에게 그 메시지를 전달하는 것이다"라고 말한다(Tottoli 2002, 72). 아래의 표 1은 선지자의 조건을 충족하는 몇 선지자들의 예를 꾸란의 구절을 들어 살펴본 것이다.

표 1. 선지자들의 자격에 대한 꾸란구절들

알라께서	부르시고/보내시고…	메시지를(계시하여)	백성을 인도하려
노아	3:33; 7:59; 11:25; 29:14; 57:26	11:36, 48	7:59; 11:25; 23:23; 29:14; 71:7
아브라함	2:124; 3:33; 4:125; 57:26	2:136; 3:84; 4:163; 87:19	2:124; 29:16; 60:4
모세	7:103, 143, 144; 10:75; 26:10	2:53, 87, 136; 3:84; 6:154; 11:110; 17:2; 23:49; 28:43; 32:23;	2:54, 67; 7:128; 17:2; 40:53; 61:5

성경이 말하는 선지자의 조건들(Conditions of Prophethood in the Bible)

모세오경(Tawrāt)은 꾸란의 구절들과 마찬가지로 아담에게 선지자라는 직함을 붙이지 않으며, 아담의 예언에 대해서 명시적으로 언급하지 않는다. 그

---

21 최영길 역본의 꾸란에서 "하나님"을 사용하기 때문에 여기에서는 알라대신 한글꾸란 원본을 인용하였다.

러므로 아담이 선지자인지 살피기 위해서는 먼저 성경이 말하는 선지자의 조건들을 살펴 보아야 한다. 그렇다면 성경이 말하는 선지자의 조건은 무엇인가?

성경학자들은 선지자직이 하나님께서 모세에게 "내가 그들의 형제 중에서 너와 같은 선지자 하나를 그들을 위하여 일으키고 내 말을 그 입에 두리니 내가 그에게 명령하는 것을 그가 무리에게 다 말하리라"고 말씀하신 신명기 18:18의 기준에 근거하고 있다고 말한다(Young 1952, 13-37).[22] 이방의 예언자들에 대해서 엄격한 경고와 함께 주어진(신 18:9-22) 위의 18절은 하나님께서 이스라엘 가운데 세우실 선지자가 어떤 사람인지 분명한 조건들을 제시해 주고 있다(Merrill 1994, 273).

첫번째 조건은 선지자는 하나님이 부르시고 세우신 자여야 한다. 선지자를 선택하는 것은 "하나님의 주도적인 사건"이다(Wright 1996, 217). 사람이 선천적인 선지자로 태어나거나 훈련을 통해서 선지자가 되는 것이 아니다. 마찬가지로 선지자가 전하는 예언은 사람이 발견하거나 미래를 예견하는 그 어떤 것이 아니다. 하나님의 절대적인 주권이 참된 예언을 가늠하는 기준이 되어야 한다. 트리니티복음주의신학교의 구약학 교수인 반게메렌(Willem A. VanGemeren) 박사는 "하나님으로 부터 오는 소명"을 선지자의 자격으로 들고 있다(VanGemeren 1990, 33).[23] 반게메렌이 지적하는 선지자의 자격 중심에는 분명하게 하나님이 자리매김 되어 있다.

---

22 텔포드 워크(Telford Work)는 "기독교인과 무슬림은 일반적으로 이 약속이 한 사람의 메신저를 통해서 성취되었다고 본다"고 지적한다(Work 2009, 176). 이슬람 학자들은 한 선지자가 바로 무하마드라고 해석한다. 신약 교회는 이 구절을 예수 그리스도에게 초점이 맞추어진 메시야적 예언으로 해석하는 전통을 남겼다(눅 24:27; 행 3:22; 7:37; 요 5:46; 히 3:5; cf. 요 3:14). 하지만 구약학자들은 이 구절이 참선지자를 구별하는 몇 가지 기준을 제공해 줌으로써 "참선지자의 본질"을 설명하는 것이라고 제안한다(Keil and Delitzsch 1989, 1:934,935; Wright 1996, 217).

23 반게메렌은 다음과 같은 일곱 가지 선지자의 자격을 열거한다. 첫째, 선지자는 이스라엘 사람이며, 둘째, 그는 하나님으로 부터 소명을 받고, 셋째, 성령의 능력으로 하나님의 말씀을 선포하며, 넷째, 대언자로 하나님의 말씀을 선포한다. 다섯째, 선지자의 권위는 주의 이름으로 말하는 특권이며, 여섯째, 선지자는 모세와 같은 선한 목자이며, 마지막으로 일곱째, 선지자는 하나님으로 부터 오는 징표를 통해서 확증된다(VanGemeren 1990, 32-33).

두번째 선지자의 조건은 하나님의 말씀을 받은 자이다. 위의 신명기 본문에 "내 말을 그 입에 두리니"라고 기록되어 있다. 이 구절은 선지자가 전하는 말씀이 하나님께로 부터 주어지는 것이며, 하나님께서 선지자로 하여금 말씀을 선포하게 하실 것이라는 사실을 분명하게 말하고 있다. 선지자들은 음성을 듣거나(사 5:9; 22:14) 비전을 보는(겔 1-3)등 다양한 방법으로 하나님의 말씀을 받게 된다. 하나님의 계시를 받은 선지자들은 종종 문헌으로 그들이 받은 메시지를 기록하였다. 선지자들은 그들이 받은 메시지를 선택하거나 변경할 수 없었고, 메시지는 그대로 기록되고 선포되어야 했다. 히브리 선지자들을 연구하는 학자들은 고대 근동의 예언현상과 선지자의 사회적 기능이라는 넓은 상황속에서 이스라엘의 선지자직을 해석하려고 노력한다(Heschel 1969; Wilson 1980). 하지만, 고대 이스라엘 사회에서 선지자의 기능이 무엇인지를 연구하는 것은 선지자의 신적인 목적을 이해하는 열쇠가 될 수 없다. 놀만 고트월드(Norman Gottwald)는 "히브리 예언의 절정은 예견이나 사회개혁이 아니라, 하나님의 뜻을 선포하는 것이다"라고 지적한다(Gottwald 1959, 277). 선지자들의 일차적인 책임은 사회적인 기능이나 역할이 아니라 그들이 하나님께 받은 메시지에 있었다. 그러므로 선지자들은 하나님의 "대언자"[24]라고 할 수 있다.

선지자의 마지막 자격은 그들이 보냄받은 백성들을 향해서 하나님의 메신저가 되는 것이다. 백성은 선지자의 자격에 있어서 하나의 중요한 축이다. 예언의 한 쪽 축에 하나님이 계시다면 다른 한 쪽 축에 백성들이 있다. 선지자는 이 두 축을 가교하는 메신저이다. 그는 백성중에 부르심을 받았고, 백성을 위해서 보냄을 받았다. 하나님은 "내가 그들의 형제 중에서 너와 같은 선지자 하나를 그들을 위하여 일으키"겠다고 말씀하셨다(신 18:15,18). 이방의 점쟁이와 예언자들에 대해 경고하시면서 하나님은 분명하게 이스라엘 백성들

---

24 출애굽기 7:1b에 근거해서 구약학자인 레온 우드(Leon Wood)는 선지자(나비, nabi)라는 단어가 "다른 이를 대신해 말하는 사람"을 의미한다고 정의한다(Wood 1979, 61).

과 같은 언어와 문화를 사용하는 자를 선지자로 세우시겠다고 말씀하신 것이다(Christensen 2001, 408,409).[25] 백성중에 세운 선지자는 그들이 이해하는 분명한 언어와 문화적인 양식을 통해서 하나님의 메시지를 전달하게 될 것이다. 그들은 백성들이 이해하는 말과 행동으로 하나님의 메시지를 효과적으로 전달할 수 있다.

꾸란과 성경이 말하는 선지자의 조건이 동일한 것은 두 종교의 근접성에 비추어 볼때 놀라울 만한 사실이 아닐찌 모른다. 이슬람과 기독교 모두 선지자는 하나님의 부르심을 받은 자이며, 백성들에게 말씀을 선포하기 위해서 하나님의 메시지를 받은 자라는 사실에 동의한다. 이러한 선지자의 조건에 비추어 볼때 과연 성경과 꾸란에 아담에 대한 기사는 어떠한 조건을 충족시켜 주고 있을까?

첫번째 선지자 아담의 예언(Prophecy of the First Prophet Adam)

성경과 꾸란에 기록된 아담 내러티브는 많은 공통점이 있으면서도 서로 기록되지 않은 이야기를 기록하는 차이점도 보여주고 있다. 성경과 꾸란에 기록된 아담 내러티브를 비교하는 상호연관성(intertexuality)에 관한 연구는 또 다른 연구에 맡기고, 여기에서는 성경과 꾸란의 아담 내러티브에서 발견할 수 있는 선지자의 조건에 대해서 살펴볼 것이다.

꾸란에 나타난 선지자 아담의 자격(Evidence for Adam's Prophethood in the Qur'ān)

첫번째 꾸란이 말하는 선지자의 자격은 알라의 선택이다. 아담은 최초의 인간이기 때문에 이 조건을 충족한다고 볼 수 있다. 꾸란에 기록된 대로 알라가 인간을 창조하기로 계획하셨고(수라 2:30), 흙을 빚어 아담의 모양을 만

---

25 이스라엘 중에라는 말이 같은 언어와 문화를 가진 선지자라는 해석은 매우 흥미롭다. 바울 역시 방언을 말하는 것이 백성들에게 무익하다고 지적한다(고전 14:5-11). 방언이 외국어이건 영적인 현상이건, 공동체를 향한 성령의 은사는 백성들이 이해할수 있는 언어로 사용되어야 한다.

드셨으며(수라 7:11, 12), 모든 창조물의 이름을 그에게 알려주셨다(수라 2:31)는 사실은 아담이 알라의 특별한 선택을 받은 자라는 사실을 알려주고 있다.

두번째 선지자의 자격은 계시를 받아 기록된 문헌으로건 선포된 말씀으로건 알라의 메시지를 전하는 것이다. 꾸란에 몇몇 구절에서 아담은 알라의 "말씀"(수라 2:37)과 "복음"(guidance, 수라 2:38; 20:122, 123)을 받았다고 기록하고 있다. 꾸란에 의하면 타락 이전에는 인류에게 알라의 말씀이 필요 없었다. 하지만 아담과 그의 아내의 불순종으로 인해서 "지속적인 계시의 시작"이 요구된 것이다(Lumbard 2007, 109). 하지만 꾸란은 아담이 그 후손들에게 증거하도록 알라에게 받은 메시지가 무엇인지 분명하게 설명하고 있지 않다. 꾸란은 아담이 메시지를 받았다고 기록하지만 그 메시지가 무엇인지는 알려주지 않고 있다. 이러한 점에서 꾸란이 증거하는 아담의 두번째 선지자 조건은 부분적으로만 충족된다고 할 수 있다.

마지막 선지자의 조건은 그들이 보냄받은 백성들이다. 선지자는 그들이 받은 메시지를 백선들에게 가서 선포해야 한다. 아담은 지상에 존재하게 된 첫번째 사람이기 때문에 그에게서 비롯되는 모든 인류가 바로 메시지의 수신자라고 할 수 있다.[26] 꾸란과 이슬람 학자들의 연구에 비추어 볼때 아담은 선지자의 조건을 대부분 충족하고 있지만, 아담에게 주어진 알라의 메시지가 무엇인지에 대해서 꾸란은 침묵하고 있다.

성경에 나타난 아담의 선지자 자격(Evidence for Adam's Prophethood in the Bible)

성경 어느 구절에도 아담을 선지자라고 말하지 않는다. 첫번째 선지자의 조건인 '하나님의 부르심'은 성경 창세기의 기사에 명시적으로 기록되어 있지 않다. 하지만, 하나님의 말씀으로 창조된 세상의 피조물과는 달리, 하나님

---

26 꾸란에서는 이러한 점을 염두에 두고 인류를 부를때 바니아담(*baniAdam*, 아담의 아들 혹은 후손)이라고 부른다.

의 형상을 따라 하나님의 손으로 만드신 아담의 창조는 나머지 세상과 구별된 특별한 창조임을 이야기 해 주고 있다(창 1:26; 2:7). 더구나 아담이 첫 번째 사람이라는 사실은 하나님께서 아담으로 하여금 그 후손들에게 하나님을 알려주어야 하는 책임을 가지고 있는 모든 인류의 아버지로 세우셨다는 것을 의미한다.[27]

두번째 선지자의 조건은 하나님의 메시지를 전달할 백성들 중에 보내심을 받는 것이다. 선지자는 누군가에게 보냄을 받아야 한다. 하지만 아담은 지상에 존재한 첫번째이자 유일한 사람이었다. 아담은 그로 말미암은 지상의 모든 인류에게 하나님의 존재를 알려야할 책임을 가지고 있었다. 오직 아담만이 알 수 있는 하나님의 창조와 아담 자신의 타락에 관한 이야기가 성경에 기록되었다는 사실에서 우리는 아담의 선지자적인 사명을 발견할 수 있다. 따라서 백성없이 부르심 받은 아담의 특별한 상황이 선지자직의 결함이 된다고 말할 수는 없다. 창세기 5장의 족보에 따르면 아담은 930년을 살면서 노아의 부친인 라멕이 52세가 될때까지 지상에 거주했다(창 5:1-32). 노아의 시대까지 모든 인류를 계산해 본다면 거의 대부분이 아담과 동시대를 살았다고 해도 과언이 아닐 것이다. 이러한 성경의 상황을 고려할때 아담은 그의 후손들을 향한 선지자적인 책임을 다했다고 볼 수 있다.

세번째 선지자의 조건은 하나님께 받은 메시지이다. 성경 창세기에 기록

---

27 하나님께서 아담을 특별하게 선택하셨다는 사실은 창세기에 사용된 두 개의 단어에서 찾아볼 수 있다. 창세기 2:8과 2:15에 보면 하나님께서 아담을 에덴 동산에 두셨다(put)고 기록하고 있다. 영어와 한글번역은 두 구절을 같은 단어로 번역하지만, 본래 히브리어는 두 개의 다른 동사를 사용하고 있다. 창세기 2:8의 두다(to put)는 yasem(r. sym) 이라는 단어이고, 창세기 2:15의 두다(to put)는 yanihehü(r. nūakh)라는 히브리어이다. 15절에서 아담을 에덴동산에 두셨다(r. nūakh)는 말은 히브리 원어의 의미로 보자면 "정착하게 하다, 차지하게 하다, 남겨두다"는 의미로 지리적인 정착을 의미하는 것이다(Köhler and Baumgartner 1995, 2:679–680). 그곳에서 아담은 땅을 경작하고 만물을 다스리는 청지기적 삶을 살도록 하신 것이다. 저명한 주석학자는 이 에덴동산이 "하나님께서 거하시는 상징적인 장소"라고 지적한다(Wenham 1987, 61). 그곳에 하나님께서 아담을 두신 것이다. 창세기 2:8에서 하나님께서 에덴을 창설하시고 아담을 거기에 두셨다(in Hebrew yasem)는 말은 육체적인 노동에 관련된 단어가 아니다. 히브리 어근인 sym 은 "두다, 세우다, 확인하다, 제정하다"등의 의미를 가지고 있다(Köhler and Baumgartner 1996, 3:1321–1326). 브루스 월케(Bruce K. Waltke)는 아담은 하나님과 친밀한 교제를 나누도록 창조되었고 그 동산에 거주하게 되었다고 주석하고 있다(Waltke 2001, 86). 하나님과 친밀한 교제를 나누는 아담의 특별한 위치는 선지자적인 소명으로 정당화될 수 있다.

된 아담 내러티브에는 하나님께서 아담에게 직접 말씀하신 대화들이 기록되어 있다(창 1:28-30; 2:16-17; 3:8-19). 창세기는 어느 부분이 아담이 하나님께 받은 예언의 메시지인지 명시적으로 밝히지는 않는다. 하지만, 신학적인 전통에 비추어 볼때 아담은 하나님의 구속계획에 관한 메시지를 받은 선지자라는 사실을 알 수있다. 반게메렌(Willem A. VanGemeren) 교수는 아담은 "초기의 구속사 단계"(early stage of the redemptive history)에 해당하는 일곱 가지 전 아브라함 언약(pre-Abrahamic covenent)의 요소들을 제시하고 있는데,[28] 여기에서 아담이 받은 "씨에 관한 소망"(창 3:15)이 바로 타락이후에 그가 받은 구속의 메시지라고 지적하고 있다.[29] 여인의 씨를 통해서 뱀의 씨를 멸하시리라는 이 예언은 뱀에게 속아 죄의 멍에를 지게된 인간에게 미래적인 소망을 가져다 주었다. 뱀에게 주어진 이 저주의 말씀은 인간에게는 축복과 구속의 소망을 주는 메시지가 되는 것이다. 성경에 기록된 예언의 말씀은 하나님께서 미래에 베푸실 구원과 승리에 대한 증거로 인류에게 소망을 안겨 주는 메시지이다. 하나님은 이 말씀과 함께 불순종한 아담과 하와를 위해서 짐승의 가죽으로 옷을 만들어 주심으로 인간을 향한 특별한 사랑과 은혜를 보여주셨다(창 3:21).[30] 아담은 자녀들과 후손들에게 불순종의 댓가가 무엇이며, 하나님께서 어떻게 인간의 벗은 몸을 가려주셨으며, 미래의 승리에 대해서 약속하셨는지 선포했던 것이다.

---

28 구속사의 초기단계에 있는 구속의 열쇠는 우주적인 중요성을 가지고 있다. (1) 가정을 향한 하나님의 축복, (2) 씨에 관한 소망(3:15), (3) 하나님이 주시는 쉼과 위로에 대한 소망(5:29), (4) 타락한 피조물을 향한 하나님의 재축복(9:1), (5) 자연의 법칙들(8:22), (6) 하나님의 임재에 관한 소망(9:27), 그리고 (7) 의로운 사람들과 맺으시는 하나님의 특별한 관계(에녹과 노아)를 들 수 있다(VanGemeren 1990, 86).

29 독일의 신학자인 헹스텐버그(Ernst W. Hengstenberg)는 창세기 3:15의 본문을 원시복음(protoevangelium, proto-gospel)이라고 부르며 메시야에 관한 소망이 담겨 있다고 단언했다(Hengstenberg 1970, 13). 호주의 신학자인 그로닝겐 역시 이 본문을 아담에게 계시된 메시야 예언이라고 해석한다(Groningen 1990).

30 인류의 보편적인 문화이며 동시에 성경에 기록된 동물제사의 기원은 인간을 향한 하나님의 희생적인 사랑과 은혜에 기원하고 있다고 볼 수 있다. 아담은 자녀를 위해 가죽 옷을 만들기 위한 실제적인 필요와 하나님의 사랑에 대한 기억에서 가인과 아벨에게 동물희생 제사를 가르쳤을 것이다.

결론과 제안(Conclusion and Suggestions)

이제까지 연구에서 이슬람과 기독교에서 정의하는 선지자의 기준이 매우 유사하다는 사실을 발견했다. 그리고 선지자의 자격에 관한 세 가지의 기준을 가지고 꾸란과 성경에 나타난 아담 내러티브를 조사했다. 꾸란의 아담 내러티브가 선지자의 기준 두 가지를 충족하는데 비해 아담이 알라에게 받았던 메시지가 무엇인지에 대해서는 명시적인 기록이나 꾸란 학자들의 해석이 충분하지 못함을 알게 되었다. 하지만 성경은 아담이 하나님께 받은 예언의 말씀이 하나님의 구속사에 대한 계시라는 사실을 보여주고 있다. 이 사실은 선지자 아담전했던 메시지의 중심에 "여자의 씨"를 통한 하나님의 구속계획이 있음을 알려 준다. 성경신학적인 면에서 아담을 최초의 선지자라고 부를 만한 충분한 근거들이 있음을 알 수 있다.

이슬람들은 꾸란과 하디스를 통해서 29명의 선지자에 대해서 이야기한다. 이중 무하마드를 포함한 다섯 명은 아랍 선지자들이고, 24명은 성경의 인물들이다.[31] 남아시아의 한 이슬람 마을에서의 사역경험에 비추어 보면, 무슬림들은 꾸란에 기록된 선지자들의 이야기를 매우 좋아한다. 이슬람 초기의 꾸란 주석학자들은 안비야(선지자)로 알려진 선지자들의 이야기를 저술하고 무슬림 공동체에 낭독해 주었다. 하지만 꾸란에 등장하는 선지자들의 예언이 무엇인지는 꾸란이 구체적으로 진술하고 있지 않다. 선지자들의 예언 메시지가 무엇인지 그 해답은 성경을 읽으면서 함께 찾아야 한다.

모든 선지자들의 예언의 중심에는 하나님의 구속계획이 담겨 있다. 그리고 하나님의 구속사의 중심에 이싸 알마시(예수 그리스도)가 계시다(눅 24:27). 무슬림들은 아담에서 세례요한에 이르는 24명의 선지자를 공부하면서 그들이 받은 계시들이 어떻게 메시야 예언과 연결되어 있는지 발견해야 한다. 선지자

---

31 꾸란에 등장하는 선지자로 아담, 노아, 아브라함, 이스마엘, 이삭, 야곱, 요셉, 모세, 아론, 다윗, 솔로몬, 에녹, 욥, 요나, 스가랴, 세례요한, 예수, 엘리야, 엘리사, 롯이 있다(Tottoli 2002, 73). 꾸란에는 등장하지는 않지만 하디스와 안비야를 통해서 이슬람이 선지자로 인정하는 인물로 이사야, 에스겔, 예레미야, 사무엘을 들 수 있다(Tottoli 2002, 18).

의 예언을 공부하면서 메시야에 대한 성경적인 큰 그림을 이해하고 나면 보다 쉽게 예수님을 참된 메시야로 영접할 수 있을 것이다.[32]

성경과 꾸란에 기록된 아담 내러티브에 대한 연구는 기독교와 이슬람 학자들이 함께 연구해야 할 매우 중요한 "신학적인 토대"를 제공해 준다.[33] 아담 내러티브에 관한 보다 깊은 연구를 통해서 죄의 결과, 용서의 본질, 하나님의 구원계획 등 신학적인 이슈들이 폭넓게 다루어 져야 할 것이다. 또한 다른 23명의 선지자에 대한 꾸란과 성경의 연구를 통해서 하나님의 구속계획이 선지자들의 예언을 통해서 어떻게 계시되어 왔으며, 어떻게 구속사가 성취되었는지 밝혀 줄 수 있을 것이다.

---

32 연구가 필요한 또 하나의 영역은 바로 이슬람과 기독교의 메시아 개념에 대한 비교 연구이다. 유대교와 이슬람은 메시아가 신적인 존재가 아닌 신에 의해 보냄받은 구원자로 이해한다. 꾸한과 성경을 통한 메시야 신학에 대한 연구가 발전되어야 할 것이다.

33 모캐리(Moucarry)는 꾸란에 나타난 아담 내러티브를 통해서 이슬람이 말하는 죄의 문제, 구원의 의미 등에 대해서 신학적인 논의를 전개하고 있다(Moucarry 2002, 95-112).

Abdalati, Hammudah. 2005. The Fundamental Articles of Faith in Islam. In *Encountering the World of Islam*, ed. Keith E. Swartley, 100-111. Tyrone, GA: Authentic Media.

Adelphi, Ghiyathuddin. 1977. *The integrity of the Bible according to the Qur'an and the Hadith*. Hyderabad, India: H. Martyn Institute of Islamic Studies.

Al-Ashqar, 'Umar S. 2005. *The Messengers and the Messages: In the Light of the Qur'an and Sunnah*. Trans. Nasiruddin Al-Khattab. 2nd ed. Vol. 4. Islamic Creed Series. Raleigh, NC: International Islamic Publishing House.

Al-Hilali, Muhammad Taqi-ud-Din, and Muhammad Muhsin Khan. 1993. Interpretation of the *Meanings of the Noble Qur'an: In the English Language with Arabic Text*. Riyadh, Saudi Arabia: Maktaba Dar-Us-Salam.

Al-'Āti, Hammūdah 'Abd. 2003. *Islam in Focus*. 4th ed. Cairo, Egypt: Al-Falah Foundation.

Baeq, Daniel Shinjong. 2010. "Contextualizing Religious Form and Meaning: Missiological Interpretation of Naaman's Petitions(2Kings 5:15-19)." *International Journal of Frontier Missions* 27(4): 197-207.

Barrett, David B., Todd M. Johnson, Christopher R. Guidry, and Peter F. Crossing. 2001. *World Christian trends, AD 30-AD 2200: Interpreting the annual Christian megacensus*. Pasadena, CA: William Carey Library.

Bosch, David Jacobus. 1991. *Transforming mission: paradigm shifts in theology of mission*. Maryknoll, N.Y.: Orbis Books.

Brinner, William M. 1989. Prophets and Prophecy in the Islamic and Jewish Tradition. In *Studies in Islamic and Judaic traditions : papers presented at the Institute for Islamic-Judaic Studies, Center for Judaic Studies, University of Denver*, 63-82. Atlanta, GA: Scholars Press.

Bukhari, Sahih. Hadith of Sahih Bukhari, Book 93. CRCC: Center For *Muslim-Jewish Engagement: Resources: Religious Texts*. http://www.usc.edu/schools/college/crcc/engagement/resources/texts/muslim/hadith/bukhari/093.sbt.html.

Caldwell, Staurt. 2000. "Jesus in Samaria: A paradigm for Church planting among Muslims." *International Journal of Frontier Missions* 17(1): 25-31.

Campbell, William F. 1986. *The Quran and the Bible: In the light of history and science*. Upper Darby, PA: Middle East Resources.

Christensen, Duane L. 2001. *Deuteronomy 1:1-21:9*. 2nd ed. Word Biblical Commentary. Nashville, TN: Thomas Nelson Publishers.

Cragg, Kenneth. 2006. *The Qur'an and the West*. Georgetown University Press.

Esposito, John L., ed. 2003. *The Oxford Dictionary of Islam*. New York, NY: Oxford University Press.

Euben, Roxanne Leslie, and Muhammad Qasim Zaman. 2009. *Princeton Readings in Islamist Thought: Texts and Contexts from Al-Banna to Bin Laden*. Princeton, NJ: Princeton University Press.

Glassé, Cyril. 2001. *The New Encyclopedia of Islam*. Rev. ed. Walnut Creek, CA: AltaMira Press.

Gottwald, Norman Karol. 1959. *A Light to the Nations: An Introduction to the Old Testament*. New York, NY: Harper & Bros.

Green, Michael. 1970. *Evangelism in the early Church*. Grand Rapids, MI: Wm. B. Eerdmans Publishing.

Greeson, Kevin. 2007. *The Camel: How Muslims are coming to faith in Christ*. Arkadelphia, AR: WIGTake Resources.

Griswold, Eliza. 2010. *The tenth parallel : dispatches from the fault line between Christianity and Islam*. 1st ed. New York :: Farrar, Straus and Giroux,.

Groningen, Gerard Van. 1990. *Messianic Revelation in the Old Testament*. Grand Rapids, MI: Baker Book House.

Haque, Ziaul. 1996. *Revelation And Revolution In Islam*. Atlantic Publishers & Dist, January 1.
———. 2008. *Prophets and Progress in Islam*. Kuala Lumpur, Malaysia: Utusan Publications.

Hengstenberg, Ernst Wilhelm. 1970. *Christology of the Old Testament and a Commentary on the Messianic Predictions*. Grand Rapids, MI: Kregel.

Heschel, Abraham Joshua. 1969. The Prophets. New York, NY: HarperCollins.

Hiebert, Paul G. 1987. "Critical contextualization." *International Bulletin of Missionary Research* 11(3): 104-112.

Ipgrave, Michael, ed. 2004. *Scriptures in dialogue: Christians and Muslims studying the Bible and the Qur'ān together*. A record of a seminar "Building bridges" held at Doha, Qatar, 7-9 April 2003. London, UK: Church House.

Jenkins, Philip. 2002. *The next Christendom : the coming of global Christianity*. Oxford, UK: Oxford University Press.

Johnson, Todd M., David B. Barrett, and Peter F. Crossing. 2010. "Christianity 2010: A View from the New Atlas of Global Christianity." *International Bulletin of Missionary Research* 34(1): 29-36.

Kassis, Hanna E. 1983. *A Concordance of the Qur'an*. Berkeley, CA: University of California Press,.

Kateregga, Badru D., and David W. Shenk. 1997. *A Muslim and a Christian in Dialogue*.

Scottdale, PA: Herald Press.

Keil, Carl Friedrich, and Franz Delitzsch. 1989. *Commentary on the Old Testament: Pentateuch*. Vol. 1. 10 vols. Peabody, MA: Hendrickson Publishers.

Kraft, Charles H., ed. 2005. *Appropriate Christianity*. Pasadena, CA: William Carey Library.

Köhler, Ludwig, and Walter Baumgartner. 1995. *The Hebrew and Aramaic Lexicon of the Old Testament*. Study ed. Vol. 2. 4 vols. Leiden, The Netherlands: Brill.

———. 1996. *The Hebrew and Aramaic Lexicon of the Old Testament*. Study ed. Vol. 3. 4 vols. Leiden, The Netherlands: Brill.

Latourette, Kenneth Scott. 1970. *A history of the expansion of Christianity: Vol. 6 The great century*. Vol. 7. 6 vols. Grand Rapids, MI: Zondervan Publishing House.

Lumbard, Joseph. 2007. Prophets and Messengers of God. In *Voices of Islam*, ed. Vincent J. Cornell, 1:101-122. Voices of Tradition. Westport, CT: Praeger Publishers.

Massey, Joshua. 2004a. "Living like Jesus, a Torah-observant Jew: delighting in God's law for incarnational witness to Muslims. Part I." *International Journal of Frontier Missions* 21(1): 13-22.

———. 2004b. "Living like Jesus, a Torah-observant Jew: delighting in God's law for incarnational witness to Muslims. Part II." *International Journal of Frontier Missions* 21(2): 55-71.

Merrill, Eugene H. 1994. *Deuteronomy*. The New American Commentary. Broadman & Holman.

Moucarry, Chawkat Georges. 2002. The Prophet & the Messiah: An Arab Christian's Perspective on Islam & Christianity. Downers Grove, IL: InterVarsity Press.

Nickel, Gordon D. 2011. *Narratives of Tampering in the Earliest Commentaries on the Qur'an*. Leiden: Brill.

Nickel, Gordon, and Andrew Rippin. 2008. The Qur'ān. In *The Islamic World*, ed. Andrew Rippin, 145-156. London: Routledge.

Padwick, Constance E. 2010. *Henry Martyn: Confessor of the Faith*. Charleston, SC: Nabu Press.

Parshall, Phil. 1980. *New paths in Muslim evangelism: Evangelical approaches to contextualization*. Grand Rapids, MI: Baker Book House.

———. 1998. "Danger! New directions in contextualization." *Evangelical Missions Quarterly* 34(4): 404-410.

Pittman, Don A., Ruben L. F. Habito, and Terry C. Muck. 1996. *Ministry and theology in global perspective: contemporary challenges for the Church*. Grand Rapids, MI: Wm. B. Eerdmans Publishing Co.

Priest, Robert J. 1994. "Missionary Elenctics: Conscience and Culture." *Missiology* 22(3): 291-315.

Ramadan, Tariq. 2005. *Western Muslims and the Future of Islam*. New York, NY: Oxford University Press US.

Rippin, Andrew. 2005. *Muslims: Their Religious Beliefs and Practices*. New York, NY: Routledge.

Saeed, Abdullah. 2002. "The Charge of Distortion of Jewish and Christian Scriptures." *Muslim World* 92(3-4): 419-436.

Shenk, David W. 1976. *The Beginning of People: Lessons from the first book of the Taurat of the Prophet Moses*. Nairobi, Kenya: Evangel Pub. House.

——. 1976. God's *Covenant with People: Lessons from the Second Book of the Taurat of the Prophet Moses, Zabur of the Prophet David, Other Prophets of God*. Nairobi, Kenya: Evangel Pub. House.

——. 1976. *God Loves People: Lessons from the Injil of Jesus the Messiah*. Nairobi, Kenya: Evangel Pub. House.

——. 1977. *The People of Faith: More Lessons from the Holy Scriptures*. Nairobi, Kenya: Evangel Pub. House.

——. 2003. *Journeys of the Muslim Nation and the Christian Church: Exploring the Mission of Two Communities*. Scottdale, PA: Herald Press.

Smith, George. 1892. *Henry Martyn: Saint and Scholar, first modern missionary to the Mohammedans, 1781-1812*. The Religious tract society.

Swartley, Keith E., ed. 2005. *Encountering the world of Islam*. Waynesboro, GA: Authentic Media.

Tennent, Timothy C. 2006. "Followers of Jesus(Isa) in Islamic Mosques." *International Journal of Frontier Missions* 23(3): 101-115.

Thomas, Norman E. 1995. *Classic texts in mission and world Christianity*. Maryknoll, NY: Orbis Books.

Tottoli, Roberto. 2002. *Biblical Prophets in the Qur'ān and Muslim Literature*. New York, NY: Routledge.

Travis, John. 1998a. "The C1 to C6 Spectrum: A practical tool for defining six types of 'Christ-centered Communities' found in the Muslim context." *Evangelical Missions Quarterly* 34(4): 407-408.

——. 1998b. "Must all Muslims leave 'Islam' to follow Jesus?" *Evangelical Missions Quarterly* 34(4): 411-415.

Tucker, Ruth A. 2010. From Jerusalem to Irian Jaya: A Biographical History of Christian

Missions. 2nd ed. Grand Rapids, MI: Zondervan.

Ur-Rahim, Muhammad Ata, and Ahmad Thomson. 1977. *Jesus: Prophet of Islam*. Revised Ed. Elmhurst, NY: Tahrike Tarcile Quran Inc.

VanGemeren, Willem A. 1990. *Interpreting the Prophetic Word: An Introduction to the Prophetic Literature of the Old Testament*. Grand Rapids, MI: Zondervan.

Waltke, Bruce K. 2001. *Genesis: A Commentary*. Grand Rapids, MI: Zondervan.

Wenham, Gordon J. 1987. *Genesis 1-15*. Waco, TX: Word Books.

Wheeler, Brannon. 2006a. Adam. Ed. Oliver Leaman. *The Qur'an : An encyclopedia*. New York, NY: Routledge.

———. 2006b. "Arab Prophets of the Qur'an and Bible." *Journal of Qur'anic Studies* 8(2) (July): 24-57.

Wilson, Robert R. 1980. *Prophecy and Society in Ancient Israel*. Minneapolis, MN: Fortress Press.

Wood, Leon James. 1979. *The Prophets of Israel*. Grand Rapids, MI: Baker Book House.

Woodberry, J. Dudley. 1989. "Contextualization among Muslims: Reusing common pillars." *Word Among Us: Contextualizing Theology for Mission Today* Dean S. Gilliland, ed. 282-312.

Work, Telford. 2009. *Deuteronomy*. Grand Rapids, MI: Brazos Press.

Wright, Christopher J. H. 1996. Deuteronomy. Peabody, MA: Hendrickson Publishers.

Young, Edward J. 1952. *My Servants, the Prophets*. Grand Rapids, MI: Eerdmans.

Zwemer, Samuel Marinus. 1912. *The Moslem Christ: An essay on the life, character, and teachings of Jesus Christ according to the Koran and orthodox tradition*. New York, NY: American Tract Society.

James Kim

James immigrated to the U.S. from South Korea at the age of thirteen. He is a graduate of University of Maryland(1988 - B.A. Government and Politics) and Reformed Theological Seminary(2011 - MDiv). During his senior year at U. of M., James started a small business in Baltimore, Maryland and operated it until 1996. Sensing a call to reach the Unreached, James joined Pioneers in 1996 to mobilize missionaries. James served with Pioneers USA as the Vice-President of Mobilization from 2003-2011, overseeing mobilization of over 1,500 long term missionaries to the Unreached while also pastoring a church in Orlando, Florida. From 2012 to 2018, he served as the Executive Director of Pioneers Canada. Currently, James serves as the Regional Mobilizer for Mid-Atlantic States. James has served as an Adjunct Faculty Professor at Heritage Bible College and Seminary, lecturing on Missions Strategies. James, his wife, Lauren and their 3 daughters reside in Maryland.

Little Red Radios:

Contextualization Through Oral Means to Present the Bible to the Unreached

Little Red Radios:

Contextualization Through
Oral Means to Present the Bible to the Unreached

James Kim

How It All Began

"Watch out!" Greg screamed into the windshield.

A man had suddenly appeared in front of the all-wheel drive vehicle that he and his father were driving. The father and son short-term missionaries from the province of New Brunswick, Canada had just completed a two-week construction assignment and had taken the team to the airport. They were on their way to see a friend in the community of Pocoata, located high and quite isolated in the mountain range of the Andes in Bolivia. The road that they were driving on was treacherous, narrow, curvy and paved with gravel. The Muirs were startled and worried for the safety of the unprotected stranger.

Greg and his father, Alex, jumped out of the vehicle to make sure that the man was not hurt. The man began talking animatedly in Quechua, the native language of the people living scattered across this vast and elevated mountain range. Greg, in his early twenties at the time, had been learning Quechua, and was able to hold a conversation with the man.

Reaching into his vest pocket, the stranger produced a small red box, explaining that it was a radio and that it had stopped working. With extra emphasis, he handed the radio to Greg and pleaded, "fix it… it's my life."

Alex and Greg took the radio from this man, explaining that they will do what they can. Upon arriving at their friend's house in Pocoata, the Muirs were surprised to discover that their friend also had a red radio. And, like the one from the stranger, it was no longer working. Picking apart both radios and tinkering with them, they were able to repair the stranger's radio.

A couple of days later, with the repaired radio in hand, the Muirs went looking for the stranger at the location that they had seen him last. After several attempts, they were able to find him and presented the radio to him. The man turned it on and heard the static;[1] indicating that it was working, the man jumped for joy, tears pouring down his cheeks.

Galcom International

The interaction with the man on the road had a profound impact on Alex and Greg. They learned from the man that the little red radio that he called, "my life" was a fix-tuned short wave radio that received Quechua programming from a radio station in Cochabamba, Bolivia, called Radio

---

1 The fix-tuned radio that this man possessed was tuned to a Christian radio station that broadcast in Quechua twice a day–early in the morning, 5:00 a.m. – 9:00 a.m., and in the evening, 5:30 p.m.–9:30 p.m. Outside of those hours, the radios would only produce static.

Mosoj Chaski. The Muirs also learned that the radios were made by Galcom International whose mission is to "multiply missionary impact through audio technology." What's more, they learned that Galcom International made their radios in Hamilton, Ontario in Canada.

Galcom International was founded by Allan T. McGuirl, then Canadian Director of Gospel Recordings,[2] Harold Kent, a businessman from Tampa, FL, USA, and Ken Crowell, who was living in Israel at the time.[3] Unbeknown to each, God was calling them, in their own way, to develop a solar powered fix-tuned radio.

Allan T. McGuirl made a trip to Kenya in 1988 to see the work that Gospel Recordings was doing in that country. On that trip, he noticed an opportunity.

As I traveled with Gospel Recordings, I realized that there were a lot of Christian radio broadcasts but most people outside of the cities did not have radios or electricity. Battery powered items were not of much use since there were few places to buy batteries and if people had money they needed to use it for more important necessities. If only they had solar-powered radios, they would be able to hear the Gospel message, come to know the Saviour and get the Bible teaching they needed for growth in their Christian life.

In early 1988 I returned home from this trip praying for wisdom

---

2 Gospel Recordings changed their name in early 1990s to Global Recordings Network. In the early 1990's several dozen similar ministries were operating around the world. They merged in early 1990s to form Global Recordings Network.

3 Much of the section on Galcom International was learned through interviews conducted with Allan T. McGuirl, the lone surviving founder of Galcom International, and Timothy Whitehead, the current Canadian Director.

and headed to my basement workshop, soon I had a solar-powered fix-tuned radio. Fix-tuned to a Christian radio station in the area, the recipient would hear the Gospel message for sure. In North America it is difficult for us to appreciate what our world would be like if we could not read. We are so dependent on the printed page. However, non-readers comprise over 75% of the population in many places and in many language groups it often approaches 100%. Many cultures are, by tradition, aural-meaning most information is passed on through the ear gate. How can we best reach these people with the Gospel if not by radio?[4]

With the backing of the Canadian board and great hope, Allan presented the idea of making solar-powered fix-tuned radios to the international leadership of Gospel Recordings in a meeting in Australia. However, they did not see a need to deviate from their core mission, therefore, they rejected Allan's proposal.

Meanwhile, God impressed on Ken Crowell to design a fix-tuned radio. Ken, an engineer by training, and ordained minister, was a tent-maker missionary serving in Tiberias, Israel. He obeyed God's prompting and designed the radio, but tucked it away in his filing cabinet. In 1988, Ken attended a tent-maker's conference in Florida where he sat across from Harold Kent, a business man in Tampa, Florida. As the men talked, Harold shared that God had given him a vision to "flood the world with radios." Harold also told Ken about an article he read about a Canadian missionary

4 McGuirl, Allan T, Waves of Hope: The Impact of Galcom Radio Worldwide, Victoria: FriesenPress, 2014, Print, 27–28.

who had made a solar-powered fix-tuned radio. Ken placed a call to Allan shortly after that conversation.

In February of 1989, the three men met at the Interdenominational Foreign Missions Association(IFMA) Conference,[5] where they agreed to join hands and form a new organization. And on August 15, 1989, Galcom International was born. The meaning of the name is significant. "Our new name would be GALCOM INTERNATIONAL. 'Gal' means wave or commitment(like Galilee). 'Com' is for communication. 'International' stands for worldwide. So GALCOM is committed to communicating the Gospel to the peoples of the world-particularly in their own language."[6]

Galcom International's mission to "multiply missionary impact through audio technology," came from the understanding of the founders that the majority of the world yet to be reached by the Gospel are oral cultures rather than literate cultures. In many of these places education is not delivered in a formal school setting as it is in developed countries, but rather through apprenticeships that require little or no reading and writing.

Radio Mosoj Chaski

Radio Mosoj Chaski was founded in 1999 by missionaries from SIM,[7] New Tribes Mission,[8] and Pioneers International. The purpose of starting the radio station was simple; the Quechua people, whom the missionaries

---

5 IFMA was an umbrella organization for conservative missions agencies that was founded in 1917. In 2008, they changed their name to CrossGlobal Link. Then in 2012, they merged with Evangelical Fellowship of Missions Agencies, to form Missio Nexus(www.missionexus.org). The IFMA held an annual conference, which the Missio Nexus has continued.

6 McGuirl, 32.

7 SIM - Serving In Mission was formerly known as Sudan Interior Mission.

8 New Tribes Mission changed their name in 2018 to Ethnos.

were trying to reach with the Gospel were scattered across some of the remotest parts of the Andes Mountains. Placing missionaries in small villages of herdsmen and farmers would take too much resources and time. These remote villages also did not have schools or even teachers, so dropping literature would have no effect. Therefore, missions organizations were looking for alternative ways to reach these precious people.[9]

The missionaries to the Quechua had seen short wave radios work well in other parts of the world. Working with organizations like Trans World Radio, and national believers, these missionaries launched the radio station in Cochabamba.

Radio Mosoj Chaski's broadcasts run for 8 hours a day, 4 hours in the morning and 4 hours in the evening. The programming, which is entirely in Quechua, consists of national and international news, announcements of local events, and biblical programming. Each segment is written from a Christian perspective and contextualized for the Quechua people to understand. The morning programs are usually evangelistic in nature, and the evening programs focus on discipleship. Each day, the Bible is read in Quechua to ensure that the listeners hear the Word of God.

Mosoj Chaski in Quechua means "The New Messenger." Indeed, given the vast mountainous region that the Quechua people are scattered across, the radio station is "The New Messenger" for these precious people to hear the Good News of Jesus Christ.

---

9 Mosoj Chaski, "About," https://www.mosojchaski.org/en/about-us(Accessed on May 14, 2019). The information about Radio Mosoj Chaski has been obtained through my interviews with Greg and Alex Muir, Tim Whitehead of Galcom, and verified on the "About" page of their website. I did reach out to the missionaries who started the radio station, but did not hear back from them.

The Vision

Up to this point, "missions" for Alex and Greg revolved around bringing short-term teams from Canada to do construction projects for long-term missionaries. Encountering the Quechua man on that mountain road put a new vision for ministry for this father and son duo from Canada. They dedicated themselves to deliver the "lifeline," namely little red radios, to those living in remote villages that had no access to the Gospel.

Initially, the Muirs thought that they would deliver 50 radios door to door in one village. They chose this village, because it was only accessible in the dry season through 40 kilometers of dry river beds, which meant that very few outsiders were able to get there to share the Gospel.

The idea of delivering 50 radios hit a road-block when they discovered that the radios were $30 CAD each. $1,500 CAD was a daunting amount for the Muirs who were living on missionary salaries. But soon they discovered that they were not dreaming big enough.

The topic of delivering radios to people who have never heard the Gospel became a daily conversation as the Muirs shared their vision with others. One man even challenged the father and son duo by saying, "where is your faith? You should order 300 radios." Three days later, this gentleman asked for the cost of 300 radios. When he was told that it was $30 CAD each, he cut a check for $9,300 on the spot; $9,000 for the radios and $300 for shipping cost! The Muirs, with the cash in hand, placed an order with Galcom. Because the Muirs were new to Galcom, they asked the Muirs to send a letter outlining why they wanted to do this and what the Muirs hoped for as the result. Upon discussing the order of the Muirs, the Board of Directors of Galcom liked the idea so much that they doubled the order to 600 radios at no extra cost.

Although the Muirs celebrated God's miraculous provision of 600 radios, when they had planned for delivering 50, that posed an even more difficult obstacle to overcome. They had planned to go to 4 different communities and sent the word out with national partners to let the villagers know of their coming. However, a couple of weeks prior to the trip to Bolivia, unusual rains caused the rivers to swell so that they could not navigate through them as roads. To overcome this obstacle, the national partners suggested that the Muirs set up at a community named Sacana. Sacana is a sizable market town 14 kilometers down river to the first village where they had hoped to deliver door to door. They also suggested that they send word out through the village leaders to inform those families who had signed up to receive the radios to come to that location.

Originally, the Muirs wanted to give away the radios. However, the national partners suggested that they should allow the Quechua people to purchase the radios. They reasoned that dependency does not help in spring the Gospel. However, if the Quechua had to invest in the radio, they will be more likely to use it. The team agreed to charge $b5 bolivianos(equivalent to Canadian $1).[10] The national partners collected the names of the families who wanted to purchase the radios. And when the radios were delivered, they collected the money and checked off the names of the families who picked them up. In this way, the names of the families to whom the radios were delivered have been collected and kept since the very beginning of this

_____

10 Although $1 CAD does not seem like a lot for the radios, for a Quechua living in remote parts of the Andes Mountain Range, $b5 bolivianos is a significant sum. Much of their commerce is done through bartering rather than purchasing with money. Therefore, some of the people would have to exchange goods in a larger town to obtain the bolivianos necessary to purchase the radios.

ministry.

Finally, with all the preparations made for the gathering, the team loaded up supplies onto 15 donkeys and 2 horses and walked to Sacana. On the following morning, as the team set things up, the Quechua villagers began coming in from all points of the compass. The team gathered the people and after a short worship service and a sermon, began handing out the radios. While the names of the people who had pre-ordered the radios were being called out, another group registered those who came to purchase a radio who were not able to pre-register. Soon, all of the radios had been distributed to people from 51 different communities. The team learned that some had walked 2 to 3 days to receive a radio.

Alex and Greg had met the man with the little red radio on the mountain road in April of 2004. The first delivery of the radios took place exactly a year later in April of 2005. The vision that the Muirs had was big in their minds-to deliver 50 little red radios door to door in one remote village where very few missionaries could reach. God shattered that grand vision to provide 600 radios to 51 communities that year. But God's grander vision did not stop there. The Muirs are still taking what they call "mules," short-term missionaries who carry the little red radios down to Bolivia, to remote villages to deliver them to people who may not have an opportunity to hear the Gospel.

The Mules

I had the privilege of joining one of the teams of mules in April of 2017. As I reflect on our journey, and what God has been doing through these little red radios in Bolivia, I think of the brightly colored tapestries woven by the Quechua people. The men weave traditional hats with pointy tops and ear flaps to keep them warm in the winter. The women weave a variety of garments, each brightly colored and unique. They use their clothing to carry things and to keep them warm in the wind, snow and rain.

These colorful tapestries remind me of God's design. The men and women volunteering for the trip had little in common, except their love for their God and Savior.

I joined eight other Christian brothers and sisters, each of us excited, maybe a little nervous, but ready to bring the Good News to people who had waited patiently for their own radio.

Our team included Alex Muir-the team leader, custom homebuilder and his wife, retired nuclear power-plant worker, lumberjack, videographer, retired primary school teacher, and Statistics Canada worker.

Alex's name for the short-term visitors who bring the radios into the country is mule. Each member of the team packed 120 radios into our luggage. In total, we delivered 1,000 radios to waiting families living in remote villages in the rugged mountains. The reasons for each member carrying 120 radios were twofold. First, if all of the radios were packed together, we would have had to pay a large tariff as they would be considered commercial goods. Second, should the customs officials decide to confiscate the radios, we hoped that by dividing them up at least some of the radios would make it through. We, the mules, were carrying and guarding the precious gift that the Quechua people living in the remote areas would receive.

In Bolivia, the ministry was led by Greg and Lily Muir who have dedicated their lives to serving the Quechua people. Greg is from Canada and he met Lily in Bolivia. Lily is a Bolivian Mestizo.[11] Greg's father, Alex, lives in eastern Canada and plays a huge role in promoting three annual trips to Bolivia to deliver radios. He dedicates many hours to recruit Canadian and American Christians to join Greg and Lily by raising funds to purchase the radios, recruiting mules, and delivering the radios to Sucre, Bolivia.

God has woven many strands of threads for Greg and Lily. Each thread is a relationship with someone who God has placed into their lives. Each of them has a unique story of God working in their lives.

As we traveled, God continued to weave a uniquely beautiful tapestry.

Alejandro had waited for years to receive his own radio. He is the leader of his community and the only Christian. He found out about the radios when he was visiting a neighboring community. As he listened to the Scripture in his own language, sitting with others as often is the case in oral cultures, he was in awe. Few people in the community can read and write. To have the Scripture recorded so they can listen to God's Word is a miracle. He tracked down Greg, the "gringo" in Sucre who was responsible for bringing the radios into the region. He asked Greg to bring the radios to his community for four years.

We were there on Good Friday!

Our presence and the gift of the radios give Alejandro great hope. "I want to see my people worship God from these mountains. And to see churches pop up across the summits and valleys." He spoke to us with a glint in his

---

11 Mestizo is a person of combined European and Indigenous descent. It was traditionally used in Spain and her former colonies – Latin America, Philippines, etc.

eyes as he waved expansively across the mountain range.

Felipe echoes Alejandro's prayers.

Felipe was 76 years old when I met him in 2017. Felipe is Quechua and a Bible scholar who taught at a local seminary in Sucre. On the weekends and school holidays, he invited his students to come with him into the Andes and share the Gospel with the Quechua people. When students no longer volunteered to go with him, he went on his own-a messenger sent by God. After almost 40 years, he was forced to retire. But God was not finished with him. Since retirement, Felipe has walked from village to village, sharing the Good News with everyone who would listen. And knowing that most Quechua people in the mountains cannot read and write, he uses stories and illustrated coloring papers to accentuate the stories of the Bible. When he can, he also carries the little red radios with him to leave it with an influencer in the community.

Hector is a mechanic and when he heard about the trip into the mountains, he asked if he could come along to keep the vehicles running. Hector and Felipe are a regular part of Greg and Lily's team. Hector keeps the 4x4's going-in spite of the treacherous mountain roads, jutting rocks and semi-dry river beds. As he has traveled with the different teams, he too has become a powerful evangelist and thoughtful Bible teacher.

God is at work in the mountains of Bolivia. With awe, I stood and listened as the Quechua people lifted their voices to praise God. Their beautiful music proclaimed: Our God reigns![12] Even in the remote, rugged

---

12 "Our God Reigns" was the campaign that Pioneers Canada ran for 2017. The phrase was adopted from Isaiah 52:7, "How beautiful upon the mountains are the feet of him who brings good news, who publishes peace, who brings good news of happiness, who publishes salvation, who says to Zion, "Your God reigns." The Holy Bible: English Standard Version. (Wheaton, IL: Crossway Bibles, 2016). This section is an edit of an article that I wrote for Pioneers Canada's newsletter, "One Ambition" Issue 17,

mountains, to people who are mostly unable to read and write, God is there.

A Brief History of the Tapestry of God in a Quechua Town

On that trip to Bolivia in 2017, we learned a bit of history of how one church was planted in a town where the people were once hostile to the Gospel. This is the story of Timoteo and Carolina, American missionaries who served among the Quechua people in a central town of Revalo. The story of these pioneering missionaries gives us a glimpse into how God redeems even our short-comings. Timoteo and Carolina's story also brings to life what the Apostle Paul wrote in 1 Corinthians 3:6-8, "I planted, Apollos watered, but God gave the growth. So neither he who plants nor he who waters is anything, but only God who gives the growth."

Carolina couldn't understand it.

God had brought her family to Bolivia; the call was clear. But no one in the community wanted her there. The community wanted nothing to do with her God. For two years Carolina and her husband Timoteo persisted, sharing the Good News of Jesus Christ at every opportunity.

Timoteo and Carolina prayed for God's wisdom. They prayed for a miracle-just one man or woman to accept Jesus Christ. But no matter how hard they worked, how gracious they were to their neighbors, they were despised by the community.

Finally, they left, devastated by the experience. Certain that the call they

---

published in the summer of 2017.

heard more than two years ago never happened. They left the village and the mission field and returned home.

Unbeknown to them, Carolina and Timoteo planed seeds, seeds they never saw sprout. They were pioneers, breaking stony ground to prepare the soil for Christ. God gave them an extremely difficult task, for they never saw a new seed sprout.

But God was still weaving the tapestry.

A few years later, Bolivian Evangelist, Adelia, arrived. Like Carolina and Timoteo, she met hostile resistance. Yet as she shared the Good News of Jesus Christ, a few of the villagers would talk about Timoteo and Carolina. Clearly, they had planted the very first seeds. Adelia was sent by God to cultivate the ground and water the dormant seeds. A few people in the community encountered Jesus through Adelia's ministry and a small church began to meet regularly.

While the mayor of Adelia's town of Revalo was visiting a neighboring community, he saw a little red radio that some "gringo" had delivered. Each radio connected to a local Christian station. But more than that, every radio held the entire Bible translated into Quechua, the language of his people. That the radios only transmitted Christian programming, and that it had the Scriptures of a religion that he was hostile against did not matter to the mayor. The radio programming and the Bible were in the heart language of the Quechua people. That was unique!

"Why don't the gringos bring the radios to us?" the mayor asked Adelia. "Why do they drive right through our village, not stopping, brining the Good News to others, but not to us?"

Adelia talked to the team in Sucre who told her that every time they tried to enter the village, the people drove them away. "Until they invite us to come," Greg Muir, the gringo, told Adelia, "we cannot come."

A couple of months later, the Pioneers team arrived in the village, their 4x4 full of little red radios from Canada.

Five hundred people gathered in the center of the village, each one eager for their own radio. They stayed while Greg preached a powerful message of salvation in their own language. Shocked that this gringo spoke so fluently, they listened. As the team handed out the radios, some of the townspeople told them of a man named Timoteo and his wife Carolina.

Timoteo and Carolina prepared the soil for Adelia to sow. Adelia saw a few seeds sprout. And God brought the gringos with the little red radios to fertilize those plants, and to multiply the harvest. On that trip in April of 2017, the mules from Canada and the United States had the privilege of worshiping with the believers of the once hostile community, as they hosted us for dinner and a special worship service. It was a beautiful service of multi-cultures, multi-generations, and praises raised in multi-languages; it was a little taste of heaven as we declared, with one voice, "Our God reigns!"[13]

---

13 This section is an edit of an article that I wrote for Pioneers Canada's newletter, One Ambition" Issue 17, published in the summer of 2017.

Figure 1 Map of Locations of Radio Distribution Centers(April, 2005-March, 2017)

Lessons from the Tapestry of Quechua in Bolivia

There are many lessons to be learned through the tapestry that God is weaving among the Quechua people of Bolivia. The missionaries, as is the case in every field, have made some miscalculations, but they were able to make adjustments, and even to innovate, in their approach to reach the Quechua with the Gospel. Two areas we will look at in the next section will be contextualization of the messenger, and contextualization of the message.

Contextualization

Today, contextualization has become something that is accepted as a norm in missions efforts. However, it is also challenging to define and often controversial. Brian De Vries, Faculty of Theology at North West University in South Africa, states that although contextualization in theology is not a new concept, "Still, contextualization is a relatively new term, one that comes with much undesirable baggage."[14] According to De Vries, the term was first used in a report of the Theological Education Fund titled Ministry in Context in 1972, and the focus of it was on theology.[15]

A. Scott Moreau and the other contributing editors of the Encountering Mission series of books on missions define contextualization this way:

> The core idea is that of taking the Gospel to a new context and finding appropriate ways to communicate it so that it is understandable to the people in that context. Contextualization refers to more than just theology; it also includes developing church life and ministry that are biblically faithful and culturally appropriate.[16]

This is a good definition. However, challenges arise when missionaries from various backgrounds come together to find common ground on what it means to be "biblically faithful and culturally appropriate." Hudson Taylor's adaptation of the Chinese dress not only allowed him to have better relationships with the Chinese but serves as a model for contextualizing the messenger. However, his contemporaries serving in China as well as some of his supporters back home in England were up in arms. For women missionaries working in India, putting on a sari is accepted practice. Nose piercings may be fashionable not just in India, but worldwide, but the meaning that it carries may be different depending on which side of the

---

14 De Vries, B.A., 2016, 'Towards a global theology: Theological method and contextualisation', Verbum et Ecclesia 37(1), (a1536. March, 2016). Web. https://www.researchgate.net/publication/305694515_ Towards_a_global_theology_Theological_method_and_contextualisation Accessed on July 15, 2019.

15 Ibid.

16 Moreau, A. Scott, Gary R. Corwin, and Gary B. McGee. Introducing World Missions: A Biblical, Historical, and Practical Survey. (Grand Rapids: Baker Academic, 2004). 12.

nose, the region that one is from, the caste that one belongs to, and whether or not they are doing it for health reasons.

In attempts to clarify what they mean by contextualization, churches like Bethlehem Baptist Church,[17] in Minneapolis, Minnesota, and missions agencies like Pioneers have produced statements on contextualization for their members and prospective members to establish common understanding in their missionary efforts.

The definition of contextualization is getting more complex today as globalization is occurring more rapidly. The line between missionaries from "sending" countries and "receiving" countries are blurring as those who have received the Gospel from Western missionaries are now sending their own. Thanks to this advance, an organization like Pioneers draws their missionaries from many different countries and cultures. These missionaries are also working with other groups on the field. Therefore, the idea that contextualization among a people group like the Quechua of Bolivia could be "biblically faithful and culturally appropriate" can be met with challenges.

Contextualizing the Messenger

One of the positive things that the missionaries to Bolivia did was to engage the local believers in their outreach programs. The Muirs have worked with the local leaders from the very beginning. For that very first trip, the local leaders were the ones who promoted the radios in the four villages. They also gathered the names of the families who desired

---

17 Bethlehem Baptist Church's Contextual Guideline for Missions can be found at the following location on the world wide web: http://biblicalmissiology.org/2010/08/17/contextualization-guidelines-for-missions/?gclid=EAIaIQobChMIq6nEhKmv4wIVDb7ACh2GIAW8EAAYASAAEgJOxfD_BwE

a radio. When the heavy rains made it difficult for the team to go to the original villages, it was the local leaders who suggested Sacana, the central market town. Promotion is no longer necessary as those impacted by the radios have spread the worth of the radios to their friends across the mountains. Nevertheless, the Muirs still rely on the local leaders to gather the information that is needed for a visit. This also means that the Muirs only take the radios to those villages that are inviting them to come–the reputation of the radios has caused the list of places to take the radios a long one. Like Alejandro, many local leaders are waiting a long time for a team to come with the precious little red radios.

The North American missionaries, with a genuine heart of compassion, saw the poverty of the Quechua people, and wanted to give away the radios. However, it was the local leaders who adamantly argued to make the radios available for purchase. Although the intentions of the foreigners were good, the local leaders also wanted to make sure that they honored the Quechua people by thinking of their dignity. That the Muirs listened to the local leaders, before books like *When Helping Hurts*[18] and others became popular, attest to their humility and desire to truly help the Quechua people.

Felipe and Hector have joined the Muirs in the delivery side of the operations for some time. However, the overall leadership of the radio distribution ministry has been in the hands of the Muirs. The fundraising and the promotion of the short-term trips to bring the mules, have been from North America. The delivery of the radios in Bolivia has also been on the shoulders of the Muirs up to this point. However, that is changing, too.

---

18 Corbett, Steve and Brian Fikkert, When Helping Hurts: How to Alleviate Poverty Without Hurting the Poor, (Chicago: Moody Publishing, 2009).

In the Fall of 2018, Greg and Lily, who live in Sucre as long term missionaries, oversaw the efforts to distribute the radios, moved back to Canada for two years. One of the key objectives for those two years is to allow Hector to rise as the leader of the radio distribution ministry. Pioneers has noticed that not just in Bolivia, but in most mission fields, the local leadership does not rise up as long as the missionaries are still around. Conversely, if the missionaries leave too soon, or too abruptly, the work that they have poured their hearts into often falters. To prevent that from happening, Greg and Lily, along with their children, are operating out of Canada, helping Alex with the things that need to be done in North America, and making a few trips back to assist in the ministry. In response to this, Hector has moved into full-time ministry, giving up his mechanic's career.

This attempt at transferring leadership is not yet complete, but the heart to empower the national believers is a welcomed development. Recently, Galcom approached the Muirs about expanding into Peru. The Muirs involved Felipe and Hector in the decision making, even sending them to Peru with Galcom, without Greg, Lily, or Alex accompanying them. Felipe and Hector have not only been helpful to Galcom, but have returned to Bolivia with the vision to do what the foreigners have done for their country in a neighboring one.

Contextualizing the Message

10,287 people from 209 nations and territories gathered in Amsterdam in the summer of 2000 over the topic of world evangelism.[19] Aside from

---

19 Olsen, Ted, "Amsterdam 2000 Called the Most Multinational Event Ever," Christianity Today, (August 2,

the plenary sessions, 600 global missions leaders were discussing ways to finish the Great Commission. Table number 71 was especially energetic. This table, as well as a neighboring table had the leaders of Youth With A Mission, Trans World Radio, International Mission Board of the Southern Baptist Convention, Campus Crusade for Christ, Summer Institute of Linguistics, and others. The hot topic for them was orality. Avery Willis of IMB had just learned that 70% of the unreached people in the world are oral learners.[20] Yet 90% of the world's missionaries are using literate means to communicate the Gospel message.[21]

In Bolivia, the missionaries had encountered what Avery Willis learned, and began to make adjustments.

Initially, missionaries like Timoteo and Carolina moved to the villages that they were ministering in speaking Spanish. Because Spanish is spoken by the majority of Bolivians, used in official documents; therefore, the language of the government, most Quechua people living in the mountains resent outsiders coming into their community speaking Spanish. Quechua was the language of the Inca Empire and the lingua franca for the people living across the Andes mountain ranges of Ecuador, Peru, Bolivia, Chile and Argentina. Today, Quechua is the second most spoken language in Bolivia with 21.2% of the people using it.[22] However, there have been times when the Bolivian government has tried to suppress people from using it in an effort to standardize Spanish as the one official language. This exac-

2000). Web. 7/15/2019. https://www.christianitytoday.com/ct/2000/julyweb-only/32.0d.html

20 Willis, Avery and Mark Snowden. Truth That Sticks: *How to Communicate Velcro Truth in a Teflon World*. (Colorado Springs: NAVPRESS, 2010). E-Book. Location 100.

21 *Making Disciples of Oral Learners*. (Waxhaw: Elim Publishing, 2005). 3.

22 The World Fact Book. July 16, 2019. Web. 7/17/19. https://www.cia.gov/library/publications/the-world-factbook/geos/bl.html

erbated the distrust of the Quechua people of outsiders coming into their communities speaking and pushing Spanish on them. Given the history of the Spanish Conquistadors and the Inca people, it is understandable that those who come from the outside using Spanish are met with hostility.

Figure 2 Map of Quechuan Dialects

Timoteo and Carolina went to the village that they were eventually driven out of speaking Spanish, what they thought was the language of Bolivia. They naively, and with good intentions, thought that they would learn Quechua in the village. "After all, wouldn't it be best to learn the language from the people whom you have come to love?" they reasoned. However, the fact that they came speaking Spanish had worked against them. This is why the same hostile villagers were eager to receive the little red radios that played contextualized programs in the Quechua language. And when Greg came with the little red radios and preached to the masses in fluent Quechua, many were able to hear the message, trust it, and turned their lives over to Jesus.

The little red radios also worked in the context of the Quechua culture, because the Quechua are oral learners and communicators. Although Quechua was the language of the Inca Empire, it was not a written language. The Inca used what was known as quipu to send messages and to keep records and data. Quipu were formed from various colored strands of strings knotted in specific ways to communicate and leave important facts to recall later. This came home to me as I noticed the hats of the men and more elaborate tapestries the women were weaving. Each colorful weaving of the Quechua tells a unique story.

In 1560, Domingo de Santo Tomas, a Spanish Dominican missionary, produced a dictionary of the Quechua language paving the way for Quechua to be written.[23] However, the writing never really caught on with the Quechua who preferred to communicate orally. Also, being scattered across the Andes mountains in difficult to reach places, the Bolivian government cannot provide schools and teachers to most of those places. And, when there were schools or teachers, they were taught in Spanish. All this meant that the Quechua communicated through spoken words rather than through writing. Therefore, the radios were received eagerly.

Allan T. McGuirl noticed that the Kenyans living outside of the cities lacked not only radios, but also means to power those radios. The idea to make the radios solar powered produced huge dividends in the

---

23 Omniglot, Web. 6/30/2019. https://www.omniglot.com/writing/quechua.htm

mountains of Bolivia where electricity and the means to obtain batteries are limited. Initially, the radios only received broadcasts from the station in Cochabamba. But with the advances in chip technology, the radios are now equipped with enough memory through soldered on micro sd cards to load the entire Bible in Quechua. Listening to missionaries like the Muirs, who are hearing from the Quechua who have come to faith through the radios, Galcom is working to provide more content.

Although the Scriptures in Quechua was not added to the radios until 2014, Bible reading has always been at the forefront of radio ministry. Radio Mosoj Chaski broadcasts reading of the Bible for at least an hour a day. This practice goes beyond Bolivia to other radio ministries. "Trans World Radio(TWR) has made it our mission to read the Bible, daily, in every place that we broadcast," says Tom Tatlow, current field leader in Thailand with Pioneers who joined them from TWR to plant churches and to promote use of orality in missions. Tom, who regularly interacts with the International Orality Network, went on to say, "reading the Scripture is perhaps the most important part of the radio broadcasts, because it exposes the listeners to the Word of God as it is written."

In using radios to reach the Quechua of Bolivia with the Gospel and engagement with the Bible, the missionaries utilized various ways to contextualize their efforts. First, technology had to be contextualized. The radios had to be fix-tuned to the radio station that broadcast what the missionaries wanted the Quechua to listen to. If they were not fix-tuned, there was no guarantee that the Quechua would use it for the intended purpose of the missionaries. Short-waves made it possible for the radios to receive the broadcasts in a mountainous region. And, by making them solar powered, the Quechua people did not have to worry about how to power the radio.

Secondly, understanding the context of how the Quechua learn, the radios were a great way to communicate the message through oral means. In this, the fact that the programs, and the Bible, were communicated through Quechua, rather than Spanish, caused the Quechua to desire the radios.

The Impact of the Radio Distribution

The true impact of the radio distribution is hard to quantify as the focus of the ministry of the Muirs has been to deliver them to as many people as possible. Therefore, the data that is available are for distribution of the radio. Thankfully, the Muirs kept good records of that process. From April of 2005 to September 2017, 50,000 radios have been distributed from 150 locations that were deemed central to remote villages. From these 150 locations, people from over 1,700 villages and towns have been touched by the Gospel. The strategy of the Muirs has been to not return to the same location as long as there are new locations to deliver the radios. This makes it hard for them to know what the impact of the radios have been in those villages and towns. Therefore, much of the data on the results are anecdotal; they are constantly hearing from people who have become Christians as a result of listening to the radio programs. So far, they are aware of 20 churches that have been planted as a result of the radio distribution to the Quechua people of Bolivia. These churches, and individual Christians that have been impacted by the radios, are asking for deeper teaching, collection of hymns, and other materials, preferably through oral means. They have heard the Gospel through the radios and have listened to the Word of God; this has created a hunger in them. These young believers are desirous to gather together, and want to grow deeper in their faith. Pioneers, Galcom, and the Muirs are eager to do the follow up research, but the lack of funds and personnel have prevented them from pursuing this venture thus far. However, as the technology continues to develop, Galcom is loading more resources onto the radios.

Celebration in Canada

On Friday, October 13, 2017, over 200 people gathered at True Life Church in Quispamsis, New Brunswick in Canada to celebrate the delivery of 50,000 radios by the Muirs to the Quechua people of Bolivia. This event was hosted by Pioneers Canada, the sending missions agency of the Muirs. The majority of the people in attendance were some of the 390 or so short term missionaries who were the mules who came from all walks of life. Also present were some of the leaders from over 65 churches that have sent teams from Canada and the United States. Galcom, the maker of the radios, also sent representatives to convey their thanks and to give glory to God. Pioneers did invite some of the national partners, but due to visa issues they were not able to enter into Canada. They sent video greetings to show their gratitude to the people of Canada and the United States. Radio Mosoj Chaski also sent an information video, as they were not able to send a representative. The occasion was not only for celebrating what God had done through the little red radios, but also an opportunity to recommit to reach the Quechua people with the Gospel.

What's Next?

The rapid globalization of the world poses yet another challenge to contextualization and what it means to be "biblically faithful and culturally appropriate." The idea that 70% of the Unreached Peoples are oral learners, but 90% of the missionaries work through literate means may be surprising. But the landscape is changing even in the literate world as technology has changed the way that our brains work. Avery Willis captures this change succinctly:

> In America, most of the preaching, Bible studies, evangelism, and discipleship is based on linear and sequential thinking conveyed in print media. But our postmodern culture is driving a storytelling revival. We are experiencing a groundswell of social and spiritual change that is largely the result of changes in our learning-style preferences. The majority of the millennial, baby buster/gen Xers, and even many of the baby boomers clearly prefer to learn through spoken and visual means rather than the printed word.[24]

Walter Ong, in his seminal book, *Orality and Literacy: The Technologizing of the Word*, pointed out that writing is a technology that was developed to supplement the natural oral speech.[25] Nicholas Carr, writing on the effects of the Internet on our brains suggests that the way

---

24 Willis and Snowden, Location 77.

25 Ong, Walter J. *Orality and Literacy: The Technologizing of the Word*. (London: Routledge, 2002). 80–82.

that we learn is changing. Carr goes further to say that literate means of learning is in decline. Carr points out that the technological advances that allow us to have information at our finger tips that we can access at a fraction of time makes our brains not have to retain what we learn. This, he says, is not necessarily bad since we can retrieve information at any time, as long as we have access to the devices and know where to look for them. But it is making our brains shallower; we are losing the ability to think deeply.[26]

The rewiring of our brains also impacts how we engage with the Bible, not only for ourselves, but in how to share it with the Unreached. The International Orality Network, founded as a result of the discussions around table 71 at the worldwide gathering of missions leaders in Amsterdam, and other orality efforts have been developing and utilizing storying to present the Bible to oral cultures. Storying, as Willis and Snowden define it is:

> ...the entire process of oral and visual communication, which includes a narrative presentation designed to communicate a Bible story followed by dialog, interpretation, application, accountability, drama, song, and retelling the story."[27]

Some question the effectiveness of oral means of communicating the message of the Bible. However, Willis and Snowden have a ready answer:

---

26 Carr, Nicholas. *The Shallows: What the Internet is Doing to Our Brains.* (New York: W. W. Norton, 2011).

27 Willis and Snowden, Location 84.

Unfortunately, out of 6,900 languages in the world, only 451 languages have a complete Bible. Only 1,185 have an adequate New Testament, and 2,252 have no translation at all. And among those language groups that have a written translation, approximately 70 percent of the people can't read it with understanding.

For those people groups that do have a translation in their heart language, several organizations, including Faith Comes by Hearing, produce audio Bibles so that all people who speak that language can hear the complete words of Scripture. This gives them access to written texts for accuracy. For those groups still waiting for more extensive translations, organizations such as OneStory and The Seed Company start by translating twenty-five to sixty-five stories from creation to Christ. Wycliffe and its family of organizations check them to be sure the key terms are translated correctly.[28]

This is good news. However, we must also figure out a way to help new believers go deeper. Sixty-five stories are only a fraction of the Bible, no matter how well they are told. The eagerness to share the Gospel need to be deepened in discipleship to create a hunger for the entire Bible. For oral cultures, the radios that have the entire Bible recorded on it affords great opportunity to engage with the entire Bible, not just a fraction of it.

With mobile technology constantly improving, it is only a matter of time before the way that the Quechua learn and communicate will change. Missionaries working among other oral cultures are noticing changes in

---

28 Ibid. Location 901

culture as a result of smart phones.[29] Within agencies like Pioneers, there is an effort to utilize orality not only on the field, but in their training programs during the pre-field process.[30] Training like these are a welcomed development. However, we must also endeavor to move the Unreached people from introduction of the Gospel to full engagement with the Bible for their maturity.

Conclusion

In conclusion, the little red radios have had a huge impact in the work of bringing the Good News to the Quechua people scattered across the Andes mountain range in Bolivia. In this paper, we have not only followed their story, but analyzed why the radios were sought after by the Quechua. The Quechua welcomed those who brought the radios, although they were outsiders they were vetted by the local leaders, and shared leadership with the national partners. Secondly, that the message was delivered through oral means, namely through the radio, made an impact. That the message was in Quechua, the heart language of the receivers, made the little red

---

29 The missionaries working in Jordan report that visiting with the Bedouins(nomadic people) are more scheduled today than they used to be, when time was more open before they owned mobile phones. The missionaries are also noticing changes in hospitality, as well as the depth of relationships. More to the point of this paper, learning for the Bedouins now include YouTube videos, and other internet sites. Because most Bedouins are not literate, videos on the internet are the best means to learn for them.

30 Pioneers started to use the storying methodology in their pre-field training from the beginning of 2019. About six months before departure to the field, those who have been appointed as missionaries with Pioneers gather for a week long training called the Launch. During this time devotions are given using the storying methodology, not only for edification, but to introduce storying and to train them in the process.

radios enticing.

Much more work needs to be done among the Quechua people of Bolivia. As mentioned above, follow up should be done to research what the true impact of the radio distribution has been among the Quechua. Viability of the Radio Mosoj Chaski is in question as they try to hand over the operations to the Bolivian believers. Funding and government interference are two of the major obstacles to longevity of the radio station. However, we can celebrate the fact that over 50,000 radios have been delivered to over 1,700 villages where people who had very little opportunity to hear the Gospel live. Those 50,000 radios represent not individuals but families. And for some villages there may only be a few radios, which may mean that the communities are coming together to listen to the programs in the mornings and in the evenings. We cannot correctly determine how many lives are impacted by those radios. However, the Word of God is listened to in at least 1,700 communities, and we know of at least 20 churches that have been planted.

The Muirs are not about to stop. In fact, they are working to empower the national leaders like Felipe and Hector to serve as the leaders of this movement. They are also planning to send teams from Bolivia into Peru to deliver the radios to the Quechua people living on that side of the border. What they dreamed of doing back in 2004, to deliver 50 radios to one remote village was realized in a much grander way only a year later. Fifteen years later, they have delivered more than 55,000[31] radios, bringing the Gospel and the Bible, the Word of God, to people living in remote places.

---

31 Since October of 2017, when 50,000 radios have been delivered, the Muirs have continued with the ministry. The 55,000 number is as of June, 2019. As I write this paper, a team of mules are in Bolivia delivering 1,000 more radios.

Their "big" dream was multiplied over 1,000 times by God who is the Author and Perfecter of faith itself (Heb. 12:2). This God will not rest until "a great multitude that no one could number, from every nation, from all tribes and peoples and languages, standing before the throne…" gathered to worship Him (Rev. 7.9).

· Bibliography

Making Disciples of Oral Learners. Waxhaw: Elim Publishing, 2005. Print.

Carr, Nicholas. *The Shallows: What the Internet is Doing to Our Brains.* New York: W. W. Norton. 2011.

Corbett, Steve and Brian Fikkert. *When Helping Hurts: How to Alleviate Poverty Without Hurting the Poor.* Chicago: Moody Publishing, 2009.

McGuirl, Allan T. *Waves of Hope: The Impact of Galcom Radio Worldwide.* Victoria: FriesenPress, 2014.

Moreau, A. Scott, Gary R. Corwin, and Gary B. McGee. *Introducing World Missions: A Biblical, Historical, and Practical Survey.* Grand Rapids: Baker Academic, 2004.

Ong, Walter J. *Orality and Literacy: The Technologizing of the Word.* London: Routledge, 2002.

The Holy Bible: English Standard Version. Wheaton, IL: Crossway Bibles, 2016.

Willis, Avery and Mark Snowden. *Truth That Sticks: How to Communicate Velcro Truth in a Teflon World.* Colorado Springs: NAVPRESS, 2010. E-Book.

De Vries, B.A., 2016, 'Towards a global theology: Theological method and contextualisation', Verbum et Ecclesia 37(1), a1536. March, 2016. Web. 7/15/2019. https://www.researchgate.net/publication/305694515_Towards_a_global_theology_Theological_method_and_contextualisation

Olsen, Ted. "Amsterdam 2000 Called the Most Multinational Event Ever." Christianity Today, August 2, 2000. Web. 7/15/2019. https://www.christianitytoday.com/ct/2000/julyweb-only/32.0d.html

Hyatt, Erik. "Contextualization Guidelines for Missions." Biblical Missiology, August 17, 2010. Web. 7/15/2019. http://biblicalmissiology.org/2010/08/17/contextualization-guidelines-for-missions/?gclid=EAIaIQobChMIq6nEhKmv4wIVDb7ACh2GIAW8EAAYASAAEgJOxfD_BwE

Mosoj Chaski, Web. 5/14/2019. https://www.mosojchaski.org/en/about-us

Omniglot, Web. 6/30/2019. https://www.omniglot.com/writing/quechua.htm

ResearchGate, Web. 6/30/2019. https://www.researchgate.net/figure/Map-of-Quechuan-Dialects-Andean-Languages-mid-20th-century-Rios-2010-adapted-from_fig1_261707106

The World Fact Book, July 16, 2019. Web. 7/17/19. https://www.cia.gov/library/publications/the-world-factbook/geos/bl.html

Adelia. Personal interview. 8 March, 2017.

Alejandro. Personal interview. 14 March, 2017.

Mamani, Hector. Personal interview. 4-17 March, 2017.

Martinez, Felipe. Personal interview. 4-17 March, 2017.

McGuirl, Allan T. Personal interview. 24 June, 2019.

Muir, Alex. Personal interview. 3-17 March, 2017, 3 June, 2019.

Muir, Greg. Personal interview. 3-17 March, 2017, 3 June, 2019.

Muir, Lily. Personal interview. 16 March, 2017.

Tatlow, Tom. Personal interview. 21 June, 2019.

Whitehead, Timothy. Personal interview. 24 June, 2019.

·James Kim

제임스 김은 메리랜드 대학에서 정치학(B.A. Government and Politics)을 공부하였고, 리폼 신학교(Reformed Theological Seminary – Orlando Campus)에서 MDiv 를 받았다. 그는 1997년에 파이니오스(Pioneers) 선교단체에 입단하였다. 2003-2011년 에는 Vice President of Mobilization 으로 미국 본부에서 사역하였으며, 2012-2018년 에는 Pioneers Canada의 Executive Director으로 섬겼다. 그는 50 개가 넘는 국가를 여행하면서 전 세계적으로 선교 사업을 수행했고, 세계 기독교 운동에 대한 관점에서 설교와 강의를 하고 있다.

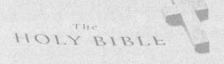

작고 빨간 라디오:

미전도 종족에게 사용된 구전(口傳)에 의한
성경 제시의 상황화

작고 빨간 라디오:

미전도 종족에게 사용된 구전(口傳)에 의한 성경 제시의 상황화

James Kim

모든 사건의 발단

"조심해!" 그레그(Greg)가 앞 유리를 향해 소리를 질렀다. 그와 그의 아버지가 운전하던 사륜구동 차량 앞에 어떤 한 남자가 갑자기 불쑥 튀어나왔다. 아버지와 아들은 캐나다의 뉴브런즈윅(New Brunswick) 출신의 단기선교사들로 이제 막 2주간의 건축사업을 끝내고 공항에 팀을 배웅하고 오는 길이었다. 그들은 볼리비아 안데스 산맥의 높고 외딴 곳에 위치한 포코아타(Pocoata) 지역에 사는 한 친구를 만나러 가는 중이었다. 그들이 운전하는 길은 높은 산맥 위의 좁고 구불구불한 자갈길이었다. 뮈르(Muir) 부자(父子)는 당황하였고 무방비 상태에 놓인 이 낯선 남자의 안전이 걱정되었다.

그레그와 그의 아버지 알렉스(Alex)는 남자가 다치지 않았는지 확인하기 위해 차에서 뛰어내렸다. 그는 광활한 고산지대 여기저기에 흩어져 사는 사람들의 모국어인 케추아어로 활기차게 말하기 시작하였다. 그 당시 20대 초반이었던 그레그는 케추아어를 배우고 있었기 때문에 그 남자와 이야기를 할 수 있었다. 조끼 주머니로 손을 뻗은 남자는 작고 빨간 상자를 꺼내며 이 것이 라디오인데 고장이 났다고 설명하였다. 그는 그레그에게 라디오를 건네 면서 특별히 강조하며 이렇게 부탁하였다. "제발 고쳐주세요…제 생명입니다."

알렉스와 그레그는 라디오를 받으며 최선을 다해 고쳐보겠다고 말했다. 포 코아타에 있는 친구 집에 도착한 뮈르 부자는 친구에게도 빨간 라디오가 있 다는 것을 발견하고 놀라지 않을 수 없었다. 그리고 그 낯선 남자의 라디오 처럼 이 라디오도 고장이 나 있었다. 두 라디오를 분해하고 땜질을 하면서 그들은 낯선 남자의 라디오를 고칠 수 있었다.

며칠 뒤, 뮈르 부자는 고친 라디오를 손에 들고 낯선 남자를 마지막으로 보았던 장소로 가서 그를 찾았다. 몇번의 시도 끝에 그들은 마침내 그를 찾 았고 라디오를 전달하였다. 그 남자가 라디오를 틀자 잡음[1]이 들렸다. 그건 라디오가 작동한다는 뜻이었기에 그 남자는 뛸 듯이 기뻐했고 그의 볼을 따 라 눈물이 흘렀다.

갈콤 인터네셔널

길에서 만난 이 남자와의 만남은 알렉스와 그레그에게 깊은 영향을 미쳤 다. 그 남자를 통해 그들은 "내 생명"이라고 부른 그 작고 빨간 라디오가 고정 주파수인 단파 라디오이며 볼리비아 코차밤바(Cochabamba)에 있는 라디오 모소호 차스키(Radio Mosoj Chaski)라는 라디오 방송국에서 보내는 케추아 프 로그램을 수신한다는 것을 알게 되었다. 또한 뮈르 부자는 이 라디오가 갈콤 인터네셔널이라는 곳에서 만들며 그들의 사명이 "오디오 기술을 통한 선교적 영향의 증대"라는 것도 알게 되었다. 더군다나 그들은 갈콤 인터내셔널이 캐 나다 온타리오주의 해밀턴에서 라디오를 만든다는 사실을 알게 되었다.

---

1 이 남자가 소지했던 고정 주파수 라디오는 케추아 지역에 하루 두 번 방송되는 기독교 방송국에 주파수가 맞 추어져 있었다. 이 방송은 이른 아침 새벽 5시에서 9시까지 그리고 오후 5시반에서 9시반까지 방송되었고 그 이외의 시간에는 단지 잡음만 들릴 뿐이다.

갈콤 인터내셔널은 그 당시 가스펠 레코딩스(Gospel Recordings)[2]의 캐나다 대표였던 알랜 티 멕퀼, 미국 플로리다의 탐파 출신 사업가인 해롤드 켄트, 그리고 그 당시 이스라엘에 살고 있던 켄 크로웰에 의해 설립되었다.[3] 그들은 서로를 알지 못했지만 태양광으로 작동하는 고정 주파수 라디오 개발을 위해 각자 다른 방식으로 하나님께 부름을 받았다.

알랜 티 멕퀼은 1988년 가스펠 레코딩스 사역을 둘러보기 위해 케냐에 가게 되었다. 그 방문을 통해 그는 사역의 가능성을 발견하게 된다.

가스펠 레코딩스 사역을 위해 여러 곳을 다니면서 많은 기독교 라디오 방송국이 있음에도 불구하고 도시 밖 대부분의 사람들은 라디오도 없고 전기도 없다는 것을 알게 되었다. 건전지를 파는 곳도 적을 뿐 아니라 설령 사람들에게 돈이 있다고 하더라도 더 중요한 필수품들을 사야하기 때문에 건전지로 작동하는 기계들은 별로 소용이 없었다. 만약 태양광으로 작동하는 라디오만 있다면 그들이 복음의 메시지도 듣고 그들의 구원자도 알게 되며 기독교인의 삶 속에서 성장에 필요한 성경 공부도 할 수 있을 텐데…

1988년대 초 이 여행에서 돌아온 뒤 나는 하나님께 지혜를 구하며 지하 작업실로 내려갔고 곧 태양광 고정 주파수 라디오를 만들게 되었다. 주파수가 기독교 라디오 방송국에 고정되어 있다면 청취자는 틀림없이 복음을 듣게 될 것이다. 북미에서는 글을 읽지 못하면 세상이 어떻게 돌아가는지 인식하기 힘들 것이다. 우리는 인쇄된 종이에 상당히 의존하고 있다. 그러나 많은 지역에서 문맹률이 인구의 75%에 달하고 많은 언어종족에서 100%에 달하기도 한다. 많은 문화권에서 전통적으로 구전, 즉 대부분의 중요한 정보가 귀를 통해 전해진다.

---

2 가스펠 레코딩스(Gospel Recordings)는 1990년대초 이름을 Global Recordings Network라고 바꾸었다. 1990년대초에는 수십 개의 유사한 사역들이 전세계에 걸쳐 일어나고 있었는데 그들이 모여 Global Recordings Network를 형성하였다.

3 갈콤 인터내셔널에 대한 대부분의 내용은 설립자들 중 유일한 생존자인 알랜 티 멕퀼와 현재 캐나다대표를 맡고 있는 티모시 화이트헤드(Timothy Whitehead)와의 인터뷰를 통한 것이다.

라디오가 아니라면 이러한 사람들에게 복음을 전할 수 있는 최선의 방법이 무엇이란 말인가?[4]

캐나다 이사회의 후원을 받고 알랜은 큰 소망을 가지고 태양광 고정 주파수 라디오 개발에 대한 생각을 호주의 한 회의에서 가스펠 레코딩스의 국제 리더십들에게 제시하였다. 그러나 그들은 그들의 핵심 사역에서 벗어날 필요성을 못 느꼈기 때문에 결국 알랜의 제안을 거절하였다.

그러는 사이, 하나님께서는 켄 크로웰을 감동시키셔서 고정 주파수 라디오를 디자인하도록 하셨다. 켄은 전문 엔지니어이면서 안수 받은 목사였으며 이스라엘의 티베리아 지역에서 자비량선교사로 사역하고 있었다. 그는 하나님의 인도하심에 순종하여 라디오를 디자인하였지만 서류 보관함에 치워 놓았다. 1988년 켄은 플로리다에서 열린 자비량선교사 컨퍼런스에 참여하였고 플로리다 탐파지역에서 사업을 하고 있던 사업가 해롤드 켄트 맞은 편에 앉게 되었다. 이야기를 하면서 해롤드는 하나님께서 자신에게 "라디오로 세상을 덮으라"는 비전을 주셨다고 말했다. 그는 또 켄에게 자신이 읽었던 한 캐나다 선교사의 태양광 고정 주파수 라디오에 관한 기사에 대해 말해 주었다. 이 대화가 있은 직후 켄은 즉시 알랜에게 전화를 걸었다.

1989년 2월, 세 사람은 초교파구제선교협의회(Interdenominational Foreign Missions Association; IFMA)) 컨퍼런스[5]에 모여 함께 새로운 단체를 만들기로 합의하였다. 그리하여 1989년 8월 15일, 갈콤 인터내셔널이 탄생하게 된 것이다. 단체 이름에는 의미가 있다. "우리의 새로운 이름은 GALCOM INTERNATIONAL이 될 것이다. 'Gal'은 파도 또는 헌신(갈릴리 Galilee 처럼)이

---

4 알랜 T. McGuirl, *Waves of Hope: The Impact of Galcom Radio Worldwide.* (Victoria: FriesentPress, 2014), 27-28.

5 IFMA는 1917년에 설립된 보수 선교단체들을 위한 우산 기관이었다. 2008년 CrossGlobal Link로 이름을 바꾸었다. 2012년에는 Evangelical Fellowship of Missions Agencies와 합병하여 Missio Nexus(www. missionexus.org)를 설립하였다. IFMA는 매년 컨퍼런스를 개최하였는데 Missio Nexus가 그 일을 계속하고 있다.

라는 뜻이다. 'Com'은 커뮤니케이션을 나타낸다. 'International'은 전세계를 뜻한다. 따라서 GALCOM은 전세계 민족에게, 특별히 그들의 모국어로, 복음을 전하는데 헌신한다.[6]"

갈콤 인터내셔널의 사명인 "오디오 기술을 통한 선교의 영향력 증대"는 아직도 복음을 들어야 할세상의 대다수 민족들이 문자문화가 아니라 구전문화를 갖고있다고 이해한 설립자들에 의해 비롯되었다. 이러한 곳에서는 교육이 대부분 선진국에서처럼 형식적인 학교라는 곳에서 이루어지는 것이 아니라 오히려 읽고 쓰기 능력이 거의 필요하지 않은 견습과정을 통해 이루어진다.

라디오 모소흐 차스키(Radio Mosoj Chaski)

라디오 모소흐 차스키는 1999년 SIM[7], New Tribes Mission[8], 그리고 파이오니어스(Pioneers) International의 선교사들에 의해 설립되었다. 라디오 방송국을 시작하게 된 목적은 간단하다. 선교사들이 복음으로 접촉하고자 하는 케추아족은 안데스 산맥 외딴 곳 여기저기에 흩어져 살고 있었다. 양치기와 농부들의 작은 마을에 선교사들을 두는 것은 너무나 많은 자원과 시간이 필요하였다. 이 외딴 마을들에는 학교도 선생님도 없었기 때문에 인쇄물을 통한 접촉은 아무 의미가 없었다. 그래서 선교단체들은 이 귀한 종족들에게 복음을 전할 다른 대안을 찾고 있었다.[9]

케추아족 선교사들은 단파 라디오가 세계의 다른 곳에서도 효과가 있다는 것을 보아왔다. 트랜스 월드 라디오(Trans World Radio)와 현지 기독교인들과 선교사들은 코차밤바(Cochabamba)에 라디오 방송국을 시작하게 되었다.

---

6 위의 책, 32.

7 SIM-Serving In Mission은 이전에 Sudan Inland Mission이라고 알려져 있었다.

8 New Tribes Mission은 2018년 Ethnos로 명칭을 바꾸었다.

9 모조이 차스키, "About" http://www.mosojchaski.org/en/about-us(2019년 2019년 5월 14일 접속). Radio Mosoj Chaski에 대한 정보는 그레그와 알렉스 뮈르, 갈콤사의 팀 화이트헤드와의 인터뷰를 통해 얻었고 그들의 웹사이트의 "About" 페이지에서 확인하였다. 라디오 방송국을 시작했던 선교사들에게도 연락을 시도하였으나 답장을 듣지 못했다.

라디오 모소흐 차스키 방송국은 아침에 4시간 오후에 4시간, 총 하루 8시간 방송을 내보낸다. 프로그램은 모두 케추아어로 진행이 되는데 국내와 국제 뉴스, 지역행사 안내, 그리고 성경 프로그램으로 구성되어 있다. 각 분야는 기독교적 관점에서 기록하였으며 케추아족 사람들이 이해할 수 있도록 상황화하였다. 아침 프로그램들은 보통 복음을 전하고 오후의 프로그램들은 제자도에 중점을 둔다. 매일 케추아어로 성경을 읽어주어 청취자들이 하나님의 말씀을 듣도록 하고 있다.

모소흐 차스키란 케추아어로 "새로운 메신저"라는 뜻이다. 실제로 케추아족 사람들이 흩어져 살고 있는 넓은 산악지대를 생각할 때 라디오 방송국은 이 귀한 사람들이 예수 그리스도의 복음을 들을 수 있도록 하는 "새로운 메신저"임에 틀림없다.

비전

지금까지 알렉스와 그레그의 "사명"은 단기팀을 캐나다에서 데리고 와서 장기선교사들을 위한 건축사업을 진행하는 것이었다. 하지만 먼지 날리는 꾸불꾸불한 좁은 도로에서 케추아족 남자를 만남으로써 캐나다에서 온 아버지와 아들의 사역에 새로운 비전이 생겼다. 그들은 복음을 접할 수 없는 외딴 마을에 사는 사람들에게 "생명줄" 즉, 작고 빨간 라디오를 그들에게 전달하는데 헌신하게 되었다.

처음에 뮈르 부자는 한 마을의 집집마다 방문하여 약 50개의 라디오를 전달하려고 생각했다. 이 마을을 선택한 이유는 건기가 되었을 때 40km의 마른 강바닥을 지나야만 접근이 가능한 마을이었고 그것은 그만큼 복음을 전할 외부 사람들이 거의 없었다는 것을 의미했기 때문이다.

50개의 라디오를 전달하려는 그들의 계획에 차질이 생겼다. 라디오 한대의 값이 CAD $30이었던 것이다. 선교사 후원비로 사는 뮈르 부자에게 CAD $1,500은 매우 부담스런 금액이었다. 그러나 곧 그들은 충분히 큰 꿈을 꾸지 않았음을 깨닫게 되었다.

복음을 전혀 들어보지 못한 사람들에게 라디오를 전달하려는 이야기는 뮈르 부자가 다른 사람들에게 그들의 비전을 나눌 때마다 매일 나누는 주제가 되었다. 한 남성은 심지어 아버지와 아들에게 "당신들의 믿음이 어디에 있소? 라디오를 300개는 주문해야죠," 라고 도전하는 것이었다. 3일후, 그는 라디오 300대의 값을 물었다. 라디오 한 대 값이 CAD $30이라고 말하자 그 자리에서 $9,300짜리 수표를 끊어주었다! $9,000은 라디오의 값이었고 $300은 운임이었다. 뮈르 부자는 현금을 손에 쥐고 갈콤사에 주문을 하였다. 갈콤사는 그들의 방문이 처음이었기 때문에 왜 이 일을 하고 싶으며 이 일을 통해 소망하는 결과가 무엇인지에 대한 대략적인 내용을 편지로 보내달라고 요청하였다. 뮈르 부자의 주문에 대해 상의한 갈콤사의 이사회는 그들의 생각이 아주 마음에 든 나머지 추가비용 없이 주문을 두 배로 늘려 600대의 라디오를 제공하였다.

50대의 라디오를 전달하려던 그들의 계획이 하나님의 기적적인 섭리로 600대가 되었지만 그 일은 극복해야할 더 어려운 장애물을 가져다 주었다. 그들은 라디오를 4개의 지역에 전달하려고 계획하였고 현지 파트너들을 통해 그들이 곧 갈 것임을 알렸다. 그러나 볼리비아 방문을 몇 주 앞두고 예상 밖의 큰 비가 내려 강물이 불어났고 이 마을에 갈 수 없게 되었다. 이 장애물을 극복하기 위해서 현지 파트너들은 사카나(Sacana)라고 부르는 지역에 뮈르네가 머무르는 것이 좋겠다고 조언해주었다. 사카나는 그들이 집집마다 전달하려고 했던 처음 마을에서 14킬로 떨어진 제법 큰 시장 마을이었다. 현지 파트너들은 또한 마을 지도자들을 통해 라디오를 받고자 서명한 가족들이 사카나로 오도록 알리는 것이 좋겠다고 조언하였다.

원래 뮈르 부자는 라디오를 무료로 나눠주고 싶었다. 그러나 현지 파트너들은 케추아족 사람들이 라디오를 사도록 하는 것이 좋겠다고 제안하였다. 그들은 의존성이 복음을 전파하는데 도움이 되지 않으며 만약 케추아족 사람들이 라디오에 투자하게 되면 그 라디오를 사용하게 될 가능성도 높아진다고 주장하였다. 팀은 라디오 한대 당 $5 볼리비아노(볼리비아의 통화-역주)로 하기로 합의하였다(CAD $1과 같다).[10] 현지 파트너들은 라디오를 구입하고자 하는 가족들의 이름 목록을 만들었다. 라디오들이 도착하자 값을 받고 라디오를 가지고 간 가족들의 이름을 체크하였다. 이러한 방식으로 라디오가 어느 가족에게 전달 되었는지도 알게 되었고 이 방식은 사역의 처음부터 지금까지 계속되고 있다.

마침내 모임을 위한 모든 준비를 마치고 팀은 15마리의 당나귀와 2마리의 말에 라디오를 싣고 사카나로 향했다. 다음 날 아침, 팀이 물건들을 자리에 놓기 시작하자 케추아 마을 사람들이 사방에서 모이기 시작하였다. 팀은 사람들을 모아 짧은 예배와 설교를 마친 후 라디오를 나눠주기 시작하였다. 라디오를 미리 예약한 사람들의 이름들이 불려질 때 다른 한 쪽에서는 미리 예약을 못한 사람들의 등록이 이루어졌다. 곧 모든 라디오가 51개의 서로 다른 지역사회에 분배되었다. 어떤 사람들은 2일에서 3일동안 걸려 라디오를 받으러 왔다.

알렉스와 그레그가 작고 빨간 라디오를 가진 남자를 산길에서 만난 건 2004년 4월이었다. 그리고 정확히 바로 1년 뒤 2005년 4월에 첫 라디오가 전달되었다. 선교사들이 거의 도달할 수 없는 외딴 마을에 집집마다 다니며 50대의 작고 빨간 라디오를 전달하는 것은 뮈르 부자 마음 속의 큰 비전이었다. 하나님은 그 거대한 비전을 산산이 부수고 그 해에 51개 지역에 600대의 라디오를 제공하도록 하였다. 하지만 하나님의 더 거대한 비전은 거기서 멈추지 않았다. 뮈르 부자는 그들이 "노새(mules)"라고 부르는 단기선교사들을 데리고 복음을 들을 기회를 얻지 못한 볼리비아의 외딴 마을에 작고 빨간 라디오를 여전히 전달하고 있다.

---

10 비록 CAD $1이 라디오 값으로는 얼마 되지 않는 것처럼 보이지만 안데스 산맥의 외딴 마을에 사는 케추아족 사람들에게 $b5는 상당한 금액이다. 그들의 거래는 돈으로 사기보다 주로 물물교환에 의해 이루어졌다. 따라서 어떤 사람들은 라디오를 구입하기 위해 큰 마을에 가서 물건을 팔아야 하기도 했다.

노새들

나는 2017년 4월에 노새팀에 참여하는 특권을 받았다. 나는 이 여행과 이 작고 빨간 라디오를 통해 볼리비아에서 하나님께서 하신 일들을 생각할 때마다 케추아족 사람들이 밝은 색실로 짠 태피스트리(다채로운 색실로 그림을 짜 넣은 직물-역자 주)가 생각난다. 케추아족 남자들은 겨울을 따뜻하게 보내기 위해 위가 뾰족하고 귀 덮개가 있는 전통 모자를 짠다. 여자들은 밝은 색상의 독특하고 다양한 의복들을 짠다. 그들은 옷을 이용하여 물건을 운반하고 바람, 눈, 비로부터 몸을 따뜻하게 한다. 이렇게 색상이 화려한 태피스트리를 보면 하나님의 디자인이 떠오른다. 이 여행에 자원한 여성들과 남성들은 하나님과 구세주에 대한 그들의 사랑 이외에는 공통점이 거의 없다.

나는 8명의 크리스찬 형제 자매들과 함께 했는데 우리 각자는 모두 흥분해 있었고 조금은 긴장되어 있었다. 우리는 자신의 라디오를 갖기 위해 인내로 기다리는 사람들에게 복음을 전할 준비도 되어 있었다. 우리 팀의 구성은 이러하였다. 알렉스 뮈르-팀 리더, 맞춤형 주택 건설업자와 그의 아내, 은퇴한 핵발전소 직원, 벌목꾼, 동영상제작자, 은퇴한 초등학교 교사, 캐나다 통계청 직원 등이었다.

라디오를 전달하는 단기선교사들을 알렉스는 노새라고 부른다. 팀원들은 각자 가방에 120대씩 라디오 짐을 꾸렸다. 우리는 험한 산 외딴 마을에서 라디오를 기다리는 가족들에게 총 1,000대의 라디오를 전달하였다. 우리 각자의 짐에 120대의 라디오를 꾸린 이유는 2가지다. 첫째, 만약 모든 라디오를 한꺼번에 쌌다면 상업용으로 오해 받아 높은 관세를 지불해야 했을 것이다. 둘째, 세관 직원들이 압수한다 해도 라디오들을 나눠 가짐으로써 몇 대는 통과할 수 있기를 희망했다. 우리 노새들은 외딴 곳에 사는 케추아족 사람들이 받을 귀한 선물을 운반하고 보호하였다.

볼리비아에서는 케추아족 사람들을 섬기기로 헌신한 그레그와 릴리(Lilly) 뮈르에 의해 사역이 진행되었다. 그레그는 캐나다 사람이었고 볼리비아에서 릴리를 만났다. 릴리는 볼리비아 메스티조이다.[11] 그레그의 아버지인 알랙스는 동부 캐나다에 살면서 볼리비아에 라디오를 전달하기 위해 일년에 세번 가는 여행을 홍보하는데 큰 역할을 감당한다. 그는 라디오를 사는데 필요한 후원금을 모아 그레그와 릴리와 함께 할 캐나다와 미국의 기독교인들을 동원하고 노새들을 모집하며 볼리비아의 수크레에 라디오를 전달하는데 많은 시간을 헌신한다.

하나님은 그레그와 릴리를 위해 많은 실 가닥들을 엮으셨다. 각각의 실 가닥은 하나님께서 그들의 삶에 마련해주신 사람들과의 관계이다. 그들은 각자의 삶에서 역사하시는 하나님에 대한 독특한 이야기를 갖고있다.

우리의 여행이 진행되면서 하나님께서는 계속해서 독특하고 아름다운 태피스트리를 엮어 가셨다.

알레한드로(Alejandro)는 자신의 라디오를 갖기 위해 수년을 기다렸다. 그는 그 지역의 지도자이자 유일한 기독교인이다. 이웃 지역을 방문했을 때 그는 라디오에 대해 알게 되었다. 구전 문화권에서 종종 그러하듯 다른 사람들과 함께 앉아 있었는데 그는 자신의 언어로 된 성경 말씀을 들으면서 경외감에 휩싸였다. 지역 주민 중에 읽고 쓸 줄 아는 사람은 거의 없다. 성경을 녹음하여 하나님의 말씀을 들을 수 있다는 것은 기적이다. 그는 그 지역에 라디오를 전달하는 책임자, 수크레어로 "그링고(gringo - 외방인, 특히 북미국인)"인 그레그를 찾아냈다. 그는 4년간 그가 사는 지역에 라디오를 가져다 줄 것을 부탁하였다.

우리는 성금요일에 그 곳에 도착하였다! 우리가 그곳에 있다는 점과 라디오 선물은 알레한드로에게 큰 희망을 주었다. "저는 우리 지역사람들이 이 산에서 하나님을 예배하는 것을 보고 싶습니다. 산 정상과 계곡에서 교회들이 일어나는 것을 보고 싶습니다." 그는 반짝이는 눈으로 산맥 위를 팔로 크

---

11 메스티조란 유럽인과 토착민의 후예 사이의 혼혈을 가리킨다. 이 용어는 스페인과 라틴 아메리카나 필리핀 등과 같은 식민지에서 전통적으로 사용하였다.

게 휘저으며 말하였다.

펠리페(Felipe)는 알레한드로의 기도에 응답하고 있다.

내가 2017년에 펠리페를 만났을 때 그는 76세였다. 펠리페는 케추아족 출신이고 수크레에 있는 현지 신학교에서 가르쳤던 성경 학자이다. 주말이나 학교 방학 때가 되면 그는 그의 학생들에게 안데스 산맥에 사는 케추아족 사람들에게 복음을 전하러 가자고 초청하곤 하였다. 학생들이 더 이상 자원하지 않게 되자 그는 하나님으로부터 보냄 받은 메신저로서 혼자서 갔다. 거의 40년이 지났을 때 그는 은퇴를 해야 했다. 그러나 하나님은 그와 아직 할일이 있었다. 은퇴와 함께 펠리페는 마을에서 마을로 이동하며 복음을 듣기 원하는 사람들에게 전도하며 다녔다. 케추아족 사람들 대부분이 읽고 쓰지 못한다는 것을 알기 때문에 그는 이야기나 색칠 공책의 그림들을 이용하여 성경의 이야기들을 돋보이게 하였다. 그는 그 지역의 영향력 있는 사람에게 남겨두고 오기 위하여 작고 빨간 라디오를 가능한 휴대하고 다닌다.

헥터(Hector)는 기계공인데 산악지대로의 여행에 대해 듣자 자동차를 봐 줄 테니 자기도 같이갈 수 있느냐고 물었다. 헥터와 펠리페는 그레그와 릴리 팀의 정규 멤버이다. 헥터는 위험한 산길, 튀어나온 바위들과 진흙 길인 강바닥에도 불구하고 사륜구동 자동차를 달리게 한다. 다른 여러 팀들과 여행하면서 그도 강력한 복음전도자이자 사려 깊은 성경 선생님이 되었다.

하나님은 볼리비아 산악 지대에서 일하고 계신다. 나는 경외심을 가지고 선 채로 케추아족 사람들이 목소리를 높여 하나님을 찬양하는 소리를 들었다. 그들의 아름다운 음악은 선포하고 있었다. 우리 하나님이 통치하신다![12] 외딴 곳 험한 산, 거의 대부분 읽지도 쓰지도 못하는 사람들 가운데 하나님은 그곳에 계신다.

---

12 "하나님이 통치하신다"는 파이오니어스 캐나다의 2017년 말씀이었다. 이 말씀은 이사야 52:7, "좋은 소식을 가져오며 평화를 공포하며 복된 좋은 소식을 가져오며 구원을 공포하며 시온을 향하여 이르기를 네 하나님이 통치하신다 하는 자의 산을 넘는 발이 어찌 그리 아름다운고"(개역한글)에서 인용한 것이다. 이 글은 내가 2017년 여름에 출판된 파이오니어스 캐나다의 뉴스레터 17호에 "하나의 야망"이라는 글에서 발췌한 것이다.

케추아족 마을에 있는 하나님이 만드신 태피스트리의 간략한 역사

2017년 볼리비아 여행을 통해 우리는 한때 복음에 적대적이었던 사람들이 살던 지역에 어떻게 교회가 세워지게 되었는지 그 역사에 대해 조금 듣게 되었다. 이 이야기는 레발로(Revalo)의 중심도시에 사는 케추아족을 대상으로 사역하던 미국 선교사들인 티모테오(Timoteo)와 캐롤리나(Carolina)의 이야기이다. 이들 개척 선교사들의 이야기는 하나님께서 어떻게 우리의 부족함을 들어 쓰시는지 살짝 보여준다. 티모테오와 캐롤리나의 이야기는 또한 사도바울이 고린도전서 3장 6-8절에 쓴 말씀을 살아 숨쉬게 한다. "나는 심었고 아볼로는 물을 주었으되 오직 하나님은 자라나게 하셨나니 그런즉 심는 이나 물주는 이는 아무 것도 아니로되 오직 자라나게 하시는 하나님 뿐이니라"

캐롤리나는 이해할 수가 없었다. 하나님은 그녀의 가족을 볼리비아로 인도하셨다. 부르심은 분명했다. 하지만 그 지역의 어느 누구도 그녀를 원하지 않았다. 그 지역 사람들은 그녀의 하나님과 관계를 맺고 싶어하지 않았다. 2년 동안 캐롤리나와 그의 남편 티모테오는 기회가 있을 때마다 예수 그리스도의 복음을 계속해서 나누었다. 티모테오와 캐롤리나는 하나님께 지혜를 구했다. 기적을 위해 기도했다. 예수 그리스도를 받아들일 한 남자 또는 한 여자를 위해 기도했다. 그러나 그들이 아무리 열심히 사역을 하고 아무리 이웃에게 너그럽게 대해도 그 지역 사람들은 그들을 멸시했다.

결국 그들은 만신창이가 되어 그곳을 떠났다. 2년전 그들이 들었던 그 부르심은 실제가 아니었다고 확신했다. 그들은 마을을 떠나고 사역지를 떠나 집으로 돌아갔다. 그들이 모르는 사이, 티모테오와 캐롤리나는 씨앗을 심었다. 그러나 그들은 그 씨앗이 싹을 틔우는 것을 결코 보지 못했다. 그들은 개척자들로 그리스도를 위한 땅을 준비하기 위해 자갈밭을 기경하였던 것이다. 하나님께서는 그들에게 극히 어려운 임무를 주셨는데 그것은 새로운 씨앗이 자라는 것을 하나도 보지 못한 것이다.

그러나 하나님께서는 여전히 태피스트리를 짜고 계셨다. 몇 년 후, 볼리비아 출신 전도자인 아델리아(Adelia)가 도착하였다. 캐롤리나와 티모테오처럼 그녀도 적대적인 반항에 맞닥뜨렸다. 그러나 그녀가 예수 그리스도의 복음을 전하면 마을의 몇몇 사람들이 캐롤리나와 티모테오의 이야기를 하곤 하였다. 그들이 첫 씨앗을 심은 것이 확실하였다. 아델리아가 땅을 기경하고 잠자는 씨앗에 물을 주도록 하나님께서 보내신 것이다. 그 지역의 몇 사람이 아델리아의 사역을 통해 예수님을 만나고 작은 교회가 정기적으로 모이기 시작하였다.

아델리아가 사는 레발로시의 시장이 이웃 지역을 방문하고 있을 때 그는 "그링고"가 전달한 작고 빨간 라디오를 보게 되었다. 각각의 라디오는 현지 기독교 방송국과 연결되어 있었다. 무엇보다 그 나라 사람들의 언어인 케추아어로 번역된 성경 전체가 저장되어 있었다. 그 라디오들이 기독교 방송만을 전송한다는 점, 그가 적대시하는 종교의 경전이 내장되어 있다는 점이 시장에겐 문제가 되지 않았다. 라디오 프로그램과 성경이 케추아 모국어로 되어있다는 점, 그것이 특별했다!

"왜 그링고들이 우리에게는 라디오를 가져다 주지 않죠?" 시장이 아델리아에게 물었다. "왜 우리 마을을 가로질러 가면서 들리지도 않고, 다른 사람들에게는 복음을 전해주면서 우리에게는 전해주지 않죠?" 아델리아가 수크레에 있는 팀과 상의를 하자 그들이 마을에 들어가려 할 때마다 쫓아냈다고 했다. "우리를 초대하기 전까지 우리는 갈 수 없습니다." 그링고인 그레그 뮈르가 말했다.

몇 달 후, 파이오니어스 팀이 캐나다에서 작고 빨간 라디오를 사륜구동 자동차에 가득 싣고 마을에 도착했다. 500명의 사람들이 마을 중심에 모여들었고 각자 자신의 라디오를 받고 싶어했다. 그들은 그레그가 그들의 언어로 구원에 관한 강력한 메시지를 전하는 동안에도 머물러 있었다. 이 그링고가 너무나 유창하게 자신의 언어를 구사하는 것에 놀라며 그들은 듣고 있었다.

팀이 라디오를 전달할 때 마을 사람들 중 몇몇이 티모테오와 그의 아내 캐롤리나에 대해 이야기를 해주었다.

티모테오와 캐롤리나는 아델리아가 씨앗을 심을 수 있도록 땅을 준비했다. 아델리아는 몇 개의 씨앗이 싹트는 것을 보았다. 그리고 하나님은 그링고들을 보내어 작고 빨간 라디오를 통해 그 씨앗이 자라도록 하였고 추수가 배가 되도록 하셨다. 2017년 4월의 여행에서 캐나다와 미국에서 간 우리 노새들은 한때 적대적이었던 그 지역의 성도들로부터 저녁을 대접받고 특별 예배를 통해 그들과 예배할 수 있는 특권을 누렸다. 그 예배는 다문화, 다세대의 아름다운 예배로 다국어로 찬양을 드렸다. "우리 하나님이 통치하신다!"[13]라고 한 목소리로 선포할 때 나는 천국을 조금 맛볼 수 있었다.

볼리비아 케추아족의 태피스트리로부터 배운 점들

볼리비아의 케추아족 사람들 사이에서 하나님이 엮어가신 태피스트리를 통해 우리는 많은 점들을 배울 수가 있다. 다른 많은 사역지들처럼 선교사들이 처음엔 잘못 판단하였지만 곧 조정할 수 있었고 심지어 혁신적인 방법을

---

13 이 문구는 2017년 여름 파이오니어스 캐나다 뉴스레터 17호에 "하나의 야망"이라고 쓴 내 글에서 발췌한 것이다.

통해 케추아족 사람들에게 복음으로 접근할 수 있었다. 다음 글에서 우리가 살펴볼 주제는 메신저(복음을 전하는 자)의 상황화, 그리고 메시지(복음)의 상황화이다.

상황화

오늘날 상황화는 선교 사역에 있어 표준으로 받아들여진다. 그러나 그 뜻을 정의하는 일은 어렵고 종종 논쟁의 여지가 있다. 남아프리카공화국 노스웨스트대학의 신학자인 브라이언 드 브리스(Brian De Vries)는 신학에 있어 상황화가 새로운 개념은 아니지만 "여전히 상대적으로 새로운 개념이며 원하지 않는 짐들과 함께 온다"[14]라고 정의한 바 있다. 드 브리스에 따르면 이 단어는 1972년 "Ministry in Context"라는 제목으로 Theological Education Fund의 한 보고서에서 처음으로 사용되었다고 한다. 그리고 그 쟁점은 신학에 있었다.[15]

스콧 모로(A. Scott Moreau)와 선교에 관한 책인 Encountering Mission 시리즈에 공헌한 다른 편집자들은 상황화를 이렇게 정의한다.

이 단어의 핵심은 복음을 새로운 상황에서 그 상황에 사는 사람들이 이해할 수 있도록 소통할 적절한 방법을 찾는 것이다. 상황화는 신학 이상을 뜻한다. 상황화는 또한 성경에 충실하고 문화적으로 적합한 모습으로 교회의 삶과 사역을 발전시키는 것도 포함한다.[16]

---

14 드 브리스, B.A., 2016, "Towards a Global Theology: Theological Method and Contextualisation", *Verbum et Ecclesia* 37(1), (a1536. March, 2016)Web. http://www.researchgate.net/publicaion/305694515_Towards_a_global_theology_Theological_method_and_contextualisation 2019년 7월 15일 접속.

15 위의 책.

16 A. 스캇, 게리 R. 코윈, 그리고 게리 B. 매기, *Introducing World Missions: A Biblical Historical, and Practical Survey*(Grand Rapids: Baker Academic, 2004), 12.

이것은 잘 내려진 정의이다. 그러나 "성경에 충실하고 문화적으로 적합하다"는 뜻이 무엇인지에 대해서 다양한 배경의 선교사들이 하나의 공통된 의미를 찾기는 어려울 것 같다. 허드슨 테일러가 중국 옷을 입고 다닌 사실은 중국 사람들과 더 좋은 관계를 맺게 해주었을 뿐만 아니라 보냄 받은 자(메신저)로서의 상황화에 대한 좋은 본보기가 된다. 하지만 중국에서 함께 사역하던 그의 동료들이나 영국의 몇몇 후원자들은 반기를 들었다. 인도에서 사역하는 여자 선교사들이 사리를 입는 것은 인정되었다. 코 피어싱도 인도 뿐만 아니라 전 세계적으로 유행이다. 하지만 코의 어느 쪽을 뚫었는지 그 사람이 어느 지역 출신인지, 어느 카스트에 해당하는지, 그리고 건강상의 이유로 했는지에 따라 그 의미는 달라질 수 있다.

상황화의 의미를 명확히 하기 위해 미네소타주(Minnesota)의 미니애폴리스(Minneapolis)에 있는 베들레헴 침례교회(Bethlehem Baptist Church)[17]와 파이오니어스 같은 선교 단체는 선교사 멤버들과 예비 선교사들을 위해 성명서를 만들었는데 이는 그들의 선교사역에 있어 상황화에 대한 공통된 이해를 갖게 하기 위해서이다.

상황화에 대한 정의는 오늘날 급격한 글로벌화가 일어나면서 더 복잡해지고 있다. 선교사를 "보내는" 나라와 선교사를 "받는" 나라 간의 선이 불분명해졌다. 서구로부터 복음을 들은 나라들이 이제는 그들의 선교사를 보내고 있기 때문이다. 이러한 진전으로 인해 파이오니어스와 같은 선교단체는 다양한 나라와 문화권으로부터 선교사들을 받고 있다. 이들 선교사들은 또한 선교지에서 다른 그룹과 함께 동역한다. 따라서 볼리비아의 케추아족 사람들을 위한 상황화라는 개념이 "성경에 충실하고 문화적으로 적합하기" 위해서는 많은 도전이 있을 수 있다.

---

17 베들레헴 침례교회의 선교를 위한 컨텍스트에 관한 가이드라인은 다음 사이트에서 찾을 수 있다. http://biblicalmissiology.org/2010/08/17/contextualization-guidelines-for-mission/?gclid=EAIaIQobChMIq6nEhKmv4wIVDb7Ach2GIAW8EAAYASAAEgJOxfD_BwE

보냄 받은 자(메신저)의 상황화

볼리비아로 파송된 선교사들이 한 긍정적인 일들 중 하나는 현지 성도들로 하여금 전도하도록 한 것이다. 뮈르 가족은 처음부터 현지 지도자들과 동역하였다. 첫번째 여행을 위해 4개의 마을에서 라디오를 홍보한 사람들은 현지 지도자들이었다. 또 라디오를 원하는 가족들의 이름 목록을 모은 것도 그들이었다. 장대비로 인해 팀이 원래 가려던 마을에 들어가기 힘들어지자 중심 시장 도시인 사카나를 제안한 것도 현지 지도자들이었다. 홍보는 더 이상 필요하지 않다. 왜냐하면 라디오를 통해 영향을 받은 사람들이 산에 흩어진 그들의 친구들에게 라디오의 가치를 전하기 때문이다. 그럼에도 불구하고 뮈르 가족은 방문을 위해 필요한 정보들을 얻기 위해 아직도 현지 지도자들에게 의존한다. 이 말은 뮈르 가족이 그들을 초청하는 마을에만 라디오를 가지고 간다는 뜻이다. 라디오의 명성으로 인해 그들이 방문해야할 곳의 목록이 길어졌다. 알레한드로처럼 많은 현지 지도자들은 작고 소중한 빨간 라디오를 들고 팀이 그들을 방문해 주길 오랫동안 기다리고 있다.

북아메리카 선교사들은 케추아족 사람들의 빈곤을 보았고 진정한 긍휼의 마음으로 라디오를 무료로 나누어주고 싶었다. 그러나 라디오를 구입할 수 있도록 단호하게 주장한 것도 현지 지도자들이다. 비록 외국인들의 의도는 좋지만 현지 지도자들은 케추아족 사람들의 자존감을 생각하여 그들을 존중해 주기를 원했다. *When Helping Hurts*[18]라는 책이나 이런 종류의 책들이 유명해지기 전에 뮈르 가족이 이미 현지 지도자들의 말을 들었다는 것은 그들의 겸손함과 케추아족 사람들을 진정으로 돕기 원하는 그들의 마음을 입증해 보여준 것이다.

펠리페와 헥터는 뮈르 가족과 동역하며 어느 기간 동안 라디오를 배달하는 일에 참여했었다. 그러나 라디오 분배 사역의 전반적인 리더십은 뮈르 가

---

18 Steve Corbett and Brian Fikkert, *When Helping Hurts: How to Alleviate Poverty Without Hurting the Poor*(Chicago: Moody Publishing, 2009).

족에게 있었다. 후원금을 모금하고 노새들을 동원하기 위한 단기 선교를 홍보하는 일은 북아메리카에서 진행했다. 볼리비아에 라디오를 배달하는 것도 지금까지 뮈르 가족의 어깨에 지워진 짐이었다. 그러나 이 또한 변하고 있다.

2018년 가을, 수크레에 장기 선교사로 살고 있는 그레그와 릴리는 라디오 분배하는 일을 감독하고 2년동안 캐나다로 돌아갔다. 2년이라는 기간의 중요한 목적 중의 하나는 헥터로 하여금 라디오 분배 사역의 리더로 자라도록 하는데 있었다. 파이오니어스는 볼리비아 뿐만 아니라 다른 선교지에서도 선교사들이 있는 한 현지 리더십이 성장하지 않는다는 것을 깨달았다. 반면에 선교사들이 너무 빨리 또는 갑자기 떠나면 그때까지 마음을 쏟은 사역들이 종종 무너지고 만다. 그러한 일이 일어나지 않도록 그레그와 릴리는 그들의 자녀들과 함께 캐나다 밖에서 사역을 하며 알랙스가 북아메리카에서 해야할 일들을 돕고 선교지의 사역을 보조하기위해 선교지에 몇 번 다녀오기도 한다. 이에 따라 헥터는 기계공으로서의 직업을 그만두고 풀타임 사역자가 되었다.

리더십을 이전하려는 시도는 아직 완벽하게 이루어지지 않았지만 현지 성도들에게 권한을 부여하려는 마음은 환영할 만한 발전이다. 최근에 갈콤사는 뮈르 가족에게 페루까지 사역을 확장하는 것을 제안하였다. 뮈르 가족은 그레그나 릴리 또는 알랙스 없이 펠리페와 헥터를 갈콤사와 함께 페루에 보냄으로써 이 일을 결정하는 일에 동참하게 하였다. 펠리페와 헥터는 갈콤사에 도움을 주었을 뿐 아니라 외국인들이 자기 나라에 했던 일들을 자신들도 이웃 나라에 할 수 있다는 비전을 가지고 볼리비아로 돌아왔다.

복음(메시지)의 상황화

209개의 나라와 지역에서 10,287명의 사람들이 세계를 복음화하는 주제로 2000년 여름 암스테르담에 모였다.[19] 본회의와는 별도로 600명의 선교 지도자들은 예수님의 대위임명을 완수하기 위한 방법들을 논의하였다. 71번 테이블은 유난히 에너지가 넘쳤다. 이 테이블과 옆 테이블에는 예수전도단, 트랜스 월드 라디오, 남침례회의 국제선교이사회(IMB), CCC, 국제 SIL 등의 리더들이 앉아 있었다. 그들의 뜨거운 주제는 구술성(orality)이었다. IMB의 애이베리 윌리스(Avery Willis)는 전세계 미전도 종족의 70%가 구두식 학습자라는것을 깨달았다.[20] 하지만 아직도 90%의 세계 선교사들은 복음의 메시지를 전달하기 위해 문자를 사용하고 있다.[21]

볼리비아의 선교사들은 애이베리 윌리스가 깨달은 상황에 맞닥뜨렸고 조율하기 시작하였다. 티모테오나 캐롤리나와 같은 선교사들은 그들이 사역하는 마을에서 처음에 스페인어를 사용하였다. 스페인어는 볼리비아 대부분의 사람들이 사용하였고 공적 서류에도 쓰였기 때문이다. 그러나 산에 사는 케추아족 사람들은 스페인어가 정부의 언어였기 때문에 스페인어를 구사하며 그들의 지역에 들어오는 외부 사람들을 미워하였다. 케추아어는 잉카제국의 언어였고 에쿠아도르, 페루, 볼리비아, 칠레와 아르헨티나와 같은 안데스 산맥에 걸쳐있는 나라의 사람들을 위한 링구아 프랑카(서로 다른 모국어를 가진 사람들들의 의사소통을 위해 사용되는 공통어-역자 주)였다. 오늘날 케추아어는 볼리비아에서 21.2%의 사람들이 사용하는 두번째로 많이 쓰는 언어이다.[22] 그러나 한때는 표준화된 스페인어를 그들의 공식 언어로 만들려는 노력의 일환으로 볼리비아 정부가 케추아어를 사용하지 못하게 했던 적도 있었다. 이 일이 케추아족 사람들로 하여금 그들의 지역에 들어와 스페인어로 그들과 소

19 테드 올센(Ted Olsen). "암스테르담 2000에서 가장 다국적인 행사를 가졌다." *크리스처니티 투데이*, (2000년 8월 2일) 웹사이트 2019년 7월 15일. http://www.christianitytoday.com/ct/2000/julyweb-ony/32.0d.html

20 애이베리 윌리스와 마크 스노덴. *Truth That Sticks: How to Communicate Velcro Truth in a Teflon World*(Colorado Springs: NAVPRESS, 2010) E-Book, Location 100.

21 *Making Disciples of Oral Learners*(Waxhaw: Elim Publishing, 2005).

22 The World Fact Book, 2019년 7월 16일. Web. 2019년 7월 17일. https://www.cia.gov/library/publications/the-world-factbook/geos/bl.html

통하고 그들에게 스페인어를 강요하는 외부인들에 대한 불신을 더욱 심하게 하였다. 스페인 콩키스타도르(15세기부터 17세기에 걸쳐 아메리카 대륙에 침입한 스페인 사람들-역주)와 잉카 사람들의 역사를 안다면 스페인어를 사용하는 외부인들을 적대적으로 대한 이유를 이해할 수 있을 것이다.

티모테오와 캐롤리나는 그들이 볼리비아의 언어라고 생각했던 스페인어를 사용한다는 이유로 결국에는 쫓겨날 마을로 갔던 것이다. 그들은 '마을에서 케추아어를 배우면 된다'는 의도는 좋지만 아주 순진한 생각을 하였다. "당신이 사랑하게 된 사람들로부터 언어를 배우는 것이 최상이 아닌가요?" 라는 것이 그들의 논리이다. 그러나 그들이 스페인어를 하면서 다가온 점이 걸림돌이 된 것이다. 바로 이 이유 때문에 적대적이었던 똑같은 마을 사람들이 상황화된 프로그램을 케추아어로 방송하자 그 작고 빨간 라디오를 그토록 받고 싶어한 것이다. 그리고 그레그가 작고 빨간 라디오를 갖고 와서 대중들

앞에서 유창한 케추아어로 설교했을 때 많은 사람들은 그 메시지를 들을 수 있었고, 믿을 수 있었고 예수님께 그들의 삶을 드릴 수 있었다.

작고 빨간 라디오는 케추아족 문화의 상황에 또한 적중하였는데 그것은 케추아족 사람들이 구두로 학습하고 소통하는 사람들이었기 때문이다. 비록 케추아어가 잉카제국의 언어이긴 했지만 그것은 문자 언어가 아니었다. 잉카인들은 키푸(quipu)를 사용하여 의사를 전달하고 기록하였다. 키푸는 다양한 색상의 실 가닥들을 특별한 방법으로 매듭을 지어 소통하거나 중요한 사실을 나중에 기억하기 위해 사용하는 의사소통 수단이었다. 남자들의 모자와 여자들이 만드는 더 정교한 태피스트리를 보면서 이 사실이 이해되었다. 케추아족의 화려한 직물은 각각이 독특한 이야기를 전해주고 있는 것이다.

1560년에 도미니카 선교사인 도밍고 드 산토 토마스(Domingo de Santo Tomas)는 케추아어를 문자화하기 위하여 케추아어 사전을 출판하였다. 그러나 구술을 통해 의사소통하는 것을 더 선호하는 케추아족 사람들에게 사전은 전혀 인기를 얻지 못하였다. 또한 이들은 안데스 산맥의 접근하기 어려운 지역에 여기저기 흩어져 살기 때문에 볼리비아 정부가 대부분의 지역에 학교나 교사들을 지원할 수가 없었다. 학교나 교사가 있다 하더라도 스페인어로 가르쳤다. 이 모든 것은 케추아족 사람들이 문자보다는 구어로 소통하였음을 의미한다. 그렇기 때문에 그들은 간절한 마음으로 라디오를 받았다.

알랜 티 맥퀼은 도시 밖에 사는 케냐 사람들이 라디오가 없을 뿐만 아니라 그 라디오를 충전할 전력도 없음을 알게 되었다. 전기와 건전지를 구할 방도가 제한된 볼리비아의 산중에서는 라디오를 태양광 라디오로 만든다는 생각은 획기적인 발전이었다. 처음에 라디오들은 코차밤바에 있는 방송국으로부터만 전송을 받았다. 그러나 칩 기술이 발전하면서 라디오에 장착된 마이크로 sd 카드를 통해 충분한 메모리 용량이 구비되어 케추아어로 된 성경 전체를 들을 수 있게 되었다. 라디오를 통해 신앙을 갖게 된 케추아족 사람들에 관련된 뮈르 가족과 같은 선교사들의 이야기를 들으면서 갈콤사는 더 많은 컨텐츠를 제공하기 위해 노력하고 있다.

2014년까지 케추아어로 된 성경이 라디오에 추가되지 않았지만 성경을 낭독하는 방송은 항상 라디오 사역의 우선순위였다. 라디오 모소흐 차스키는 적어도 하루 한시간 성경낭독 방송을 내보낸다. 이 관습은 볼리비아를 넘어 다른 라디오 사역에서도 마찬가지이다. "트랜스 월드 라디오(TWR)는 하루도 빠짐없이 방송을 보내는 모든 곳에서 성경을 낭독하는 것을 우리의 사역으로 삼았다"라고 톰 타트로우(Tom Tatlow)는 말했다. 그는 현재 태국의 현장 지도자로서 교회를 세우고 선교의 구두 사역을 홍보하기 위해 TWR에서 나와 파이오니어스에 합류하였다. International Orality Network와 정기적으로 관계를 맺고 있는 톰은 계속 이렇게 말했다. "성경 낭독은 아마도 라디오 방송의 가장 중요한 부분일 것이다. 왜냐하면 청취자들을 하나님의 말씀에 노출시키기 때문이다."

볼리비아의 케추아족에게 복음으로 다가가고 그들을 성경과 접하도록 하기 위해 라디오를 사용하면서 선교사들은 그들의 노력을 상황화하기위해 다양한 방법을 활용하였다. 먼저 기술이 상황화되어야 했다. 라디오는 선교사들이 케추아족들이 들었으면 하는 방송을 내보내는 방송국에 주파수가 고정되어 있어야했다. 만약 주파수가 고정되어 있지 않다면 선교사들이 의도하는 목적대로 케추아족 사람들이 라디오를 사용하리라고 장담할 수 없었다. 단파 라디오는 산악지대에서도 방송을 들을 수 있도록 해주었다. 그리고 태양광으로 충전할 수 있도록 하여 케추아족 사람들이 라디오 충전에 대해 걱정하지 않도록 하였다.

두번째로 케추아족 사람들이 학습하는 맥락을 이해하였기 때문에 라디오는 구술을 통해 복음을 전달하는 좋은 방식이었다. 여기에 스페인어가 아닌 케추아어로 프로그램들과 성경이 전달되었다는 사실이 케추아족 사람들로 하여금 라디오를 갈망하게 하였다.

라디오 분배의 영향

뮈르 가족 사역이 가능한 많은 사람들에게 라디오를 전달하는데 중점을 두었기 때문에 라디오 분배의 진정한 영향력을 가늠하기는 어려울 것 같다. 그래서 이용할 수 있는 데이터도 라디오의 분배에 대한 것이다. 다행히 뮈르 가족은 라디오 분배 과정의 모든 기록을 잘 남겨두었다. 2005년 4월부터 2017년 9월까지 중심부라고 여겨지는 150군데에서 외딴 마을로 5만대의 라디오가 분배되었다. 이 150군데의 지역으로부터 1,700개가 넘는 마을과 도시의 사람들이 복음을 접할 수 있었다. 뮈르 가족의 전략은 라디오를 배달할 새로운 장소가 있는 한 같은 장소에는 되돌아가지 않는 것이다. 그렇기 때문에 이들 마을이나 도시에서 라디오의 영향에 대해 아는 것은 힘든 일이었다. 따라서 영향력의 결과에 대한 데이터의 대부분은 개인적 진술에 의한 것뿐이다. 그들은 계속해서 라디오 프로그램을 청취한 결과 그리스도인이 되었다는 사람들의 이야기를 듣고 있다. 그들은 볼리비아의 케추아족에게 라디오를 분배함으로써 지금까지 20여개의 교회가 세워졌다는 것을 알고 있다. 이들 교회와 라디오를 통해 영향을 받은 그리스도인들은 더 깊은 가르침, 찬송가 모음 그리고 여러 자료들을 필요로 하고 있다. 물론 모두 구전을 통해서이다. 그들은 라디오를 통해 복음을 들었고 하나님의 말씀을 들어왔다. 이것이 그들로 하여금 더 깊은 갈망을 창조하였다. 그들은 모이기를 힘쓰며 믿음이 더 깊이 성장하기를 원한다. 파이오니어스, 갈콤사, 그리고 뮈르 가족은 후속 연구를 하고 싶은데 후원금과 인력 부족으로 그만큼의 사역을 추구하지 못하고 있다. 그러나 기술이 계속 발전하고 있기 때문에 갈콤사는 라디오에 더 많은 자료들을 추가하고 있다.

캐나다에서의 축하연

2017년 10월 13일 금요일, 200명이 넘는 사람들이 캐나다의 뉴브룬즈윅의

퀴스팜시스(Quispamsis)에 위치한 True Life 교회에 모였다. 뮈르 부자에 의해 볼리비아 케추아족에게 5만대의 라디오가 분배된 것을 축하하는 자리였다. 이 행사는 뮈르 부자가 속한 선교단체인 파이오니어스 캐나다가 주최하였다. 참석자들 대부분은 단기 선교사들이었는데 다양한 직업을 가지고 노새로 활약한 사람들이었다.[23] 또한 캐나다와 미국에서 팀을 보냈던 65개가 넘는 교회의 지도자들도 참석하였다. 라디오를 만드는 갈콤사도 고마움을 전하고 하나님께 영광을 돌리기위해 대표단을 보내었다. 파이오니어스는 몇몇 현지 파트너들을 초청하였지만 비자문제로 인해 캐나다에 입국할 수가 없었다. 그들은 캐나다와 미국에 있는 사람들에게 감사를 표현하는 동영상을 보내왔다. 라디오 모소호 차스키도 대표단을 보낼 수가 없어 동영상을 보내왔다. 이 행사는 하나님이 작고 빨간 라디오를 통해 행하신 일을 축하하는 자리일 뿐만 아니라 케추아족에게 복음을 전하는 일에 재헌신하는 기회의 자리이기도 했다.

다음 사역은?

세계의 빠른 글로벌화는 상황화와 "성경에 충실하고 문화적으로 적합하다"는 것이 무엇인지에 대해 도전하고 있다. 미전도종족의 70%가 구두식 학습자임에도 불구하고 90%의 선교사들이 문서를 통해 사역을 한다는 사실은 놀랍다. 그러나 기술이 우리의 뇌가 작동하는 법을 바꾸어 놓았기 때문에 문자의 세계도 변하고 있다. 애이버리 윌리스가 이러한 변화를 간결하게 포착하였다:

미국에서 대부분의 설교나 성경공부, 전도, 그리고 제자훈련은 인쇄물을 통

---

23 뮈르 부자는 단기 선교사들을 "노새"라고 불렀다. 왜냐하면 각자의 참가자들은 짐 가방에 100대에서 150대의 라디오를 실어야 했기 때문이다. 그 이유는 몇 가지가 있다. 1)만일 라디오들이 한꺼번에 보내지면 상업적인 물품으로 오해 받을 수 있다. 라디오에 대한 관세가 매겨지면 볼리비아로 들여가는데 어려움이 따른다. 2)관세 문제가 아니더라도 세관원이 어떤 이유로든 라디오를 압수할 위험이 있다. 라디오를 팀원들 사이에서 나눠 가짐으로써 더 많은 라디오를 갖고 들어갈 수 있는 가능성이 많아진다.

해 전달되는 선형적이며 순차적 사고에 기초하고 있다. 그러나 우리의 포스트
모던 문화는 스토리텔링의 부활로 몰아가고 있다. 우리는 학습 스타일의 성향
이 변하면서 사회적이고 영적인 변화의 큰 파도를 경험하고 있다. 대부분의 밀
레니얼, 베이비버스터 세대, X 세대, 그리고 많은 베이비붐 세대들은 인쇄물보
다는 구술과 영상을 통해 배우는 것을 확실히 선호한다.[24]

월터 옹(Walter Ong)은 그의 획기적인 책인 *Orality and Literacy: The
Technologizing of the Word* 에서 쓰기는 자연적인 구술 언어를 보존하기
위해 발전한 기술이라고 지적하였다.[25] 니콜라스 카는 인터넷이 우리 뇌에 미
치는 영향에 대해 쓴 글에서 우리의 학습법이 변화하고 있다고 제시한다. 카
는 더 나아가 문자 그대로의 학습은 쇠퇴하고 있다고까지 말한다. 카는 우
리의 손가락 끝으로 짧은 시간에 정보를 얻도록 하는 기술적 발전은 우리가
학습한 것을 뇌에 머무르게 하지 못한다고 지적한다. 그는 이것이 그리 나쁘
지는 않다고 말한다. 왜냐하면 기기가 옆에 있고 어디서 찾아야하는지 안다
면 언제든지 그 정보를 다시 검색할 수 있기 때문이다. 그러나 이것으로 인
해 우리의 뇌는 얕아졌고 깊게 사고하는 능력을 잃어가고 있다.[26]

우리 뇌 사고의 전환은 우리가 성경을 읽는 법, 우리뿐만 아니라 우리가
미전도 종족에게 복음을 나누는 방법에도 영향을 준다. 암스테르담에서 전
세계 선교 지도자들이 71번 테이블 둘레에 앉아 토론한 결과로 International
Orality Network가 세워졌고 다른 구술성에 대한 노력들이 발전했으며 구전
문화권 나라에 성경을 제시하기 위해 이야기를 사용하고 있다. 이야기로 말
하기(storying)를 윌리스와 스노든은 다음과 같이 정의한다, "구술적이고 시각
적인 의사소통의 전 과정으로 성경 이야기를 담화, 해석, 적용, 책임, 드라마,

---

24 윌리스와 스노든. Location 77.

25 월터 J. 옹, *Orality and Literacy: The Technologizing of the Word*. (London: Routledge, 2002), 80-82

26 니콜라스 카, 〈생각하지 않는 사람들〉 (*The Shallows: What the Internet is Doing to Our Brains.*)(New York: W. W. Norton. 2011)

노래, 그리고 다시 이야기하기를 통해 전달하기 위한 이야기 형식을 내포한다."[27]

어떤 이들은 성경의 메시지를 전달하기위한 구술적 방법의 효과에 대해 의심한다. 그러나 월리스와 스노든에게 준비된 해답이 있다.

불행하게도 세상의 6,900개의 언어 중에서 단지 451개의 언어만이 성경 전서를 가지고 있다. 1,185개의 언어만이 신약성경을 갖고 있고 2,252개의 언어로는 전혀 번역이 되어있지 않다. 그리고 문자로 번역본을 갖고 있는 언어 그룹 중에서 약 70%의 사람들은 읽고 이해할 수 없다.

자신의 모국어로 번역본을 가지고 있는 사람들을 위해 Faith Comes by Hearing을 포함한 몇몇 단체에서는 그 언어를 말하는 모든 사람이 성경의 완전한 말씀을 들을 수 있도록 오디오 성경을 만든다. 그들은 정확성을 위해 성경을 보게 된다. 더 많은 번역을 기다리고 있는 언어종족들을 위해서는 OneStory나 The Seed Company와 같은 단체들이 창조에서 그리스도까지 25개에서 65개의 성경 이야기를 번역하는 일부터 시작하고 있다. 위클리프와 그와 같은 계열의 단체들은 주요 개념들이 정확하게 번역이 되었는지 검토한다.[28]

이것은 좋은 소식이다. 그러나 우리는 새로 믿음을 갖게 된 사람들이 더 깊이 배울 수 있도록 돕는 방도를 생각해 내야한다. 65개의 성경이야기는 아무리 잘 전해진다 하더라도 어디까지나 성경의 일부일 뿐이다. 성경 전체에 대해 알고자 하는 마음이 생기게 하기 위해서는 제자화 과정에서 복음을 전하고자 하는 마음이 더 깊어져야 한다. 구전 문화권 나라들에서 성경 전체가 녹음된 라디오는 사람들로 하여금 일부만이 아닌 성경 전체와 접할 수 있는 놀라운 기회를 제공한다.

---

27 월리스와 스노든, Location 84
28 위의 책., Location 901

모바일 기술이 계속적으로 향상되면서 케추아족 사람들의 학습이나 소통하는 법이 바뀌는 것은 시간문제이다. 구술 문화권에서 사역하는 선교사들은 스마트폰의 결과로 문화가 바뀌고 있음을 주지하고 있다.[29] 파이오니어스와 같은 단체에서는 선교지에서만이 아니라 선교지에 들어가기 전 훈련과정에 구술성을 활용하도록 노력하고 있다.[30] 이러한 훈련은 환영할만한 발전이다. 그러나 우리는 또한 미전도 종족 사람들에게 복음을 소개하는 것에서 더나아가 그들의 성숙을 위해 성경 전체와 접할 수 있도록 노력해야 할 것이다.

결론

결론적으로 작고 빨간 라디오는 볼리비아 안데스 산맥에 흩어져 사는 케추아족 사람들에게 복음을 전하는 사역에 상당한 영향을 미쳤다고 할 수 있다. 이 보고서에서는 그들의 이야기를 하는데만 그치지 않고 케추아족이 라디오를 찾게 된 이유도 분석하였다. 케추아족은 라디오를 제공한 사람들을 환대했다. 비록 그들은 외부인들이었지만 현지 지도자들에 의해 검토되었고 현지 파트너들과 리더십을 나눠 갖기도 하였다. 둘째로 복음이 구두를 통해 전달되었다. 주로 라디오를 통해서인데 이것이 큰 영향을 미쳤다. 복음이 청취자들의 모국어인 케추아어로 전달되었다는 사실도 작고 빨간 라디오를 매력적으로 만들었다.

볼리비아의 케추아족에 관해 더 많은 연구가 이루어져야 할 것이다. 위에서 언급하였듯이 케추아족들 사이에 라디오를 분배한 것이 얼마나 많은 영

---

29 요르단에서 사역하는 선교사들은 그들이 모바일 폰을 갖기 전 시간이 더 많았을 때보다 베두인(유목민)들과의 방문 약속이 예전보다 요즘 더 많아졌다고 보고한다. 그들의 환대 정도나 관계의 깊이에도 변화가 있음을 주지하고 있다. 이 보고서의 논지를 따르자면 이제 베두인에 대해 알기 위해서는 유튜브 동영상을 보거나 다른 인터넷 사이트를 검색하면 된다. 대부분의 베두인들이 문맹인들이기 때문에 인터넷상의 동영상은 그들에 대해 알 수 있는 최선의 방법이다.

30 파이오니어스는 2019년 초부터 선교지에 들어가기 전 훈련 중 이야기하기 기법을 사용하기 시작했다. 선교지로 떠나기 6개월 정도부터 파이오니어스 선교사로 지명된 선교사들은 Launch라고 부르는 일주일 정도의 훈련에 참여하게 된다. 이 기간 동안 묵상 시간이 스토리텔링 기법으로 이루어지는데 영적 함양만이 아닌 이야기하기 기법을 소개하고 그 과정에서 그들을 훈련하기 위해서이다.

향을 미쳤는지에 대해 후속 연구가 있어야 할 것이다. 라디오 모소흐 차스키가 볼리비아 성도들에게 사역을 넘기려 하고 있기 때문에 그 존재가 지속될지에 대해서는 의구심이 든다. 모금 문제와 정부의 방해가 라디오 방송국 유지의 두가지 큰 걸림돌이다. 그러나 우리는 5만대의 라디오가 1,700개가 넘는 마을에 전달되었다는 사실에 대해서는 자축할 수 있다. 그 마을 사람들은 복음을 실제로 들어볼 기회가 거의 없는 사람들이었다. 5만대라는 라디오 숫자는 개인이 아닌 가족을 의미한다. 그리고 몇몇 마을에서는 단지 몇 개의 라디오만 있을지도 모른다. 아침과 저녁에 프로그램을 듣기 위해 지역 주민들이 함께 모일 수도 있다는 것이다. 우리는 도대체 몇 명이 이 라디오로 인해 영향을 받았는지 정확하게 알 수가 없다. 그러나 우리는 적어도 1,700개 지역에서 사람들이 하나님의 말씀을 들었고 적어도 20개의 교회가 세워졌다는 것을 알고 있다.

뮈르 가족은 멈추려고 하지 않는다. 사실 그들은 펠리페나 헥터와 같은 현지 지도자들에게 권한을 부여하고 이 운동의 지도자로 설 수 있도록 하고 있다. 그들은 또한 볼리비아에서 페루로 팀을 보내어 그쪽 경계에 살고 있는 케추아족에게도 라디오를 전할 계획을 세우고 있다. 그들이 50대의 라디오를 하나의 외딴 마을에 전달하려고 했던 2004년에 꾼 꿈은 일년 뒤 더 거대한 방법으로 실현되었다. 15년 뒤 그들은 5만 5천대의[31] 라디오를 전달하였고 외딴 곳에 사는 사람들에게 복음과 성경 그리고 하나님의 말씀을 전하게 되었다. 그들의 "큰" 꿈은 믿음의 주요 또 온전케 하시는 이(히 12:2)로 인해 1,000배로 증가되었다. 하나님은 "각 나라와 족속과 백성과 방언에서 아무라도 능히 셀 수 없는 큰 무리가 보좌 앞에 설"(계 7:9)때까지 쉬지 않으실 것이다.

---

31 5만대의 라디오가 분배되었던 2017년 10월부터 뮈르 가족은 이 사역을 지속해 왔다. 5만 5천대의 숫자는 2019년 6월까지의 숫자이고 내가 이 보고서를 작성하고 있는 지금도 노새 팀은 볼리비아에 1,000대의 라디오를 더 분배하고 있다.

Making Disciples of Oral Learners. Waxhaw: Elim Publishing, 2005.

Carr, Nicholas. *The Shallows: What the Internet Is Doing to Our Brains*. New York: W. W. Norton. 2011.

Corbett, Steve and Brian Fikkert. *When Helping Hurts: How to Alleviate Poverty Without Hurting the Poor*. Chicago: Moody Publishing, 2009.

McGuirl, Allan T. *Waves of Hope: The Impact of Galcom Radio Worldwide*. Victoria: FriesenPress, 2014.

Moreau, A. Scott, Gary R. Corwin, and Gary B. McGee. *Introducing World Missions: A Biblical, Historical, and Practical Survey*. Grand Rapids: Baker Academic, 2004.

Ong, Walter J. *Orality and Literacy: The Technologizing of the Word*. London: Routledge, 2002.

The Holy Bible: English Standard Version. Wheaton, IL: Crossway Bibles, 2016.

Willis, Avery and Mark Snowden. *Truth That Sticks: How to Communicate Velcro Truth in a Teflon World*. Colorado Springs: NAVPRESS, 2010. E-Book.

De Vries, B.A., 2016, "Towards a Global Theology: Theological Method and Contextualisation." *Verbum et Ecclesia* 37(1), a1536. (March, 2016). Web. 7/15/2019. https://www.researchgate.net/publication/305694515_Towards_a_global_theology_Theological_method_and_contextualisation

Olsen, Ted. "Amsterdam 2000 Called the Most Multinational Event Ever."*Christianity Today*, (August 2, 2000) Web. 7/15/2019. https://www.christianitytoday.com/ct/2000/julyweb-only/32.0d.html

Hyatt, Erik. "Contextualization Guidelines for Missions." *Biblical Missiology*(August 17, 2010). Web. 7/15/2019. http://biblicalmissiology.org/2010/08/17/contextualization-guidelines-for-missions/?gclid=EAIaIQobChMIq6nEhKmv4wIVDb7ACh2GIAW8EAAYASAAEgJOxfD_BwE

Mosoj Chaski, Web. 5/14/2019. https://www.mosojchaski.org/en/about-us

Omniglot, Web. 6/30/2019. https://www.omniglot.com/writing/quechua.htm

ResearchGate, Web. 6/30/2019.
https://www.researchgate.net/figure/Map-of-Quechuan-Dialects-Andean-Languages-mid-20th-century-Rios-2010-adapted-from_fig1_261707106

The World Fact Book, July 16, 2019. Web. 7/17/19.
https://www.cia.gov/library/publications/the-world-factbook/geos/bl.html

Adelia. Personal Interview. 8 March, 2017.

Alejandro. Personal Interview. 14 March, 2017.

Mamani, Hector. Personal Interview. 4-17 March, 2017.

Martinez, Felipe. Personal Interview. 4-17 March, 2017.

McGuirl, Allan T. Personal Interview. 24 June, 2019.

Muir, Alex. Personal Interview. 3-17 March, 2017, 3 June, 2019.

Muir, Greg. Personal Interview. 3-17 March, 2017, 3 June, 2019.

Muir, Lily. Personal Interview. 16 March, 2017.

Tatlow, Tom. Personal Interview. 21 June, 2019.

Whitehead, Timothy. Personal Interview. 24 June, 2019.

·Jeffrey D. Arthurs

Dr. Arthurs was raised in western PA in a nominally Christian home and came to saving faith in Christ when he was 14 years old. His life was turned upside down as he soon became deeply involved in the life of the church, receiving a call to preach at age 16. To this day his passion is preaching, and he uses his wide-ranging communication experience as a teacher, missionary, director, announcer, and consultant to equip others for more effective proclamation of the Word. Jeff has taught on all levels from grade school to grad school, having taught preaching and communication in a dozen colleges and seminaries in the U.S. and abroad. In the past he served as teaching pastor in Portland, OR. Currently, Jeff is interim pastor at Cross Bridge, Lexington, MA. Dr. Arthurs is a past-president of the Evangelical Homiletics Society and an active scholar, regularly presenting papers at conferences and writing articles for periodicals such as the Journal of Communication and Religion, Preaching, Leadership, and Preaching Today on-line. He has written Preaching With Variety, Devote Yourself to the Public Reading of Scripture, and Preaching as Reminding which received a "book of the year" award from Christianity Today.

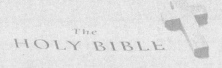

The HOLY BIBLE

FORUM 6

Devote Yourself to the Public Reading:
Public Reading:

Enhancing the Role of Scripture
Reading in Worship

Devote Yourself to the
Public Reading:

Enhancing the Role of Scripture Reading in Worship

Jeffrey D. Arthurs

Abstract: Public reading of Scripture is integral to worship, yet in many churches Scripture reading is perfunctory. Unfortunately, this is often true of evangelical churches who hold a "high view" of Scripture, yet who also hold a "low practice" of public reading. This paper offers arguments from history, theology, and rhetoric to demonstrate why we should "devote ourselves to the public reading": we are commanded to do so, we need reminders, the Word transforms us, the people of God have devoted themselves to public reading throughout history, the Bible was meant to be read aloud, and hearing the Word and seeing it embodied is a different experience than reading it silently.

The paper also offers concrete suggestions how we can increase the quantity and quality of our public reading. By exploring the fruitful discipline of "oral interpretation," readers can be equipped to present the

Word effectively.

Introduction

The convictions that animate this paper are that the Bible is often read poorly in our church services, but when it is read well, it can minister as deeply as a Spirit-empowered sermon. Unfortunately, in some churches, public reading of the Bible is little more than homiletical throat clearing before the sermon. As W. E. Sangster asserted:

> Bible reading offers the widest scope for the enrichment of public worship and it is a great pity that the Scriptures are often so badly read ... When the Book is well read and made to live for the people, it can do for them what sermons often fail to do: it can be the very voice of God to their souls.[1]

Craddock concurs, "For all the noise ministers make about the centrality of the Bible in the church, the public reading of Scripture in many places does not support that conviction."[2] More than a hundred years ago Mark Twain made the same observation:

> The church is always trying to get other people to reform; it might not be a bad idea to reform itself a little, by way of example... The average clergyman could not fire into his congregation with a shotgun and hit a worse reader than himself, unless that weapon scattered shamefully. I

---

1 W. E. Sangster, *The Approach to Preaching* (Philadelphia: Westminster, 1952), 69-70.

2 Fred B. Craddock, *Preaching* (Nashville: Abingdon, 1985), 210.

am not meaning to be flippant and irreverent, I am only meaning to be truthful. The average clergyman, in all countries and of all denominations, is a very bad reader.[3]

Through six arguments, this paper grounds my conviction that we should increase the quantity and quality of our public reading, and the paper concludes with brief suggestions for doing so.

Argument #1—We are commanded to read the Bible publicly. I'm referring, of course, to 1 Timothy 4:13, "Devote yourself to the public reading." The word "devote"(Gk. prosecho) means literally to "hold the mind toward," or "pay attention to, give heed to, or apply oneself." Public reading is important because of the principle lex ordandi lex credendi(worship practices display the Church's belief, and they also form the beliefs themselves).

Paul's command to Timothy needs to be understood in light of first century culture when few people knew how to read and very few manuscripts existed. That was a day of chirography(hand writing), not typography with mechanically mass-produced texts. If a pastor wanted to build up his people in the most holy faith, it was mandatory that he read the Bible aloud. In contrast, today nearly everyone can read, and most churched folk have multiple copies of the Bible, but our literacy and wealth of Bibles does not mean that we're actually reading them. Biblical illiteracy may be higher today than it was in the first century. In the early

---

3 *A Tramp Abroad*, vol. 2(Hartford: American, 1880), 92. In Robert G. Jacks, *Getting the Word Across: Speech Communication for Pastors and Lay Leaders*(Grand Rapids: Eerdmans, 1995), 11.

21st century, 91 percent of Americans own at least one Bible, but only 22 percent have read it entirely.[4] Summarizing general themes on spirituality in America for the year 2009, Barna states: "Biblical literacy is neither a current reality nor a goal in the U.S."[5] This is a major factor that contributes to the fact that Americans, including churched people, do not have a Christian worldview. We are ignorant of God's promises and requirements.

Argument #2—We need reminders. Even when church goers are aware of those promises and requirements, we need regular reminders.[6] Stated another way, we forget. C. S. Lewis captures this dynamic of the Christian life in The Silver Chair. Aslan commands Jill to "seek the lost Prince until either you have found him and brought him to his father's house, or else died in the attempt."[7]

"'How, please?' said Jill."

"'I will tell you, Child,' said the Lion. 'These are the Signs by which I will guide you in your quest.'"

Aslan proceeds to give Jill four Signs. They are a mixture of clear specifics and vague generalities, but they are sufficient to help her do her duty. Aslan sends her on the quest with this exhortation:

---

4 Cited in Max McLean and Warren Bird, *Unleashing the Word: Rediscovering the Public Reading of Scripture* (Grand Rapids: Zondervan, 2009), 15.

5 http://www.barna.org/barna-update/article/12-faithspirituality/325-barna-studies-the-research-offers-a-year-in-review-perspective, accessed Aug. 4, 2010.

6 For an expansion of this point, see the other paper I am presenting at this conference, "Preaching As Reminding," and the book by the same title: Jeffrey D. Arthurs, *Preaching as Reminding: Stirring Memory in an Age of Forgetfulness* (Downers Grove: IVP, 2017).

7 C. S. Lewis, *The Silver Chair* (New York: Macmillan, 1953), 19-21.

Remember, remember the Signs. Say them to yourself when you wake in the morning and when you lie down at night, and when you wake in the middle of the night. And whatever strange things may happen to you, let nothing turn your mind from following the Signs... I give you a solemn warning. Here on the mountain I have spoken to you clearly: I will not often do so down in Narnia. Here on the mountain, the air is clear and your mind is clear; as you drop down into Narnia, the air will thicken. Take great care that it does not confuse your mind...Remember the Signs and believe the Signs. Nothing else matters.

As you know, if you have read the marvelous Chronicles, Jill and her friend Eustace vault from one adventure to another, and at first Jill is faithful in reviewing the Signs daily, but gradually in the midst of adventures, she lets them slide. She mixes up the wording, forgets sections, and does not use them when she has to make decisions. It results in near disaster, but thankfully, she remembers and obeys enough to help her fulfill the quest.

In this world, the air here is thick and our minds are often befogged. We need to be reminded, so God commands us to read the Scripture publicly. In this way we can help God's people follow the Signs.

Argument #3—When we read the Bible publicly, we do what the people of God have always done. Eugene Peterson puts it this way: "There is a millennia-deep and globe-encircling community of others who are also at the table eating this book." [8] In earliest times God communicated by voice and visions. Then a critical shift came when Israel left Egypt and the Word of God was written down. Ephemeral sound was calcified in script, and oral repetition of that script became the center of worship as Israel regularly renewed its covenant with God.[9]

Public reading and renewing of the covenant began when Moses received the law of God(Ex. 24:3-4, 7)—"Moses came and told the people all the words of the Lord and all the rules. And all the people answered with one voice and said, 'All the words that they Lord has spoken we will do.' And Moses wrote down all the words of the Lord… Then he took the Book of the Covenant and read it in the hearing of all the people."

Public reading continued at the end of Moses' life as he instructed the nation(Deut. 31:10-13)—"At the end of every seven years… at the Feast of Booths, when all Israel comes to appear before the Lord your God … you shall read this law before all Israel in their hearing. Assemble the people, men, women and little ones, and the sojourner within your towns, that they may hear and learn to fear the Lord your God, and be careful to do all the

8 Eugene H. Peterson, *Eat This Book: A Conversation in the Art of Spiritual Reading*(Grand Rapids: Eerdmans, 2006), 72.

9 Much of the material in this section comes from Timothy J. Ralston, "Scripture in Worship: An Indispensable Symbol of Covenant Renewal," in *Authentic Worship: Hearing Scripture's Voice, Applying Its Truths*, Herbert W. Bateman, IV, ed. (Grand Rapids: Kregel, 2002), 195-222; Bryan Chapell, "The Incarnate Voice: An Exhortation for Excellence in the Oral Reading of Scripture," *Presbyterion* vol. 15, no. 1(Spring, 1989): 42-57; and Bryan Chapell, "A Brief History of Scripture Reading," in *Resources for Music and the Arts*, vol. 4, *The Topical Encyclopedia of Christian Worship*(Nashville: Abbott-Martyn, 1993): 696-698. The articles by Chapell are edited and reproduced in Bryan Chapell, *Christ-Centered Worship: Letting the Gospel Shape Our Practice* 2nd edition(Grand Rapids: Baker, 2009), 220-233. See also, *Twenty Centuries of Christian Worship*, Robert E. Webber, ed., Vol. 2 in *The Complete Library of Christian Worship*(Nashville, NT: Star Song, 1994).

words of this law, and that their children, who have not known it, may hear and learn to fear the Lord your God."

- Joshua carried on the program of public reading as Israel entered the Promised Land(Josh. 8:30-35)—"In the presence of the people of Israel, [Joshua] wrote on the stones a copy of the law of Moses… And all Israel, sojourner as well as native born, with their elders and officers and their judges, stood on opposite sides of the ark of the covenant of the Lord, half of them on Mount Gerazim and half of them stood in front of Mount Ebal… He read all the words of the law… There was not a word of all that Moses commanded that Joshua did not read before all the assembly."
- As the nation was established in the Promised Land, Scripture reading was central at the annual festivals of Passover, Firstfruits, and Booths when all Israelite males were required to "present themselves before the Lord"(Ex. 23:14-17), an expression which was shorthand for covenant renewal. Thus Robert Webber concludes that "Jewish worship has always had Scripture at the center of its worship."[10]
- Over time, the Word was forgotten and the people slipped into idolatry. Israel no longer reviewed and remembered the Signs. While they still offered sacrifices, they did not celebrate the major festival, Passover(2 Kings 23:22-23, 2 Chron. 35:18), or the minor festivals, and thus did not hear about their covenant relationship and stipulations. The prophets corroborate this picture(Is. 5:13; Jer. 4:22; Hos. 4:1, 6, 14; Mal. 2:1-9).
- Revival took place under Ezra as the people heard again the Word of

---

10 Robert E. Webber, Worship Is A Verb(Dallas: Word, 1985), 74-75.

God(Neh. 8:5-8)—"Ezra opened the book in the sight of all the people … And Ezra blessed the Lord, the great God, all the people answered, 'Amen, Amen,' lifting their hands. And they bowed their heads and worshiped the Lord with their faces to the ground… They read from the book, from the Law of God, clearly, and they gave the sense, so that the people understood the reading."

· During the Exile, Israelites living outside Palestine lifted the Law to new heights. Away from the Temple and altar, they studied how the Law applied to them in pagan surroundings. The synagogue was born and the Jews met weekly, not just during annual festivals, to hear the Word read.

· Around the time of Christ synagogue worship included readings from multiple passages—the Law, the Prophets, and the Writings. Jesus read part of one of those passages when he inaugurated his ministry(Luke 4: 16-18). Similarly, Paul preached in Antioch of Pisidia after the readings of the Law and Prophets(Acts 13:15-16; cf. Acts. 15:21). In Palestine, the Torah was read though in cycles of roughly three and a half years.[11] While reading of Scripture was crucial to synagogue worship, as it still is today, the sermon was optional.[12] Sorry, fellow preachers!

· The New Testament Church continued the synagogue practice of public reading of the Hebrew Bible and added the writings of the apostles as well. Thus, Paul commanded Timothy, "Devote yourself to the public reading"(1 Tim. 4:13). He said, in effect, to continue the "millennia-deep"

---

11 Michael Graves, "The Public Reading of Scripture in Early Judaism," *Journal of the Evangelical Theological Society* vol. 50, no. 3(Sept. 2007): 473.

12 Arthur T. Piersen, *How to Read the Word of God Effectively*(Chicago: Moody, 1925) 3-4; J. Edward Lantz, *Reading the Bible Aloud*(New York: Macmillan, 1959), 3.

tradition.

· The Church Fathers did so. Justin Martyr, in Rome in the mid-second century, said that in their services folk gathered to hear the Scriptures read "as long as time permits."[13] Bryan Chapell states that "by the end of the fourth-century the dominant liturgical pattern included three readings: one from the Old Testament and two from the New—an epistle and a gospel. The last reading was always the gospel, and the people stood during this reading."[14] Some lectionaries of Mesopotamia had four lessons for public reading, others had six, and feast days probably stipulated even more readings.[15] If you attended one of those Mesopotamian churches you would hear an average of 50-80 verses each Sunday.[16]

· Early in the fourth century, the office of "reader" was one of the ministerial roles. Albert Newman writes in A Manual of Church History, "The duty of readers was to read the Scriptures from the reading desk. Very few Christians had copies of the Scriptures, and the great mass of the people were dependent upon hearing them read at church."[17] The scarcity of written Scripture elevated the value of the spoken Word.

· Puritan services in the American colonies around the time of Jonathan Edwards(mid 1700s) read an Old Testament lesson, a New Testament

---

13 Justin Martyr, 1 *Apology* 67, in Ralston, "Scripture in Worship," 208.

14 "A Brief History of Scripture Reading," 697.

15 Hughes Oliphant Old, *The Reading and Preaching of the Scriptures in the Worship of the Christian Church*, vol. 2(Grand Rapids: Eerdmans, 1998), 277.

16 Old, *Reading and Preaching of the Scriptures*, 282.

17 Albert Henry Newman, *A Manual of Church History*, rev. ed. (Valley Forge, PA: Judson, 1933), 1:294.

lesson, each at least a chapter in length, and sang a metrical psalm.[18] As the Directory for the Public Worship of God specified, "How large a portion shall be read at once, is left to the wisdome of the Minister: but it is convenient, that ordinarily a Chapter of each Testament bee read at every meeting [three times a week]; and sometimes more, where the Chapters be short, or the coherence of matter requireth it."[19]

Based on the prominence that public reading of Scripture has had through the millennia, Timothy Raltson concludes, "Public reading and preaching within the worship exposes his demands, our inadequacy, and his grace. It calls for covenant renewal and lies at the heart of spiritual revival. Therefore, how can we offer acceptable worship, if his Word does not have a prominent place in our liturgy?"[20]

Argument #4—God transforms us through the Word. It is a fire that burns away dross(Jer. 23:29), a hammer that breaks stony hearts(Jer. 23:9), rain that waters crops(Isa. 55:10-11), milk that nourishes babies(1 Peter 2:2), food that fills the hungry(Heb. 5:12-13), a sword that pierces the heart and battles the devil(Heb. 4:12; Eph. 6:17), a mirror that shows us our true selves(James 1:23-25), and a lamp that illumines our path(Ps. 119:105; Prov. 6:23; 2 Peter 1:19). Our belief in the power of the Word should influence our practice. Would an unchurched visitor to our worship services conclude that we believe in announcements more than the Word and skillful music more than

---

18 Douglas A. Sweeney, *Jonathan Edwards and the Ministry of the Word: A Model of Faith and Thought* (Downers Grove, IL: InterVarsity, 2009), 58.

19 In Sweeney, *Jonathan Edwards*, 58–59.

20 Ralston, "Scripture in Worship," 209.

skillful reading? It goes without saying that announcements can be useful and that music is delightful, but let us not neglect the Word! The quantity and quality of our reading should demonstrate the expectation that God transforms us through the Word which is "living and active"(Heb. 4:12).

The story of the centurion illustrates the power of words in general and Jesus' word in particular: "Just give the order, please, and my servant will recover. I am used to working under orders, and I have soldiers under me. I can say to one, 'Go,' and he goes, or I can say to another, 'Come here,' and he comes; or I can say to my slave, 'Do this job,' and he does it(Luke 7:6-8, Phillips). God's Word has power to create, rule, and redeem.[21]

Concerning creation:

(Ps. 33:6) "By the word of the Lord the heavens were made."

Concerning ruling:

(Ps. 119:89-90) "Forever, O Lord, your word is firmly fixed in the heavens. Your faithfulness endures to all generations; you have established the earth and it stands fast.

By your appointment they stand this day."

(Ps. 147:15) "He sends out his command to the earth; his word runs swiftly."

Concerning redemption:

(Ps. 107:19-20) "They cried to the Lord in their trouble; and he saved them

---

21 Dallas Willard, *Hearing God: Developing a Conversational Relationship With God*(Downers Grove, IL: InterVarsity, 1993), 118.

from their distress; he sent out his word and healed them, and delivered them from destruction."

(1 Pet. 1:23) We are "born again, not of perishable but of imperishable seed, through the living and enduring word of God."

(James 1:8) "He gave us birth by the word of truth" which(James 1:23) "has the power to save your souls" by the(EPh. 5:26) "washing of water by the word."

How is God's power effected through words? Dallas Willard explains with an analogy: "In the same way that your hand moves in response to your thought and emotion," just so does God perform his will(creating, ruling, and redeeming) through the unmediated extension of his will expressed in words. "What we call natural laws, then, must be regarded as God's thoughts and intentions [that is, his words] as to how the world should run."[22]

No wonder Mahatma Gandhi said "'You Christians look after a document containing enough dynamite to blow all civilization to pieces, turn the world upside down and bring peace to a battle-torn planet. But you treat it as though it is nothing more than a piece of good literature."[23]

Argument #5—The Bible was meant to be read aloud. Before it was inscribed on vellum and papyrus, the stories, proverbs, and poetry of the Bible circulated orally; and after the oral literature was written down, it continued to be transmitted orally. Literature in the ancient world was

---

22 *Hearing God*, 125.
23 In McLean and Bird, *Unleashing the Word*, 67.

spoken, not read silently, even when reading was being done privately. That is the reason Philip knew the Ethiopian eunuch was reading Isaiah before joining him in his chariot(Acts 8:27). And the celebrated passage from Augustine's Confessions, where he happened upon Ambrose who was reading privately, also reflects the fact that reading aloud was the norm:

> But when he was reading, his eye glided over the pages, and his heart searched out the sense, but his voice and tongue were at rest. Oft times when we had come [upon him unexpectedly] we saw him thus reading to himself, and never otherwise; and having long sat silent...we would depart.

Augustine conjectures why Ambrose read this way: In his free time he didn't want others to hear the passage and ask him to expound on it, or to preserve his voice, "but with whatever intent he did it, certainly in such a man it was good."[24]

Reading aloud was the norm until well into the 18th century.[25] Thus the Bible, indeed all ancient literature, is an "arrested performance," like a musical score.[26]

The Bible alludes to its aural quality in verses like Rev. 22:18—"I warn everyone who hears the words of the prophecy of this book"; and Heb.1:1-2, 2:1—"Long ago God spoke to our ancestors in many and various ways by the prophets, but in these last days he has spoken to us by a Son... Therefore

---

24 Book 6, Chapter 3. The Harvard Classics edition is available at http://www.bartleby.com/7/1/6.html.

25 Walter J. Ong, *Orality and Literacy: The Technologizing of the Word*(New York: Methuen, 1982), 157.

26 Beverly Whitaker Long and Mary Frances HopKins, Performing Literature: An Introduction to Oral Interpretation(Englewood Cliffs, NJ: Prentice-Hall, 1982), 2.

we must pay greater attention to what we have heard." Even epistles, the genre that might seem to be most coupled to writing, were prepared orally in community, then dictated orally to a scribe, and then delivered orally to the intended audience through public reading.[27] Thus Colossians 4:16 states, "After this letter has been read to you, see that it is also read in the church of the Laodiceans." Even a letter like Philemon, the most personal of all NT epistles, was read aloud to the church that met in his home(vv. 1-2).

The Bible originated as oral communication, was then inscripturated (written down), and was

then transmitted from voice to ear. This is still the case in much of the worldwide Church today.

Argument #6—Hearing the Word is a different experience than reading it silently. In The Presence of the Word, theologian and communication scholar Walter Ong demonstrates that in the ancient world, hearing a text was thought of as an encounter with a person; texts connoted the presence, not the absence, of the author.[28] This leads Eugene Peterson to caution, "Caveat lector!" Let the reader beware![29] God may show up, and we may encounter him.

Hearing and seeing a reader embody the text is a different experience than silently pondering a script in the privacy of the study. Ong goes as far as to say that oral-aural man's "whole response to actuality is... organized

---

27 See Jeffrey D. Arthurs, *Preaching With Variety: How to Recreate the Dynamics of Biblical Genres*(Grand Rapids: Kregel, 2007), 162-165.

28 Walter J. Ong, *The Presence of the Word: Some Prolegomena for Cultural and Religious History*(Minneapolis: Univ. of Minnesota Press, 1967), 287-324.

29 Peterson, *Eat This* Book, 81-89.

differently from that of typographic man."[30] This chart summarizes some of the differences.

The Bible as Written Text	The Bible as Spoken Message
Perceived with the eyes.	Perceived with multiple senses—primarily hearing but also sight as we look at the reader and the environment. May use other senses also.
Private, individualistic.	Shared, communal.
Rate of communication is under the control of the reader. This enables practices like repetition and skimming.	Rate of communication is under the control of the speaker. The flow of information proceeds like a river which cannot be slowed or accelerated unless the speaker allows it.
Privileges analysis.	Fosters encounter.
Implies the absence of the author.	Impossible without the presence of the speaker.
Permanent.	Ephemeral. It lasts until the echo fades.
Past.	Present.

Communication scholars estimate that 65% of all "social meaning" and 93% of "emotional meaning" is communicated through the nonverbal channel.[31] That is, what you sound like and look like as you speak are the primary channels for communicating the nature of your relationship with the receiver(social meaning) and how you feel during the communication

---

30 *The Presence of the Word*, 8.

31 Randall P. Harrison, "Nonverbal Communication: Exploration into Time, Space, Action, and Object," *Dimensions in Communication*, eds. James H. Campbell and Hal W. Hepler(Belmont, CA: Wadsworth, 1965), 161; and Albert Mehrabian, *Silent Messages*(Belmont, CA: Wadsworth, 1971), 77. These statistics arise from the study of interpersonal communication, but they are also instructive for public communication like oral interpretation of Scripture.

event(emotional meaning). The task of the oral interpreter is to accurately project his/her understanding and experience of the text so that the listeners will also understand and experience that text.

Have you heard the Word read well? Vistas of new understanding open. I remember when I heard the entire book of Hebrews recited from memory. I had never understood Hebrews before. It's about Jesus! He is superior to angels, superior to the Aaronic priesthood, and superior to the Mosaic law. Don't let your confidence slip! Similarly, I remember when I heard the book of Mark read from beginning to end. I never knew before how kind Jesus was. He was constantly touching people and healing them. Words written are caged, but when spoken well they fly.

The final section of this paper suggests some ways we can increase the quantity and quality of our public reading of God's Holy Word.

Suggestions

Participants in the Bible Forum will be able to supply more suggestions, and I look forward to the discussion time, but here are some ideas to get us started:

Stop treating the Scripture reading as only a preliminary to the sermon. Try reading passages related to the subject of the sermon but not expounded in the sermon.

When preaching a book study, read the previous weeks' passages that lead up to this week's passage. I did this when preaching through 1 Corinthians, reading up to three chapters at a time. For the passage that would be preached on that week, we had the people stand.

Form a team of lay readers.[32] Train them in the art of public reading, demonstrating how oral interpretation is an exegetical act. Andrew Blackwood rightly says that "emphasis is exposition."[33] Do not thoughtlessly delegate public reading to anyone available on Sunday morning. With a pool of readers, you can choose someone with meaningful connection to the text such as a pregnant mother reading the Magnificant or a family reading the household instructions in Ephesians.

Let Scripture pervade the entire service: call to worship, invocation, prayer, and benediction. Try praying the psalms during the pastoral prayer.

Have the reader provide a brief introduction before reading. Explain context and other issues that will enhance understanding.

Comment briefly on the text as you read it. For example, add a parenthetic comment such as, "Lot lifted up his eyes and saw that the Jordan Valley was well watered everywhere like the garden of the Lord ... So Lot chose for himself all the Jordan Valley" [foolish man] "and Lot journeyed eastward."

Leverage the power of "proxemics," the use of spatial relations for communication. For example, when appropriate read while standing in the midst of the congregation, or have the people kneel while listening. Effective Bible reading is "embedded in the context of a personally speaking God and a prayerfully listening community."[34]

Employ creativity. This has to be done with pastoral wisdom, of course, but if your context permits, try a group reading, musical accompaniment, or visual accompaniment. I know of a church in Portland, OR, which

---

32 See McLean and Bird, *Unleashing the Word*, for helpful advice.

33 *Expository Preaching for Today* (Nashville: Abingdon, n.d.; rpt. Grand Rapids: Baker, 1975), 150.

34 Peterson, *Eat This Word*, 92.

preached through Ephesians, but on the final week of the series, no sermon was preached. Instead, a skillful but reader memorized the whole book and presented it while guitar played, matching his mood, and an artist drew, capturing the ideas of the book.

Conclusion

Because Scripture commands it, we need reminders of it, the people of God have always practiced it, and power is inherent in it, let us devote ourselves to the public reading of the Word. Let us increase the quantity and the quality of this vital ministry.

· **백신종 역**

중앙대학교(B.A.), 총신대 신학대학원(M.Div.), 풀러신학교(Th.M.)를 졸업하고 2004년 부터 시드 선교회 파송으로 캄보디아 선교사로 사역했다. 시카고의 Trinity Evangelical Divinity School에서 선교학 박사(Ph.D. Cand.) 과정을 수학하면서, 폴 히버트 선교연구소(Paul G. Hiebert Global Center for Intercultural Studies)의 디렉터로 일했으며, Trinity College에서 Adjunct Faculty로 문화인류학을 강의했다. 저서로 단기선교 퍼스펙티브(2008)가 있으며, 한국 선교계간(Korean Missions Quarterly), Evangelical Missions Quarterly, International Journal of Frontier Mission, An International Review of Missiology, Trinity Journal등 선교학 저널에 30 여 편의 논문과 서평을 발표했다. 현재는 메릴랜드주 엘리콧 시티에 소재한 벧엘교회 담임목사로 사역하고 있다.

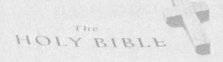

FORUM 6-1

읽는 것에 전념하라:

예배 중 성경 낭송의 역할강화

읽는 것에 전념하라:
예배 중 성경 낭송의 역할강화
Enhancing the Role of Scripture Reading in Worship

제프리 D. 아더스(고든코넬 신학교 학장)

논문 초록: 성경의 공적인 낭송은 예배의 필수적이지만, 많은 교회는 형식적인 성경 낭송을 하고 있다. 불행하게도, 이것은 종종 성경에 대한 "고등 견해"를 가지고 있지만 공적 낭송에 있어서 "저등 실행"을 하고 있는 복음주의 교회의 현실이다. 이 논문은 역사, 신학, 수사학의 논증을 통해서 "왜 공적 낭송에 헌신해야 하는지" 논할 것이다. 공적 낭송은 성경의 명령이며, 말씀이 우리를 변화시킨다는 점을 상기시키며, 역사적으로 하나님의 백성은 낭송에 헌신했으며, 성경이 크게 읽혀 지도록 의도된 책이기 때문이다. 성경을 크게 읽고 그 말씀이 구현되는 것은 조용한 읽기와 다른 경험을 제공한다. 이 논문은 또한 공적 낭송의 질과 양을 증가시키기 위한 구체적인 방안들을 제안할 것이다. "구전 해석학"의 풍성한 훈련을 탐구함으로 독자들은 말씀을 효과적으로 증거할 수 있는 준비를 갖출 수 있을 것이다.

서론(Introduction)

이 논문은 종종 교회의 예배 중에 성경을 잘 읽고 있지 않지만, 잘 읽혀진다면 성령이 감동하시는 깊은 설교 사역을 할 수 있다는 확신에서 활력을 얻게 되었다. 불행히도 어떤 교회들은 설교를 시작하기 위해서 목청을 가다듬는 것과 다름없이 성경을 읽고 있다. W. E. Sangster는 다음과 같이 지적한다.

성경 낭송은 공적 예배의 풍요함을 가장 넓은 범위에서 제공해 준다. 하지만, 성경이 잘못 읽혀 지고 있는 것은 매우 애석한 일이다… 성경은 잘 읽혀 진다면 사람들을 살리며, 설교가 성취하지 못하는 일을 감당하며, 사람들의 영혼에 들려진 하나님의 음성이 될 수 있다.[1]

Craddock 역시 동의하며, "사역자들이 교회에 성경의 중심성에 대해서 다양한 목소리를 내고 있지만, 성경의 공적 낭송을 보면 그런 확신을 지지해 주지 못한다."[2] 백 여년 전에 Mark Twain 역시 동일한 관찰을 했다.

교회는 언제나 다른 사람을 개혁하려고 한다. 하지만, 그 모범의 일환으로 교회 자체의 변화를 조금이라고 수행하는 것이 더 나을 것이다… 보편적인 목회자는 그 무기가 수치스러운 오발사고를 내지 않는 한 회중에서 자신보다 책을 읽지 않는 사람에게 총질을 해댈 수 없을 것이다. 내가 경솔하고 불순한 의미로 말하는 것이 아니라 현실을 정직하게 지적하는 것이다. 모든 지역과 교단의 보편적인 목회자들은 상당히 나쁜 독자들이다.[3]

---

1 W. E. Sangster, *The Approach to Preaching*(Philadelphia: Westminster, 1952), 69-70.

2 Fred B. Craddock, *Preaching*(Nashville: Abingdon, 1985), 210.

3 목회자들이 스스로 먼저 성경읽기와 독서를 하지 않는다는 점을 지적한 것이다. (역자주) *A Tramp Abroad*, vol. 2(Hartford: American, 1880), 92. In Robert G. Jacks, *Getting the Word Across: Speech Communication for Pastors and Lay Leaders*(Grand Rapids: Eerdmans, 1995), 11.

여섯 가지 주장(The Six Arguments)

다음의 여섯가지 주장은 통해서 이 논문은 공적 낭송의 양과 질을 높여야 한다는 나의 확신의 토대를 놓을 것이다. 그리고 결론에서 공적 낭송을 위한 간략한 제안들을 제시할 것이다.

주장 #1—하나님은 성경을 공적으로 낭송하도록 명령하셨다.

디모데전서 4:13에 "읽는 것에 전념하라"고 말한다. 여기에서 전념하다(헬. *prosecho*)는 말은 문자적으로 "마음을 향하다" 혹은 "주의를 기울이다, 스스로 적용하다"는 의미를 가지고 있다. 공적 낭송은 *lex ordandi lex credenda*의 원리 때문에 매우 중요하다. 이 말은 교회의 신조는 예배에 반영되고, 예배는 신조를 형성한다는 뜻이다.

디모데를 향한 바울의 명령은 성경의 사본이 희귀하며 글을 읽을 수 있는 사람이 많지 않았던 초대교회를 배경으로 이해할 필요가 있다. 당시는 책자를 대량생산하는 활자 시대가 아니라(손으로 쓰는) 서체 시대 였다. 목회자가 성도들을 거룩한 믿음으로 세우기 위해서는 성경을 크게 읽어 주어야만 했다.

반면에 오늘날에는 거의 모든 사람들이 읽을 수 있으며, 교회 나가는 사람이라면 성경을 가지고 있다. 하지만, 그러한 현실이 사람들이 실제로 성경을 읽고 있다는 것을 의미하지 않는다. 성경문맹률은 일세기의 성도들보다 더 높을지도 모른다. 21세기에 91퍼센트의 미국인들은 적어도 한 권의 성경을 가지고 있다. 하지만, 22퍼센트 만이 성경 전체를 한번 읽었다.[4]

2009년 미국의 영성에 대한 조사를 정리하면서 바나는 다음과 같이 말한다. "성경 문맹퇴치는 미국의 현실도 목표도 되지 못하고 있다"[5] 이것은 교회

---

4 Cited in Max McLean and Warren Bird, *Unleashing the Word: Rediscovering the Public Reading of Scripture*(Grand Rapids: Zondervan, 2009), 15.

5 http://www.barna.org/barna-update/article/12-faithspirituality/325-barna-studies-the-research-offers-a-year-in-review-perspective, accessed Aug. 4, 2010.

에 나가는 사람들을 포함해서 미국인들이 기독교 세계관을 가지고 있지 않기 때문에 생겨난 현실이다. 우리는 하나님의 약속과 요구에 대해서 무지한 자가 된 것이다.

주장 #2—상기시켜 줄 사람들이 필요하다.

교회를 나가는 사람들이 그 약속과 요구를 인식하고 있다 할 찌라도 정기적으로 일깨워 줄 필요가 있다.[6] 왜냐하면 잊어 버리기 때문이다. C. S. Lewis는 《은 의자》(The Silver Chair)라는 작품에서 기독교적 삶의 역동성을 잘 표사하고 있다. 아슬란은 질에게 이렇게 명령한다. "읽어 버린 왕자를 찾아 아버지의 집으로 데리고 오던지 아니면 찾다가 죽든지 택일해야 한다"[7]

질은 "어떻게 해야 하지요?" 라고 묻는다.

"아이야, 내가 말해 주마." 라고 사자가 대답한다.

"이것들이 네 질문을 안내해 주는 나의 사인이란다."

아슬란은 질에게 네 개의 사인을 주었다. 그것들은 명확한 세부 사항과 모호한 일반성이 뒤섞여 있지만, 그녀의 의무를 수행하는데 도움을 주기에 충분했다. 아슬란은 다음과 같은 위로와 함께 질에게 사명을 주어 파송한다.

기억하렴. 사인을 꼭 기억하렴. 아침에 깨어날 때, 저녁에 누울 때, 그리고 한밤에 걸을 때도 네 자신에게 그것을 말하렴. 그리고 어떤 이상한 일이 네게 일어나도, 그 사인을 쫓아 가는 네 마음을 돌이키지 못하게 하렴… 이 한 가지의 경고만 네게 주마. 내가 저 아래 나니아(Nania)에서는 자주 하지 않지만, 이 산

---

6 For an expansion of this point, see the other paper I am presenting at this conference, "Preaching As Reminding," and the book by the same title: Jeffrey D. Arthurs, *Preaching as Reminding: Stirring Memory in an Age of Forgetfulness*(Downers Grove: IVP, 2017).

7 C. S. Lewis, *The Silver Chair*(New York: Macmillan, 1953), 19-21.

에서 내가 네게 분명하게 말해 주마. 이 산에서는 공기가 맑고 네 정신도 맑아 진단다. 나니아로 떨어지는 순간 공기는 혼탁해 질 꺼야. 큰 주의를 기울여서 그것이 네 마음을 산란하기 않게 하렴… 사인을 기억하고 사인을 믿으렴. 다른 것은 문제 될 것이 아무것도 없어.

만약 이미 나니아 연대기를 읽었다면 알 수 있듯이, 질과 그녀의 친구 유 스타스는 하나의 모험에서 다른 모험으로 옮겨 갔고, 처음에 질은 매일 사인 을 검토하는 데 충실하지만 점차 모험의 한 가운데서 미끄러지고 말았다. 사 인의 단어들은 섞이고, 부분적으로 잊어버리고, 중요한 결정을 내려야 할 때 그것들을 사용하지 않았다. 그로 말미암아 거의 재앙에 가까운 결과를 낳지 만, 다행히도 그녀는 그 사인을 책임을 완수할 수 있을 정도로 그 사인을 기 억해 내고 복종했다.

이 세상에 공기는 여전히 혼탁하고, 우리 생각은 종종 깊은 안개에 덮여 있다. 우리의 마음을 상기시켜 줄 필요가 있기에, 하나님은 성경을 공적으로 읽도록 명령하신 것이다. 이렇게 우리는 하나님의 사람들이 사인을 쫓아갈 수 있도록 도울 수 있다.

주장 #3—성경을 공적으로 읽을 때 하나님의 백성들이 해야 할 일을 하는 것이다.

Eugene Peterson 은 이렇게 말한다. "지난 수 천 년간 테이블에서 이 책을 먹고 있는 전 세계적인 공동체의 사람들이 존재합니다"[8] 초기에는 하나님께 서 음성과 환상으로 의사소통을 하셨다. 이스라엘 백성이 출애굽 할 때 하 나님의 말씀이 문자로 기록되는 중요한 변화가 일어났다. 단명하는 소리는 문자로 단단해 졌으며, 문서의 반복적인 낭송은 하나님과의 언약을 갱신하

---

8 Eugene H. Peterson, *Eat This Book: A Conversation in the Art of Spiritual Reading*(Grand Rapids: Eerdmans, 2006), 72.

는 이스라엘 백성들의 예배의 중심역할을 했다.[9]

· 공적 낭송과 언약 갱신은 모세가 하나님의 율법을 수여할 때 시작되었
  다(출 24:3-4, 7)— "모세가 와서 여호와의 모든 말씀과 그의 모든 율례를
  백성에게 전하매 그들이 한 소리로 응답하여 이르되 여호와께서 말씀하
  신 모든 것을 우리가 준행하리이다. 모세가 여호와의 모든 말씀을 기록
  하고 …언약서를 가져다가 백성에게 낭독하여 듣게 하니"
· 공적 낭송은 모세의 마지막 순간까지 백성을 지도하는데 계속되었다(신
  31:10-13)— "매 칠년 끝 곧 면제년의 초막절에 온 이스라엘이 네 하나님
  여호와 앞 그가 택한 곳에 모일 때에 이 율법을 낭독하여 온 이스라엘에
  게 듣게 할지니. 곧 백성의 남녀와 어린이와 네 성읍 안에 거류하는 타국
  인을 모으고 그들에게 듣고 배우고 네 하나님 여호와를 경외하여 이 율
  법의 모든 말씀을 지켜 행하게 하고… 이 말씀을 알지 못하는 그들의 자
  녀에게 듣고 네 하나님 여호와 경외하기를 배우게 할지니라"
· 여호수아는 약속의 땅에 들어간 이스라엘에게 공적 낭송을 수행했다(수
  8:30-35). — "여호수아가 거기서 모세가 기록한 율법을 이스라엘 자손의
  목전에서 그 돌에 기록하매, 온 이스라엘과 그 장로들과 관리들과 재판
  장들과 본토인뿐 아니라 이방인까지 여호와의 언약궤를 멘 레위 사람 제
  사장들 앞에서 궤의 좌우에 서되 절반은 그리심 산 앞에, 절반은 에발
  산 앞에 섰으니… 모세가 명령한 것은 여호수아가 이스라엘 온 회중과

---

9 Much of the material in this section comes from Timothy J. Ralston, "Scripture in Worship: An
Indispensable Symbol of Covenant Renewal," in *Authentic Worship: Hearing Scripture's Voice,
Applying Its Truth*s, Herbert W. Bateman, IV, ed. (Grand Rapids: Kregel, 2002), 195-222; Bryan
Chapell, "The Incarnate Voice: An Exhortation for Excellence in the Oral Reading of Scripture,"
Presbyterion vol. 15, no. 1(Spring, 1989): 42-57; and Bryan Chapell, "A Brief History of Scripture
Reading," in *Resources for Music and the Arts*, vol. 4, *The Topical Encyclopedia of Christian
Worship*(Nashville: Abbott-Martyn, 1993): 696-698. The articles by Chapell are edited and
reproduced in Bryan Chapell, *Christ-Centered Worship: Letting the Gospel Shape Our Practice* 2nd
edition(Grand Rapids: Baker, 2009), 220-233. See also, *Twenty Centuries of Christian Worship*, Robert
E. Webber, ed., Vol. 2 in *The Complete Library of Christian Worship*(Nashville, NT: Star Song, 1994).

여자들과 아이와 그들 중에 동행하는 거류민들 앞에서 낭독하지 아니한 말이 하나도 없었더라

·약속의 땅에 나라가 세워졌을때, 이스라엘 남자들은 유월절과 초실절과 장막절에 "여호와의 앞에 나와야 했으며" 언약 갱신의 표현으로써 성경 낭송은 이 절기의 중심에 있었다. 따라서 Robert Webber는 "유대교 예배는 언제나 성경을 그 예배의 중심에 놓았다"고 결론 내린다.[10]

·시간이 지나면서 말씀이 잊혀 졌으며, 백성들은 우상숭배로 타락했다. 이스라엘은 더이상 그 사인을 돌아보지도, 기억하지도 않았다. 그들이 여전히 희생제사를 드렸지만, 주요 절기인 유월절을 지키지 않았으며(왕하 23:22-23, 대하 35:18), 다른 절기도 지키지 않아서 언약의 관계와 조항에 대해서 듣지 못했다. 선지자들은 이러한 그림을 확증해 준다(사 5:13; 렘 4:22; 호 4:1, 6, 14; 말 2:1-9).

·에스라 시대에 하나님의 말씀을 다시 낭송함으로 부흥이 일어났다(느 8:5-8) ― 에스라가 모든 백성 위에 서서 그들 목전에 책을 펴니 … 에스라가 위대하신 하나님 여호와를 송축하매 모든 백성이 손을 들고 아멘 아멘 하고 응답하고 몸을 굽혀 얼굴을 땅에 대고 여호와께 경배하니라… 하나님의 율법책을 낭독하고 그 뜻을 해석하여 백성에게 그 낭독하는 것을 다 깨닫게 하니"

·포로기 시대 팔레스타인 지역 밖에 살던 이스라엘 백성은 율법을 새로운 위치에 올려 놓았다. 그들은 성전과 제단을 떠나 이방에 둘러 쌓인 환경 속에서 율법을 어떻게 적용할 것인지를 연구했다. 회당이 세워졌으며, 이제는 연중 절기가 아닌 매주일 유대인이 함께 만나 하나님의 말씀을 읽고 듣는 장소가 되었다.

·예수님 당시에 회당의 예배는 율법과 선지서, 지혜서의 여러 성경 본문

---

10 Robert E. Webber, Worship Is A Verb(Dallas: Word, 1985), 74-75.

을 낭송했다. 예수님은 공생애 사역을 시작하시며 성경을 낭송하셨다(눅 4:16-18). 이와 유사하게 바울은 비시디아 안디옥에서 설교하기 전에 율법 과 선지서의 글을 읽어 주었다(행 13:15-16; cf. 행 15:21). 팔레스타인에서는 대략 삼년 반에 한번씩 모세오경을 낭송했다.[11] 오늘날과 마찬가지로 성 경 낭송은 회당예배의 중요한 부분이었던 것에 비해, 설교는 선택적이었 다.[12] 동료 설교자에게 미안하지만!

· 신약의 교회는 히브리 성경을 공적으로 낭송하는 것을 계속했으며, 사도 들의 글을 추가했다. 따라서 바울은 디모데에게 "읽는 것이 전념하라"고 명령한다(딤전 4:13). 그는 아주 효과적으로 "천 년간 지속된" 전통을 이어 가라고 말한 것이다.

· 교부들 역시 동일했다. 2세기 중엽 로마의 순교자인 유스도(저스틴)는 성 도들이 예배시간에 "시간이 허락하는 한 오랫동안" 성경 낭송을 듣기 위 해서 모였다고 말한다.[13] Bryan Chapell 은 "4세기 말에 이르러는 구약에 서 하나, 신약에서 복음서와 서신서에서 하나씩, 이렇게 세 개의 본문을 읽는 것이 예전의 형식으로 확정되었다. 마지막 낭송은 언제가 복음서였 으며, 사람들은 낭송을 위해서 기립했다"[14] 메소포타미아의 예전서는 네 개의 공중 낭송을 기록하며, 다른 곳에는 여섯 개 혹은 축제기간에는 더 많은 낭송을 규정하고 있다.[15] 만약 메소포타미아 교회의 예배에 참석한 다면 매주50-80 구절의 성경낭송을 들어야만 하는 것이다.[16]

· 4세기 초에는 "낭송자"라는 직함이 목회자의 역할 중 하나였다. Albert

---

11 Michael Graves, "The Public Reading of Scripture in Early Judaism," *Journal of the Evangelical Theological Society* vol. 50, no. 3(Sept. 2007): 473.

12 Arthur T. Piersen, How to Read the Word of God Effectively(Chicago: Moody, 1925) 3-4; J. Edward Lantz, Reading the Bible Aloud(New York: Macmillan, 1959), 3.

13 Justin Martyr, 1 *Apology* 67, in Ralston, "Scripture in Worship," 208.

14 "A Brief History of Scripture Reading," 697.

15 Hughes Oliphant Old, *The Reading and Preaching of the Scriptures in the Worship of the Christian Church*, vol. 2(Grand Rapids: Eerdmans, 1998), 277.

16 Old, *Reading and Preaching of the Scriptures*, 282.

Newman 은 교회사 매뉴얼(A Manual of Church History)에서 다음과 같이 기록한다. "낭송자의 책임은 낭송대에서 성경을 읽는 것이다. 성경을 가지고 있는 성도가 거의 없었기 때문에 대부분의 성도들은 교회에서 성경을 읽어 주는 것에 의지했다."[17] 기록된 성경의 희귀성은 말씀을 읽는 것의 가치를 높여 주었다.

· 죠나단 에드워드 당시 미국 식민지 시대 청교도의 예배는 구약성경과 신약성경의 교훈을 각각 한 장씩 읽고 시편을 음률로 노래했다.[18] 공공예배학사전(Directory for the Public Worship of God)에 따르면 "얼마나 긴 분량을 읽어야 하는지는 목회자의 지혜에 달려 있다. 하지만 일반적으로(일주일에 세 번씩) 모일 때 마다 신구약 성경을 한 장씩 읽는 것이 편리하다. 한 장이 짧거나 주제의 일관성이 요청된다면 때로 더 많이 읽을 수 있다."[19]

성경의 공중 낭송이 천년 이상 지속되었다는 중요성에 근거해서 Timothy Raltson은 이렇게 결론 내린다. "예배 안에 공적인 낭송과 설교는 하나님의 요청과 우리의 부족함, 그의 은혜를 드러낸다. 성경은 언약의 갱신과 영적인 부흥의 중심을 자리매김한다. 그러므로 만약 하나님의 말씀이 예배의 중요성을 차지하지 않는다면 어떻게 하나님이 받으실 만한 예배를 드릴 수 있겠는가?"[20]

주장 #4—하나님은 말씀을 통해서 우리를 변화시키신다.

찌꺼기를 태우는 것은 불이며(렘 23:29), 굳은 마음을 부수는 것은 망치며(렘 23:9), 작물을 살리는 것은 비이고(사 55:10-11), 아기를 살찌우는 것은 젖이

---

17 Albert Henry Newman, *A Manual of Church History*, rev. ed. (Valley Forge, PA: Judson, 1933), 1:294.

18 Douglas A. Sweeney, *Jonathan Edwards and the Ministry of the Word: A Model of Faith and Thought*(Downers Grove, IL: InterVarsity, 2009), 58.

19 In Sweeney, *Jonathan Edwards*, 58-59.

20 Ralston, "Scripture in Worship," 209.

며(벧전 2:2), 주린 배를 채우는 것은 양식이며(히 5:12-13), 마음을 찌르고 사단을 대적하는 것은 검이며(히 4:12; 엡 6:17), 참된 자신을 보는 것을 거울이며(약 1:23-25), 우리 길을 밝히는 것은 등불이다(시 119:105; 잠 6:23; 벧후 1:19). 말씀의 능력에 관한 신념은 실행에 영향을 주어야 한다. 과연 예배에 처음 나온 사람이 하나님의 말씀보다 광고에 더 귀를 기울이고, 숙련된 낭송보다 기교 넘치는 음악을 즐긴다고 생각할까? 광고가 쓸모 없거나 음악이 즐겁지 않다는 말이 아니라, 하나님의 말씀을 간과하면 안된다는 말이다! 말씀의 양과 질은 "살아서 운동력 있는" 말씀을 통해서 우리를 변화시키시는 하나님에 대한 기대를 증명해 준다(히 4:12).

백부장의 이야기는 일반적인 말씀의 능력과 특별히 예수님의 말씀의 능력을 잘 보여준다. "말씀만 하사 내 하인을 낫게 하소서. 나도 남의 수하에 든 사람이요 내 아래에도 병사가 있으니 이더러 가라 하면 가고 저더러 오라 하면 오고 내 종더러 이것을 하라 하면 하나이다."(눅 7:6-8) 하나님의 말씀은 창조하고, 통치하고, 구속하는 능력이 있다.[21]

창조에 관해서:
"여호와의 말씀으로 하늘이 지음이 되었으며 그 만상을 그의 입 기운으로 이루었도다"(시 33:6)

통치에 관해서:
"여호와여 주의 말씀은 영원히 하늘에 굳게 섰사오며, 주의 성실하심은 대대에 이르나이다 주께서 땅을 세우셨으므로 땅이 항상 있사오니"(시 119:89-90)
"그의 명령을 땅에 보내시니 그의 말씀이 속히 달리는도다."(시 147:15)

---

21 Dallas Willard, *Hearing God: Developing a Conversational Relationship With God*(Downers Grove, IL: InterVarsity, 1993), 118.

구속에 관해서:

"이에 그들이 그들의 고통 때문에 여호와께 부르짖으매 그가 그들의 고통에서 그들을 구원하시되, 그가 그의 말씀을 보내어 그들을 고치시고 위험한 지경에서 건지시는도다."(시 107:19-20)

우리가 "거듭난 것은 썩어질 씨로 된 것이 아니요 썩지 아니할 씨로 된 것이니 살아 있고 항상 있는 하나님의 말씀으로 되었느니라."(벧전 1:23)

그는 "말씀으로 깨끗하게" 하심으로(엡 5:26) "너희 영혼을 능히 구원할 바"(약 1:21) "진리의 말씀으로 우리를 낳으셨느니라"(약 1:18)

하나님의 능력이 어떻게 말씀을 통해 영향을 받는가? 달라스 윌라드(Dallas Willard)는 이렇게 비유로 설명한다. "당신의 손이 생각과 감정에 의해서 움직이는 것과 같은 방식이다." 하나님께서는 말씀으로 표현된 당신의 의지의 확장을 통해서 창조와 통치와 구속의 의지를 실행하신다. "그러면 우리가 자연법칙이라고 부르는 것은 세상의 운행원리인데 하나님의 말씀으로 표현된 생각과 의도라고 여겨야 한다."[22]

그래서 마하트마 간디(Mahatma Gandhi)는 이렇게 말한다. "그리스도인은 세상의 모든 문명을 파괴할 수 있는 다이나마이트를 포함하고, 세상을 뒤집어버리고, 전쟁으로 파괴된 세상에 평화를 가져오기에 충분한 문서를 가지고 있다. 하지만, 그들은 그 책을 그저 좋은 문학 정도 이상으로 여기지 않고 있다."[23]

주장 #5—성경은 크게 읽도록 쓰여진 책이다.

양피지와 파피루스에 기록되기 전에 성경의 이야기와 속담과 시들은 구전으로 회자되었다. 구전문학이 기록된 이후에도 여전히 구전을 통해서 전승되

---

22 *Hearing God*, 125.

23 In McLean and Bird, *Unleashing the Word*, 67.

었다. 고대의 문학은 개인적인 독서에 있어서도 조용히 읽기보다 소리 내어 읽었다. 이것이 바로 빌립이 이디오피아 내시가 마차에서 이사야서를 읽는 것을 알았던 이유였다(행 8:27). 어거스틴의 고백록에서 암브로스가 개인적으로 독서하는 장면에서도 당시의 관행이 소리내어 읽는 것이라는 사실을 보여준다.

그가 책을 읽을 때면, 그 눈이 페이지를 넘기고, 그 마음은 감각을 찾지만, 그 혀와 소리는 평안을 누린다. 종종 우리가 갑자기 방문하면 그가 이렇게 독서하고 있는 모습을 보았다. 그렇지 않았다면 보지 못했을 것이다. 그가 오랫동안 조용히 앉아 있는 것을⋯ 그를 떠나 주었다.

어거스틴은 왜 암브로스가 이렇게 읽었는지를 추측한다. 그는 자신의 여가 시간에 다른 사람들이 읽는 것을 듣고 와서 설명해 달라고 요구하거나 목소리를 아끼라는 요청을 원치 않았기 때문이다. "그의 의도가 무엇이든지 간에 분명히 그에게 좋은 일이다."[24]

큰 소리로 읽는 것은 18세기 이전까지는 아주 일반적인 표준이었다.[25] 성경뿐 아니라 모든 고대 문학은 음악 악보와 마찬가지로 "구속된 연주"를 위한 것이다.[26] 성경은 여러 구절에서 청각적인 특성을 암시하고 있다. 요한계시록 22:18 에서 "내가 이 두루마리의 예언의 말씀을 듣는 모든 사람에게 증언하노니" 그리고 히브리서 1:1-2, 2:1 에서는 "옛적에 선지자들을 통하여 여러 부분과 여러 모양으로 우리 조상들에게 말씀하신 하나님이 이 모든 날 마지막에는 아들을 통하여 우리에게 말씀하셨으니⋯ 그러므로 우리는 들은 것에 더욱 유념함으로 우리가 흘러 떠내려가지 않도록 함이 마땅하니라"

---

24 Book 6, Chapter 3. The Harvard Classics edition is available at http://www.bartleby.com/7/1/6.html.

25 Walter J. Ong, *Orality and Literacy: The Technologizing of the Word*(New York: Methuen, 1982), 157.

26 Beverly Whitaker Long and Mary Frances HopKins, *Performing Literature: An Introduction to Oral Interpretation*(Englewood Cliffs, NJ: Prentice-Hall, 1982), 2.

심지어 문학장르 상 기록된 것으로 보여지는 서신서 역시 공동체 안에서 구전으로 읽혀졌으며, 기록자가 쓰도록 구술되었고, 의도된 청중에게 공중 낭송을 통해서 읽혀지도록 전달했다.[27] 그래서 골로새서 4:16에서는 "이 편지를 너희에게서 읽은 후에 라오디게아인의 교회에서도 읽게 하고 또 라오디게아로부터 오는 편지를 너희도 읽으라"고 말한다. 심지어 신약에 가장 개인적인 빌레몬서 같은 서신에서도 그 가정에서 모이는 성도들에게 공적으로 읽어 주었다(1-2절).

성경은 구전적 의사소통의 수단으로 시작되었다가 기록되었으며, 목소리와 귀로 전승되었다. 이것이 오늘날 세계의 모든 교회에서 일어나고 있는 일이다.

주장 #6—말씀을 듣는 것은 조용히 읽는 것과는 전혀 다른 경험이다.

신학자이고 소통가인 월터 옹(Walter Ong)은 《말씀의 임재》(The Presence of the Word)라는 책에서 고대사회에서 문서를 듣는 것은 저자를 대면하는 것과 같다고 여겼다는 점을 증명해 주고 있다. 문서는 그 저자의 부재가 아닌 출석을 의미했다.[28] 이는 유진 피터슨으로 하여금 성경의 "독자에게 경고"하게 만들었다!(성경을 읽는 것은) 하나님이 나타나시고 그를 대면하는 것이다.

문서를 구현하는 낭송자를 보고 듣는 것은 개인적인 연구를 위해서 문서를 조용히 묵상하는 것과는 전혀 다른 경험이다. 옹(Ong)은 더 나아가 구전-청각적 인간은 "문서적인 인간과는 전혀 다른 방식으로… 사실에 대해서 전적으로 반응한다"고 주장한다.[29] 다음의 표1은 이 양자간의 차이를 정리한 것이다.

---

27 See Jeffrey D. Arthurs, *Preaching With Variety: How to Recreate the Dynamics of Biblical Genres*(Grand Rapids: Kregel, 2007), 162-165.

28 Walter J. Ong, The Presence of the Word: Some Prolegomena for Cultural and Religious History(Minneapolis: Univ. of Minnesota Press, 1967), 287-324.

29 *The Presence of the Word*, 8.

표 1. 기록된 성경과 구술된 성경의 차이

기록된 문서로서의 성경	구술된 메시지로서의 성경
눈으로 인지함	다양한 감각으로 인지함. – 주로 청각으로 인지하지만, 낭송자와 주변 환경을 눈으로 인식함. 다른 감각을 사용하기도 함
개인적인, 사적인	공동체적인, 나눔의
독자의 통제에 의한 의사소통이 이루어짐 반복이나 건너뛰기와 같은 현상이 일어남	낭송자의 통제에 의한 의사소통이 일어남. 정보가 강처럼 흘러서 낭송자의 동의 없이는 늦추거나 속도를 낼 수 없음.
분석의 특권	위탁자를 대면함
저자의 부재를 의미함	낭송자의 존재 없이는 불가능함
영구적	일시적. 공명이 울리는 동안만 유지
과거	현재

의사소통 학자들은 "사회적 의미"의 65%와 "감정적 의미"의 93%가 비언어적인 통로로 전달된다고 예상한다.[30] 이것은 당신이 말을 할 때 들리는 것과 보이는 것이

즉, 당신이 말할 때 당신이 말하고 있는 소리와 보여지는 모습은 수신자와의 관계의 본질(사회적 의미)과 의사소통 행위 중 당신이 느끼는 감정(감정적 의미)을 전달하기 위한 일차적인 통로라는 것이다. 구전 해석가의 책임은 문서에 대한 자신의 이해와 경험을 정확하게 투영해서 청자로 하여금 그 문서를 이해하고 경험하게 하는 것이다.

말씀을 잘 읽는 것을 들어본 적이 있는가? 그러면 새로운 이해의 전망이 열린다. 히브리서 전체를 암송하는 것을 들어본 적이 있다. 이전에 이해하지

30 Randall P. Harrison, "Nonverbal Communication: Exploration into Time, Space, Action, and Object," *Dimensions in Communication*, eds. James H. Campbell and Hal W. Hepler(Belmont, CA: Wadsworth, 1965), 161; and Albert Mehrabian, *Silent Messages*(Belmont, CA: Wadsworth, 1971), 77. These statistics arise from the study of interpersonal communication, but they are also instructive for public communication like oral interpretation of Scripture.

못했던 방식으로 이해하게 되었다. 이 책은 예수에 관한 것이다! 그는 천사보다 우월하며, 아론의 제사장직 보다 뛰어나며, 모세의 율법보다 나은 분이다. 당신의 확신을 잃지 말라! 마찬가지로 마가복음 처음부터 끝까지 읽는 것을 들은 적이 있다. 나는 예수님이 얼마나 친절한 분인지 그때 깨달았다. 그는 계속해서 사람들을 만지시고 치유하셨다. 기록된 말씀은 갇혀 있는 것이다. 하지만, 소리 낸 말씀은 창공을 나른다.

이 논문의 마지막 부분에서 하나님의 거룩한 말씀의 공적인 낭송에 있어서 양과 질을 증가할 수 있는 방안을 다음과 같이 제안한다.

제안(Suggestions)

성경포럼의 참석자들이 더 많은 제안을 할 수 있을 것이다. 그리고 토론시간을 기대하고 있다. 하지만, 아래 몇가지 시작할 수 있는 생각을 나눈다.

성경읽기를 설교를 위한 사전 단계로만 치부하는 일을 멈추라. 예배 중 낭송하는 본문을 설교의 주제와 관련된 것으로 하되 설교를 통해서 설명하려고 하지 말라.

강해 설교를 할 때는 이번 주 본문의 배경이 되는 지난 주 설교 본문을 함께 읽으라. 나는 고린도전서를 설교할 때 이렇게 했다. 한번에 세장 정도씩 읽었으며, 그주일 설교 본문을 읽을 때는 모든 성도가 일어나 함께 읽었다.

평신도 낭송팀을 구성하라.[31] 그들에게 구전 낭송이 얼마나 주해적인 작업인지 공중낭송의 기술을 훈련하라. 그런 의미에서 앤드루 블랙우드(Andrew Blackwood)는 "강조는 강해이다"라고 지적했다.[32]

깊은 사려 없이 주일 아침에 시간이 되는 아무 사람에게 공중 낭송을 위임하지 말라. 낭송자 그룹 중에서 본문과 의미 있는 관련이 있는 사람을 선정해서 일게 할 수 있다. 예를 들어서 마리아의 찬가는 임신한 여성이 읽게

---

31 See McLean and Bird, *Unleashing the Word*, for helpful advice.
32 *Expository Preaching for Today* (Nashville: Abingdon, n.d.; rpt. Grand Rapids: Baker, 1975), 150.

한다거나, 에베소서의 가정에 관한 교훈을 존경받는 가정의 가장이 낭송하는 것이다.

성경이 예배 전체에 스며들게 하라. 예배의 부름, 송영, 기도, 축도 등 모든 순서에 말씀이 반영되어야 한다. 목회기도에도 시편의 말씀을 읽으며 기도하라.

낭송자는 말씀을 읽기 전에 간략한 설명을 해 주어야 한다. 성경 본문을 읽기 전에 이해를 도울 수 있는 배경이나 다른 문제들을 간략하게 설명하는 것이 좋다.

낭송을 하면서 간략한 설명을 덧붙일 수 있다. 예를 들어 지문 같은 내용을 삽입할 수 있다. "롯이 그 눈을 들어 요단 골짜기를 보니 물이 풍부하고 여호와의 정원과 같은 지라… 롯이 자신을 위하여 요단 골짜기를 택하고 [어리석은 자여!] 동방으로 향하더라"

"공간학"의 힘을 이용하라. 의사전달에 있어서 공간 관계를 이용해야 한다. 예를 들어 본문과 관련해 회중이 서는 것이 적합하다면 그렇게 하고, 청중이 무릎을 꿇어야 한다면 그렇게 한다. 효과적인 성경 읽기는 "개인적으로 말씀하시는 하나님을 구현할 수 있는 상황을 조성하고 기도하며 경청하는 회중을 만드는 것이다."[33]

창조성을 사용하라. 물론 목회적인 지혜를 통해서 해야 한다. 하지만, 상황이 허락한다면, 함께 읽거나 음악을 이용하거나 시각적인 자료를 활용한다. 오레곤 주의 포트랜드에 있는 한 교회는 에베소서를 강해하고 마지막 설교를 하는 주간에는 설교를 하지 않았다. 그 대신 낭송자가 기타 반주에 맞추어서 감정을 싣고 내용을 연상시키는 예술적인 그림을 활용하면서 에베소서 전체를 암송했다.

---

33 Peterson, *Eat This Word*, 92.

결론(Conclusion)

성경이 명령하고 있기 때문에 우리는 그 일을 상기시킬 필요가 있다. 하나님의 백성은 능력이 내제되어 있는 성경읽기를 언제든지 실행해야 한다. 하나님의 말씀을 읽는 일에 전력하라. 이 생동적인 사역의 양과 질을 높이는 일에 힘써야 한다.

· 전정구

존스 홉킨스 대학교(B.S. in Humanities), 캘리포니아 웨스트민스터신대원(M.A.R. & M.Div.)에서 수학했으며 필라델피아 웨스트민스터신대원에서 조직신학으로 박사학위(Ph.D.)를 받았다. 예일대신대원에서 방문학자(Visiting Fellow), 듀크대 신대원과 웨스트민스터 신대원에서 방문학자(Visiting Scholar)를 역임했다. 췌사픽 신대원과 훼이스 신학교에서 성경신학 및 조직신학 교수로 섬겼다. 저서로는 Biblical Theology(2017), Calvin and the Federal Vision(2009), Covenant Theology and Justification by Faith(2006), Covenant Theology(1999 & 2004) 등이 있다. 영문 신학 저널에 다수의 논문과 북서평을 발표했다.

The
HOLY BIBLE

FORUM 7

신학교육과
성경읽기

신학교육과
성경읽기

전정구

신학교육과 성경읽기 혹은 성경읽기와 신학교육은 아주 밀접하면서도 유기적인 상호연관성이 있다. 어떤 조망과 관점, 그리고 태도를 갖고 신학교육을 하고 성경읽기를 하느냐에 따라 그 과정과 결론은 아주 크나큰 차이를 불러일으킨다.

오늘날 지구상에 존재하는 거의 모든 종교들이 자신들이 믿고 신봉하는 종교 안에서 믿음과 종교생활에 표준적인 잣대라 부를 수 있는 정경(Canon)을 보유하고 있다. 가령 현재 지구상에서 가장 빠른 속도로 확장해 가는 이슬람교에서는 꾸란을 이슬람종교 생활에서 최고의 권위를 부여하는 정경으로 삼고 있다.

하나님께서는 새 언약교회 공동체(the New Covenant community)에게 구약과 신약성경을 정확무오한 하나님의 말씀으로 예수를 믿는 신자들과 교회공동체의 신앙과 삶의 최고의 가치와 권위를 부여해주는 정경으로 주셨다. 그렇다면 성경의 정경성과 다른 종교들이 각각 보유하고 있는 정경성의 차이점이 과연 무엇인가? 성경이 정확무오한 하나님의 말씀으로 명확하게 구별되는 독특한 특성은 바로 '언약적이며 구속사적'(covenantal and redemptive historical)이라는 것이다.[1] 가령 구약은 모세오경, 역사서, 시가서, 선지서 등으로 구별되는 39권의 하나님의 말씀으로 구성되어 있다. 더불어 신약은 사복음서, 사도행전, 바울서신, 일반서신, 그리고 요한계시록으로 구별되는 27권의 하나님의 말씀이 하나로 합해져서 신약을 구성하고 있다.

본 논문을 통하여 구약의 언약적 정경(The Old Testament as Covenantal Canon)의 특징과 내용에 대하여 포괄적으로 살펴보기로 한다.[2] 구약의 가장 큰 특징은 언약적 역사(covenantal history)를 담고 있는 데 있다. 하나님께서는 고대 이스라엘의 일상적 언어였던 히브리어를 사용하여 모세를 비롯한 선지자들로 하여금 모세오경, 역사서, 시가서, 그리고 예언서를 기록하게 하여 고대 이스라엘 언약공동체 백성들에게 신앙과 삶의 최고의 기준과 가치를 제공하는 언약적 정경(Covenantal Canon)으로 주셨다. 우리는 구약을 언약적 정경의 관점에서 살펴보면서 새 언약 교회공동체 신자들이 지향해야 할 그리스도 중심적, 그리스도 목적적. 언약적, 그리고 종말론적 성경읽기의 중요성을 인식하고 그 구체적 방법을 간결하지만 포괄적으로 제안하고자 한다.[3]

나아가 성부, 성자, 성령을 아우르는 영원전부터 자존하시는 삼위일체 하나님의 존재와 사역, 그리고 성경이 정확무오한 하나님의 말씀이라는 것을 신

---

1 신약성경의 정경성과 구속사의 밀접한 연관성에 대하여는 다음을 참조하라. Herman N. Ridderbos, *Redemptive History and the New Testament Scriptures*, trans. H. De Jongste(Phillipsburg, NJ: P&R Publishing, 1988). 리델보스는 신약성경의 정경성과 구속사의 밀접성에 대하여는 아주 적합하게 논의하지만 언약과의 상호 연관성에 대하여는 아쉽게도 관찰하지 못한다. 구약과 신약의 정경성과 언약과 구속사의 밀접한 상호 연관성에 대하여는 다음을 참조하라. Meredith G. Kline, *The Structure of Biblical Authority*(Eugene, OR: Wipf and Stock Publishers, 1997).

2 지면이 한정되어 본 논문에서는 신약성경의 언약적 정경의 특징과 내용에 대해서는 생략하기로 한다.

3 16세기 유럽의 종교개혁 당시 칼빈(John Calvin, 1509-1564)은 구속사적 성경해석의 지평을 열었을 뿐만 아니라 성경을 그리스도 중심적, 그리스도 목적적, 언약적, 그리고 종말론적으로 이해하고 해석하였다. 특히 칼빈의 《기독교강요》는 역사적인 성경신학과 논리적이며 주제별인 조직신학이 잘 조화를 이룬 가히 천재적 신학 작품이다. Cf. Jeong Koo Jeon, *Biblical Theology: Covenants and the Kingdom of God in Redemptive History*(Eugene, OR: Wipf & Stock, 2017), xx-xxi; idem, *Calvin and the Federal Vision: Calvin's Covenant Theology in Light of Contemporary Discussion*(Eugene, OR: Wipf & Stock, 2009), 43-92.

학교육과 성경읽기의 대전제로 겸손히 받아드리면서 구약성경의 언약적 정경요소를 살펴볼 것이다.

오늘날 교회안팎에서 신학무용론을 주장하는 목소리가 거세지고 있다. 이는 대단히 위험한 생각이다. 왜냐하면 성경 그 자체가 성령의 영감에 의해 기록된 신학적인 말씀이기 때문이다. 성경은 성경신학(Biblical Theology)의 관점에서 보면 창세기에서부터 요한계시록에 이르기까지 창조, 타락, 구속, 완성(creation, fall, redemption, and consummation) 등을 아우르는 역사적 특징이 있다. 또한 주제별 교리의 진리를 가르쳐주는 조직신학적 특징도 내포하고 있다. 그러므로 성경을 읽을 때 독자들은 기도하는 마음으로 성령의 조명에 의지하며 역사적인 성경신학과 주제별 교리를 가르쳐주는 조직신학이 상호 모순이나 파열음이 없이 독자들 마음 속에 아름다운 조화를 이루어야 한다. 그런 의미에서 우리는 성경신학과 조직신학이 아름다운 앙상블을 이루어야 한다는 깊은 인식을 갖고 구약성경의 언약적 정경의 내용과 특징에 대해 살펴볼 것이다.

모세오경과 언약적 정경(The Pentateuch and Covenantal Canon)

먼저 모세오경(Pentateuch)의 언약적 및 구속사적 특징을 살펴보도록 하자. 창세기, 출애굽기, 레위기, 민수기, 그리고 신명기를 아우르는 모세오경을 보면 창세기 1장부터 신명기 34장 말씀까지 단 한 순간도 중단 없이 지속적으로 연결되는 언약적 역사(covenantal history)를 아우르고 있다. 모세오경은 성령의 영감에 의하여 기록된 하나님의 말씀으로 철저하게 언약적 역사를 품고 있을 뿐만 아니라 창조, 타락, 구속, 그리고 완성(creation, fall, redemption, and consummation)을 지향하며 나아가는 신약의 요한계시록까지 성경말씀 전체를 관통하며 단 한 순간도 중단 없이 유기적으로 밀접하게 연결되는 구속

사(redemptive history)의 커다란 패러다임을 담고 있다.[4]

가령 창조, 타락, 구속의 서막, 그리고 에덴동산에서의 추방 기사를 담고 있는 창세기 1장 1절부터 3장 24절 말씀은 언약의 관점에서 보면 포괄적으로 창조 언약(the covenant of creation)으로 볼 수 있다.[5] 영원한 하나님 나라에 대한 지상적 모형으로 지구상에 전능하신 하나님이 특별하게 조성하신 에덴동산에서 아담과 하와는 은혜 언약(the covenant of grace)아래 있지 않았고 행위 언약(the covenant of works in the Garden of Eden) 아래 있었다(창 2:15-17). 행위 언약 아래 있던 첫 사람 아담이 사탄의 유혹을 이기지 못하고 선악과를 따먹고 행위 언약을 파기하자 사랑과 은혜가 풍성하신 하나님께서는 "여자의 후손"으로 오실 메시아 안에서 은혜 언약(the covenant of grace)을 맺으므로 영원 전에 아버지 하나님께서 그리스도 안에서 구원하기로 작정하신 택한 백성들을 하나님의 은혜로 믿음을 주시고 구원의 은혜를 베푸는 구원의 역사의 서막이 활짝 열렸다(창 3:14-15).[6]

놀랍게도 하나님께서는 구원의 은혜를 베푸는 은혜 언약을 맺으시고 마지막 심판의 날까지 지구상에서 인간의 역사가 가능하도록 하는 보통은혜 언약(the covenant of common grace)을 맺으셨다(창 3:16-19).[7] 선악과를 따먹고 행

---

4 19세기에 독일을 중심으로 자유주의 신학이 본격적으로 꽃피기 시작했다. 특히 헤겔의 변증법적 역사관과 진화론적 역사관을 성경 기록 및 형성과정에 적용하는 역사비평방법론(historical critical methodology)이 본격적으로 대두하기 시작했다. 가령 모세오경의 경우에 선지자 모세의 저작권을 부인하고 소위 문서설(the documentary hypothesis)을 주장하기 시작했다. 이를 학문적으로 체계화한 대표적인 학자가 벨하우젠(Julius Wellhausen, 1844-1918)이었다. 벨하우젠은 모세오경은 전통적으로 교회가 믿어왔던 것처럼 모세가 기록한 것이 아니라 원래 여호와 문서(the Jahwist or Yahwist source), 엘로힘 문서(the Elohim source), 신명기 문서(the Deuteronomistic source), 그리고 제사 문서(the Priestly source) 등이 독립적으로 존재하였다고 주장한다. 그러면서 이스라엘 백성들이 바벨론 포로로부터 해방되어 약속의 땅에 돌아온 이후에 이스라엘의 역사가들이 그 당시 시대적 상황 아래 이스라엘의 종교개혁의 목적에 합당하도록 네 가지 다른 문서들을 편집하여 재구성하여 기록한 것이 바로 모세오경이라는 것이다. 벨하우젠의 문서설을 구체적으로 이해하기 위해서는 다음을 참조하라. Julius Wellhausen, *Prolegomena to the History of Israel*, trans. J. Sutherland Black and Allan Menzies(Edinburgh: Adam and Charles Black, 1885).

5 창세기 1-3장 말씀을 창조 언약으로 놓고 이에 대한 성경신학적 해설에 대하여는 다음을 참조하라. Jeon, *Biblical Theology*, 1-32.

6 본 논문에서 한글 성경 인용은 특별한 예외를 제외하고 개역개정본을 따른다.

7 창세기 3장 16-19절 말씀을 보통은혜 언약의 시작(the inauguration of the covenant of common grace)으로 보고 성경신학적으로 해설하는 내용에 대해서는 다음을 참조하라. Jeon, *Biblical Theology*, 27-32; Meredith G. Kline, *Kingdom Prologue: Genesis Foundations for a Covenantal Worldview*(Overland

위 언약을 파기하고 원죄를 범한 아담과 하와는 은혜 언약의 원리에 의하여 믿음을 통하여 구원의 은혜를 받았지만 거룩한 하나님의 동산인 에덴 동산에서 살아갈 자격을 상실하고 에덴동산에서 쫓겨나 에덴 동산 밖에서 거칠고 험난한 순례자의 삶을 시작하였다(창 3:22-24).

노아의 때에 이르러 하나님께서는 원래 세상 사람들(people in the original world)이 극도로 타락하자 홍수 심판 이전에 타락한 원래 세상 가운데 하나님을 믿었던 믿음의 사람 노아와 더불어 언약을 맺으셨다.[8] 더불어 구원의 방주에 들어간 노아 언약 공동체는 하나님의 주권적인 은혜로 홍수 심판을 면하고 구원을 받았지만 구원의 방주에 들어가지 못한 지구상의 모든 사람들은 남녀노소 불문하고 마지막 구속적 심판의 모형인 구속적 심판(redemptive judgment)을 받고 사망의 형벌을 받았다(창 6:5-8:19). 그런데 원래 세상의 노아시대 홍수심판은 비록 그것이 남녀노소 구별하지 않고 하나님께서 홍수라는 매개를 통하여 거룩한 전쟁을 벌여 진멸(total destruction)하셨지만 예수 그리스도께서 재림하는 주의 날에 벌어질 마지막 구속적 심판(final redemptive judgment)에 대한 가시적인 모형적 심판(typological judgment)이었다.

그러면 홍수심판을 통하여 노아의 방주에 들어간 언약공동체만 제외하고 지구상의 모든 사람들을 남녀노소 구별 없이 아주 잔인하게 심판하여 사망의 형벌을 내린 언약적 배경이 무엇인가? 단언하면 구속적 심판의 언약적 배경은 하나님께서 첫 사람 아담과 맺었던 행위 언약이다. 다시 말하면 여기서 우리는 창조언약의 구도 안에서 하나님께서 에덴동산에서 맺었던 행위 언약(the covenant of works in the Garden of Eden)을 반드시 기억할 필요가 있다(창

Park, KS: Two Ages Press, 2000), 153-60.

8 노아 언약을 홍수 전 노아 언약과 홍수 후 노아 언약으로 구분하고 전자를 구원과 관련이 있는 은혜 언약의 관점에서 보고 후자를 구원과는 직접적인 관련이 없으나 지구상에 인간 역사를 통하여 구원의 역사가 가능하도록 하는 역사의 배경이 되는 보통은혜 언약의 갱신 혹은 회복의 관점에서 조망하는 성경신학적 해석에 대해서는 다음을 참조하라. Jeon, *Biblical Theology*, 33-57; Kline, *Kingdom Prologue*, 244-62.

2:15-17). 홍수 심판을 통하여 하나님께서는 거룩한 전쟁(holy war)을 직접 싸우셔서 구원의 방주 안에 들어간 은혜 언약공동체를 제외하고는 첫 사람 아담 안에서 행위 언약의 저주 아래 있던 원래 세상의 모든 사람들을 구속적 심판을 통해 사망의 형벌을 내렸다.

홍수 심판 이후에 사랑과 은혜가 풍성하신 하나님께서는 이 지구상에서 예수 그리스도께서 재림하셔서 마지막 구속적 심판이 벌어지는 그 날까지 오래 참으시며 인간의 역사가 가능하고 언약공동체를 통하여 복음이 지속적으로 전파되게 하셨다. 하나님께서는 영원 전에 그리스도 안에서 구원하시기로 작정한 택한 백성들을 은혜 언약의 원리에 따라서 구원의 은혜를 베푸시기 위하여 일시적으로 거두어가셨던 보통은혜 언약의 축복을 홍수 후 노아 언약을 통하여 갱신(the renewal or recovery of the covenant of common grace)하셨다(창 8:20-9:17). 더불어 보통은혜 언약의 축복을 예수 그리스도께서 재림하는 주의 날에 벌어질 마지막 구속적 심판의 날까지 거두어가지 않겠다는 언약의 표시(the sign of the Post-diluvian Noahic covenant of common grace)로 하늘에 아름답고 찬란한 형형색색 무지개를 보여주셨다(창 9:11-17).

아브라함의 때에 이르러 언약의 하나님께서는 갈대아 우르에서 아브라함을 불러내시고 약속의 땅 가나안으로 인도하셔서 그와 더불어 언약을 맺으셨다(창 11:27-25:11).[9] 그런데 여러모로 하나님께서 아브라함과 더불어 맺은 아브라함 언약은 언약에 대하여 언약의 상대자인 언약한 사람이 언약에 대한 맹세를 하지 않고 전능하신 하나님이 언약에 대한 맹세를 하셔서 은혜언약의 가장 두드러진 특징을 아주 가시적으로 선명하게 보여주셨다. 사랑과 은혜가 무한하신 하나님이 아브라함을 상대로 언약을 맺으면서 언약수여식(covenant ratification ceremony)에 나타난 장면을 눈 여겨 관찰할 필요가 있다(창 15:12-21).

---

9 아브라함 언약에 대한 성경신학적 논의는 다음을 참조하라. Jeon, *Biblical Theology*, 58-84; Kline, *Kingdom Prologue*, 292-392; Geerhardus Vos, *Biblical Theology: Old and New Testaments*(Grand Rapids, MI: Eerdmans, 1988), 66-90.

특히 여기서 17절 "해가 져서 어두울 때에 煙氣 나는 火爐가 보이며 타는 횃불이 쪼갠 고기 사이로 지나더라"라는 말씀에 주목해 보자. 이 말씀이 지시하는 명백한 사실은 여호와 하나님의 가시적인 임재가 저주받아 피를 흘리며 쓰러진 두 동강이 난 동물의 사체 사이를 "타는 횃불"의 모습으로 지나갔다는 사실이다. 이 엄청나고 진기한 장면은 전능하신 하나님께서 연약한 피조물이며 하잘 것 없는 죄인이었던 아브라함과 언약을 맺으면서 하나님께서 약속하신 모든 풍성한 약속들이 역사의 과정을 통하여 분명하게 성취되리라는 엄숙한 맹세의 현장이었다.

하나님께서 아브라함에게 언약을 맺으며 약속하고 예언하신 것처럼 아브라함, 이삭, 그리고 야곱의 후손 이스라엘 언약공동체 백성들은 애굽으로 이주하여 400여 년의 잔혹한 애굽 종살이를 마치고 하나님의 기적적인 역사로 출애굽의 은혜를 몸소 체험하였다(창 15:12- 15:22).

출애굽의 과정에서 하나님께서는 놀라운 이적의 역사를 많이 보여주셨다. 출애굽 과정에 보여준 하이라이트가 많이 있었는데 그 가운데 하나가 이스라엘 언약공동체가 홍해를 마치 마른 땅처럼 건넌 사건이었다(출 14:1-30). 전능하신 하나님께서는 출애굽 과정에서 홍해바다를 구속적 심판의 영광스럽고 장엄한 드라마가 펼쳐지는 장소로 택하기를 기뻐하셨다. 홍해 바다에 당도한 이스라엘 언약공동체를 애굽의 왕 바로의 병정들이 무섭게 추적하여 이스라엘 백성들은 모두 임박한 죽음 앞에 서 있었다. 이 때 하나님께서는 모세의 지팡이를 들게 하셔서 홍해 바다가 기적적으로 갈라져 이스라엘 백성들은 마치 마른 땅을 건너듯이 안전하게 건넜다. 애굽 병정들이 갈라진 홍해바다를 따라서 이스라엘 백성들을 추적할 때 하나님께서 모세의 지팡이를 든 손을 내리게 하셔서 갈라진 물이 다시 순식간에 합쳐져서 애굽 군대 병사들은 모두 홍해 바다에서 사망의 심판을 받았다.

이 홍해 바다의 심판은 하나님께서 이미 노아 홍수 심판과 아브라함의 때에 소돔과 고모라 심판 때 보여주신 것처럼 거룩한 전쟁(holy war)을 비언약

공동체 백성들을 대상으로 직접 싸워 내리신 구속적 심판이었다. 홍해 바다 심판을 통하여 하나님께서는 은혜 언약공동체인 이스라엘 백성들을 모두 구원하셔서 생명의 축복을 맛보게 하셨다. 반면에 애굽 병정들은 하나님을 믿지 않는 비언약공동체로서 하나님께서 첫 사람 아담 안에 행위 언약의 저주 아래 있던 애굽 병정들을 한 사람도 남김 없이 행위 언약을 바탕으로 하여 사망의 심판을 내리셨다.

하나님의 이적의 역사로 출애굽한 이스라엘 언약공동체 백성들은 선지자 모세를 중보자로 세우고 여호와 하나님과 더불어 시내산에 당도하여 역사적인 시내산 언약을 맺었다(출 19-24).

아브라함 언약과 시내산 언약의 두드러진 차이점이 있다면 아브라함 언약에서는 언약에 대하여 전능하신 하나님께서 언약의 맹세를 했지만 시내산 언약에서는 하나님께서 언약에 대한 맹세를 하지 않았고 그 대신에 이스라엘 언약공동체가 하나님께서 주신 말씀과 시내산 율법을 지키겠다고 맹세를 했다는 것이다(출 19:7-8; 24: 3, 7). 이 언약에 대한 맹세가 지시하는 바가 과연 무엇인가? 이미 살펴본 바와 같이 아브라함 언약에서 전능하신 하나님이 언약에 대한 맹세를 하심으로 하나님께서는 창세기 3장 15절에 시작된 은혜 언약의 전형적인 패러다임을 다시 한 번 선명하게 보여주셨다. 반면에 시내산 언약에서는 이스라엘 언약공동체 백성이 남녀노소 할 것 없이 한 목소리로 맹세하였다. 이는 시내산 언약 아래서도 은혜 언약의 계속성의 관점에서 개인적인 구원은 철저하게 오직 은혜로 믿음을 통하여 오실 메시아 그리스도 안에서 죄사함의 은혜와 구원을 선물로 받았다는 것이다. 하지만 시내산 언약 아래서 이스라엘 언약공동체 백성들이 언약에 대한 맹세를 함으로 시내산 언약은 어떤 면에서 율법언약(the Sinaitic covenant of law)임을 분명하게 보여주었다(출 24: 3-8).

이스라엘 언약공동체 백성들이 시내산 언약을 맺은 후에 광야에서 사십여 년 동안 혹독한 훈련을 마치고 요단강을 건너 약속의 땅 가나안에 들어가기 전에 모압 평지에 이르렀다. 모압평지에 다다르자 하나님께서는 선지자 모세를 중보자로 세워 이스라엘 언약공동체 백성들과 시내산에서 맺었던 언약을 다시 갱신하였다. 이 시내산 언약 갱신의 말씀이 바로 신명기의 말씀이다.[10] 그런 면에서 신명기 말씀은 이스라엘 언약공동체 백성들로 하여금 약속의 땅 가나안에 들어가서 아브라함, 이삭, 야곱에게 언약을 통해 선물로 주시리라고 한 가나안 땅을 상속 받는 과정과 그 이후에 이스라엘 신정왕국으로 세워져 지구상에서 영원한 하나님 나라를 예표하는 거룩한 신정통치를 다스리는 법적 원리일 뿐만 아니라 모든 언약 백성들의 신앙생활과 삶에 있어서 절대적인 표준으로 주신 말씀이었다.

선지자 모세는 시내산 언약을 갱신하고 나서 자신이 그토록 들어가기를 원하던 약속의 땅 가나안에 들어가지 못하고 모압평지에서 안타깝게도 하나님의 부름을 받고 이 땅의 삶을 마감하였다. 이후에 약속의 땅 가나안에 들어가는 과정에 이스라엘 언약공동체의 지도자로 하나님께서 여호수아를 세워 모세의 지도권을 계승하게 하였다(신 34:1-12).

역사서와 언약 정경(The Historical Books and Covenantal Canon)

시내산 언약이 모압평지에서 갱신 되고 나서 모세오경이 오리지날 정경으로 완성이 되었다. 이 오리지날 정경인 모세오경 토라가 약속의 땅 가나안에 들어가려던 이스라엘 언약공동체 백성들에게 살아계신 하나님의 언약의 말씀으로 신앙과 삶의 이정표로 주어졌다. 이후에 가나안 정벌 과정에서부터 사사시대, 다윗 왕을 통한 이스라엘 왕정 성립 및 솔로몬 왕 이후 분열왕국 시대, 바벨론 포로기 및 포로기 이후의 고대 이스라엘 역사를 서술하는 언약의 말씀이 소위 역사서(historical books)이다. 역사서는 여호수아, 사사기, 룻

---

10 신명기 말씀 전체를 시내산 언약의 갱신의 관점에서 조망하면서 언약적이고 구속사적으로 해석하는 성경신학적 작품으로는 다음을 참조하라. Meredith G. Kline, *Treaty of the Great King: The Covenant Structure of Deuteronomy*(Eugene, OR: Wipf and Stock Publishers, 2012).

기, 사무엘상, 사무엘하, 열왕기상, 열왕기하, 역대상, 역대하, 에스라, 느헤미야, 그리고 에스더를 아우르는 12권의 말씀으로 구성되어 있다. 그런데 자유주의 역사비평학을 따르는 입장에서는 역사서의 서술이 고대 이스라엘의 역사를 사실적으로 기술한 역사가 아니고 과장되게 포장된 역사로 치부하며 역사서의 사실성과 진정성을 단박에 부인한다.[11]

하지만 모세오경이 언약과 구속사를 담고 있는 정확무오한 하나님의 말씀인 것처럼 모세오경 이후의 구약의 역사서 역시 성령의 영감에 의하여 기록된 언약의 말씀과 구속사를 담고 있는 정확무오한 하나님의 말씀이다.

이스라엘 언약공동체는 시내산 언약의 중보자이며 이스라엘의 지도자였던 모세가 죽고 나서 여호수아의 인도 아래 요단강을 건너 약속의 땅 가나안 정벌에 들어갔다. 요단강을 건너 하나님께서 아브라함, 이삭, 그리고 야곱에게 언약을 통하여 맹세하심으로 주리라고 약속한 가나안 땅을 들어가는 과정에서 하나님께서는 가나안 땅에서 나름대로 평화롭게 살고 있던 가나안의 일곱 부족을 진멸하라고 이스라엘 언약공동체에게 인간적으로 보면 받아들

---

11 자유주의 역사비평학에서는 히브리어 원전의 순서에 나오는 "전 예언서"(the Former Prophets) 여호수아, 사사기, 사무엘상, 사무엘하, 열왕기상, 열왕기하 등을 일반적으로 신명기적 역사(the Deuteronomic history)로 놓고 본다. 독일의 자유주의 구약학자였던 마틴 노쓰(Martin Noth, 1902-1968)는 벨하우젠이 모세오경을 비평적으로 보는 문서설(the Documentary hypothesis)로부터 영감을 얻어 소위 신명기적 역사(the Deuteronomistic history)를 주장하였다. 이는 바벨론 포로기에 이스라엘의 익명의 어느 역사가가 신명기의 역사관 종교관에 맞추어 고대 이스라엘을 가나안 정벌부터 바벨론 포로기까지 재구성 편집해 기록했다는 것이다. 다시 말하면 "전 예언서"(the Former Prophets)에 기록된 고대 이스라엘 역사는 역사적 사실과는 거리가 먼 과대 포장된 신화적 역사로 재구성하여 신빙성이 없다는 무신론적 자유주의 역사관을 바탕으로 세워진 것이다.

마틴 노쓰는 헤겔의 무신론적 변증법적 역사관을 반영하는 소위 신명기적 역사에 대해 다음과 같이 요약한다: "If we begin by enquiring about the source of the information which enables us to establish the outward course of the history of Israel as a whole and in many of its details, we must refer, in the first place, to the Old Testament with its wealth of historical material, but also to a great mass of sources outside the Old Testament. In the Old Testament one must mention first of all the great historical work which comprises the books of Deuteronomy, Joshua, Judges, Samuel, Kings, which we call 'deuteronomistic' by reason of its language and spirit, and which offers the very first exposition of the 'history of Israel' up to the events of the year 587 B.C. The author of this compilation passed on numerous sources from different periods, of different extent and different origin and nature, partly *in extenso*, partly in extracts, and developed the whole work from these sources. He thereby conveyed to posterity a mass of valuable traditional material and without his work we should know very little about the earlier phases of the history of Israel." Martin Noth, *The History of Israel*, trans. P. R. Ackroyd(New York: Harper & Row, 1960), 42.

이기 어려운 아주 끔찍한 명령을 내리셨다.

하나님께서는 아브라함의 후손 이스라엘 언약공동체 백성들에게 약속의 땅 가나안을 약속대로 선물로 주시는데 주시는 방법이 아주 특이하였다. 바로 가나안의 일곱 부족을 진멸하는 전쟁인 거룩한 전쟁을 통하여 주셨기 때문이다. 이는 약속의 땅 가나안이 오실 메시아 예수 그리스도 안에서 완성될 영원한 하나님 나라의 모형으로 보았을 때 종말론적인 그림을 언약공동체 백성들에게 모형적으로 보여주신 놀라운 역사적 사건이 아닐 수 없다. 다시 말하면 가나안을 여호와 하나님의 이름으로 거룩한 전쟁을 싸워서 상속하는 과정을 보면 그리스도 재림 이후에 마지막 구속적 심판이 벌어지면서 택자들이 그리스도 안에서 영원한 하나님 나라를 상속하고 비택자들이 첫 사람 아담 안에서 행위 언약을 기초로 하나님께서 마지막 언약소송(God's final covenant lawsuit)을 제기하여 영원한 사탄의 나라의 형벌을 가시적으로 받는 그림을 모형적으로 보여주기 때문이다.

가령 아브라함, 이삭, 야곱에게 하나님께서 맹세하심으로 주시리라고 약속한 약속의 땅 가나안 남부 성읍들을 이스라엘 언약공동체 군사들이 여호수아의 인도 아래 거룩한 전쟁을 싸워 진멸하는 모습을 보면 남녀노소 가리지 않고 진멸하는 구속적 심판의 전형적 모습을 적나라하게 볼 수 있다(수 10:29-43). 가나안 정벌 과정에서 이스라엘 언약공동체의 전쟁은 결국 여호와 하나님의 전쟁을 이스라엘이 대신하여 싸운 거룩한 전쟁이었다. 특히 42절 "이스라엘의 하나님 여호와께서 이스라엘을 위하여 싸우셨으므로 여호수아가 이 모든 왕들과 그들의 땅을 단번에 빼앗으니라"는 말씀을 살펴볼 필요가 있다. 이는 진멸하는 거룩한 전쟁을 통하여 언약백성에게 생명의 축복을 주고 비언약백성들에게는 끔찍한 사망의 형벌로 남녀노소 인정사정 없이 무시무시하게 심판하는 전쟁임을 알 수 있다. 자유주의 역사비평학을 신봉하는 자들은 가나안 정벌에서 남녀노소 진멸하는 구속적 심판의 배경을 이해하지 못하고 믿지 못하므로 역사적인 사실을 배경으로 하지 않은 과장된 역사

혹은 신화적 역사라고 치부하는 것이다.

가나안 정벌 말미에 하나님께서는 이스라엘의 지도자 여호수아를 세워서 모세언약을 다시 한 번 갱신하였다. 이미 살펴본 바와 같이 시내산 언약(출 19-24)을 하나님께서는 선지자 모세가 죽기 전에 모압평지에서 이스라엘 언약공동체를 대상으로 갱신하였다(신 1:1-34:12). 하나님으로부터 모세의 후계자로 세움을 받은 여호수아 인도 아래 이스라엘 언약공동체는 가나안 정벌을 마치고 세겜에서 다시 한 번 언약을 갱신하였다(수 24:1-27).[12]

모압평지에서 시내산 언약(출 19-24)을 갱신하고 나서 선지자 모세가 백이십 세의 나이에 하나님의 부름을 받고 이 땅의 삶을 마감하므로 아브라함과 이삭과 야곱에게 주권적인 언약으로 맹세하신 약속의 땅 가나안에 안타깝게도 들어가지 못하였다(신 34:1-12). 모세의 바통을 이어받아 이스라엘 언약공동체의 지도자가 된 여호수아는 하나님의 전쟁인 거룩한 전쟁을 하나님을 대신하여 이스라엘 언약공동체 군사들을 이끌고 진멸하는 전쟁을 싸워 약속의 땅 가나안을 정벌하고 각 지파에게 분배하였다. 이후에 세겜에서 여호수아가 여호와 하나님과 이스라엘 언약공동체의 중보자가 되어 시내산 언약을 갱신하였다(수 24:1-27). 모세와 비슷하게 언약을 갱신한 이후 여호수아는 백십 세에 하나님의 부름을 받고 파란만장한 이 세상 삶을 마감하였다(수 24:28-33).

여호수아가 죽고 나서 이스라엘 언약공동체는 영적으로 극도로 혼란하여져서 여호와 하나님을 잊어버리고 언약공동체 백성들이 가나안 토속신들인 바알들과 아세라들을 섬겼다. 왕정이 세워지기 전에 하나님께서는 사사들을 세워 이스라엘을 다스리고 가나안의 이방부족들과 싸우는 전쟁을 지휘하는 지휘관 역할을 감당하도록 하였다(삿 1:1-21:25). 하나님께서는 사사 시대에 보아스의 가정에 룻을 통하여 오벳을 낳게 하고 오벳은 이새를 낳고 이새는 후

---

12 세겜에서의 모세 언약 갱신에 대한 성경신학적 해석에 대해서는 다음을 참조하라. Jeon, *Biblical Theology*, 118-128.

에 하나님께서 왕조 언약을 맺을 상대인 다윗을 낳았다(룻 1:1-4:22).

사사 시대를 거쳐 하나님께서는 사무엘을 통하여 사울을 이스라엘의 왕으로 기름 부어 세우셨다(삼상 10:1; 11:12-15). 하지만 사울은 길갈에서 제사장들의 고유의 영역인 번제를 드려 하나님의 율법에 불순종하여 왕조언약을 맺을 자격을 하나님으로부터 상실하고 말았다(삼상 13:1-15). 나아가 사울 왕은 아말렉을 상대로 남녀노소는 물론이고 우양과 낙타와 나귀를 상대로 모두 진멸하는 거룩한 전쟁을 싸우라는 하나님 말씀에 불순종하여 하나님께서 이스라엘의 왕으로써 왕조언약을 맺는 자격을 상실하였다(삼상 15:1-35).

사울 왕이 죽고 나서 하나님께서는 다윗이 삼십 세에 헤브론에서 기름을 부어 이스라엘의 왕으로 세우셨다(삼하 5:1-5). 다윗은 이스라엘 왕으로 기름 부음을 받고 나서 거룩한 전쟁을 싸워 예루살렘을 정복하였다(삼하 5:6-25). 더불어 블레셋 군대를 상대로 싸워 승리하였다(삼하 5:17-25). 마지막으로 법궤를 예루살렘으로 옮겼다(삼하 6:1-23).

하나님께서는 다윗 왕이 이스라엘 왕으로 기름부음을 받고 거룩한 전쟁을 싸워 예루살렘을 탈환하고 법궤를 옮기자 대왕이신 여호와 하나님의 이름으로 거룩한 전쟁을 싸워 승리하고 돌아온 전사이며 이스라엘 왕인 다윗 왕과 더불어 언약을 맺었다(삼하 7:1-17; 대상 17:1-15)

여러모로 보아 다윗 언약은 홍수 전 노아 언약, 아브라함 언약, 그리고 새 언약 등과 매우 유사한 왕적 수여언약(the covenant of royal grant)이라 할 수 있다. 동시에 왕조언약(dynastic covenant)인 다윗 언약 아래서는 은혜 언약의 정형인 아브라함 언약의 약속이 끊이지 않고 계속 이어졌다. 더불어 시내산 언약의 독특한 특징인 율법 언약의 축복과 저주의 적용이 다윗 언약 아래서 약속의 땅 가나안의 다윗 왕조에게 지속적으로 적용되었다.

이렇게 볼 때 성령의 영감에 의하여 기록된 사무엘상하, 열왕기상하를 통하여 다윗 언약을 맺는 과정, 다윗 왕조의 확립, 다윗의 아들 솔로몬 왕 이후 분열왕국인 북왕국 이스라엘의 역사와 불순종으로 인한 패망(주전 722년)

과 남왕국 유다의 역사와 불순종으로 인한 예루살렘의 함락(주전 586년)과 바벨론 포로기 등을 적나라하게 보여준다.

또한 성령의 영감에 의하여 기록된 역대상하를 통하여 고대 이스라엘 역사를 기원에서부터 시작하여 다윗 언약을 맺는 과정, 다윗 왕조의 성립, 솔로몬 이후의 분열왕국의 역사와 남왕국 유다의 예루살렘 함락, 그리고 바벨론 포로기 70 년을 같은 역사를 다른 시각에서 조명해준다. 이는 사복음서가 예수 그리스도의 성육신, 요단강에서의 세례, 공생애 사역, 십자가의 대속의 죽음, 그리고 무덤에서의 부활을 통한 새 언약을 맺는 과정을 네 가지 다른 관점에서 아주 견고하고 풍성하게 조명해주는 것과 비슷한 것이다. 이를 통하여 하나님께서는 고대 이스라엘의 역사가 추상적인 역사나 우연적인 역사가 아니라 하나님과 이스라엘 사이에 맺어진 언약을 바탕으로 펼쳐진 언약의 역사임을 분명하게 보여주신다.

에스라와 느헤미야를 통하여 하나님께서는 다윗 언약을 통하여 약속하신 "네 집과 네 나라가 내 앞에서 영원히 보전되고 네 왕위가 영원히 견고하리라"(삼하 7:16)는 약속을 바탕으로 심판 이후에 회복의 역사를 보여주신다. 신실하신 하나님께서는 바벨론 포로 생활 70년이 지나자 이스라엘 언약공동체를 약속의 땅 가나안으로 돌아오게 하여 무너진 제단을 다시 세우고 성전을 재건하여 약속의 땅 가나안에 하나님의 심판으로 중단되었던 언약공동체의 성전예배를 회복해주셨다. 나아가 포로에서 가나안 땅으로 귀환한 느헤미야의 인도 아래 무너진 예루살렘 성벽을 다시 재건하게 하였다.

특이한 것은 바벨론 포로에서 귀환한 이스라엘 언약공동체 백성들이 무너진 성전 벽을 재건하고 나서 제사장이자 학사인 에스라의 인도 아래 시내산 언약을 다시 한 번 갱신한 것이다(느 9:38-10:39). 이는 다윗 언약으로 다윗 왕조가 세워진 이후에도 출애굽 이후에 이스라엘 언약공동체와 맺었던 시내산 율법언약(the Sinaitic covenant of law)이 바벨론 포로에서 돌아온 이스라엘 언약공동체에게 여전히 지속적으로 유효함을 보여주는 것이다.

시가서와 언약정경(The Poetical Books and Covenantal Canon)

시가서를 구성하는 욥기, 시편, 잠언, 전도서, 아가 등은 문학적 장르의 관점에서 보면 한결같이 전체적으로 시적인 구조로 구성된 히브리어 시로 볼 수 있다. 히브리어 시이면서도 일반 문학과 종교문서에서 나타난 시와 다른 점은 바로 구약의 시가서는 성령의 영감에 의하여 인간의 손을 빌려 기록된 정확무오한 하나님의 말씀이라는 것이다.[13]

그러므로 시가서를 읽고 해석하는 것도 구약성경 전체가 조망하는 오실 메시아 그리스도 목적적이고 그리스도 중심의 관점에서 읽고 해석해야 한다. 오실 메시아 예수 그리스도를 약속하고 예언하는 구약성경의 핵심이 시가서 전체에 특히 시편에 다양한 모습으로 계시되어 있다. 특히 시편에서 오실 메시아 그리스도를 약속하고 예언하는데 언약의 형태와 틀 속에서 하나님께서 계시한다는 사실을 이해하고 파악하는 것은 아주 중요하다 하겠다. 그러면 시편에서 오실 메시아와 메시아 안에서 확장되고 완성될 하나님 나라의 모습이 언약을 통하여 어떻게 약속되는지 살펴보도록 한다. 나아가 욥기, 잠언, 전도서, 그리고 아가 등도 동일한 선상에서 파악하면 시가서 전체가 언약정경의 일부분으로서 살아계신 하나님의 말씀으로 아주 견고하게 새 언약 공동체 백성들에게 다가올 것이다.

이스라엘의 왕으로 즉위한 후에 다윗이 시험기간을 여호와 하나님의 말씀으로 순종하자 여호와 하나님께서는 선지자 나단을 통하여 다윗과 더불어 언약을 맺으셨다(삼하 7:1-17). 흥미로운 것은 원래 다윗 언약을 맺는 역사적 정황 아래서는 신적 맹세(the divine oath)를 발견하지 못한다는 사실이다.[14] 그

---

13 구약의 시편과 지혜문서 전체를 아우르는 시가서와 구약 정경 형성에 있어서의 하나님의 언약과의 관계에 대한 논의는 다음을 참조하라. Kline, *The Structure of Biblical Authority*, 62-67.

14 다윗 언약의 형성 과정에서 다윗을 향한 언약의 맹세에 대한 논의에 대해서는 다음을 참조하라.
Scott W. Hahn, *Kingship by Covenant: A Canonical Approach to the Fulfillment of God's Saving Promises*(New Haven & London: Yale University Press, 2009), 184-94.

런데 시편 89편 저자는 1-4절 말씀을 통하여 여호와 하나님께서 다윗과 더불어 언약을 맺을 때 다윗에게 언약의 맹세를 했다고 확증한다(시 89:1-4). 다윗과 맺은 언약에 대한 여호와의 맹세는 다윗에게 맹세한 모든 약속들을 지키고 이루리라는 것을 제시하는 말씀이다. 4절 말씀 "내가 네 子孫을 永遠히 堅固히 하며 네 王位를 代代에 세우리라 하셨나이다(셀라)"는 다윗 언약 약속들의 주요 하이라이트와 요약이다. 이 모든 것들이 여호와께서 다윗에게 맹세한 것이기에 틀림없이 이루어질 것이다.

시편 89편의 저자는 33절부터 37절까지의 말씀을 통하여 여호와께서 다윗을 상대로 언약을 맺을 때 다윗에게 맹세한 역사적 사실을 다시 한번 확증한다(시 89:33-37). 동시에 시편 기자는 다윗과 더불어 언약을 맺을 때 왕조의 영원성을 여호와께서 언약을 통하여 맹세를 하였기 때문에 다윗 왕조가 영원할 것이라는 것을 강조한다. 시편 기자는 다시 한번 여호와께서 다윗을 상대로 언약을 맺을 때 다윗에게 "성실히 맹세"(a sure oath)하였다는 사실을 확인한다(시 132:10-12).

다윗 언약에 있어서 다윗을 상대로 한 여호와의 맹세에 대한 시편 기자들의 확증은 아주 중요한 사실을 제시한다. 여호와께서 다윗 언약을 맺을 때 다윗에게 약속한 모든 약속들이 틀림없이 구속사의 과정을 통하여 점진적으로 성취될 것이라는 확증이다. 이런 점에서 다윗 언약은 아브라함 언약과 비슷하게 하나의 "왕조수여언약"(a covenant of royal grant)이라 할 수 있다.

여호와 하나님께서 다윗을 상대로 언약을 맺을 때 가나안의 이스라엘 왕국은 모세언약 아래 있다는 것을 강조하였다. 가령 여호와께서는 다윗의 아들 솔로몬이 성전을 지어 봉헌할 것인데 만일 솔로몬이 시내산 언약을 맺을 때 이스라엘 백성에게 주신 율법을 제대로 순종하지 않으면 "나는 그에게 아버지가 되고 그는 내게 아들이 되리니 그가 만일 죄를 범하면 내가 사람의 매와 인생의 채찍으로 징계하려니와"(14절)라고 선포하며 율법에 따라 심판할 것을 변명하지 못하도록 경고하셨다(삼하 7:12-17).

이처럼 하나님께서 다윗과 더불어 맺은 언약의 역사적 정황을 살펴보았을 때 다윗 언약이 은혜 언약의 특징을 아주 잘 드러내는"왕적 수여 언약"(a covenant of royal grant)이지만 모세율법 언약(the Mosaic covenant of law)이 다윗 언약 아래서 폐지된 것이 아니라는 사실을 확실하게 보여준다. 따라서 모세 율법 언약의 축복과 저주의 이중 제재조항(the dual sanctions of blessings and curses of the Mosaic covenant of law)이 약속의 땅 안에 세워진 이스라엘 왕국 (the kingdom of Israel)에 지속적으로 적용된다는 사실을 언약을 통하여 확립한 것이다.[15]

다윗 왕조가 수립된 이후에 시편 기자는 다윗 언약의 역사적 정황(the historical context of the Davidic covenant)을 돌아보면서 다윗 언약의 핵심 약속들 가운데 하나인 여호와께서 다윗 왕조가 영원하리라고 약속하여 다윗 언약이 일시적인 언약이 아니라 "영원한 언약"(an everlasting covenant)임을 다시 한번 확증한다. 그럼에도 불구하고 여호와께서는 만일 언약공동체로서 다윗의 후손들이 모세율법 언약(the Mosaic covenant of law)을 불순종하고 어기면

---

15 쿠겔은 구약의 이스라엘 역사에 대한 역사비평적 이해(a historical-critical reading of the ancient history of Israel)를 기초로 선지자 나단의 예언(Nathan's oracle)이 소위 "신명기적 역사"(the Deuteronomistic history)를 편집한 편집자들이 대략 주전 7 세기경으로 추정되는 후기에 삽입한 "가짜 예언"(a pseudo oracle)이라고 주장한다: "What Nathan's oracle essentially promised was that a single dynasty, the house of David, would rule Israel forever. Forever is a long time, of course, and things did not turn out that way; but as we shall see, the house of David did rule in Judah for some four centuries, certainly an impressive record.

In view of modern scholarship's overall skepticism about early dates – as well as everything we have seen specifically about the Deuteronomistic history and its sources – it would appear unlikely that such an oracle was ever delivered in David's own time. Instead, it seems to scholars to be a typical prediction after the fact, a pseudo-oracle composed sometime after(perhaps *long* after) the Davidic dynasty was an established reality. When exactly it might have been written is hard for them to say. The sentence about Solomon's building a temple('He shall build a house for My name, and I will establish the throne of his kingdom forever') seems to interrupt the flow of the paragraph; take it out and you have one continuous theme, that God is establishing the Davidic dynasty forever. Since this interpretive sentence is very much in the style of Deuteronomy – Deuteronomy is the book where the temple is consistently described as a place for God's 'name' to dwell – scholars feel that this insertion must be the work of the compilers or subsequent editors of the Deuteoronomistic history; they stuck this sentence into an already-existing text. Thus, this original oracle might arguably go back sometime before the mid-seventh century – but how far back is anyone's guess." *James Kugel, How To Read the Bible: A Guide to Scripture, Then and Now*(New York, NY: Free Press, 2007), 488.

언약에 명시된 저주를 쏟아 부을 것이라는 것을 상기시킨다. 이 시편의 증거는 다윗 언약이 확립된 이후에도 모세율법 언약이 역사적으로 지속되리라는 것을 보여주는 것이다(시 89:28-37).

시편 132편은 "왕적 시편"(a royal psalm)으로 다윗 언약 아래서 왜 모세율법 언약이 계속 적용되었는지에 대하여 증거한다. 시편 기자는 다윗 언약 아래서 모세율법 언약의 지속적 적용에 대하여 아주 아름답게 표현한다(시 132:11-18). 12절 말씀 "만일 네 子孫이 내 言約과 그들에게 敎訓하는 내 證據를 지킨다면 그들의 後孫도 永遠히 네 王位에 앉을 것이리라 하셨도다"[16]는 히브리어 문장의 조건절로 구성되어 있다. 이는 다윗 왕조가 세워진 것은 전적인 하나님의 은혜로 세워졌으나 다윗 왕조가 약속의 땅 가나안에서의 지속성(the continuation of the Davidic dynasty) 여부는 이스라엘 언약공동체가 모세율법 언약에 신실하게 순종하느냐 그렇지 않느냐에 달려있다는 것을 분명하게 제시해준다.

아브라함 언약은(창11:27-25:11) 역사적으로 보면 다윗 언약 형성(삼하 7:1-17)에 대한 언약적 기초요 시금석이다. 감사의 시편(the psalm of thanks)을 통하여 다윗은 가나안 땅의 상속과 그 땅에 형성된 언약공동체가 다름아닌 아브라함 언약의 성취하고 고백한다(대상 16:7-43). 다윗은 다윗 왕국(the Davidic kingdom) 아래 아브라함 언약의 기초적 요소를 시적으로 우아하게 잘 묘사해준다(대상 16:14-24). 여호와께 드리는 다윗의 감사의 시편(David's psalm of thanks)은 다윗 이전 오래 전에 하나님께서 이스라엘의 언약의 조상 아브라함과 맺은 아브라함 언약이 "이스라엘에게 하신 永遠한 言約이라"는 사실을 다시 한번 상기시켜주는 말씀이다. 다윗 왕국을 세우고 이스라엘 왕으로서 다윗이 왕좌에 오른 것과 이스라엘 백성들의 가나안 땅의 상속은 아브라함 언약이 이 땅에서 구속사를 통하여 성취되는 모습을 보여준 것이었다. 추가로

---

16 12절 한국어 번역은 필자의 것이다.

아브라함 언약을 상기하면서 다윗이 "이스라엘에게 하신 永遠한 言約이라"고 고백한 것은 아브라함 언약에 대한 약속들의 궁극적인 성취는 메시아 예수 그리스도 안에서 영원한 하나님 나라에서 이루어질 것이라는 것을 시사하는 것이다.

시편 105편은 역사적 시편(a historical psalm)으로서 40여 년의 광야 여정, 가나안 땅의 상속을 아우르는 아브라함 언약으로부터 시작된 고대 이스라엘 역사를 돌아다본다(시 105: 1-45). 이 역사적인 시편을 통하여 시편 기자는 아브라함 언약이 "영원한 언약"이라는 것을 확증하며 선포하고 노래한다(시 105:1-15)

이를 통하여 성령의 영감에 의하여 기록된 시편 말씀이 하나님의 은혜 가운데 약속의 땅에 확립된 다윗 왕국이 솔로몬에 의하여 성전을 세우고 성전 예배를 드리며 예배 가운데 드려지는 찬송시(Psalter)를 통하여 이스라엘의 기원이 하나님께서 이스라엘의 조상인 아브라함과 더불어 맺은 영원히 변치 않는 언약인 아브라함 언약에 있음을 분명히 증거한다.

하나님을 믿고 경건하게 살던 의인 욥이 사탄의 공격에 맞서 치열하게 싸운 역사를 생생하게 기록한 욥기는 여러모로 새 언약의 중보자로 성육신하여 이 땅에 오셔서 광야에서 사탄의 도전과 공격을 말씀으로 이기고 승리하신 예수 그리스도에 대한 모형으로 볼 수 있다(마 4:1-11; 막 1:12-13; 눅 4:1-13). 가령 첫 사람 아담은 창조 언약의 광대한 틀 안에서 에덴 동산에서 행위 언약 아래 있었다(창 2:15-17). 하지만 사탄이 뱀을 통하여 거룩한 에덴 동산에 침투하였을 때 사탄을 몰아내고 싸우며 하나님의 율법에 순종하는데 실패하였다. 결국 하나님께서 금기한 선악과를 따먹는 불순종의 죄를 범하고 행위 언약을 파기하고 말았다(창 3:1-7).

그런데 시가서 가운데 욥기는 사탄의 공격과 도전을 믿음과 영적인 싸움을 통해 이기고 마침내 하나님의 은혜 가운데 승리한 욥을 통하여 새 언약의 중보자로 오셔서 사탄의 공격과 도전을 말씀으로 물리치고 승리하실 마지막 아담의 모습을 예시해 준다. 욥이 사탄과 대적하여 믿음으로 치열하게 싸워 승리하는 모습은 마지막 아담으로 오실 메시아가 마침내 십자가의 대속의 죽음을 통하여 하나님 나라에 대적하는 사탄의 머리에 치명상을 입힐 예수 그리스도에 대한 모형도를 하나님께서 그려주신 언약의 말씀으로 볼 수 있다.

우스 땅에 욥은 "온전하고 정직하여 하나님을 경외하며 악에서 떠난"(욥1:1) 믿음의 사람이었다. 그런 믿음의 사람 욥은 사탄의 공격을 받고 사랑하는 자녀들과 모든 재산을 잃어버리고 하루 아침에 거지가 되는 비참한 자리에까지 내려갔다(욥 1:1-2:10). 마침내 마지막 남은 사랑하는 아내로부터 마저 "하나님을 욕하고 죽으라"는 사망의 음침한 골짜기까지 내려갔다(욥 2:9). 욥의 사랑하는 세 친구들인 데만 사람 엘리바스와 수아 사람 빌닷과 나아마 사람 소발이 욥의 소식을 듣고 찾아왔지만 사탄의 공격을 받고 절망 가운데 있는 욥에게 아무런 도움이 되지 못하고 오히려 치열한 신학논쟁을 벌였다(욥 2:11-37:24). 결국 여호와 하나님께서 모든 논쟁을 멈추게 하시고 욥은 전능하신 하나님의 말씀을 듣고 하나님 앞에 회개하였다(욥 42:1-6). 사탄의 공격을 받고 죽음 목전에서 사투를 벌이던 욥에게 찾아와 위로는 커녕 오히려 치열한 신학 논쟁을 벌이던 욥의 세 친구도 하나님의 은혜 가운데 욥과 화해하였다. 결국 하나님께서는 사탄의 도전을 맞아 믿음으로 치열한 영적 전쟁을 싸워 승리한 욥을 보시고 욥의 말년에 이전보다 갑절의 축복을 부어주셨다(욥 42:12-17).

잠언 말씀을 통하여 하나님께서는 여호와를 경외하는 것이 모든 지혜와 지식의 근본인 것을 계시해 주셨다. 더불어 인간이 누리는 모든 참된 지혜와 지식과 명철이 살아계신 하나님으로부터 계시를 통하여 온다는 것을 명백하게 가르쳐주는 말씀이다(잠 1:1-31:31).

전도서는 다윗의 아들 예루살렘 왕 솔로몬이 성령의 영감을 받아 기록한 말씀이다. 다윗 왕조의 왕위를 아버지 다윗 왕에 이어 계승하는 축복을 누린 솔로몬 왕이 기록한 전도서를 통하여 하나님께서는 우리 인생이 얼마나 허무한가를 적나라하게 시적으로 보여주신다(전 1:1-12:14). 전도서를 기록한 솔로몬 왕은 전도서의 서막을 열면서 해 아래 살아가는 인생살이가 얼마나 허무한가를 탄식적이면서도 시적으로 묘사한다(전 1:1-11). 하지만 역설적으로 인생에 대하여 "전도자가 이르되 헛되고 헛되며 헛되고 헛되니 모든 것이 헛되도다"(1:2) 라고 탄식하여 소망이 없는 이 세상에 인생의 목적을 두고 죽음을 향하여 날마다 달음질하여가는 죄인들을 하나님의 은혜로 메시아 안에서 초대하는 위대한 복음의 메시지가 담겨있다.

아가는 이스라엘 왕 솔로몬이 노래한 "가장 아름다운 사랑노래"(Song of Songs)이다.[17] 다윗 왕조의 다윗 왕을 이어 이스라엘 언약공동체의 왕 위에 오른 솔로몬이 사랑하는 신부를 향하여 시적으로 노래한 아름다운 시이자 절정의 사랑고백이다. 얼핏 보면 남녀 간의 사랑을 노래하는 시가 어떻게 구약의 정경에 들어갈 수 있겠는가 반문할 수 있다. 그러나 다윗의 아들 솔로몬 왕이 신부를 향하여 노래한 "가장 아름다운 사랑노래"는 "다윗의 후손"으로 오신 새 언약의 중보자 예수 그리스도 중심적으로 그리스도 목적적으로 보면 놀라운 언약과 은혜의 말씀으로 다가온다. 이스라엘 언약공동체 왕이 신부를 향해 부르는 "가장 아름다운 사랑노래"는 새 언약 중보자가 대속의 죽음을 통하여 모든 택자들이 하나님의 전적인 은혜로 구원을 받아 마지막 구속적 심판의 날에 아름답고 흠이 없으며 거룩한 신부로 신랑 되신 그리스도 앞에서 영원한 사랑과 가장 아름다운 사랑의 극치를 맛보는 데 대한 구

---

17 자유주의 역사비평학 입장을 따르는 자들은 아가의 솔로몬 저작권을 부인하고 포로 후기에 알 수 없는 편집자에 의하여 편집되었다고 한다. 가령 콜린스는 아가의 솔로몬 저작권을 부인하고 "편집자"(the editor)가 "포로 후기"(a postexilic date)에 편집한 작품이라고 주장한다: "The association of the Song with Solomon is due to the fact that his name is mentioned six times(1:5; 3:7, 9, 11; 8:11-12), while there are references to a 'king' in 1:4, 12 and 7:5. These references led the editor to ascribe the Song to Solomon in the superscription. Solomon is never the speaker in any of the passages that mention him. In some cases, he is introduced in the context of explicit comparison(1:5; 8:11-12). In chapter 3, and in the references to a king, there is most probably an implicit comparison between the beloved and Solomon. Opinions vary widely on the actual date of the poems. The appearance of a Persian word, *pardes*, 'garden,' in 4:13, requires a postexilic date. Some scholars place it as late as the Hellenistic period, but decisive evidence is lacking." Collins, *Introducing to the Hebrew Bible*, 481.

약적 예표요 그림자라고 할 수 있겠다(계 19:1-10). 영원한 하나님 나라의 신정 통치를 예표하는 약속의 땅 가나안의 다윗 왕조의 솔로몬 왕이 신랑으로서 사랑하는 신부에게 고백하는 사랑노래의 절정이 기막히게 묘사되었다(아 4:1-15).

신랑이 사랑하는 신부에게 고백하는 사랑의 절정과 아름다움의 극치를 통하여 하나님께서는 신랑 되신 그리스도 안에서 누리게 될 영원한 하나님 나라에서 영화로움을 입은 성도들이 정결한 신부로서 받을 종말론적 축복을 한 폭의 아름다운 수채화처럼 예표하여 주셨다. 이렇게 볼 때 "가장 아름다운 사랑 노래"인 아가도 그리스도 중심적이고 그리스도 목적적이며 언약적이고 종말론적인 메시지를 담고 있는 성령의 영감에 의하여 기록된 하나님의 언약의 말씀임을 알 수 있다.

선지서와 언약적 정경(The Prophetical Books and Covenantal Canon)

다윗 언약을 맺는 과정에서부터 하나님께서는 본격적으로 이스라엘 언약 공동체 백성들을 향하여 하나님의 말씀을 가감 없이 선포하는 선지자들을 일으키셨다. 특히 하나님의 말씀을 불순종하고 우상숭배에 빠질 때 하나님께서는 하나님 나라의 영적인 대사인 선지자들을 통하여 시내산 언약의 축복과 저주의 내용에 따라 심판의 말씀을 선포하도록 하였다.

구약정경에 포함된 선지서들에는 이사야, 예레미야, 예레미야애가, 에스겔, 다니엘을 아우르는 대선지서(the major prophets)와 호세아, 요엘, 아모스, 오바댜, 요나, 미가, 나훔, 하박국, 스바냐, 학개, 스가랴, 말라기 등을 포함하는 소선지서(the minor prophets)가 있다. 성령의 영감에 의하여 정확무오한 하나님의 말씀을 기록한 선지서들은 모두 다윗 언약 이후에 세워진 다윗 왕조 시대에 활동한 선지자들이 기록한 예언서이다. 특이한 것은 모두 솔로몬 왕 이후에 북왕국 이스라엘과 남왕국 유다로 갈라진 분열왕국 시대와 바벨론 포로기, 그리고 바벨론 포로 이후 약속의 땅 가나안에 돌아와 활동한 선지자들에 의하여 기록된 예언서이다.

언약의 역사로 비추어보면 하나님께서는 선지서를 통하여 시내산 율법 언약에 불순종하고 우상숭배에 빠져 언약을 파기한 이스라엘 언약공동체의 죄를 적나라하게 드러내면서 언약의 완성이며 마지막 언약인 새 언약의 예언(the prophecy of the New Covenant)에 대한 조망을 그림처럼 보여주신다.[18]

가령 선지자 호세아는 북왕국 이스라엘의 영적인 암흑기에 하나님의 심판의 말씀을 선지자로 활동하였다. 앗수르 제국의 침략을 통하여 비참하게 패망한 북왕국 이스라엘을 직접 목격한 호세아는 시내산 율법 언약의 맹세(oath to the Sinaitic covenant of law)를 저버리고 언약을 파기한 죄로 인한 하나님의 심판의 결과라고 선포하였다(호 8:1-9). 가령 "나팔을 네 입에 댈지어다 원수가 독수리처럼 여호와의 집에 덮치리니 이는 그들이 내 언약을 어기며 내 율법을 범함이로다"(1절)는 말씀을 보면 북왕국 이스라엘을 심판하는 언약적 배경이 나온다. 이는 다름아닌 북왕국 이스라엘 언약공동체가 하나님과 더불어 시내산에서 맺었던 율법 언약을 불순종하고 파기한 결과로 언약소송을 통한 심판이라는 것을 분명하게 말씀하신다. 이처럼 시내산 율법 언약에 불순종하고 파기하여 하나님의 심판으로 북왕국 이스라엘이 주전 722년에 앗수르 제국의 침략으로 패망하였다. 남왕국 유다도 북왕국 이스라엘과 비슷한 길을 걷게 되었다.

선지자 예레미야는 남왕국 유다의 선지자로 부름을 받고 선지 활동을 신실하게 감당하였다. 예레미야는 불순종하는 남왕국 유다 언약백성들을 향하여 하나님의 임박한 심판의 메시지를 가감 없이 선포하였다. 하나님께서는 시내산 율법언약(the Sinaitic covenant of law)을 기초로 언약소송(the covenant lawsuit)을 제기하여 남왕국 유다를 심판하셨는데 하나님을 믿지 않는 우상제국인 바벨론 제국을 사용하여 겉으로 보기에 아주 잔인하고 참혹하게 심

---

18 선지서를 새 언약의 예언과 구속사적인 관점에서 조망하는 해석에 대하여는 다음 작품을 참조하라. Jeon, *Biblical Theology*, 174-80.

판하셨다. 이러한 역사적인 상황 아래서 하나님께서는 선지자 예레미야를 통하여 소망의 메시지를 주셨는데 소망의 메시지의 핵심이 바로 새 언약에 대한 예언(the prophecy of the New Covenant)이었다(렘 31:31-34). "여호와의 말씀이니라 보라 날이 이르리니 내가 이스라엘 집과 유다 집에 새 言約을 맺으리라"(31절)는 말씀에 주목할 필요가 있다. 이 예언의 말씀을 통하여 하나님께서는 구속사에서 처음으로 선지자 예레미야를 통하여 "새 언약"을 예언하셨다. 그러면 이 새 언약과 이스라엘 언약공동체 백성들이 출애굽한 이후에 선지자 모세를 중보자로 하여 맺었던 시내산 언약과의 가장 두드러진 차이점이 무엇이겠는가? 이에 대한 답을 하나님께서는 "이 言約은 내가 그들의 祖上들의 손을 잡고 애굽 땅에서 引導하여 내던 날에 맺은 것과 같지 아니할 것은 내가 그들의 男便이 되었어도 그들이 내 言約을 깨뜨렸음이라 여호와의 말씀이니라"(32절)는 예언의 말씀을 통하여 선명하게 보여주셨다. 특히 "내가 그들의 男便이 되었어도 그들이 내 言約을 깨뜨렸음이라"는 말씀에 주목할 필요가 있다. 이를 통하여 하나님께서는 이스라엘 언약공동체 백성들이 시내산 언약을 맺으며 하나님의 언약의 말씀에 순종하겠다고 맹세하였으나 언약의 말씀에 불순종하고 우상숭배하여 언약을 파기했다고 말씀하시는 것이다. 이러한 선언은 하나님께서 선지자 예레미야를 통하여 시내산 율법 언약을 기초로 언약소송(the covenant lawsuit)을 제기하여 바벨론 제국을 사용하여 언약공동체를 심판하여 사망의 형벌을 받고 약속의 땅 가나안이 황폐하게 되어 살아남은 자들이 짐승처럼 쇠사슬에 매여 끌려가는 참혹한 심판에 대한 언약적 배경을 설명하는 것이다. 이처럼 하나님께서는 구약의 이스라엘 언약 공동체 역사에서 가장 어둡고 암울하여 아무런 소망이 없어 보이던 예루살렘의 패망과 바벨론 포로기에 선지자 예레미야를 통하여 새 언약을 예언해 주시어 새 언약의 중보자로 오실 메시아의 초림을 준비하신 것이다.

선지자 예레미야에게 새 언약에 대하여 예언하신 것처럼 하나님께서는 비슷한 시기에 남왕국 유다의 선지자로 활약한 에스겔을 통해서도 새 언약에 대한 예언을 해주셨다. 익히 아는 바와 같이 시내산 언약 아래서 여호와 하나님께서는 이스라엘 언약공동체로 하여금 아브라함, 이삭, 야곱에게 맹세하심으로 약속한 약속의 땅 가나안에 들어갈 때 가나안의 일곱 부족을 진멸하는 거룩한 전쟁을 싸우도록 명령하셨다. 뿐만 아니라 시내산 율법 언약에 불순종한 북왕국 이스라엘은 앗수르 제국의 공격에 의하여 주전 722년에 패망하고 말았다. 더불어 시내산 율법 언약에 불순종하고 우상숭배하던 남왕국 유다도 선지자 에스겔이 활동하던 시기에 언약소송(the covenant lawsuit)을 기초로 바벨론 제국의 공격을 받고 하나님의 심판에 의하여 황폐한 땅으로 변하고 말았다. 하나님께서는 이런 비참한 상황 아래 바벨론 포로로 잡혀간 선지자 에스겔을 통하여 이제는 더 이상 언약공동체를 향하여 언약소송을 기초로 진노의 심판을 내리지 않겠다는 언약의 약속을 보여주셨다.[19] 그것이 바로 새 언약인데 이를 "평화의 언약"으로 예언해 주셨다(겔 34:20-31).

새 언약 아래서는 언약백성들이 옛 언약 아래서처럼 총칼을 들고 나가 여호와 하나님의 이름으로 진멸하는 전쟁을 싸워서는 안 된다. 왜냐하면 새 언약의 중보자이신 예수 그리스도께서 십자가의 대속의 죽음을 통하여 사탄의 나라와 싸워 이미 승리하였기 때문에 이제 새 언약 아래서 언약공동체 백성들은 원수들도 사랑하는 마음으로 온 열방을 가슴에 품고 사랑하며 그리스도의 고난에 동참하며 복음을 전하는 선교적 마음을 가져야 한다. 더불어 "평화의 언약"의 축복을 이미 받았으므로 새 언약 공동체백성들은 가는 곳마다 샬롬의 축복을 예수 그리스도 안에서 선언하며 복음을 전하며 그리스도의 향기를 발산하는 삶을 살아야 한다. 물론 이 "평화의 언약"의 축복의

---

19 물론 시내산 율법언약은 이스라엘 언약공동체 백성들에게는 예수 그리스도의 십자가의 대속의 죽음을 통하여 새 언약이 비준 된 이후에도 여전히 유효하였다. 따라서 예수 그리스도를 핍박하고 십자가에 못박아 구약 율법을 통하여 오시리라 한 메시아를 부인한 죄를 범한 이스라엘 언약공동체를 주후 70년에 하나님께서는 우상숭배 제국이었던 로마제국을 동원하여 진노를 쏟아 붓는 심판을 내렸다. 이에 약속의 땅 가나안에 세워졌던 이스라엘 신정통치국가는 역사의 무대에서 사라지고 말았다. 그러므로 1948년에 팔레스타인 땅에 세워진 이스라엘은 엄밀히 말하면 주후 70년에 망한 이스라엘의 회복이 아니고 보통 다른 나라들과 같은 보통은혜 언약 아래 국가이다. 시내산 율법언약에 대한 이스라엘 언약공동체의 불순종과 주후 70년 예루살렘의 패망에 대한 구속사적 해석에 대해서는 다음을 참조하라. Jeon, *Biblical Theology*, 209-11.

궁극적 완성은 현재 이 세상에서 완성되는 것이 아니라 예수 그리스도께서 재림하고 나서 마지막 구속적 심판이 있고 영광스러운 나라인 영원한 하나님 나라가 도래할 때 비로소 가시적으로 성취될 것이다.

동시에 하나님께서는 바벨론 포로로 잡혀가 있던 다니엘에게 계시를 통하여 이스라엘 언약공동체가 포로에서 약속의 땅 가나안으로 돌아가 파괴된 성전을 다시 재건하고 다윗의 왕권을 회복할 것을 예언하셨다. 나아가 다윗의 후손으로 오실 메시아가 십자가의 대속의 죽음을 통하여 새 언약이 비준되고 지상의 이스라엘 왕조의 중단과 메시아의 재림으로 임할 마지막 심판에 대한 구속사적 시간대를 상징적인 숫자를 통하여 그림처럼 계시해 주셨다.[20]

바벨론에 포로로 잡혀가 있던 다니엘은 하나님 앞에 이스라엘 언약공동체의 불순종과 우상숭배로 말미암아 하나님의 심판으로 말미암아 남왕국 유다가 패망하고 살아남은 언약백성들이 바벨론 포로로 끌려온 사실을 기억하고 죄를 회개하며 하나님의 회복의 은혜가 약속의 땅 가나안과 이스라엘 언약공동체에 임하기를 간절히 기도하였다(단 9:1-16). 다니엘의 기도를 통하여 우리는 예루살렘의 패망과 바벨론 포로생활이 이스라엘 언약공동체가 시내산 율법 언약을 지키겠노라고 하나님 앞에서 맹세했지만 율법에 불순종하고 우상숭배에 빠져 언약 소송을 통한 심판의 결과라는 것을 다시 한 번 확인

---

20 자유주의 역사비평학자들은 살아계신 하나님께서 선지자들을 세워서 말씀을 통하여 미래에 일어날 사건과 역사에 대한 예언을 한다는 사실 자체를 부정한다. 그런 의미에서 다니엘에 기록된 모든 기적적인 역사와 미래에 대한 예언의 말씀도 동시에 부인한다. 가령 자유주의 역사비평학자인 콜린스는 다니엘에 기록된 기적의 역사들을 모두 부인하면서 신화적인 이야기로 치부하고 심지어는 다니엘이 역사적 인물이라는 사실 자체도 부인한다: "Conservative Christian scholars have expended enormous energy in efforts to salvage the historicity of Darius the Mede and other problematic data in Daniel. These efforts are misdirected. These stories are not exercises in history writing. They are legends, full of miraculous elements(the fiery furnace, the lions' den). They are meant to inspire awe and wonder, and are not to be taken as factual accounts. In fact, it is unlikely that Daniel ever existed. The name Daniel(Danel) was attached to a legendary figure from antiquity, who is known from the Ugaritic Epic of Aqhat, and who is mentioned in Ezek 14:14, 20, in conjunction with Noah and Job, as a paradigmatic righteous person. He is also mentioned in Ezek 28:3 as a paradigmatic wise man("are you wiser than Daniel?"). The Daniel of the book of Daniel, however, would have been a younger contemporary of Ezekiel. It is likely that the biblical author borrowed the name of the legendary hero and assigned it to a fictional Judean in the Babylonian exile. The story of Daniel, then, is not historical. It is, however, meant to be exemplary." Collins, *Introduction to the Hebrew Bible*, 554-55.

하게 된다. 특히 11절 "온 이스라엘이 주의 율법을 범하고 치우쳐 가서 주의 목소리를 듣지 아니하였으므로 이 저주가 우리에게 내렸으되 곧 하나님의 종 모세의 율법에 기록된 맹세대로 되었사오니 이는 우리가 주께 범죄하였음이니이다"라는 말씀을 살펴보면 하나님께서 언약공동체에 내린 저주가 시내산 율법언약에 불순종한 결과로 내린 하나님의 심판이라는 것을 아주 분명하게 밝혀준다.

다니엘이 자신의 죄와 이스라엘 언약공동체의 죄를 회개하며 간절히 기도할 때 하나님께서 가브리엘을 통하여 미래에 신비로이 하지만 틀림없이 펼쳐질 "일흔 이레"에 대한 구속사적 시간을 계시해주셨다. 놀라운 것은 가브리엘의 계시가 바사왕 고레스 원년이었던 주전 539년에 여호와 하나님께서 바사 왕 고레스의 마음에 감동을 주어 바벨론 포로로 잡혀갔던 이스라엘 이스라엘 언약공동체 백성들이 가나안 땅에 돌아가 예루살렘 성전을 재건하라는 조서가 내린 이후에 임한 것이다(에 1:1-4).

가브리엘을 통하여 다니엘에게 임한 "일흔 이레"에 대한 역사적인 계시에 대하여 주목할 필요가 있다(단 9:20-27). 여러모로 보아 "일흔 이레"에 대한 시간은 상징적으로 해석하여야 한다. 하나님께서는 이스라엘 언약공동체의 바벨론 포로기에 "일흔 이레"에 대한 예언을 통하여 이스라엘의 회복과 메시아의 초림과 십자가의 대속의 죽음, 이스라엘 언약공동체의 궁극적 패망, 그리고 메시아의 재림과 마지막 구속적 심판에 대한 구속사를 계시해주셨다.[21] 먼저 "그러므로 너는 깨달아 알지니라 예루살렘을 중건하라는 영이 날 때부터 기름 부음을 받은 자 곧 왕이 일어나기까지 일곱 이레와 예순두 이레가 지날 것이요 그 곤란한 동안에 성이 중건되어 광장과 거리가 세워질 것이며"(25절)라는 예언의 말씀에 주목할 필요가 있다. 25절 예언의 말씀을 통하여 하나님께서는 이스라엘 언약공동체 백성들이 70년 바벨론 포로생활을 마

---

21 "일흔 이레"에 대한 언약적 구속사적 조망 및 해석에 대해서는 다음 자료를 참고하라. Jeon, *Biblical Theology*, 177-80; Meredith G. Kline, God , *Heaven and Har Magedon: A Covenantal Tale of Cosmos and Telos*(Eugene, OR: Wipf and Stock, 2006), 146-54.

치고 가나안에 돌아오는 시점이었던 주전 539년부터 다윗의 후손으로 오셔서 영원한 하나님 나라의 왕으로 기름부음을 받으실 메시아의 초림까지를 "기름 부음을 받은 자 곧 왕이 일어나기까지 일곱 이레와 예순두 이레가 지날 것이요"라고 말씀하셨다.

26절 말씀 "예순두 이레 후에 기름 부음을 받은 자가 끊어져 없어질 것이며 장차 한 왕의 백성이 와서 그 성읍과 성소를 무너뜨리려니와 그의 마지막은 홍수에 휩쓸림 같을 것이며 또 끝까지 전쟁이 있으리니 황폐할 것이 작정되었느니라"는 예언을 통하여는 영원한 하나님 나라의 왕으로 오실 메시아의 십자가의 대속의 죽으심과 로마제국의 군사들이 예루살렘에 쳐들어와 이스라엘 신정통치국가가 최후의 심판을 맞을 것을 예언하는 말씀이다. 다시 말하면 "예순두 이레 후에 기름 부음을 받은 자가 끊어져 없어질 것이며"라는 말씀은 성령의 기름부음을 받고 영원한 하나님 나라의 왕으로 오신 메시아가 십자가에 못박혀 죽을 것을 예언하는 말씀이다. 더불어 "장차 한 왕의 백성이 와서 그 성읍과 성소를 무너뜨리려니와 그의 마지막은 홍수에 휩쓸림 같을 것이며 또 끝까지 전쟁이 있으리니 황폐할 것이 작정되었느니라"는 예언의 말씀은 로마제국의 군대에 의하여 예루살렘이 함락되고 주후 70년에 이스라엘이 패망할 것을 예언하는 말씀이다.

27절 말씀을 통하여는 마지막 "한 이레 동안의 언약"이라 하여 마지막 칠십 번째 이레가 새 언약 시대임을 예고하는 말세에 대한 예언의 말씀이다. 특히 27절 전반부 말씀 "그가 장차 많은 사람들과 더불어 한 이레 동안의 언약을 굳게 맺고 그가 그 이레의 절반에 제사와 예물을 금지할 것이며"라는 예언의 말씀을 통하여 마지막 이레의 절반에 해당하는 기간을 새 언약을 맺는 메시아의 대속의 죽음에서부터 주후 70년 이스라엘 신정국가의 패망까지를 보여준다. 그렇다면 마지막 이레의 절반은 주후 70년 이스라엘 패망으로부터 심판의 주로 다시 오셔서 영원한 하나님 나라와 사탄의 나라를 가시적으로 극명하게 분리하게 될 메시아의 재림까지의 기간으로 볼 수 있다.

이처럼 하나님께서는 다니엘에게 칠십 이레라는 상징적 숫자를 통하여 바벨론 포로에서 돌아오는 시점인 주전 539년부터 다윗의 후손으로 오실 메시아의 초림까지를 아우르는 기간을 "일곱 이레와 예순두 이레"로 알려주셨다. 나아가 메시아의 십자가 대속의 죽음을 통하여 새 언약을 비준하는 때부터 주후 70년 이스라엘의 패망까지, 그리고 마지막 심판을 위하여 메시아가 재림하는 날까지를 마지막 이레로 조망해주었으며 이 기간이 바로 말세이며 동시에 새 언약의 시대로 미래의 구속사를 포괄적으로 계시해주었다고 말할 수 있다.

결론

지금까지 우리는 구역성경을 언약적 정경(Covenantal Canon)이라는 관점에서 주요한 특징과 중요 내용들을 살펴보았다. 그러면서 역사적 특징을 갖고 있는 성경신학과 주제별 교리를 논리적으로 다루는 조직신학이 상호모순이 없이 구약의 언약적 정경 속에서 멋진 조화를 이루는 방향에서 살펴보았다. 나아가 영원부터 자존하시는 삼위일체 하나님의 존재와 사역 그리고 성경이 성령의 영감에 의해 기록된 정확무오한 하나님의 말씀이라는 대전제 아래 구약성경을 그리스도 중심적, 그리스도 목적적, 언약적, 종말론적 관점에서 지향하는 성경읽기를 제시하였다.

우리는 하나님의 은혜 가운데 21세기 글로벌미션시대에 살며 지구상 구석구석에 흩어져 새 언약 디아스포라로 교회공동체를 섬기고 전도하며 선교하도록 부르심을 받았다. 이러한 부르심에 겸손히 믿음으로 순응하기 위해서는 언약적 정경으로 정확무오한 하나님의 말씀으로 주신 성경을 읽고 가르치고 선포하고 예수 그리스도께서 재림하는 그 날까지 언약의 말씀과 말씀의 진리를 잘 보존해나가야 할 것이다.

· Jeffrey D. Arthurs

Dr. Arthurs was raised in western PA in a nominally Christian home and came to saving faith in Christ when he was 14 years old. His life was turned upside down as he soon became deeply involved in the life of the church, receiving a call to preach at age 16. To this day his passion is preaching, and he uses his wide-ranging communication experience as a teacher, missionary, director, announcer, and consultant to equip others for more effective proclamation of the Word. Jeff has taught on all levels from grade school to grad school, having taught preaching and communication in a dozen colleges and seminaries in the U.S. and abroad. In the past he served as teaching pastor in Portland, OR. Currently, Jeff is interim pastor at Cross Bridge, Lexington, MA. Dr. Arthurs is a past-president of the Evangelical Homiletics Society and an active scholar, regularly presenting papers at conferences and writing articles for periodicals such as the Journal of Communication and Religion, Preaching, Leadership, and Preaching Today on-line. He has written Preaching With Variety, Devote Yourself to the Public Reading of Scripture, and Preaching as Reminding which received a "book of the year" award from Christianity Today.

The
HOLY BIBLE   FORUM 8

The Lord's
Remembrancers

The Lord's Remembrancers

|

Jeffrey D. Arthurs

Abstract: This paper considers the role of preachers as "remembrancers" by outlining a biblical theology of memory, then exploring how that theology is practiced in Deuteronomy, the prophets, and the epistles. The reminding-function of preaching is overlooked in standard evangelical homiletics textbooks, so this paper helps address that lacuna by moving to practical theology. Memory must be stirred. Truth must be made to live again in the minds and emotions of the congregation because a bland and bald recitation of what people already know is boring. Drawing on the rhetorical theory of "vivacity" from George Campbell, this paper describes how to stir memory with a vivid style.

I love to tell the story; for those who know it best
Seem hungering and thirsting to hear it like the rest.

Katherine Hankey

There is nothing higher and stronger and more wholesome and good for life in the future than some good memory… People talk to you a great deal about your education, but some sacred memory, preserved from childhood, is perhaps the best education.

Alyosha in the Brothers Karamazov, Dostoyevsky

Some sermons teach, some persuade, and some apply the truth to everyday life—or more precisely, every sermon does all three of those functions to one degree or another. Those three functions of preaching are well-trodden terrain in standard textbooks of evangelical homiletics. While I agree with those purposes, I believe that the textbooks neglect another purpose— reminding. By "merely" reminding the baptized of what they know and believe, slumbering knowledge may be awakened, somnambulant conviction may be roused, and sluggish volition may be inspired. Jonathan Edwards put it this way: "God hath appointed a particular and lively application of His Word to men in the preaching of it … to stir up the minds of the saints, and quicken their affections, by often bringing the great things of religion to their remembrance … though they know them, and have been fully instructed in them already."[1] It may have been Bishop Lancelot Andrewes(1555-1626), chaplain to the courts of Elizabeth and James I, who described preachers as "the Lord's remembrancers," a metaphor borrowed from the judicial system of the day. The office of The King's(or

1 Jonathan Edwards, *Religious Affections in The Works of Jonathan Edwards, vol. 2, ed. John E. Smith(New Haven: Yale Univ. Press, 1959)*, 115-116.

Queen's) Remembrancer is the oldest judicial position in continual existence in Great Britain, having been created in 1154 by Henry II. Today it is a ceremonial role, but for centuries the officer's role was to put the Lord Treasurer and the Barons of Court in remembrance of pending business, taxes paid and unpaid, and other things that "pertained to the benefit of the Crown."[2]

This paper considers the role of preachers as the Lord's remembrancers, reminding his subjects of the covenant he has made and its stipulations. In particular, this paper examines the reminding-function of preaching by developing a biblical theology of memory and then moving to practical theology to suggest how preaches can stir memory. My research question is: what might a biblical theology of memory contribute to homiletics? And my thesis is that when preaching to believers(people in the covenant), preachers should see the stirring of memory as one of their primary tasks. Yet preaching-as-reminding stands dangerously close to preaching-as-nagging or preaching-as-boring. Memory must be stirred, not simply intoned like a scribe reciting a genealogy. Thus this paper moves from biblical theology to practical theology to suggest how preachers can stir memory of the Faith. The rhetorical theory of "vivacity" by George Campbell is enlisted in that task.

---

2 http://en.wikipedia.org/wiki/Queen%27s_Remembrancer. Accessed August 27, 2013.

Biblical Theology of Memory

Lexical Data

The two most important terms for this exploration are the Hebrew word zakar and its cognates, and the Greek word mnemoneuo and its cognates. The following table summarizes lexical data:

Term	Form	Meaning	Example
Zakar	Qal(169x)	Remember, call to mind, pay attention to(often accompanied by appropriate actions)	Psalm 137:1, "By the waters of Babylon, there we sat down and wept when we *remembered* Zion."
	Hiphil(41x)	To cause to remember, to invoke, to mention	1 Sam. 4:18, "As soon as *he mentioned* the ark of God, Eli fell over backward from his seat."
	Niphil(19x)	To be remembered	Zech. 13:2, "On that day ... I will cut off the names of the idols from the land, so that *they will be remembered* no more."
Zeker	Noun	The act of remembering, a commemoration or memorial	Esther 9:28, [commenting on Purim] "These days should be remembered and kept throughout every generation ... nor should *the commemoration* of these days cease among their descendants."
Zikkaron	Noun(24x)	Memorial, token, record	Esther 6:1, "On that night the kind could not sleep. And he gave orders to bring *the book of memorable deeds*, the chronicles, and they were read before the king."
Mnemoneuo	Verb(approx. 20x)	Remember, be mindful of(often accompanied by appropriate actions)	Gal. 2:10, "They asked us to *remember* the poor, the very thing I was eager to do."
Mnaomai. "remember."	Verb(approx. 20x)	Same	Luke 23:42, "Remember me when you come into your kingdom."
Cognates	Nouns and verbs(approx. 29x)	Same	Luke 22:19, "Do this in remembrance of me."

The Hebrew term zakar, like our English term "remember," has a range of meaning, but the range is not extensive. Sometimes it denotes a simple mental act as when Israel "remembered" the food they ate in Egypt(Nu. 11:5), but most often "in the Bible, memory is rarely simply psychological recall. If one remembers in the biblical sense, the past is brought into the present with compelling power. Action in the present is conditioned by what is remembered."3 For example, Israel was to "remember" the days of their slavery in Egypt and free their own slaves every six years(Dt. 15:15). Israel was also to "remember" the Sabbath by keeping it holy(Ex. 20:8). Joseph asked the cupbearer to "remember" him before Pharaoh(Gen. 41:14), that is, mention him favorably to Pharaoh. And Hannah vowed that if the Lord would "remember" her, she would dedicate her son to the Lord(1 Sam. 1:11). While the majority usage of the English word "remember" is limited to "psychological recall," an older definition captures the biblical connotations: "to bear a person in mind as deserving a gift," as when we say that "the company always remembers its employees at Christmas," and the child at the party says to the host who is passing out treats, "Remember me!"

Linguistic scholar Stephen Renn states, "When zakar is associated with God, divine 'remembering' signifies Yahweh's intention to implement the next state of his redemptive plan, whether it be his purpose to bless or(less frequently) bring down judgment."4 The synonymous parallelism of Hebrew poetry confirms that zakar means more than mental recall. Zakar is paired with "blessing"(Ps. 115:12-13), "rescue"(Ps. 136:23-24), and "helping"(Ps. 106:4).

---

3 Edward P. Blair, "An Appeal to Remembrance: The Memory Motif in Deuteronomy" *Interpretation* 15(1961): 43.

4 Stephen D. Renn, ed. *Expository Dictionary of Bible Words*(Peabody, MA: Hendricksen, 2005), 804.

Israel was to remember the laws and statutes(Num. 15:3 ff., Neh 1:8, Mal. 4:4), God's redemptive deeds(Dt. 6:17), and YHWH himself(Dt. 8:8, Neh. 4:14, Eccl. 12:1, Jer. 51:50). "Part of the identity of the people of God comes from remembering God's great acts and faithfulness and the origins of His people. Remembrance leads to gratitude and praise for the present and hope and security for the future."5 But while gratitude often accompanies this term, the greatest number of uses of zakar occurs in the psalms of lament: the psalmist strengthens himself when he remembers the glad shouts and songs of praise(42:5), but he also groans when he remembers God(77:3) and the days of old(143:5).

The opposite of remembering is, of course, "forgetting"(shakah—used about 100x in the OT), and this term also implies more than simple mental act. To forget God means to worship other gods(Dt. 8:19) and disobey the commandments(Dt. 8:11). "Forgetting" is parallel to "forsaking"(Is. 49:14) and "rejecting"(Hos. 4:6). Forgetting is an important term and concept in the New Testament as well as the Old. The Greek words are lanthano(verb) and lethe(noun). As in the Old Testament, "forgetting" is nearly synonymous with disobeying, or at least with lack of fervor for the will of God(e.g. see James 1:22-25).

Mnemoneuo and its cognates are similar in denotation and connotation to zakar. We are to "remember" those in prison(Heb. 13:3), probably meaning that we should pray for them; and we are to remember our spiritual leaders(Heb. 13:7), meaning that we should submit to them. And Paul commends the Corinthians because they remember him "in everything

---

5 s.v. "Memorial," *International Standard Bible Encyclopedia*, revised edition(Grand Rapids: Eerdmans, 1979), Publishing Co.) electronic version.

and maintain the traditions even as [he] delivered them"(1 Cor. 11:2). In the New Testament, memory changes attitudes and actions, as when the disciples remembered Jesus' predictions of his resurrection and they believed(John 2:22, 12:16). Similarly, the church of Ephesus should remember from where they had fallen, repent, and do the works they did at first(Rev. 2:5, cf. 3:3).

Blair's summary of the Old Testament concept of memory also pertains to the New Testament concept: an "active relationship to the object of memory that exceeds a simple thought process. Memory awakens a past event to realization because of its present significance. 'Remember' connotes consciously to 're-member' oneself to the object."[6] Quoting Brevard Childs, Old Testament scholar Bruce Waltke says, "Remembrance equals participation."[7]

Memory in Biblical Contexts of Preaching

The theme of remembering appears throughout the Bible, but three portions of sacred Scripture bear special consideration to help answer this paper's research question(what might a biblical theology of remembering contribute to homiletics?) Moses addresses the people of Israel in Deuteronomy, and there we see him emphasize memory. The prophets do the same, as do the Apostles in the Epistles.

---

6 Blair, "An Appeal to Remembrance," 42.

7 Bruce Waltke, *An Old Testament Theology*(Grand Rapids: Zondervan, 2007), 504.

Deuteronomy

The covenant people were poised, ready to enter the Promised Land, but they had not witnessed the redemptive acts of the Exodus as their fathers had, and they were not present when YHWH made the covenant. However, having not witnessed God's mighty deliverance, they must now depend on memory as the link between the past and the present.[8] Thus the book of Deuteronomy, Moses' farewell address to Israel, stresses time and time again that they must remember. What must they remember and not forget? Their slavery in Egypt(16:12, 24:22); their deliverance, often with wonders(5:15, 6:12, 7:18-19, 8:14, 15:15, 16:3, 24:18); the making of the covenant at Horeb(4:9-13, 23); YHWH himself(4:39-40, 8:11, 14, 18, 19); the commandments(11:18, 26:13); their rebellion in the wilderness and God's discipline(8:2, 14-16, 9:7, 24:9); Amelek(25:17-19); and the days of old(32:7).

The prompting of memory occurred both nonverbally and verbally; that is, the sacrificial system and the major festivals, Passover and Booths, helped the people remember. Those ceremonies, rich with sensory experience(sight, sound, smell, taste, and touch), recounted the Exodus nonverbally, and the regular reading of the Law at those festivals reminded the people verbally of the covenant stipulations.[9] Waltke elaborates on the verbal mode:

The founding generation uniquely experienced the events that gave birth

---

8 Much of the material in this section is gleaned from Brevard S. Childs who has written the most thorough study in English of the biblical theology of memory: *Memory and Tradition in Israel*, in the monograph series *Studies in Biblical Theology* no. 37(Naperville, IL: Allenson, 1962).

9 See "Devote Yourself to the Public Reading," also presented at this conference, for more on Scripture reading.

to Israel as a nation... Their children, however, do not see these events(11:5), and they must not expect God to repeat them(30:11-14). Rather, God speaks to future generations through their periodic reading of the covenant(17:18; 27:3; 31:9-13, 26) ... Israel perceives God principally with their ears, not with their eyes. Memory becomes the divine instrument for maintaining the continuity of Israel and for upholding the divine welfare of those within it. Memory actualizes the word.[10]

Waltke's choice of the term "actualize" echoes Childs who explains that "actualization occurs when the worshipper experiences an identification with the original events. This happens when he is transported back to the original historical events. He bridges the gap of historical time and participates in the original history."[11] He continues: "Actualization is the process by which a past event is contemporized for a generation removed in time and space from the original event. When Israel responded to the continuing imperative of her tradition through her memory, that moment in historical time likewise became an Exodus experience."[12] Taking his stance as a "remembrancer," Moses recounted past events to convince the present generation that God should be counted on today. By commemorating and recalling the past—the Exodus in particular— God's people are moved to align themselves with God's ongoing covenant stipulations.

One way actualization occurs, the way that is most important to this

---

10 Waltke, *An Old Testament Theology*, 504.

11 Childs, *Memory and Tradition in Israel*, 82.

12 Childs, *Memory and Tradition in Israel*, 85.

paper, is by the creation of discourse—sermons. Notice how Moses performs actualization by identifying the generation which came out of Egypt with the current generation standing before him:

> When your son asks you in time to come, "What is the meaning of the testimonies and the statutes and the rules that the Lord our God has commanded you?" Then you shall say to your son, "We were Pharaoh's slaves in Egypt. And the Lord brought us out of Egypt with a mighty hand. And the Lord showed signs and wonders, great and grievous, against Egypt and against Pharaoh and all his household, before our eyes. And he brought us out from there, that he might bring us in and give us the land that he swore to give to our fathers. And the Lord commanded us to do all these statutes, to fear the Lord our God, for our good always, that he might preserve us alive, as we are this day."(Deut. 6:20-24)

Moses' use of identification is not simply a rhetorical strategy; it is an exposition of a theological fact. The people of God are one people.

Similarly, in Deuteronomy 26:6-9 he conflates time: "The Egyptians treated us harshly and humiliated us and laid on us hard labor. Then we cried to the Lord, the God of our fathers, and the Lord heard our voice and saw our affliction, our toil, and our oppression. And the Lord brought us out of Egypt with a mighty hand and an outstretched arm, with great deeds of terror, with signs and wonders." Not only does Moses enfold the past into the present(cf. Deut. 5:2-5), he also gathers in the future generations: "It is not with you alone that I am making this sworn covenant, but with whoever is standing here with us today before the Lord our God, and with whoever is not here with us today" [emphasis added].[13](Deut. 29:15)

The rhetorical situation which Moses faced is similar to the one Christian preachers face today.[14] We too stand on the brink of full deliverance, but we too are separated from the great deeds of redemption. So Christians lean heavily on memory to keep our hope alive and faith strong. Our ceremonies, particularly the Lord's Supper, and our discourse, particularly our Scripture reading and sermons, should prompt memory to actualize the past with compelling power.

The Prophets

The prophets were remembrancers par excellence. They drummed a metronomic cadence of covenant stipulations, incentives, and warnings. As spokespersons of YHWH their cadence was so uniform and unceasing that Andrew Thompson claims that our experience of reading the Prophets is in danger of being monotonous: "Even a casual reader will find the same themes over and over again: God's goodness, God's deliverance, God's law, the people's rebellion, God's judgment, God's salvation. Short oracles are stacked together by the dozen, prophecy after prophecy, repeating the same thing."[15] Harkening back to the Exodus and Sinai, the prophets relentlessly drummed a message of deliverance, gratitude, and obligation.

---

13 Other portions of Scripture such as Ps. 95:6-7 also conflate past and the present: "Today, if you will hear his voice, harden not your heart, as at Meribah, as in the day in the wilderness." And enthronement psalms such as 47 announce the *future* as present today.

14 The term "rhetorical situation" is a technical term of rhetorical theory first developed first by Lloyd F. Bitzer, "The Rhetorical Situation," *Philosophy and Rhetoric vol. 1(1968): 1-14. Bitzer defines it as "a complex of persons, events, objects, and relations presenting an actual or potential exigence which can be completely or partially removed if discourse··· can so constrain human decision of action as to bring about the significant modification of the exigence."*

15 Andrew Thompson, "Community Oracles: A Model for Applying and Preaching the Prophets" *J of the Evangelical Homiletics Society*(10/1, 2010): 53.

One way they avoided the potential snare of monotony was by varying the form and mood of their prophecies, but they never varied the content. Jeremiah reminds the people of the ten commandments(7:9); Habakkuk echoes Deuteronomy when he warns of foreign conquest for covenant breakers(Hab. 1:5-11, Deut. 28:49-51); Micah recalls the stories of Balak and Balaam(Mic. 6:5); and Amos, like Moses, actualizes the past by conflating it with the present: "God brought you up out of the land of Egypt and led you forty years in the wilderness"(2:10).

The prophets' rhetorical situation, like Moses,' also parallels the task set before Christian preachers. Thompson states:

> They both(Israel and the church) live under the same covenant LORD, who does not change in his character or affections. They both live in the light of his past deeds for their good(whether the promises to Abraham, the Exodus, the Davidic Kings, or the climactic salvation found in the death and resurrection of Christ). They both live under his demands for love and obedience as his people. And they both live in hope that God's promises of ultimate salvation and judgment will be fulfilled. Our hope is the return of Christ, the Second Advent, when he will defeat his enemies and pour out his grace to his church. The church's covenant situation is remarkably similar to Israel's.[16]

The parallel rhetorical situation is also present in the Epistles.

Epistles

Like Moses and the Prophets, Paul and the other NT letter writers

---

16 Thompson, "Community Oracles," 42.

regularly remind the recipients of what they already know and believe. A handful of examples demonstrate this:

(Rom 15:14-16) I myself am satisfied about you, my brothers, that you yourselves are full of goodness, filled with all knowledge and able to instruct one another. But on some points I have written to you very boldly by way of reminder, because of the grace given me by God to be a minister of Christ Jesus to the Gentiles.

(Rom 6:3, 16; 11:12; 1 Cor 3:16, 5:6) Do you not know that. . . ?

(Eph 2:11-12) Remember that at one time you were separated from Christ.

(Phil 3:1-2) Finally, my brothers, rejoice in the Lord. To write the same things to you is no trouble to me and is safe for you. 2 Look out for the dogs, look out for the evildoers, look out for those who mutilate the flesh...

(Jude 5, 17) Now I want to remind you, although you once fully knew it, that Jesus, who saved a people out of the land of Egypt, afterward destroyed those who did not believe ... You must remember, beloved, the predictions of the apostles of our Lord Jesus Christ.

(2 Pet 1:13-16) I think it right, as long as I am in this body, to stir you up by way of reminder, since I know that the putting off of my body will be soon, as our Lord Jesus Christ made clear to me. And I will make every effort so that after my departure you may be able at any time to recall these things.

(2 Pet 3:1-2) This is now the second letter that I am writing to you, beloved. In both of them I am stirring up your sincere mind by way of reminder, that you should remember the predictions of the holy prophets and the commandment of the Lord and Savior through your apostles.

New Testament scholar James Thompson argues that the epistles are the best examples we have of what preaching to believers sounded like in the infant Church.[17] Thus, to preach to the Church, as the apostles did, we should stir memory.

When the recipient of an epistle is a preacher such as Timothy, and the Holy Spirit through the Apostle instructs him how to pastor the Church, we contemporary pastors pay special attention:

> (2 Tim. 2:8, 14) Remember Jesus Christ, risen from the dead, the offspring of David, as preached in my gospel … Remind them of these things, and charge them before God.

In addition to these overt instances of reminding, the general structure of epistles also demonstrates that preachers are the Lord's remembrancers. That is, the well-known structure of indicative-imperative suggests that the authors of the epistles saw one of their tasks as reminding the Church of what they had learned previously and then exhorting them to obedience based on that theology. Just as the Lord began the Decalogue with the indicative, "I am the Lord who brought you out of Egypt," so Paul and the other writers stir the recipients' theological memory of redemption so that they will live in conformity to their deliverance. The proof of memory is fidelity.[18]

Thus far in this paper, lexical and contextual data are supporting the

---

17 James W. Thompson, *Preaching Like Paul: Homiletical Wisdom for Today* (Louisville: WJK, 2001).

18 I am indebted to Russell St. John for some of the thoughts and wording in this section. Email correspondence, July 2013.

thesis that the stirring of memory is an important function of preaching. Turning now more explicitly to theology derived from this data, the thesis can be explored in more depth.

Theology

The Christian Faith, as well as the Jewish, is grounded in history. We do not follow cleverly devised stories, but rather the Word made flesh who was born of the virgin Mary, suffered under Pontius Pilate, died, was buried, and rose again. The cross(and the Exodus) happened in space and time. Thus, preachers in the Bible such as Moses, the Prophets, and the Apostles reminded their auditors over and over of facts historical and facts theological. The two cannot be, or at least should not be, separated. Blair summarizes the Bible's sermonic argumentation which is grounded in history: "What God has done is regarded [consistently in the Bible] as offering conclusive understanding of what he is doing and what he will do."[19] Both Israel and the Church are witnesses and heralds. In a sense, all expository preaching is simply repeating what has already been stated.[20]

In Noth's phrase, we actualize actualizing history by "re-presenting" it.[21] Unlike God, who is both omniscient and omnipresent, so that all history is immediate to him, "man in his inevitable temporality cannot grasp this

---

19 Blair, "An Appeal to Remembrance," 41.

20 Approaching Christian preaching from a secular standpoint, communication scholar Michael C. McGee defines the genre of Christian "sermon" and concludes that the primary feature of the genre is "thematic reduplication." It moves deductively from a an immutable premise derived from "Ultimate Authority" to tautological restatement of that premise as exemplified in particular situations. "Thematic Reduplication in Christian Rhetoric," "Thematic Reduplication in Christian Rhetoric," *Quarterly Journal of Speech* 56/2(April, 1970): 196-204.

21 Martin Noth, "The 'Re-presentation' of the Old Testament in Proclamation"(1952), trans. James Luther Mays, rpt. in Claus Westermann, ed. *Essays on Old Testament Interpretation*(Richmond: John Knox, 1963), 76-88.

present-ness except by 're-presenting' the action of God over and over again in his worship."[22] Theologian John Davis, states that when the Church re-presents the old, old story of redemption "through word, sacrament and Spirit, the assembly experiences sacred 'time travel,' reexperiencing with the Lord and his people the power of the saving events of the past, as well as tasting the reality of the future new creation in the 'down payment' of the Holy Spirit."[23]

Preachers might ask: how does actualization occur when the preacher reminds the listeners of what God has done in the past? How does "sacred time travel" occur? Theologically, the answer may be that God's words do things. They have performative power, what a speech-act theorist would call "illocutionary force." Just as matrimony is inaugurated with the statements "I do" and "I pronounce you husband and wife," so do God's words accomplish what they name. When God said, "Let there be light," there was light. And when the Lord Jesus said, "This cup that is poured out for you is the new covenant in my blood," a new covenant came to be. When the preacher faithfully re-presents redemptive history and asserts again the doctrine that God has already revealed, then, to quote Childs, "The worshipper experiences an identification with the original events… He bridges the gap of historical time and participates in the original history."[24] We see the hand of God smite the Egyptians on our behalf, part the Red Sea for our deliverance, and provide manna and water for us in the desert. We see the sun darkened and feel the ground shake when our

---

22 Noth, "Re-presentation," 85.

23 John Jefferson Davis, *Worship and the Reality of God: An Evangelical Theology of Real Presence* (Downers Grove, IL: IVP, 2010), 92.

24 Childs, *Memory and Tradition in Israel*, 82.

greater Moses performed a greater deliverance. We too stand at the empty tomb to and hear the angel, "He is not here. He is risen." Memory becomes participation. To quote Blair again, "The past is brought into the present with compelling power. Action in the present is conditioned by what is remembered."[25]

If the performative power of God's words helps explain the theology of actualization(although the process is still, admittedly, beyond our ability to fully comprehend), then it should be obvious that preachers must do exposition. The power is in the Word.

If the reminding-function of preaching is central, not peripheral, when preaching to people in the covenant, then expository preachers want to know how to serve as God's remembrancers. A bland and bald recitation of salvation history, as if we were reading the genealogies of the kings of North Umbria, will not prompt memory and kindle faith because another theological truth comes into play here: God has ordained his truth to be conveyed through human agents. Those agents must convey the Word as clear, passionate, and creative messengers like the prophets and apostles.

Practical Theology

Preaching-as-reminding will come as good news to some preachers who have been shamed into believing that every sermon has to be an original work of art. Other preachers will raise a skeptical eyebrow. "Preaching-

---

25 Blair, "An Appeal to Remembrance," 43.

as-reminding sounds monotonous," they say. "Repeating what believers have heard since they were children sounds like a homiletical nightmare, like preaching at Christmas fifty-two weeks a year." But preaching-as-reminding should not be empty repetition, formalistic and perfunctory. Rather, it is the work of soul-watchers. Our people(and we) need reminders of the great truths of the Faith. Furthermore, take heart that listeners often enjoy reminders. We are like the hobbits who "liked to have books filled with things that they already knew, set out fair and square with no contradictions."[26]

Practical theology takes us into the realm of rhetoric, specifically to the canon of style. Giving attention to style may seem frivolous to some preachers, but they do not understand that style is more than ornament or embellishment. An indivisible relationship exists between what is said and how it is said. Aristotle put it this way: "It is not enough to know what we ought to say; we must also say it as we ought"(Rhetoric, 1403b). Specifically, I argue that vividness—the use of concrete and imaginative language—is a primary tool preachers can use to stir memory. Rhetorician Karyln Korhs Campbell describes the virtues of vividness:

It makes us see and hear and imagine. It evokes feelings. It creates virtual experience. Vividness is essential to catch and hold the attention of the audience, a prerequisite to successful rhetorical action. It also speaks to the psychological dimension of proof—we must give assent, not just recognize facts. Vivid style depicts, dramatizes, personifies, and describes. It employs the resources of language to focus and emphasize, to make ideas

---

26 J. R. R. Tolkien, *The Fellowship of the Ring*(New York: Ballantine Books, 1954), 9.

memorable.[27]

To explain how vividness stirs memory, I draw from eighteenth-century rhetorician, philosopher, and Presbyterian clergyman George Campbell.

Campbell's Theory of Vivacity

Campbell provides a rationale for why vivid language is rhetorically effective: it causes the mind to process information in ways that correspond to actual sensory experience. Campbell scholar Arthur E. Walzer calls this the "resemblance theory of rhetoric"—"an audience's belief in a rhetor's claim is critically influenced by the extent to which the audience's response to the verbal stimuli that the rhetor provides resembles the mind's ordinary response to the actual experience."[28] The more vivid the language, the more it operates in the mind like direct sensory experience.

Campbell's term for this rhetorical and psychological theory of style is "vivacity," and it is the central concept of his major work, The Philosophy of Rhetoric. Surprisingly, Campbell does not define "vivacity," but the character of the term is captured in this semantic cluster: "liveliness," "force," "energy," "brightness," "brilliancy," and "luster." Vivacity commands attention, rouses emotion, and is largely responsible for assent. Campbell scholar Lloyd Bitzer explains that "the vivacity or liveliness

---

27 Karlyn Khors Campbell, *The Rhetorical Act: Thinking, Speaking, and Writing Critically* (Belmont, CA: Wadsworth, 1982), 263-264.

28 Arthur, E. Walzer, "Campbell on the Passions: A Rereading of the Philosophy of Rhetoric," *Quarterly Journal of Speech* 85/1(Feb. 1999): 79.

of ideas is the quality primarily responsible for attention and belief...
Therefore, the rhetor... must communicate ideas which feel lively and
vivid to his hearers or readers. Vivacity must permeate discourse; the
effectiveness of nearly all instances of rhetorical discourse depends upon its
presence."[29]

Campbell drew upon the theory of the "operations of the mind," as
cutting edge in his day as neuroscience is in ours. In hierarchical order, the
most compelling operation of the mind is direct sensory stimulation, say of
a dog attacking you. The attack compels involuntary attention and assent
because it is emotionally charged and physically experienced. Second is
memory of direct sensory stimulation. An intense memory of a dog attack
prompts emotional and cognitive responses nearly identical to the actual
experience. Third is imagination. If a person has no experience of an
attack(and thus no memory of an attack) then the rhetor must cause the audience
to imagine the experience. This is done with vivid language.

Figure 1: Language and the Operations of the Mind

When Jonathan Edwards preached "Sinners In the Hands of An Angry
God," he could not actually dangle listeners over the pit of hell(direct sensory

---

29 Introduction to George Campbell, *The Philosophy of Rhetoric*. Ed. Lloyd Bitzer(Carbondale, IL:
Southern IL UP, 1988), xxv.

experience), so he used vivid language to spark imagination, rouse emotion, and prompt volition. His goal was not apologetic because his listeners already believed in hell; rather it was closer to epideictic—reviving dormant beliefs, rousing slumbering feelings, and vivifying half-believed truths— warning his people to flee from the wrath to come.

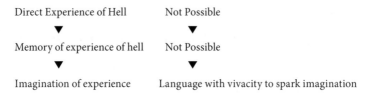

Figure 2: Vivacity in "Sinners in the Hands"

Space does not permit an exploration of extra-sermonic methods that leverage vivacity, but the Bible emphasizes the use of symbols and rituals rich with sensory experience:

Building of memorials, viewing them through the generations(e.g. the Ebenezer stones of Joshua 4).

Other visual reminders(e.g. the tablets of the Law placed beside the King, Deut. 17:14-20).

Sensory, physical acts of worship(e.g. incense burned, hands laid, knees bent, Lord's Supper eaten).

Liturgical year with its ceremonies, feasts, and symbols(e.g. Booths erected, Passover eaten).

Extended reading of Scripture in covenant renewal ceremonies(e.g. the revival under Ezra).

Music—singing psalms, hymns, and spiritual songs(Col. 3:16).

Techniques with Vivacity to Stir Memory

The following uses of vivid language help us revive well-known truths.

Analogy

Preachers can tap into listeners' previous sensory experience and transfer that power to a dormant idea. For example, let's say that you are preaching from the parable of the Good Samaritan and you proclaim this biblical truth: "God calls Christians to love their neighbors." In the minds of many listeners, that idea has been pulled from the closet so often that it is threadbare. So you need a vivid image that will compel involuntary attention, comprehension, and assent: "God calls Christians to love their neighbors, as Mother Theresa loved the people of her neighborhood." If the congregation has direct experience of Mother Theresa(unlikely) or secondhand experience of Mother Theresa through books, videos, interviews, etc.(likely) then the sleepy idea gains some vivacity by virtue of the analogy. The vivacity would be even more powerful by extending the vivid language—tell a story of Mother Theresa, show a picture, or quote her. "God calls Christians to love… like Mother Theresa. Let me tell you about a trip I took to India where I actually met Mother Theresa…"

Even better than an example about Mother Theresa would be an example of someone from the listeners' direct experience, perhaps Deacon Smith whom they all know and love. "God calls Christians to love… like Deacon

Smith. When I first moved to this area, eight years ago, I didn't know Deacon Smith and he didn't know me, but he showed up on my front porch, helped me move furniture…"

Analogies can also be figurative: "God's love is protective like the Smiths' dog who jealously guards her newborn puppies." When the preacher taps into the congregation's experience, affect is roused, attention is focused, and an attitude of assent is transferred to the proposition. The analogy can be extended to almost any length and the preacher will decide how long to spend on an image based on the degree of vivacity the image has for the listeners. For example, one line will suffice as you deliver your devotional to the church youth group if they are meeting in the Smiths' house, the young people just tried to pet the puppies, and the mother dog growled protectively. For a different audience, a lengthy story of the dog may be necessary.

Self-Disclosure

Self-disclosure links the message with direct sensory apprehension of the messenger. That is, through the senses of sight and sound—what the speaker looks like and sounds like—listeners associate a potentially abstract proposition("Christians should love one another") with a flesh and blood person. If the proposition is dormant in the hearts of listeners, it now commands their attention because, in the person of its advocate, it says "look me in the eye." Listeners tend to identify with speakers. My headache is not your headache, but when I talk about my headache your mind searches the archives of memory for a similar experience and then re-animates the emotion associated with that experience.

C. S. Lewis discovered this as he was working out his apologetic method during WWII. He found that people could not receive the good news of the gospel because they had little sense of the bad news of their sin. Then he discovered how self-disclosure can "awaken the sense of sin." Therefore, he recommended self-disclosure to other apologists: "I cannot offer you a water-tight technique for awakening the sense of sin. I can only say that, in my experience, if one begins from the sin that has been one's own chief problem during the last week, one is very often surprised at the way this shaft goes home."[30] Notice that Lewis assumes that a "sense of sin" already exists, but it slumbers. His job was to awaken it by stirring memory.

Dramatization

This rhetorical technique depicts an abstract idea in the form of characters in a drama. When done well it is charged with vivacity and produces virtual experience. Haddon Robinson used it in a sermon from Matthew 25 with the repeated phrase, "Whatever you did for the least of these, you did for me."[31] I heard Haddon preach this in chapel at Gordon-Conwell Theological Seminar. All of the students knew that verse, and I imagine that some of them had even preached it, so Haddon's job was not to teach a new truth, but rather to vivify an old one. Here is a close paraphrase:

Since it's the judgment of the nations, I imagine I'll be there. I'll be

---

30 C. S. Lewis, *God in the Dock* (Grand Rapids, MI: Eerdmans, 1970), 96.

31 Robinson, Haddon. "Surprised." Oct. 28, 2009. Accessed August 13, 2014. https://itunes.apple.com/us/podcast/surprised!!/id512511062?i=276513757&mt=2

standing before the King and he'll say, "Robinson, did you bring your datebook? Look up Oct. 27, 28, 29, 1983."

"Oh yes, Lord. That's when I was made president of the Evangelical Theological Society. We had a big meeting down in Dallas. I lived up in Denver. I wrote a paper: 'The Relationship of Hermeneutics to Homiletics.'"

And the King will say, "Well, I don't know anything about that. I don't go to many of those meetings. No, what I had in mind happened before you went down to Dallas. There was a couple on the campus. I allowed them to have a twenty-five day check in a thirty-one day month. Bonnie told you about them. And you folks put some money in an envelope and put it in their box. Remember that?"

"Boy, that was so long ago. Bonnie would probably remember it better than I would."

The King will say, "I remember it. You put that money in that box and gave it to me. I've never forgotten it. Look at the first week in March, 1994."

"Oh yes, Lord, that's when I was mentioned in Newsweek magazine as one of the best religious communicators in the English-speaking world!"

"Well, I don't read those magazines much. They're so inaccurate. And that story shows how inaccurate they are. No, I was thinking of when you were teaching on that day. You were leaving class to go to a meeting, and there was a young woman sitting there. And you said, "How are you doing?" and she began to weep. You sat down and she told you that her brother had passed away a couple of days ago and her father a couple of months ago. She found the burden of that grief so heavy that she didn't know if she could bear it. And you didn't know what to say, so you just listened. Remember that?"

"Yeah, I guess I do. I felt so inadequate."

And the King will say, "When you stopped to listen to that woman, you were listening to me, and I have never forgotten it."

There are going to be a lot of surprises at the judgment. You know all that stuff you put on your resume. It won't matter much. What will matter will be acts of kindness and compassion.

If you hesitate to use so much imagination, realize that you will not likely use this technique very often, but when you do pull it from the homiletical quiver and send it from the string, it can pierce the heart. Be encouraged by the words of John Broadus:

Imagination does not create thought; but it organizes thought into forms as new as the equestrian statue of bronze is unlike the metallic ores when they lay in the mine… Imagination is requisite if we are to conceive correctly and realize vividly the scriptural revelations concerning the unseen world and the eternal future. Faith believes these revelations, and imagination, aroused by faith and called into its service, makes the things unseen and eternal a definite reality to the mind, so that they affect the feelings almost like objects of sense, and become a power in our earthly life.[32]

The statement from Broadus brings to mind Francis Bacon's "duty and office" of rhetoric: "to apply reason to imagination for the better moving

---

32 John Broadus, *On the Preparation and Delivery of Sermons,* 10th ed.(Nashville: Barbee and Smith, 1894), 398, 400.

of the will." Similarly, commenting on Cicero's three offices of the orator, Augustine said that "teaching" relates to doctrine/content, but that "delighting" and "moving" depend on style. Listeners are rarely moved if the sermon is not phrased movingly.

Conclusion

Much more can be said about preaching-as-reminding with further explorations of biblical theology, liturgics to examine ceremonies like the Passover and the Lord's Supper, cognitive science, and classical rhetoric with its canon of "memory" and "epideictic"—a speech designed to stir values and emotions already held by the audience; but my hope is that this paper will expand our concept of the purposes of preaching. We are the Lord's remembrancers who stir memory with vivid language. Knowledge within our listeners may lie buried under the ash heap of neglect, and belief may be muted by the white noise of the world, so the Lord's remembrancers step into the pulpit in confidence that the Holy Spirit brings to remembrance all things that Jesus taught(John 14:26).

· **임효석 역**

일리노이 대학교 어바나 샴페인 캠퍼스에서 사회학(B,S in Sociology)을 전공하고 장로회 신학 대학교(M.Div)를 졸업했다. 시카고에 소재한 트리니티 복음주의 신학교(Th,M & Ph,D)에서 "화 해로써의 선교"라는 분야를 연구하여 선교신학 논문으로 선교학 박사를 받았다. 지난 10여년 간 한국과 미국 시카고 지역에서 여러 형태의 북한 선교와 탈북자를 섬기는 사역에 참여해 왔 다. 현재는 메릴랜드 소재 벧엘교회에서 한어권 사역을 섬기고 있다.

The
HOLY BIBLE

FORUM 8-1

주님의 기억하게
하는 자들

주님의 기억하게
하는 자들

The Lord's Remembrancers

|

제프리 D. 아더스(고든코넬 신학교 학장)

논문 초록: 이 논문은 기억의 성서 신학과 신명기, 선지서, 그리고 서신서 속에서 신학이 어떻게 실천 되었는지를 살펴봄을 통해, 설교자들의 역할을 "기억하게 하는 자들"이라고 말한다. 설교 속에서 기억나게 하는 역할은 일반적으로 복음주의 설교학 교과서에서 간과되어 있다. 그렇기에 이 논문은 실천 신학의 영역으로 옮겨가서 그 빈틈을 메우도록 돕는다. 기억은 불러 일으켜져야 한다. 진리는 회중들의 생각과 감정에서 다시금 살아나야 한다. 사람들이 이미 아는 내용을 단조롭고 밋밋하게 반복하는 것은 지루하기 때문이다. George Campbell의 "생동감"의 수사적 이론을 통해, 이 논문은 어떻게 생생하게 기억을 일으키는가 설명한다.

나는 이야기를 들려주길 아주 좋아한다; 그 이야기를 너무도 잘 알지만 그것을 모르는 사람처럼 듣기를 간절히 배고파하고 목말라하는 것만 같은 사람들을 위해서.

케더린 행키

> 미래의 인생에 있어서 몇개의 좋은 기억보다 더 높고 강하고 온전하며 선한
> 것은 없다 …사람들은 당신의 교육에 대해 많이 이야기하지만, 어린 시절부터
> 보존된 몇몇의 신성한 기억이 아마도 최고의 교육일 것이다.
>
> 알료샤, 카라마조브의 형제들 중에서, 도스토예프스키

어떤 설교는 가르치며, 어떤 설교는 설득하고 또 어떤 설교는 진리를 매일의 삶에 적용한다. 보다 명확하게 말하자면, 모든 설교는 정도의 차이를 가지고 이 세가지의 기능을 한다. 설교의 세 가지 기능은 잘 닦여진 길과 같이 일반적인 복음주의 설교학 교과서에 등장한다. 개인적으로 이 목적들에 동의하면서도, 나는 이 교과서들이 한가지의 목적을 간과하고 있다고 본다— 바로 기억하게 하는 것이다. 신자들에게 그들이 알고 믿는 것을 "단지" 기억나게 하는 것을 통해서도 잠자고 있는 지식은 깨어나고 잠결에 돌아다니는 확신은 일으켜질 것이며, 게으른 의지는 고무 될 것이다. Jonathan Edwards는 이렇게 말했다: "하나님께서 사람으로 하여금 그 분의 말씀의 특정적이고 활력 있는 적용을 그 말씀을 선포함으로 하도록 정하셨다…성도들의 생각을 일으키고 감정을 활발하게 하고 그 신앙의 위대한 점들을 기억하게 하기 위하여…비록 그들이 그것을 알고 이미 충분히 배웠을 지라도 말이다"[1]

아마도 엘리자베스와 제임스 1세 때의 Lancelot Andrewes 주교(1555-1626) 때부터, 당시의 사법제도로부터 유래한 비유로써, 설교자들을 "주님을 기억

---

1 Jonathan Edwards, *Religious Affections in The Works of Jonathan Edwards, vol. 2, ed. John E. Smith* (*New Haven: Yale Univ. Press, 1959*), 115-116.

하게 하는 자들"이라고 표현해 왔던 것 같다.

왕의(여왕의) 기억하게 하는 자의 직임은 현재까지 존재하는 영국의 사법제도의 직임으로 가장 오래된 역할이다. 이는 1154년도에 헨리 2세에 의해서 만들어졌다. 오늘날 그것은 의식적인 역할로 남아있지만 수세기 동안 그 직책의 역할은 재무상과 법원의 법관들에게 계류중인 사업, 지불 및 미납된 세금들 그리고 "왕관의 이익과 관련된" 다른 일들을 기억하게 하는 것이었다.[2]

본 논문은 설교자들의 역할을 주님께서 만드신 그 언약과 그 규정의 주제들을 상기시키는 주님의 기억나게 하는 자들로 본다. 특히, 이 논문은 어떻게 설교가 기억을 일으킬 수 있는지 제시하기 위해 기억의 성서신학을 발전시키고 실천신학으로 옮겨 설교의 상기적인 기능을 검토한다. 나의 연구 질문은: 기억의 성서 신학이 설교학에 어떤 기여를 할 수 있는가 이다. 그리고 나의 논지는 신자들(언약에 있는 사람들)에게 설교 할 때, 설교자들이 기억을 일으키는 것을 그들의 주된 임무로 보아야 한다는 것이다. 그러나 생각나게 하는 설교는 잔소리로 설교하거나 지루하게 설교하는 것과 위험할 정도로 가까이 있다. 족보를 외우는 서기관처럼 단순히 기억을 읊는 것이 아니라 기억을 일으켜야 한다. 그러므로 이 논문은 설교자들이 어떻게 믿음의 기억을 자극 할 수 있는지를 제시하기 위해 성경의 신학에서 실제 신학으로 이동한다. George Campbell의 "생동감"의 수사학적 이론이 그 과제에 참여했다.

2 http://en.wikipedia.org/wiki/Queen%27s_Remembrancer. Accessed August 27, 2013.

기억의 성서 신학

어휘적 데이터

이 연구에서 가장 중요한 두가지 용어는 히브리어zakar 와 그 동계어, 그리고 헬라어 mnemoneuo 과 그의 동계어들이다. 다음 표는 어휘 데이터를 요약한 것이다:

용어	형태	의미	사례
Zakar	칼 Qal (169x)	기억하라, 생각하라, 주의를 기울이라 (주로 적절한 행동이 함께 제시됨)	시편 137:1, "우리가 바벨론의 여러 강변 거기에 앉아서 시온을 기억하며 울었도다."
	히필 Hiphil (41x)	기억하게 하다, 불러내게 하다, 언급하게 하다.	사무엘상 4:18, "하나님의 궤를 말할 때에 엘리가 자기 의자에서 뒤로 넘어져…"
	니필 Niphil (19회)	기억하게 되다.	스가랴 13:2, "그 날에 내가 우상의 이름을 이 땅에서 끊어서 기억도 되지 못하게 할 것이며."
Zeker	명사	기억하게 하는 또는 기념하는 행위	에스더9:28, [부림절을 말하면서] "대대로 이 두 날을 기념하여 지키되 이 부림일을…폐하지 않게 하고 그들의 후손들이 계속해서 기념하게 하였더라"
Zikkaron	명사 (24회)	기억, 증표, 기록	에스더 6:1, "그 날 밤에 왕이 잠이 오지 아니하므로 명령하여 역대 일기를 가져다가 자기 앞에서 읽히더니"
Mnemoneuo	동사 (대략, 20회)	기억하라, 유의하라 (주로 적절한 행동이 함께 제시됨)	갈라디아서 2:10, "다만 우리에게 가난한 자들을 기억하도록 부탁하였으니 이것은 나도 본래부터 힘써 행하여 왔노라."
Mnaomai. "기억하다."	동사 (약 20 회)	동일함	누가복음23:42, "이르되 예수여 당신의 나라에 임하실 때에 나를 기억하소서 하니"
동계어들	명사와 동사 (약 29회)	동일함	누가복음22:19, "너희가 이를 행하여 나를 기념하라 하시고."

영어 단어의 "기억하다"와 같이 히브리어 zakar 는 그 의미의 범위가 있지

만 그 범위가 광범위하지는 않다. 때로는 이스라엘이 이집트에서 그들이 먹은 음식을 "기억했던" 때와 같이 단순한 정신적 행동을 지칭하지만(민 11 : 5), 대부분의 경우에 "성경에서 기억은 그저 심리적 기억을 의미하지 않는다. 성서적 의미로 기억한다는 것은, 과거가 강력한 힘으로 현재로 들어온다는 것을 의미한다. 현재의 행동은 무엇을 기억하는가에 의해 조절된다."[3] 예를 들어, 이스라엘은 이집트에서 겪은 노예 생활을 "기억"하고 6 년마다 자기들의 노예를 해방해야 했다(신15:15). 이스라엘은 또한 안식일을 거룩하게 지킴으로써 "기억" 해야 했다(출 20 : 8). 요셉은 술 관원에게 바로 앞에서 자신을 "기억"해달라고, 호의적으로 언급해 달라고 요청했다(창41:14). 그리고 한나는 주님께서 그녀를 "기억"하신다면, 자신이 아들을 주님께 바치겠다고 서원했다(삼상 1:11). 영어 단어의 "기억하다"의 주된 사용은 "심리적인 기억"에 국한되지만, 더 오래된 정의는 "회사가 크리스마스에는 항상 그 직원들을 기억해야 한다"는 말처럼, 그리고 파티에서 간식을 나눠주는 주최자에게 "나를 기억해주세요"라고 말하듯이, "선물을 받을 자격이 있는 사람을 염두하다"라는 성서적으로 함축된 의미를 담고 있다.

언어학자 Stephen Renn은 말하기를, "zakar가 하나님과 연관되어 사용할 때에는, 신적인 '기억'은 축복을 하기 위함이든, (덜 빈번하게) 심판을 하기 위함이든, 구속 계획의 다음 상태를 이행하려는 야웨의 의도를 의미한다."[4] 히브리 시문학의 동의어적 병렬성은 zakar의 의미가 정신적으로 기억하는 것 이상의 의미를 가진다는 것을 확인해준다. Zakar는 "축복"(시 115:12-13), "구출"(시 136:23-24), 그리고 "도움"(시106:4)과 짝을 이룬다.

이스라엘은 율법과 법령(민 15:3이하, 느 1:8: 말 4:4), 하나님의 구속적 행위들(신 6:17), 그리고 야웨 하나님 그분(신 8:8, 느 4:14, 전 12:1, 렘 51:50)을 기억해야

---

3 Edward P. Blair, "An Appeal to Remembrance: The Memory Motif in Deuteronomy" *Interpretation* 15 (1961): 43.

4 Stephen D. Renn, ed. *Expository Dictionary of Bible Words* (Peabody, MA: Hendricksen, 2005), 804.

했다.

"하나님의 백성의 정체성의 일부는 하나님의 위대한 행동과 신실함과 그분의 백성의 기원을 기억하는 데에서 온다. 기억은 현재에 대한 감사와 찬양과 미래에 대한 희망과 보장으로 이어진다."[5] 그러나, 감사가 종종 이 용어를 수반함에도, 가장 많은 수의 zakar 의 사용은 애도의 시편에서 등장한다: 시편 기자는 기쁜 소리와 찬양의 노래를 기억할 때 자기 자신을 굳세게하지만(42 : 5), 그는 하나님(77 : 3)과 옛날(143 : 5)을 기억할 때 신음하기도 한다.

기억하는 것과 반대되는 것은 물론 "잊어 버리다"(shakah — 구약에서 약 100회 사용)이며, 이 용어는 단순히 정신적 행동 이상의 것을 의미한다. 하나님을 잊는다는 것은 다른 신들을 숭배하고(신 8:19) 계명에 불순종한다는 것을 의미한다(신 8:11). "잊어 버리다"는 "버림 받다"(사 49:14)와 "거부하다"(호 4 : 6)와 유사하게 사용된다. 잊어 버리는 것은 구약 뿐 아니라 신약에서 중요한 용어와 개념이다. 헬라어로는 lanthano(동사)와 lethe(명사)이다.

구약에서와 같이, "잊어 버리는 것"은 불순종 또는 적어도 하나님의 뜻에 대한 열의가 없음과 거의 동의어로 사용된다(예 : 야고보서 1 : 22-25 참조).

Mnemoneuo 와 그 동계어들은 zakar와 그 의미와 함의가 유사하다. 우리는 감옥에 있는 사람들을 기억해야 한다(히 13 : 3) 라는 의미는 아마도 그들을 위해 기도해야 한다는 의미일 것이다. 그리고 우리는 우리의 영적 지도자를 기억해야 합니다(히 13 : 7)는 것은 그들에게 순복하라는 뜻이다. 또한, 바울은 고린도 사람들을 "모든 일에 나를 기억하고 또 내가 너희에게 전하여 준 대로 그 전통을 지키므로"(고전 11 : 2) 칭찬한다. 신약에서, 제자들이 예수의 부활에 대한 예언을 기억하고 믿었던 경우와 같이 기억은 태도와 행동을 변화시킨다(요한복음 2:22, 12:16). 이와 유사하게, 에베소 교회는 그들이 어디에서 떨어졌는지 기억하고 회개하여 처음 행위를 가져야 했다(계 2 : 5,

---

5 s.v. "Memorial," *International Standard Bible Encyclopedia*, revised edition (Grand Rapids: Eerdmans Publishing Co.) 1979 electronic version.

참조 3:3).

구약의 기억 개념에 대한 블레어의 요약은 신약적 개념과도 관련이 있다: "간단한 사고 과정을 넘어서는 기억의 대상과의 능동적 관계. 기억은 과거의 사건의 현재적 중요함을 깨닫기에 그것을 잠에서 깨운다. '기억하다'는 것은 의식적으로 그 대상에 자신을 '다시금-소속시킨다(re-member)'는 의미이다."[6] 구약학자 Bruce Waltke는 Brevard Childs을 인용하면서 말한다: "기억은 참여와 같다."[7]

설교의 성경적 문맥 안에서의 기억

기억이라는 주제는 성서 전체에 걸쳐 나타나 있지만, 논문의 연구 질문에 대한 답을 얻기 위해 성서의 세 부분을 특별히 고려해야 한다(기억의 성서 신학이 설교학에 어떤 기여를 할 수 있는가?). 모세는 신명기에서 이스라엘 사람들에게 기억에 대해 강조하며 설명한다. 선지자들도 그와 같이 하며 서신서의 사도들 역시 그렇게 한다.

신명기
언약 백성은 약속의 땅에 들어갈 준비가 되어 있었지만, 그들의 조상들처럼 출애굽의 구속적인 역사를 목격하지 않았으며, 야웨 하나님께서 이스라엘과 언약을 맺으셨을 때도 참석하지 않았다. 그러나, 하나님의 강력한 구원을 목격하지 않은 상황에서, 그들은 이제 과거와 현재 사이의 잇는 기억

---

6 Blair, "An Appeal to Remembrance," 42.

7 Bruce Waltke, *An Old Testament Theology* (Grand Rapids: Zondervan, 2007), 504.

에 의존해야만 한다. [8] 그렇기 때문에, 모세가 이스라엘에게 했던 작별 인사인 신명기에는 그들이 기억해야 할 시기들이 강조되어 있다. 그들은 무엇을 기억하고 잊지 말아야 하는가? 이집트에서 그들의 노예 생활(16:12, 24:22); 주로 기적을 동반했던 구원(5:15, 6:12, 7:18-19, 8:14, 15:15, 16:3, 24:18); 호렙에서 맺은 언약(4:9-13, 23); 야웨 하나님 그 분 자신(4:39-40, 8:11, 14, 18, 19); 계명들(11:18, 26:13); 광야에서의 반역과 하나님의 징계(8:2, 14-16, 9:7, 24:9); 아말렉 족속(25:17-19); 그리고 예전의 날들(32 : 7) 이다.

기억의 자극은 비언어적이면서도 언어적이었다; 즉, 희생제사 제도와 주요 절기인 유월절과 초막절은 사람들이 기억할 수 있도록 도왔다. 감각적인 경험(시각, 소리, 냄새, 미각, 촉감)이 풍부한 이 의식들은 출애굽 사건을 비언어적으로 이야기했으며, 그 절기 때 정기적으로 율법을 읽음으로써 사람들에게 언어적으로 언약의 규정을 상기시켰다. [9] Waltke는 언어적 방식에 대해 자세히 설명한다:

출애굽 1세대는 이스라엘을 국가로 탄생된 사건들을 독특하게 경험했다. 그러나 그들의 자녀들은 이 사건들을 보지 못했고(11 : 5), 하나님께서 그 사건을 반복하시기를 기대할 수도 없었다(30 : 11-14). 오히려 하나님께서는 그 언약의 말씀을 정기적으로 읽도록 하심으로 미래 세대에게 말씀하신다(17:18; 27:3; 31:9-13, 26). 이스라엘은 주로 눈이 아닌 귀로 하나님을 인식한다. 기억은 이스라엘의 연속성을 유지하고 그 안에 있는 사람들의 신성한 복지를 유지하기 위한 신성한 도구가 된다. 기억은 단어를 실현한다. [10]

---

8 이 부분의 많은 자료들은, 기억의 성서신학에 관해 영어로 쓰여진 책 중 가장 깊이 연구한 책인Brevard S. Childs 의 *Memory and Tradition in Israel* 에서 가져왔다. 그 연구는Studies in Biblical Theology monograph series의 37번 책이다 (Naperville, IL: Allenson, 1962).

9 더 많은 성서 읽기를 보려면, 같은 컨퍼런스에서 발표된 "Devote Yourself to the Public Reading,"를 보라.

10 Waltke, *An Old Testament Theology*, 504.

Waltke의 "실제화"라는 용어의 선택은 "실제화는 예배자가 원래의 사건들과의 동일시를 경험할 때 일어난다"고 말하는 Childs를 설명과도 일치한다. 이 실제화의 과정은 그 사람이 원래의 역사적 사건으로 이동될 때 발생한다. 그는 역사적인 시간의 격차를 잇고 원래의 역사에 참여한다."[11] 그는 다음과 같이 덧붙였다: "실제화는 원래의 사건에서 시간적-공간적으로 떨어져 있는 세대를 위해, 과거의 사건이 동시대화되는 과정이다. 이스라엘이 자신의 기억을 통해서 그 지속되어 오는 전통의 명령에 응했을 때, 그 역사 속의 순간 역시 출애굽의 경험이 되었다."[12] 모세는 자신을 "기억케 하는 자"로 여기며, 과거의 사건들을 회고하면서 현 세대에게 오늘날 하나님을 의뢰하라고 주장한다. 과거(특별히 출애굽 사건)를 기념하고 기억함으로써 하나님의 백성들은 자신들을 하나님의 지속적인 언약에 정렬시킬 수 있게 된다.

이 논문에서 실제화가 일어나는 가장 중요한 방법으로 여기는 것이 담론을 만드는 것—설교이다. 모세가 출애굽한 세대와 자신 앞에 서있는 광야 2세대를 동일시하여 어떻게 실제화를 했는지 주목할 필요가 있다.

후일에 네 아들이 네게 묻기를 우리 하나님 여호와께서 명령하신 증거와 규례와 법도가 무슨 뜻이냐 하거든 너는 네 아들에게 이르기를 우리가 옛적에 애굽에서 바로의 종이 되었더니 여호와께서 권능의 손으로 우리를 애굽에서 인도하여 내셨나니 곧 여호와께서 우리의 목전에서 크고 두려운 이적과 기사를 애굽과 바로와 그의 온 집에 베푸시고 우리 조상들에게 맹세하신 땅을 우리에게 주어 들어가게 하시려고 우리를 거기서 인도하여 내시고 여호와께서 우리에게 이 모든 규례를 지키라 명령하셨으니 이는 우리가 우리 하나님 여호와를 경외하여 항상 복을 누리게 하기 위하심이며 또 여호와께서 우리를 오늘과 같이 살게 하려 하심이라 우리가 그 명령하신 대로 이 모든 명령을 우리 하

---

11 Childs, *Memory and Tradition in Israel*, 82.
12 Childs, *Memory and Tradition in Israel*, 85.

나님 여호와 앞에서 삼가 지키면 그것이 곧 우리의 의로움이니라 할지니라(신 6:20-24)

모세가 행한 동일시는 단순히 수사적 전략이 아니라, 그것은 신학적 사실을 설명한 것이다. 하나님의 백성은 한 백성이다.

이와 유사하게, 신명기 26 : 6-9에서, 모세는 시간을 융합한다: "애굽 사람이 우리를 학대하며 우리를 괴롭히며 우리에게 중노동을 시키므로 우리가 우리 조상의 하나님 여호와께 부르짖었더니 여호와께서 우리 음성을 들으시고 우리의 고통과 신고와 압제를 보시고 여호와께서 강한 손과 편 팔과 큰 위엄과 이적과 기사로 우리를 애굽에서 인도하여 내시고 이곳으로 인도하사 이 땅 곧 젖과 꿀이 흐르는 땅을 주셨나이다." 모세는 과거를 현재에 내포할 뿐만 아니라(참조, 신 5:2-5), 아직 오지 않은 미래의 세대도 포함시킨다: "오늘 우리 하나님 여호와 앞에서 우리와 함께 여기 서 있는 자와 오늘 우리와 함께 여기 있지 아니한 자에게까지이니" [강조 추가됨] [13](신 29:15)

모세가 직면했던 그 수사적인 상황은 오늘날 기독교 설교자들이 겪고 있는 것과 유사하다. [14] 우리 역시 완전한 구원의 직전에 서 있지만, 우리는 그 위대한 구속의 역사들과는 분리되어 있다. 그래서 그리스도인들은 우리의 소망을 살아있게 하고 믿음을 강하게 유지하기 위해서 기억에 크게 의존한다. 우리의 성례들, 특히 성찬, 그리고 우리의 담론, 특별히 성경 읽기와 설교는 강력한 능력으로 과거를 실제화 할 수 있도록 기억을 자극해야 한다.

---

13 성경의 다른 곳들, 가령 시 95:6-7에서도 과거와 현재를 융합한다: "너희가 오늘 그의 음성을 듣거든 너희는 므리바에서와 같이 또 광야의 맛사에서 지냈던 날과 같이 너희 마음을 완악하게 하지 말지어다" 그리고 제왕 즉위시편들 예컨대 47편 역시 미래를 현재와 같이 언급한다.

14 "수사적 상황" 이라는 용어는 수사학의 전문용어로 Lloyd F. Bitzer가 "The Rhetorical Situation," *Philosophy and Rhetoric* vol. 1 (1968): 1-14에서 처음으로 발전시켰다. Bitzer는 그 용어를 다음과 같이 정의한다: "어떤 담론이 인간의 행동 결정에 제약을 가하여 그 긴급 사태를 크게 변화시킬 수 있는 경우, 완전히 또는 부분적으로 제거 될 수 있는 실제적 또는 잠재적 긴급 상황을 나타내는 사람, 사건, 사물 및 관계의 복합체."

선지서들

선지자들은 탁월하게 기억케 하는 자들이었다. 그들은 언약 규정들, 축복 및 경고의 운율을 메트로놈적으로(주기적으로) 두들겼다. 야웨의 대변인들로서 그들의 운율은 매우 균일하고 끝이 없었기에, Andrew Thompson은 선지서들을 읽을 때 우리가 이 단조로움의 위험에 처할 수 있다고 주장했다: "서신서들을 가볍게 읽는 사람조차도 같은 주제를 반복해서 등장한다는 것을 알게 될 것이다: 하나님의 선하심, 하나님의 구속, 하나님의 율법, 백성의 반역, 하나님의 심판, 하나님의 구원. 짧은 신탁들은 예언 위에 또 예언이 쌓여 함께 여럿을 이루고 있으며 같은 내용을 반복하고 있다."[15] 선지자들은 출애굽 사건과 시내산을 떠올리면서, 구원과 감사와 의무의 메시지의 소리를 끊임없이 두들겼다.

그들이 단조로움의 잠재적 올무를 피했던 한 가지 방법은 그들의 예언의 형태와 분위기를 다양하게 변화시키는 것이었지만 내용을 바꾸지는 않았다. 예레미야는 백성들에게 십계명을 상기시켰다(7 : 9). 하박국은 언약을 깨뜨리는 자들이 이웃 나라를 정복하는 것에 대해 경고 할 때 신명기를 떠올리게 했다(합 1:5-11, 신 28:49-51). 미가는 발락과 발람의 이야기(미6 : 5)를 상기시켰고, 아모스는 모세와 마찬가지로 과거를 현재와 융합시킴으로 과거를 실제화시켰다: "내가 너희를 애굽 땅에서 이끌어 내어 사십 년 동안 광야에서 인도하고…"(2:10).

선지자들의 수사적인 상황은, 모세의 경우와 같이, 기독교 설교자들 앞에 놓인 과업과 유사하다. Thompson은 다음과 같이 말한다:

그들은 모두(이스라엘과 교회) 그 성품이나 사랑이 변하지 않으시는 동일한 언약의 주님 아래 산다. 그들은 모두 자신들의 유익을 위해 그 분의 과거의 역사

---

15 Andrew Thompson, "Community Oracles: A Model for Applying and Preaching the Prophets" *J of the Evangelical Homiletics Society* (10/1, 2010): 53.

에(아브라함에게 주어졌던 약속이든, 출애굽 사건이든, 다윗 가문의 왕들이든, 또는 그리스도의 죽음과 부활에서 나타난 절정의 구원이든) 비추어 산다. 그들은 모두 그의 백성으로서 그 분의 사랑과 순종에 대한 계명들 아래 살고 있다. 그리고 그들은 모두 궁극적인 구원과 심판에 대한 하나님의 약속이 성취될 것이라는 소망 가운데 산다. 우리의 소망은 원수를 물리 치고 그의 은혜를 그의 교회에 부어 주시는 그리스도의 다시 오심, 그 재림이다. 교회의 이러한 언약적 상황은 이스라엘과 매우 유사하다. [16]

이와 유사한 수사적인 상황은 서신서들에서도 나타난다.

서신서들

모세와 선지자들처럼, 바울과 다른 신약 서신의 저자들은 그 서신을 받는 이들에게 그들이 이미 알고 있고 믿는 것을 자주 상기시킨다. 몇 가지 사례가 이러한 점을 보여준다.

(롬 15:14-16) 내 형제들아 너희가 스스로 선함이 가득하고 모든 지식이 차서 능히 서로 권하는 자임을 나도 확신하노라 그러나 내가 너희로 다시 생각나게 하려고 하나님께서 내게 주신 은혜로 말미암아 더욱 담대히 대략 너희에게 썼노니 이 은혜는 곧 나로 이방인을 위하여 그리스도 예수의 일꾼이 되어 하나님의 복음의 제사장 직분을 하게 하사 이방인을 제물로 드리는 것이 성령 안에서 거룩하게 되어 받으실 만하게 하려 하심이라

(롬 6:3, 16; 11:12; 고전 3:16, 5:6) 알지 못하느냐⋯ ?

(엡 2:11-12) 그러므로 생각하라⋯그 때에 너희는 그리스도 밖에 있었고⋯

(빌 3:1-2) 끝으로 나의 형제들아 주 안에서 기뻐하라 너희에게 같은 말을 쓰는 것이 내게는 수고로움이 없고 너희에게는 안전하니라 개들을 삼가고 행악

---

16 Thompson, "Community Oracles," 42.

하는 자들을 삼가고 몸을 상해하는 일을 삼가라

(유 5, 17) 너희가 본래 모든 사실을 알고 있으나 내가 너희로 다시 생각나게 하고자 하노라 주께서 백성을 애굽에서 구원하여 내시고 후에 믿지 아니하는 자들을 멸하셨으며…사랑하는 자들아 너희는 우리 주 예수 그리스도의 사도들이 미리 한 말을 기억하라

(벧후1:13-16) 내가 이 장막에 있을 동안에 너희를 일깨워 생각나게 함이 옳은 줄로 여기노니 이는 우리 주 예수 그리스도께서 내게 지시하신 것 같이 나도 나의 장막을 벗어날 것이 임박한 줄을 앎이라 내가 힘써 너희로 하여금 내가 떠난 후에라도 어느 때나 이런 것을 생각나게 하려 하노라 우리 주 예수 그리스도의 능력과 강림하심을 너희에게 알게 한 것이 교묘히 만든 이야기를 따른 것이 아니요 우리는 그의 크신 위엄을 친히 본 자라

(벧후3:1-2) 사랑하는 자들아 내가 이제 이 둘째 편지를 너희에게 쓰노니 이 두 편지로 너희의 진실한 마음을 일깨워 생각나게 하여 곧 거룩한 선지자들이 예언한 말씀과 주 되신 구주께서 너희의 사도들로 말미암아 명하신 것을 기억하게 하려 하노라

신약학자 James Thompson은 이 서신들이 초기 교회에서 성도들이 들었을 설교들을 파악하는 데에 우리가 가진 가장 좋은 예라고 주장한다.[17] 그러므로, 교회에서 설교하고자 할 때, 사도들이 그러했듯이, 우리는 기억을 불러일으켜야 한다.

서신의 수신자가 디모데와 같은 설교자일 때, 그리고 성령께서 사도들을 통해 그에게 어떻게 교회를 목회하는지 가르칠 때, 현대의 목회자들은 특별히 주의를 기울이게 된다:

(딤후 2:8, 14) 내가 전한 복음대로 다윗의 씨로 죽은 자 가운데서 다시 살아

---

17 James W. Thompson, *Preaching Like Paul: Homiletical Wisdom for Today* (Louisville: WJK, 2001).

나신 예수 그리스도를 기억하라…너는 그들로 이 일을 기억하게 하여 말다툼을 하지 말라고 하나님 앞에서 엄히 명하라

이처럼 명확하게 상기시키는 사례 외에도, 서신들의 일반적인 구조는 설교자가 주님을 기억케하는 자라는 것을 보여준다. 즉, 잘 알려진 지시-명령 (indicative-imperative) 구조는 서신의 저자들이 교회에게 그들이 이전에 배운 것을 상기시키고 그 신학에 근거하여 순종하도록 권고하는 것이 그들의 임무 중 하나로 여겼음을 나타낸다. 하나님께서 "나는 너희를 애굽에서 인도해 낸 하나님 여호와니라"라는 지시(indicative)로 십계명을 시작한 것처럼, 바울과 다른 저자들은 수령자들의 구속에 대한 신학적 기억을 일깨워서 그들로 하여금 그 구원에 합당하게 살도록 한다. 기억을 한다는 것의 증거는 충실함이다.[18]

지금까지 이 논문에서, 어휘적 및 상황적 데이터들이 설교의 중요한 기능이 기억을 일깨우는 것이라는 논문의 논지를 지지하고 있음을 밝혔다. 이제 좀 더 명확하게 이 데이터를 바탕으로 하는 신학을 살펴보면, 그 논지를 보다 깊이 살펴볼 수 있다.

신학

기독교 신앙은, 유대교 신앙과 마찬가지로 역사에 근거한다. 기독교 신앙과 유대인은 역사에 근거를 두고 있습니다. 우리는 영리하게 창안된 이야기를 따르는 것이 아니라, 도리어 말씀이 육신이 되어 동정녀 마리아에게서 태어나고, 본디오 빌라도에게 고통을 받고, 죽으시고, 무덤에 묻히시고, 다시 부활하신 그 분을 따른다. 십자가는(그리고 출애굽 사건은) 시공간에서 일어났다. 따라서 모세, 선지자들, 그리고 사도들과 같은 성경의 설교자들은 듣는 이들에게

---

18 나는 이 부분에 대하여 Russell St. John 에게 그의 생각과 말들을 통해 도움을 받았다. 이메일 서신을 나눈 시기: 2013년 7월.

역사적 사실과 신학적 사실을 반복해서 상기시켜주었다. 이 둘은 분리될 수 없거나 적어도 분리되어서는 안된다. Blair는 역사에 근거한 성서의 설교적 주장을 이렇게 요약한다: "하나님이 행하신 일은 [성경에서 일관되게] 그가 행하시는 일과 행하실 일에 대한 결정적인 이해를 제공하는 것으로 간주된다."[19] 이스라엘과 교회는 모두 증인들이자 예고자들이다. 어떤 의미에서, 모든 해설 설교는 단순하게 이미 언급 된 메시지들을 반복하고 있는 것이다.[20]

Noth의 말에 따르면, 우리는 역사를 "다시금 제시(re-presenting)"함으로써 그 역사의 실제화를 실현한다.[21] 전지하고 전능하셔서, 모든 역사가 가까이 직접적으로 다가오는 하나님과는 달리, "피할 수 없는 현세 안에 있는 사람은 하나님의 역사를 그 예배 가운데 반복해서 다시 제시하는 것 외에는 그 현재성을 파악할 수 없다."[22] 신학자 John Davis는 교회가 "말, 성례, 그리고 성령을 통해" 그 오래된 구원의 이야기를 다시 제시할 때, "주님과 그분의 백성과 함께 과거의 구원 사건을 다시 경험하고, 또 미래의 새 창조의 현실을 성령의 '착수(down payment-선금을 지불하고 시작하는 행위, 역자주)'에서 맛봄으로써 회중들은 성스러운 '시간 여행'을 경험하게 된다."[23]

설교자들은 이렇게 질문을 할지도 모른다: 설교자가 과거에 하나님께서 행하신 일을 듣는 이들에게 상기시켜 줄 때 어떻게 실제화가 이루어 지는가? 어떻게 "신성한 시간 여행"은 일어나는가? 신학적으로, 그 대답은 하나님

---

19 Blair, "An Appeal to Remembrance," 41.

20 기독교 설교에 대해 세속적 관점에서 접근하면서, 커뮤니케이션 학자인 Michael C. McGee 는 기독교 "설교"의 장르를 정의하고 결론 내리기를, 그 장르의 주된 특징이 "주제별 반복"이라고 말했다. 그것은 궁극적인 권위에서 유래한 불변의 전제로부터 특정 상황에서 나타나는 전제의 동의적 반복을 향해 연역역적으로 이동한다. "Thematic Reduplication in Christian Rhetoric," "Thematic Reduplication in Christian Rhetoric," *Quarterly Journal of Speech* 56/2 (April, 1970): 196-204.

21 Martin Noth, "The 'Re-presentation' of the Old Testament in Proclamation" (1952), trans. James Luther Mays, rpt. in Claus Westermann, ed. *Essays on Old Testament Interpretation* (Richmond: John Knox, 1963), 76-88.

22 Noth, "Re-presentation," 85.

23 John Jefferson Davis, *Worship and the Reality of God: An Evangelical Theology of Real Presence* (Downers Grove, IL: IVP, 2010), 92.

의 말씀이 역사한다는 것이다. 그들은 언어-행동 이론가가 말하는 "언표내적 힘(또는 효력)"(화자가 언어 표현(말)을 할 때 수행하는 행위 또는 그 안에 담겨진 힘-역자 주) 이라고 하는 수행력을 가지고 있다. 결혼식에서 "예(I do-결혼식 때 신랑 신부가 서약 가운데 하는 대답-역자주)"와 "이 둘을 남편과 아내로 선언합니다"는 말로 그 결혼의 삶이 시작되는 것처럼, 하나님의 말씀은 그 말씀이 선포하는 대로 성취한다. 하나님께서 "빛이 있으라"고 하셨을 때 빛이 있었다. 그리고 주 예수께서 "이 잔은 내 피로 세우는 새 언약이니 곧 너희를 위해 붓는 것이라" 하셨을 때, 새 언약이 이뤄졌다. 설교자가 구속사를 충실하게 다시금 제시하고 하나님께서 이미 계시하신 교리를 다시 주장할 때, Childs를 인용하자면, "예배자는 원래의 사건들과 동일시를 경험한다…그는 역사적인 시간의 격차를 메우게 되고 그 원래의 역사에 참여하게 된다"[24] 우리는 하나님의 손이 우리를 위해 애굽인들을 심판하며, 우리를 구원하기 위해 홍해를 가르고, 광야에서 만나와 물을 공급하시는 것을 보게 된다. 우리는 위대한 모세가 더 위대한 구원을 행할 때, 해가 어두워지고 땅이 흔들리는 것을 보게 된다. 또한 우리는 빈 무덤에 서서 천사가 "그는 여기 계시지 않고 살아나셨느니라" 라고 말하는 것을 듣게 된다. 기억은 참여하는 것이 된다. Blair를 다시 인용하자면, "과거는 강력한 힘과 함께 현재로 임하게 된다. 현재의 행동은 무엇을 기억하는 가에 의해 조절된다"[25]

만약 하나님의 말씀의 수행력이 실제화의 신학을 설명하는 데에 도움이 된다면(인정하건데, 그 과정이 아직 우리가 온전히 이해하는 능력을 넘어서지만) 설교자들은 강해를 해야한다는 것이 분명해진다. 그 능력은 말씀에 있다.

설교의 상기시키는 기능이 지엽적인 것이 아니라 중심적인 것이라면, 그 언약 안에 있는 사람들에게 설교할 때, 강해 설교자들은 어떻게 하나님의 기억케 하는 자들의 역할을 할 수 있을지 알고 싶을 것이다. 마치 우리가 북방 움

---

24 Childs, *Memory and Tradition in Israel*, 82.

25 Blair, "An Appeal to Remembrance," 43.

브리아 왕들의 족보를 읽는 것처럼, 단조롭고 밋밋하게 구원 역사를 반복해서 말하는 것은 기억을 일으키지도 않을 것이고 믿음의 불을 붙이지도 않을 것이다. 왜냐하면, 또 다른 신학적 진리가 이 가운데 역사하기 때문이다: 하나님께서는 그 분의 진리가 인간 대리인을 통해 전달되도록 임명하셨다. 그 대리인들은 선지자들과 사도들처럼 분명하고 열정적이며 창조적인 메신저로서 말씀을 전해야 한다.

실천 신학

상기적인 역할로써의 설교는 모든 설교가 독창적인 작업되어야 한다고 부담을 가지고 있던 설교자들에게 좋은 소식이 될 것이다. 다른 설교자들은 그런 발상에 회의적 시선을 보내며 "상기적인 설교는 단조롭게 들린다" 라고 말할 것이다. "신자들이 어린시절부터 들은 것을 반복하는 것은 일년에 52주간 계속 크리스마스 설교를 들려주는 것과 같은 악몽이 될 수도 있다." 하지만 상기적 목적의 설교는 공허한 반복이나, 형식적 또는 겉치레가 되어서는 안된다. 오히려 영혼을 살피는 작업이 되어야 한다. 회중들에게(그리고 우리에게) 신앙의 위대한 진리를 상기시켜 주어야 한다. 또한 회중들은 설교자가 상기시켜주는 것을 즐거워 하기에 자신감을 가질 필요가 있다. 우리는 마치 "이미 알고 있지만, 공정하고 정직하고 모순이 없게 놓여진 그것들이 가득 담겨있는 책들"을 좋아하는 호빗들과도 같다.[26]

실천 신학은 우리를 수사학의 영역으로, 특히 화법의 규범으로 인도한다. 화법에 신경을 쓴다는 것은 어떤 설교자들에게는 하찮은 일처럼 보일 수 있지만, 그들은 화법이 장식이나 꾸밈 그 이상이라는 것을 이해하지 못한 것이

---

26 J. R. R. Tolkien, *The Fellowship of the Ring* (New York: Ballantine Books, 1954), 9.

다. 말하는 것과 말하는 방법 사이에는 불가분의 관계가 존재한다. 아리스토텔레스는 이렇게 말했다."우리가 해야 할 말을 아는 것만으로는 충분하지 않다. 우리는 또한 우리가 해야하는 방법대로 말해야 한다"(Rhetoric, 1403b). 특히나 내가 주장하는 것은 구체적이고 창의적인 언어를 사용하는 것인, 생동감은 기억을 일깨우는 설교자들의 주요 도구라는 점이다. 수사학자 Karyln Korhs Campbell은 생동감의 가치에 대해 다음과 같이 설명한다.

그것은 우리가 보고 듣고 상상하게 한다. 그것은 감정을 불러 일으킨다. 그것은 가상의 경험을 만들어 낸다. 생동감은 성공적인 수사적 행위의 필수 요소로, 청중의 관심을 끌고 유지하는데 필수적이다. 또한 사실을 인식하는 것만 뿐만 아니라 승인해야 한다는, 증명에 대한 심리적 차원에 그 증거를 제시한다. 생동감이 있는 화법은 묘사하고, 극화하며, 의인화하고 또 서술한다. 그것은 아이디어들을 기억에 남게 하기 위해서 집중하고 강조시키는 언어 자원을 사용한다.[27]

생동감이 어떻게 기억을 불러 일으키는 가를 설명하기 위해, 나는 18 세기의 수사학자이자 철학자, 그리고 장로교 성직자인 George Campbell을 인용하겠다.

Campbell의 생동감의 이론

Campbell은 생생한 언어가 왜 수사적으로 효과적인지에 대한 근거를 제공하는데: 그것은 우리의 정신이 실제 감각적 경험을 하는 것과 일치하는 방

---

27 Karlyn Khors Campbell, *The Rhetorical Act: Thinking, Speaking, and Writing Critically* (Belmont, CA: Wadsworth, 1982), 263-264.

식으로 정보를 처리하게 하기 때문이다. Campbell학자 Arthur E. Walzer는 이것을 "수사학의 유사성 이론"이라고 부른다—"연설가의 주장에 대한 청중의 믿음은 연설가의 언어적 자극이 실제적 경험에 대한 일상적 반응과 어느 정도 일치하느냐에 결정적인 영향을 받는다."[28] 생생하게 전달되는 언어일수록 직접적인 감각 경험을 하는 것처럼 머리 속에 작동하는 것이다.

이 화법의 수사적 그리고 심리적 이론을 캠벨은 "생동감"이라고 칭하며, 이 것은 그의 주요 작품인The Philosophy of Rhetoric의 중심 개념이다. 놀랍게도, Campbell은 "생동감"을 정의하지 않지만, 그 용어의 특징은 "활기,""힘," "에너지,""밝기," "현란함," 및 "광택"이라는 의미론적 군집에서 알 수 있다. 생동감은 주의를 끌고 감정을 불러 일으키며 동의를 얻어내는데 큰 책임이 지니고 있다. Campbell 학자 Lloyd Bitzer는 설명하기를, "아이디어의 생동감과 활기는 주목과 믿음을 얻는 데에 주 책임이 있는 특징들이다… 따라서, 연설가는… 그의 청중이나 독자들이 생동감 있고 선명하게 느낄 수 있도록 생각을 전달해야 한다. 담론 속에 생동감이 스며들어가 있어야 한다; 거의 모든 수사학적 담론의 경우에 그 유효성은 그 존재에 달려있다."[29]

우리 시대에 신경 과학과 같이, Campbell은 그 시대 최첨단이었던 "정신의 작동"에 관한 이론을 이끌어 냈다. 그 단계를 순서대로 말하자면, 정신의 가장 강력한 작동은 마치 개가 당신을 공격하는 것과 같은 직접적인 감각적 자극이다. 이 공격은 감정적으로 차오르고 육체적으로 경험되므로 본능적인 주의 집중과 승인을 일으킨다. 두 번째는 직접적인 감각 자극의 기억이다. 개에 공격을 받은 극심한 기억은 실제 경험과 거의 동일한 정서적 및 인지적 반응들을 유발한다. 셋째는 상상력이다. 청중이 공격을 받은 경험이 없으면(따라서 공격에 대한 기억이 없는 경우) 말하는 이는 청중으로 하여금 그 경험

---

28 Arthur, E. Walzer, "Campbell on the Passions: A Rereading of the Philosophy of Rhetoric," *Quarterly Journal of Speech* 85/1 (Feb. 1999): 79.

29 Introduction to George Campbell, *The Philosophy of Rhetoric*. Ed. Lloyd Bitzer (Carbondale, IL: Southern IL UP, 1988), xxv.

을 상상하게 해야한다. 이것은 생생한 언어를 통해 이루어진다.

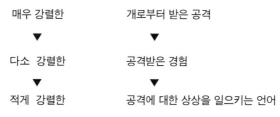

그림 1: 언어와 정신의 작동

Jonathan Edwards가 "진노한 하나님 손에 있는 죄인들"을 설교했을 때, 그는 지옥 구덩이 위에 회중들을 직접 매달아 놓을 수는 없었다(직접적인 감각 경험). 그래서 그는 생생한 언어를 통해 상상력을 불러 일으켰고, 감정을 끌어 올리며, 자유 의지를 자극했다. 그 회중들이 이미 지옥을 믿었기 때문에 그의 목표는 변증이 아니었다; 오히려 그것은 과시적인 것에 가까웠다―잠자고 있던 믿음을 되살리고, 나태함에 빠진 감정을 일으켜 세우고, 반쪽만 믿고 있던 진리에 활력을 불어넣어―하나님의 백성들이 다가올 진노에서 도망치도록 경고했다.

그림 2: "진노한 하나님 손에 있는 죄인들"의 생동감

이 논문에서는 지면이 허락치 않아서 생동감에 끌어올리는 추가적인 설교 방법 탐구에 대해 말하지 않겠지만, 성경은 감각적 경험이 풍부한 상징과 의

식의 사용을 강조한다.

여러 세대를 통해 보여주는 기념비들의 건축(예: 여호수아 4 장의 Ebenezer 돌).

시각적으로 상기시켜주는 다른 것들(예: 왕 옆에 놓인 율법서, 신 17:14-20).

감각적이고 신체적인 예배의 행동(예: 태우는 향, 손을 내리고, 무릎을 굽히고, 주님의 만찬을 먹는 것).

의식들, 축제들 그리고 상징들이 있는 전례(예배 예전)의 해(예: 장막을 세우는 것, 유월절 식사).

언약의 갱신 의식들속에서 성서를 더 길게 읽었던 것(예: 에스라가 이끈 부흥).

음악 ―시편들, 찬송들, 그리고 영적인 노래들을 불렀던 것(골 3:16).

기억을 불러 일으키는 생동감의 테크닉

밑에 생동감 있는 언어를 활용하고 있는 예시들은 우리가 잘 알고 있는 사실을 새롭게 전하도록 돕는다.

유비

설교자들은 회중의 예전 감각 경험을 활용하여 잠들어 있는 생각들을 깨울 수 있다. 예를 들어, 당신이 선한 사마리아인의 비유를 들어 설교하고 있고, "하나님이 그리스도인들에게 그들의 이웃을 사랑하라고 말씀하고 계십니다"라는 성경적 진리를 선포한다고 가정해 보자. 많은 회중들은 머리 속에는, 그 내용을 같은 예시에서 너무 자주 들었기에 뻔하다고 생각할 것이다. 그러므로 당신은 무의식적인 관심, 이해력, 그리고 동의를 일으키는 생동감 있는 이미지가 필요하다. "하나님이 그리스도인에게 그들의 이웃들을 사랑하라고 말씀하십니다. 마치 테레사 수녀가 그녀의 이웃들을 사랑했던 것처럼 말입니다." 회중이 테레사 수녀에 대한 직접 경험이 있거나(드물게) 혹은 책, 비디오, 인터뷰 등을 통해 테레사 수녀에 대한 간접적인 경험을 했다면(아마도), 그 지루한 생각은 유비의 역할로 조금의 생동감을 얻게 될 것이다. 그 생동감은 생생한 언어를 확장해서—즉, 테레사 수녀에 관한 이야기를 전해주거나, 사진을 보여주거나, 그녀의 말을 인용한다면, 더욱 강력 해질 것이다. "하나님께서는 그리스도인들에게 사랑하라고 말씀하십니다… 테레사 수녀처럼요. 제가 테레사 수녀님을 실제로 만났던 인도 여행에 대해 말씀 드리겠습니다… "

테레사 수녀의 예보다 더 좋은 것은 청취자들이 직접적 경험을 했던 누군가의 예, 가령, 모두가 알고 사랑하는 Smith집사의 예를 드는 것이다. "하나님께서는 그리스도인들에게 사랑하라고 말씀하십니다… Smith집사님처럼요. 제가 8년 전에 이 지역으로 처음 이사했을 때, 저와 Smith집사님은 서로 알지 못한 사이였지만 집사님은 우리 집 앞에 나타나셔서 가구를 옮기는 데 도움을 주었습니다…"

유비들도 비유적일 수도 있다: "하나님의 사랑은 막 태어난 강아지를 열심히 지키려는 Smith씨의 개처럼 우리를 보호합니다." 설교자가 회중의 경험을 건드릴 때, 감동이 생기고, 주의가 집중되며, 설교자의 제안에 회중들이 동의하는 태도를 보인다. 그 유비는 어떠한 길이로라도 확장될 수 있으며 그 설교자가 청취자들을 위해서 얼마나 그 이미지에 생동감을 부여할 지 결정하는 것에 따라 얼마나 시간을 쓸지 결정하게 될 것이다. 예를 들어, Smith 씨 집에서 미팅을 하게 되었다고 가정했을 때, 방금 전 아이들이 강아지를 쓰다듬으려 했고 어미개가 보호하려고 으르렁거렸다면, 그 미팅에 참석한 교회 중고등부 아이들에게 말씀 나눔을 할 때 한 문장의 설명이면 충분할 것이다. 다른 청중인 경우, 그 개에 대한 보다 긴 이야기가 필요할 수 있다.

자기 노출(표출)

자기 노출은 메시지를 그 메시지를 전하는 메신저에 대한 직접적인 감각적 이해와 연결한다. 즉, 시각와 청각의 감각들—연설가의 모습과 목소리처럼—을 통해 청취자는 잠재적으로 추상적인 명제("기독교인들은 서로 사랑해야 함")를 육체를 가진 사람과 연관시킨다. 청중의 마음 속에 그 명제가 잠들어 있는 경우, 이제는 그 명제를 전하는 그 사람 안에서, 그 명제가 "내 눈을 봐" 라고 말하며 주의를 집중시킨다. 청취자는 연설가와 스스로를 동일시 하는 경향이 있다. 나의 두통은 당신의 두통이 아니지만, 내가 나의 두통에 대해 이야기 할 때 당신의 머리 속은 당신의 기억 저장소에서 유사한 경험을 검색한 다음 그 경험과 관련된 감정에 다시 생기를 불어 넣는다.

C. S. Lewis는 2 차 세계대전 중에 변증학 방법론을 연구하면서 이것을 발견하였다. 그는 사람들이 자신의 죄에 대한 나쁜 소식을 거의 인지하지 못하기 때문에 복음의 좋은 소식을 받아들일 수 없다는 것을 알게 되었다. 그리고 자기 노출이 어떻게 "죄의식을 일깨울 수 있는지" 깨달았다. 그렇기 때문에, 그는 다른 변증가들에게 자기 노출을 권하였다: "저는 죄의식을 깨우는 철두철미한 기법을 알려드릴 수는 없습니다. 제 경험 가운데, 제가 오직 말할 수 있는 것은, 어떤 이가 지난 한주간 가장 큰 문제였던 그 죄에서 시작한다면, 그는 이 화살이 집으로 가는 방식에 종종 매우 놀란다는 것입니다."[30] 여기서 주목해야 할 것은 Lewis는 "죄의식"이 이미 존재한다고 가정했지만 나중에 그것이 잠들어 버린 다는 것이었다. 그의 임무는 기억을 자극함으로써 그것을 깨우는 것이었다.

극화(드라마화)

이 수사적 기법은 추상적 아이디어를 드라마 속 등장 인물의 모습으로

---

30 C. S. Lewis, *God in the Dock* (Grand Rapids, MI: Eerdmans, 1970), 96.

서술한다. 잘 활용한다면 이 기법은 생동감을 주며 가상 경험을 하게 해준다. Haddon Robinson은 마태복음 25 장에 대해 설교할 때 이 구절을 반복해서 사용했는데, "지극히 작은 자에게 한 것이 곧 내게 한 것이다."[31] 나는 Gordon-Conwell신학교 채플에서 Haddon이 이 설교를 했다고 들었다. 모든 학생들은 그 구절을 알고 있었고, 그들 중 일부는 심지어 이것에 대해 설교 했었을 것이라고 예상이 된다. 그래서 Haddon의 역할은 새로운 진리를 가르치는 것이 아니라 오래된 진리에 생기를 넣는 것이었다. 다음은 그 내용과 가깝게 의역한 것이다:

모든 나라를 심판할 때, 내가 거기에 있을 것이라고 상상이 됩니다. 나는 주님 앞에 서 있고 주님은 이렇게 말씀하시겠죠 "Robinson, 너의 일정표를 가져왔느냐? 1983 년 10 월 27일, 28일, 29일을 펼쳐보아라. "

"네 주님. 그때 내가 복음주의 신학회 회장이 된 날입니다. 달라스에서 큰 회의를 가졌어요. 나는 덴버에 살고 있었습니다. 나는'해석학과 설교학의 관계'라는 논문을 썼습니다."

그러면 주님은 이렇게 말씀하실 것 같습니다, "글쎄, 나는 그것에 대해선 잘 모르겠다. 나는 그런 종류의 회의에 많이 가지 않는단다. 아니, 내가 주목하는 것은 너가 Dallas로 내려 가기 전에 일어난 일이야. 캠퍼스에 어떤 부부가 있었지. 나는 그들이 한 달이 31일인 때에 25 일짜리 수표를 받도록 허락했다. Bonnie가 너에게 그들에 대해 말했었지. 그래서 너희들은 봉투에 돈을 넣어 그들 부부의 우편함에 넣었지. 기억하느냐?"

"오 이런, 그건 정말 오래된 일인 걸요. Bonnie가 아마 그 일에 대해선 저 보다 더 기억을 잘 할겁니다."

주님은 말씀하실 겁니다, "내가 그 일을 기억한다. 너는 그 돈을 우편함에 넣

---

31 Robinson, Haddon, "Surprised," Oct, 28, 2009. Accessed August 13, 2014. https://itunes.apple.com/us/podcast/surprised!!/id512511062?i=276513757&mt=2

어 나에게 주었다. 나는 그 일을 절대 잊지 못한다. 1994년 3월 첫째 주를 찾아 보아라."

"아 맞아요, 주님, 그 때는 제가 영어권 나라에서 최고의 종교 연설가로 Newsweek 잡지에 실린 날이에요."

"글쎄, 나는 그런 잡지를 잘 읽지 않는단다. 그런 잡지들은 너무 부정확해. 그리고 그런 기사들이 그것들이 얼마나 부정확한지 보여주지. 아니, 나는 너가 수업을 가르치던 그 날을 생각하고 말한 것이란다. 넌 미팅을 참석하기 위해 교실을 나가고 있었는데, 거기에 어떤 젊은 여자가 앉아 있었어. 그래서 너는 "잘 지내니?" 라고 물었고 그 여자는 울기 시작했단다. 너는 그 옆에 앉았고 그 아이는 자기 오빠가 몇일 전에 죽었고 아버지는 몇 달 전에 돌아갔다고 말을 해주었지. 그 아이는 그 슬픔에 무게가 너무 무거워서 감당하기 힘들어 했어. 너도 무슨 말을 해야할지 몰라 그냥 듣고 있었지. 그 일을 기억하니?"

"네, 그랬던 것 같아요. 어쩔 줄을 몰랐어요."

그 때 주님이 말씀하실 겁니다. "너가 거기 멈춰 서서 그 아이에게 귀 기울여 주고 있을 때, 나에게 귀 기울여 주고 있었던 것이다, 그리고 난 그 일을 절대 잊지 않을 것이란다."

심판의 날에 많은 뜻밖의 일들이 있을 것입니다. 당신은 당신 이력서에 적힌 그 모든 것들을 기억하고 있죠. 그것은 그리 중요하지 않을 겁니다. 그 때 중요한 것은 친절하게 했던 행동들과 긍휼의 마음일 것입니다.

너무 많은 상상력을 사용하는 것이 주저된다면, 이 기술을 그리 자주는 사용하지 않을 거라는 것을 인지할 필요가 있다. 그러나 당신이 그것을 설교의 화살집에서 빼내어 화살줄로 쏘아 보낸다면 듣는 자의 마음을 관통하는 효과가 있을 것이다. John Broadus의 말이 격려가 될 것이다:

상상력은 생각을 만들지 않는다. 그것은 생각을 새로운 형태로 변화시키는

데 마치 광산에 놓여진 금속 광석으로 청동 승마 동상을 만드는 것처럼 말이다…보이지 않는 세상과 영원한 미래에 관한 성서적 계시들을 올바르게 생각하고 생생하게 깨닫고자 한다면, 상상력이 필요하다. 신앙은 그 믿음에 의해 깨어나고 그 사명으로의 부르심 가운데, 이 계시들과 상상을 믿는 것이며, 보이지 않는 것과 영원한 것들을 마음 속에서 확실한 현실로 만드는 것이다, 그래서 그것들이 마치 우리의 감정에 감각의 실체처럼 느껴지게 하며, 이 땅에서의 삶의 원동력이 되도록 하는 것이다.[32]

Broadus의 발언은 Francis Bacon가 말한 수사적 "의무와 직무"를 떠오르게 한다: "의지를 더 잘 움직일 수 있도록 이성을 상상력에 적용하는 것." 마찬가지로, Cicero의 연설가로서의 세가지 직무에 대해 언급하면서, Augustine은 "가르치는 일"은 교리/내용과 관련이 있지만 "기쁨"과 "감동"은 형식에 달려 있다고 말하였다. 설교가 감동이 없이 표현되어 있으면 청중은 거의 감동되지 않는다.

결론

성서신학, 유월절과 성찬과 같은 의식들 살펴보는 예배학, 인지 과학, 그리고 "기억"과 "과시"(이미 청취자가 가 가지고 있는 가치나 감정을 자극하게 하는 연설법)에 관한 고전적인 수사법과 같은 문헌을 더 깊이 살펴보게 되면, 기억하게 하는 설교에 대해 더 많을 설명을 할 수 있을 것이다. 다만, 나는 이 논문이 설교의 목적들에 대한 우리의 개념의 지경을 넓히기를 희망한다. 우리는 생생한 언어로 기억을 불러 일으켜서 주님을 기억하게 하는 자들이다. 청중들

---

32 John Broadus, *On the Preparation and Delivery of Sermons*, 10th ed. (Nashville: Barbee and Smith, 1894), 398, 400.

속에서 지식은 방치의 잿더미 아래에 묻혀있을 수도 있고, 세상의 백색 소음에 의해 믿음이 음소거 될 수 있으므로, 주님의 기억하게 하는 자들은 예수님께서 가르치신 모든 것을 성령님이 기억나게 할 것 이라는 확신 가운데 설교단에 서는 것이다(요한복음 14:26).

· 강준민

서울신학대학교(B.A.), Azusa Pacific University(M.A. & M.Div.), Talbot Seminary(Th.M.), William Carey University(Ph.D.)에서 수학했다. 1989년 로고스교회를 개척해서 12년을 목회한 후, 2001년부터 2009년까지 동양선교교회에서 담임목사로 사역했다. 2009년 11월 새생명비전교회를 개척해서 지금까지 담임목사로 사역하고 있다. 저서로는 《뿌리 깊은 영성》(두란노)과 최근 출판한 《하나님을 아는 지식의 영광》(두란노) 외에 다수가 있다. 영문저서로는 《Deep-Rooted in Christ》(IVP), 《Scripture by Heart》(IVP), 《Spirituality of Gratitude》(IVP)가 있다. 목회와 신학, 월간목회, 빛과 소금, 그 말씀 등 여러 기독교 잡지에 영성과 목회 리더십에 관한 글들을 기고했다.

The
HOLY BIBLE

하나님의 선하심을
맛보는 거룩한 독서

영성과 거룩한 독서(1)

하나님의 선하심을
맛보는 거룩한 독서

|

강준민

너희는 여호와의 선하심을 맛보아 알지어다 그에게 피하는 자는 복이 있도
다(시편 34:8).

들어가는 말

거룩한 독서는 영적 성숙을 위한 성경 읽기다. 영성을 한 마디로 정의하기
어렵다. 하지만 영성을 말씀과 관련을 맺어 정의한다면 다음과 같이 말할 수
있다. "영성이란 성령님 안에서 말씀을 통해 예수님을 닮아가는 것이다." 영
적 성숙을 위한 성경 읽기는 거룩한 독서다. 신성한 독서다. 거룩한 독서는
보통 책을 읽는 것과는 다르다. 거룩한 독서는 거룩한 말씀을 묵상하는 독서
다. 말씀을 음미하는 독서다. 예수님을 닮아가 거룩한 변화를 추구하는 독서
다. 이 글은 교회 안에서 성도들에게 거룩한 독서로서의 성경 읽기를 강의한

내용을 중심으로 쓴 것임을 먼저 밝힌다. 그런 면에서 학문적인 접근이 아니라 목회 실천적인 차원에서 쓴 글이다.

하나님은 말씀으로 천지를 창조하셨다(히 11:3). 하나님은 능력의 말씀으로 만물을 붙잡고 계신다(히 1:3). 하나님은 말씀을 통해 우리를 치유하신다. 회복시키신다. 말씀을 통해 우리를 거룩케 하신다. 하나님은 말씀을 통해 지혜를 주신다(시 119:97-98). 말씀은 살아 있는 능력이다(히 4:12). 하나님은 말씀 속에 풍성한 열매를 맺는 비밀을 담아 두셨다(시 1:2-3). 성경적 형통의 비결을 담아 두셨다(수 1:8). 그러므로 성경을 읽고 묵상하는 거룩한 독서는 행복의 비결이다. 기쁨의 비결이다. 평강을 누리는 비결이다. 고난을 극복하는 비결이다(시 119:92).

예수님은 말씀으로 오셨다. 예수님은 말씀의 본체이시다. 말씀이신 예수님이 육신이 되셨다(요 1:14). 예수님은 살아 계신 말씀이시다. 예수님이 가신 곳에 말씀이 함께 했다. 예수님이 입을 열면 말씀이 흘러 나왔다. 왜냐하면 예수님이 말씀이시기 때문이다.

성경은 성령님의 감동으로 쓰여진 하나님의 말씀이다(딤후 3:16). 우리가 성경을 읽고 묵상할 때 성령님께서 함께 하신다. 성령님께서 계시의 영으로 임하셔서 말씀을 깨닫게 해주신다. 거룩한 독서를 위해 우리는 지성을 사용해야 한다. 하지만 거룩한 독서는 마음으로 읽는 독서이며, 영으로 읽는 독서이다.

거룩한 독서의 5단계

첫째, 읽기: 하나님의 말씀을 천천히 읽는 단계

둘째, 묵상(청각독서): 깊이 묵상하는 중에 하나님의 음성을 듣는 단계

셋째, 기도: 묵상한 말씀을 따라 기도하는 단계

넷째, 하나님을 바라보기: 말씀 속에서 만난 하나님을 바라보며 즐거워하는 단계

다섯째, 실천: 말씀에 순종함으로 예수님을 닮아 가는 단계

1. 거룩한 독서는 하나님의 선하심을 맛보는 것이다.

거룩한 독서의 초점은 하나님이시다. 거룩한 독서는 성경을 읽으면서 하나님을 만나고 하나님과 교제하고 하나님을 맛보아 아는 것이다. "너희는 여호와의 선하심을 맛보아 알지어다 그에게 피하는 자는 복이 있도다"(시 34:8)

1) 말씀을 읽을 때 하나님의 선하심에 초점을 맞추도록 하라.

하나님의 말씀을 읽고 묵상할 때 우리는 하나님을 만나게 된다. 하나님을 인격적으로 만나게 된다. 신앙은 관계다. 하나님과 우리와의 관계다. 성경은 하나님을 계시해 준다. 하나님이 누구신가를 보여준다. 그런 까닭에 성경을 읽고 묵상할 때 가장 중요한 관심은 오늘 내가 읽고 있는 성경에서 하나님은 누구신가에 있어야 한다. 하나님의 성품과 이름과 능력과 지혜 그리고 그 말씀에 관심을 가져야 한다.

우리는 하나님을 점점 알아가는 가운데 성장하게 된다. 예수님을 믿는 것과 아는 것에는 차이가 있다. 예수님을 믿은 후에 예수님을 아는 단계로 들어가야 한다. 예수님을 알 때 올바로 성장하게 된다.

"우리가 다 하나님의 아들을 믿는 것과 아는 일에 하나가 되어 온전한 사람을 이루어 그리스도의 장성한 분량이 충만한 데까지 이르리니"(엡 4:13)

2) 말씀을 읽는 중에 하나님의 선하심을 맛보는 경험을 하도록 하라.

조나단 에드워즈는 하나님의 선하심이 얼마나 고귀하고 보배로운지에 대해 다음과 같이 말한다.

"하나님은 그 어떤 피조물보다 무한히 더 선하시다. 세상 군주와 왕이 베푸

는 선, 너그러움, 자비 그리고 관용이 바로 그들의 영광이다. 이 점에 있어서 우리 주 하나님은 세상의 통치자보다 무한히 더 높으시다. 하나님은 자신의 피조물의 복지와 번영을 기뻐하신다. 하나님은 피조물이 하나님의 행복을 그저 받아들임으로써 행복과 복을 더 많이 누리게 하시기를 기뻐하신다.

어떤 피조물이든 계속 살아갈 수 있는 것은 하나님이 베푸시는 자비 때문이다. 하나님이 창조한 세상은 하나님의 선하심 때문에 유지된다. … 하나님의 선하심에 필적하는 선은 하나님 이외의 다른 누구에 의해서도 과거에도 베풀어진 적이 없고 앞으로도 베풀어지지 않을, 결코 베풀어질 수 없는 것이다." 조나단 에드워즈(더글라서 스위니 & 오웬 스트라젠,《조나단 에드워즈의 하나님의 아름다움》, 부흥과 개혁사, 46쪽. 재인용)

맛을 보기 위해서는 서둘러서는 안 된다. 맛을 보는 것은 이론이 아니라 경험이다. 맛을 경험하기 위해서는 조급해서는 안 된다. 충분한 시간이 필요하다. 맛을 경험하기 위해서는 지속과 반복의 능력을 알아야 한다. 맛을 경험하면 그 맛을 사랑하게 된다.

맛을 보기 위해서는 깨어 있어야 한다. 오감이 깨어 있을 때 제대로 맛을 음미할 수 있다. 맛을 경험하기 위해서는 감각이 살아 있어야 한다. 감각이 계발되어야 한다. 맛을 경험하기 위해서는 미각이 살아 있어야 한다. 맛을 경험하기 위해서는 촉각이 깨어나야 한다.

맛을 본다는 것은 놀라운 경험이다. 맛을 보면 우리 존재 속에 기억된다. 맛을 보면 그 맛을 다시 갈망하게 된다. 맛을 보면 그 맛을 모르는 사람들에게 알리고 싶어진다. 맛을 알면 그 맛을 즐기게 된다. 하나님의 선하심을 맛보기 위해서는 성경을 읽을 때 하나님의 선하심에 초점을 맞추고 그 선하심에 대해 깨어 있어야 한다. 그 선하심에 관심을 가져야 한다. 하나님의 선하심을 맛보아 아는 것이 얼마나 중요한가를 거듭 기억해야 한다.

3) 말씀을 묵상함으로 하나님의 선하심을 맛보도록 하라.

성경 읽기는 성경을 읽는 그 자체에 목적이 있는 것이 아니다. 성경을 통해 하나님을 알고, 하나님의 선하심을 맛보는 것이다. 그러기 위해서 성경 읽기는 말씀 묵상을 통해 깊어져야 한다. 말씀 묵상은 맛을 음미하는 것이다. 묵상은 소가 먹었던 음식을 다시 꺼내어 씹어 먹는 반추와 같다. 소는 풀을 먹을 때 맛을 생각하지 않고 위에 저장한다. 그러고 나서 한가한 시간에 그 풀을 끄집어내어 반추하는 과정을 통해 맛을 음미한다. 또한 먹은 음식을 양분으로 만든다. 어떤 의미에서 성경을 읽고, 듣고, 암송하는 것은 영의 양식을 먹는 것과 같다. 반면에 묵상은 우리 내면에 담아 놓은 영의 양식을 다시 끄집어내어 반추하는 것과 같다. 그 과정을 통해 우리는 말씀의 맛을 경험하게 된다.

말씀의 맛을 경험하기 원한다면 말씀 묵상의 시간을 가져야 한다. 급히 음식을 먹으면 그 음식을 음미할 수 없는 것처럼, 말씀을 급히 읽고 묵상하는 시간을 갖지 않는다면 그 말씀의 맛을 음미할 수 없다. 말씀은, 천천히 묵상할 때 말씀 속에 담긴 맛을 경험하게 된다. 말씀의 맛은 반추할수록 깊어진다.

말씀의 맛 가운데 꿀맛이 있다. 꿀맛 나는 말씀은 우리가 좋아하는 말씀이다. 우리를 축복하는 말씀이다. 그러나 말씀의 맛 가운데 꿀맛만 있는 것이 아니다. 쓴맛도 있다. 쓴맛은 우리의 양심을 찌르는 말씀의 맛이다. 쓴맛은 우리를 회개케 하는 말씀의 맛이다. 변화를 촉구하는 말씀의 맛이다. 쓴맛을 싫어하는 사람의 영혼은 건강할 수 없다. 건강한 영혼은 말씀의 모든 맛을 즐길 줄 알아야 한다.

말씀의 맛 가운데 가장 사모해야 할 맛은 담백한 맛이다. 음식을 먹을 때 너무 맛있는 음식은 경계해야 한다. 너무 맛있는 음식만 많이 먹지 않도록 주의해야 한다. 왜냐하면 그런 음식에는 조미료가 많이 들어갈 확률이 높기 때문이다. 우리 몸은 우리가 먹는 음식에 따라 결정된다. 우리가 먹는 것이 우리 몸을 만든다. 우리 입에만 좋은 음식은 우리 몸을 상하게 할 수도 있다. 화려하고 너무 진한 맛을 내는 음식은 몸에는 독과 같은 음식일 수도 있다. 반면에 소박하고 담백한 맛을 내는 음식은 몸을 유익하게 한다. 몸에 좋은 음식은 담백한 음식이다. 말씀도 마찬가지다. 우리 영혼을 건강하게 만드는 말씀은 담백한 맛을 내는 말씀이다. 담백한 맛을 즐길 줄 아는 영혼은 복된 영혼이다.

예수님은 생명의 떡이시다(요 6:48). 우리말로 하면 예수님은 밥이시다. 밥은 화려하지 않다. 밥은 담백하다. 하지만 담백한 밥은 입에 넣고 오래 씹을수록 맛이 난다. 밥은 싫증이 나는 법이다. 날마다 먹어도 기다려지는 것이 밥이다. 말씀 묵상이 깊어지면 밥맛과 같은 담백한 맛을 즐기게 된다. 담백한 맛을 꿀맛처럼 여기게 된다(강준민,《깊은 묵상으로의 초대》, Young2080, 143-145쪽 일부 재인용).

2. 말씀 묵상을 통해 하나님의 선하심을 즐거워하라.

하나님의 말씀 속에 하나님의 선하심이 담겨 있다. 말씀을 맛본 사람은 그 말씀을 즐거워하게 된다. 말씀 묵상은 즐거움과 관련되어 있다. 맛은 즐거움을 낳는다. 우리가 무엇을 즐거워 하느냐에 따라 우리가 어떤 사람인가를 보여준다. 하나님의 사람은 하나님의 말씀을 즐거워해야 한다.

"오직 여호와의 율법을 즐거워하여 그의 율법을 주야로 묵상하는도다 그는 시냇가에 심은 나무가 철을 따라 열매를 맺으며 그 잎사귀가 마르지 아니함 같으니 그가 하는 모든 일이 다 형통하리로다"(시1:2-3)

1) 하나님의 말씀은 송이꿀보다 더 달다.

다윗은 하나님의 말씀을 맛보아 안 사람이다. 하나님의 선하심을 맛보아 안 사람이다. 그는 하나님의 말씀의 맛을 꿀과 송이꿀보다 더 달다고 고백했다. 꿀은 그 당시에는 아주 귀했다. 지난날을 돌이켜보면 내 어린 시절에 진짜 꿀을 만나는 것은 기적과 같았다. 지금은 꿀이 비교적 흔하지만 어릴 적에는 그렇지 않았다. 그런 까닭에 말씀이 송이꿀보다 더 달다는 표현이 놀랍다.

"여호와를 경외하는 도는 정결하여 영원까지 이르고 여호와의 법도 진실하여 다 의로우니 금 곧 많은 순금보다 더 사모할 것이며 꿀과 송이꿀보다 더 달도다"(시 19:9-10)

시편 기자는 하나님의 말씀을 통해 주어진 즐거움을 찬양했다.

"내가 모든 재물을 즐거워함 같이 주의 증거들의 도를 즐거워하였나이다"(시 119:14)
"주의 율례들을 즐거워하며 주의 말씀을 잊지 아니하리이다"(시 119:16)
"그들의 마음은 살쪄서 기름덩이 같으나 나는 주의 법을 즐거워하나이다"(시 119:70)

2) 말씀을 통해 얻는 깨달음의 지혜가 즐거움을 준다.
말씀 묵상을 통해 주어지는 즐거움은 깨달음에서 온다. 하나님의 선하심을 깨닫는 것, 하나님의 아름다운 성품과 능력과 돌보심을 깨닫는 것이 큰 즐거움을 준다. 특별히 말씀을 묵상하게 되면 놀라운 지혜와 깨달음을 얻게 된다. 그 즐거움이 우리 인생을 치유한다. 인생 치유는 통찰력을 얻는 순간에 이루어진다.

"여호와의 율법은 완전하여 영혼을 소성시키며 여호와의 증거는 확실하여 우둔한 자를 지혜롭게 하며 여호와의 교훈은 정직하여 마음을 기쁘게 하고 여

호와의 계명은 순결하여 눈을 밝게 하시도다"(시 19:7-8)

"주의 말씀을 열면 빛이 비치어 우둔한 사람들을 깨닫게 하나이다"(시 119:130)

"주의 증거들은 나의 즐거움이요 나의 충고자니이다"(시 119:24)

깨달음은 열림이다. 묵상하는 중에 '아하' 하는 순간을 경험할 때가 바로 열림의 순간이다. 깨달음은 발견이다. 말씀을 읽는 중에 흑암 중에 감춰둔 보화를 발견하는 경험이다. 깨달음은 연결이다. 하나님의 말씀과 우리 삶의 사건이 관련을 맺는 순간이 바로 깨달음의 순간이다. 깨달을 때 우리는 하나님을 알게 된다. 또한 우리 자신을 새롭게 발견하게 된다. 그때 우리는 회개하게 된다. 그때 우리는 돌이키게 된다. 그때 우리는 치유를 경험하게 된다. 회복을 경험하게 된다. 깨달음이 임하는 순간은 하나님의 은혜가 차고 흘러넘치는 순간이다. 그때 경험하는 즐거움은 최상의 즐거움이다.

3) 말씀 묵상은 고난 중에도 하나님의 선하심을 깨닫도록 도와준다.
우리는 고난을 만나면 하나님의 선하심을 오해하게 된다. 우리는 고난을 싫어한다. 시련과 역경을 싫어한다. 하지만 하나님은 고난을 통해 하나님의 선하심을 드러내신다. 하나님은 고난을 통해 놀라운 일을 이루신다. 고난을 통해 우리를 성장시키시고, 성숙시키신다. 고난은 하나님의 신비다. 변장된 축복이다. 하나님이 특별히 사랑하는 사람에게 베푸시는 역설적인 은총이다. 말씀을 묵상하면 하나님의 선하심을 고난 속에서도 깨닫게 된다.
다윗이 "하나님의 선하심을 맛보아 알지어다"(시 34:8)라고 찬양했던 시편 34편은 다윗이 아비멜렉 앞에서 미친 체 하다가 쫓겨나서 지은 시다. 고난 중에 쓴 시다. 그래서 더욱 우리 가슴을 파고 든다. 울림으로 다가온다.
다윗은 말씀을 사랑했고 말씀으로 고난을 극복한 사람이다. 말씀 묵상은 고난을 이길 힘을 준다. 고난 속에서 하나님의 선한 손을 경험하게 된다. 하나님이 우리를 버리신 것이 아니라 하나님의 선하심으로 고난 중에 우리를 아름답게 빚어가는 것을 깨닫게 된다. 고난의 뜻을 발견하게 된다. 고난의 의미를 발견하게 한다. 말씀의 즐거움이 고난을 극복하도록 도와준다. 고난보다 더 큰 즐거움이 있을 때 고난은 더 이상 문제가 되지 않는다. 고난 중에 임하는 마음의 즐거움은 정말 놀라운 것이다. 신비로운 즐거움이다.

"환난과 우환이 내게 미쳤으나 주의 계명은 나의 즐거움이니이다 주의 증거들은 영원히 의로우시니 나로 하여금 깨닫게 하사 살게 하소서"(시 119:143-144)

"구하오니 주의 종에게 하신 말씀대로 주의 인자하심이 나의 위안이 되게 하시며 주의 긍휼히 여기심이 내게 임하사 내가 살게 하소서 주의 법은 나의 즐거움이니이다"(시 119:76-77)

"주의 법이 나의 즐거움이 되지 아니하였더면 내가 내 고난 중에 멸망하였으리이다"(시 119:92)

"주의 증거들로 내가 영원히 나의 기업을 삼았사오니 이는 내 마음의 즐거움이 됨이니이다"(시 119:111)

3. 하나님의 선하심은 하나님의 아름다움을 의미한다.

하나님의 선하심은 다양한 즐거움을 준다. 하나님의 선하심은 우리에게 유익을 주기 때문에 즐겁다. 선하심이라는 단어는 '좋다'는 뜻이다. 우리에게 유익이 된다는 뜻이다. 선하심은 도덕적으로 착함을 의미한다. 우리는 착한 사람, 선한 사람을 만나면 즐겁다. 하나님의 선하심은 우리에게 큰 즐거움을 준다. 하나님의 선하심은 아름다움을 의미한다. 하나님의 성품의 아름다움이다. 다윗은 그의 평생에 하나님의 선하심과 인자하심을 찬양했다.

"내 평생에 선하심과 인자하심이 반드시 나를 따르리니 내가 여호와의 집에 영원히 살리로다"(시 23:6)

다윗은 하나님의 선하심을 맛보아 알았기 때문에 하나님의 임재 앞에서 즐거워했다. 하나님을 즐거워함으로 그의 마음과 영이 기뻐하고 즐거워하는 것을 경험했다.

"내가 여호와를 항상 내 앞에 모심이여 그가 나의 오른쪽에 계시므로 내가 흔들리지 아니하리로다 이러므로 나의 마음이 기쁘고 나의 영도 즐거워하며 내 육체도 안전히 살리니"(시 16:8-9)

다윗은 주님 앞에 있는 충만한 기쁨과 영원한 즐거움을 알았고 경험했다.

"주께서 생명의 길을 내게 보이시리니 주의 앞에는 충만한 기쁨이 있고 주의 오른쪽에는 영원한 즐거움이 있나이다"(시 16:11)

그러한 다윗의 소원은 하나님의 집에 거하면서 하나님의 아름다움을 바라보는 것이었다.

"내가 여호와께 바라는 한 가지 일 그것을 구하리니 곧 내가 내 평생에 여호와의 집에 살면서 여호와의 아름다움을 바라보며 그의 성전에서 사모하는 그것이라"(시 27:4)

우리 영혼 안에는 하나님을 향한 갈망이 있다. 우리 영혼 안에는 세상의 어떤 쾌락으로도 만족할 수 없는 공간이 있다. 그 공간은 오직 하나님만으로 채워질 수 있다. 우리는 세상에서 제공해 주는 쾌락을 추구하다가 공허를 경험하게 된다. 절망과 좌절을 경험하게 된다. 그럼에도 불구하고 인간은 계속해서 싸구려 쾌락에 노예가 되어 살고 있다. 하나님은 더 깊은 즐거움, 더 깊은 기뺌을 예비하셨지만 사람들은 여전히 헛된 쾌락을 추구하며 살고 있다. C. S. 루이스는 《영광의 무게》라는 책에서 이런 인간의 모습을 잘 지적하고 있다.

우리는 무한한 기쁨을 준다고 해도 술과 섹스와 야망에만 집착하는 냉담한 피조물들입니다. 마치 바닷가에서 휴일을 보내자고 말해도 그게 무슨 뜻인지 상상하지 못해서 그저 빈민가 한구석에서 진흙 파이나 만들며 놀고 싶어 하는 철없는 아이와 같습니다. 우리는 너무 쉽게 만족합니다(C. S. 루이스, 《영광의 무게》, 홍성사, 12쪽).

거룩한 독서를 통해 우리가 누릴 수 있는 최고의 즐거움은 하나님의 아름다움을 바라보는 것이다. 그 아름다움을 즐거워하는 것이다. 아름다움을 느끼고 경험하기 위해서는 우리는 감각을 개발해야 한다. 많은 사람들이 아름다움을 감지하는 감각을 상실했다. 죄의 쾌락을 맛보는데 그들의 감각을 사용함으로 진정한 아름다움을 보고 그 아름다움에 감탄하는 감각을 상실해 버리고 만 것이다. 우리가 하나님의 말씀과 하나님의 아름다움을 즐거워하기 위해서는 하나님을 경험하는 거룩한 감각이 회복되어야 한다. 사도 요한은 예수님을 증거할 때 그의 감각을 사용하고 있음을 말해준다.

"태초부터 있는 생명의 말씀에 관하여는 우리가 들은 바요 눈으로 본 바요 자세히 보고 우리의 손으로 만진 바라"(요일 1:1)

사도 요한이 예수님에 대해 듣고 보고 손으로 만졌다는 것은 모두 감각을 사용한 것이다. 믿음의 감각은 육신의 감각을 초월한 더 깊은 영혼의 감각이다. 성화된 감각이다. 우리는 말씀을 묵상할 때 말씀 속에서 하나님을 만나 그 아름다움 안에서 즐거워하게 된다. 그때 필요한 것은 믿음의 상상력이다. 거룩한 상상력이다. 그리고 아름다움을 발견하는 거룩한 영적인 눈이다.

우리는 아름다운 대상을 만날 때 그 대상 앞에 머물게 된다. 그 대상을 바라보며 감탄하게 된다. 즐거워하게 된다. 다시 바라보게 된다. 아름다운 자연을 바라볼 때 경탄하게 된다. 미국에 와서 처음 그랜드 캐년을 방문했을 때의 감격을 잊을 수가 없다. 갑자기 눈 앞에 전개된 그랜드 캐년, 그 앞에 섰을 때의 감격과 충격과 놀라움을 잊을 수가 없다.

아름다움이란 존재하는 것 그 자체에 있다. 우리가 인정하던, 인정하지 않던 아름다운 것은 아름다운 것이다. 어떤 사람은 그 아름다움을 인정하고, 발견하고, 누린다. 반면에 어떤 사람은 똑같은 대상과 똑같은 광경을 보아도 아름다움을 느끼지 못한다. 그렇다면 아름다움을 즐거워하기 위해서는 아름다움을 관찰하는 사람의 자세가 중요하다는 것을 깨닫게 된다.

우리가 하나님의 아름다움을 발견하고, 경험하고, 즐거워할 때 우리도 하나님의 아름다움을 우리 삶속에 재현할 수 있다. 우리는 늘 생각하고, 즐거워하는 것을 닮게 되어 있다. 우리가 하나님의 아름다움을 좋아하고 즐거워할 때 하나님의 아름다움을 닮을 수 있다. 하나님의 아름다움은 어떤 아름다움일까? 청교도 신학자요, 목회자였던 조나단 에드워즈는 이 문제를 가장 진지하게 다루었다. 그는 하나님의 아름다움은 하나님의 성품에 있음을 강조한다.

참된 성도의 마음은 우선 하나님의 행하신 일들 가운데서 볼 수 있는, 영광스럽고 사랑할 만한 하나님의 성품이 너무 달콤하기 때문에 말할 수 없이 기뻐하고 즐거워한다. 이것이 바로 성도가 가진 모든 기쁨의 원천이며, 성도가 가진 모든 즐거움의 정수다(조나단 에드워즈, 《조나단 에드워즈의 신앙감정론》, 부흥과 개혁사, 359쪽).

조나단 에드워즈는 하나님의 아름다움은 하나님의 창조와 구원에서 나타나지만 그 근본 뿌리는 바로 하나님의 거룩하심, 의로우심, 신실하심, 선하신 성품에 있다는 것을 강조한다.

하나님의 도덕적 완전성의 아름다움은 창조의 섭리에서 나타나는 하나님의 모든 사역의 영광스러움을 드러낸다. 왜냐하면 하나님의 거룩하심, 의로우심, 신실하심과 선하심은 하나님이 행하신 일들이 특별히 영광스럽다는 사실을 분명하게 드러내기 때문이다. 그리고 이런 도덕적 완전성이 없다면 하나님의 능력과 솜씨는 전혀 영광스럽지 않을 것이기 때문이다. 하나님께서 당신의 손으로 행하시는 모든 사역의 특별한 목적은 하나님의 도덕적 완전성을 영화롭게 하는 것이다(조나단 에드워즈, 같은 책, 391쪽).

여기서 우리는 기쁨의 근원을 깨닫게 된다. 그것은 하나님의 성품이다. 그렇다면 우리의 기쁨도 그리스도를 닮은 성품에 기초해야 함을 깨닫게 된다. 아름다움 가운데 지성의 아름다움이 있다. 또한 솜씨의 아름다움이 있다. 아름다움은 탁월함과 관련되어 있다. 우리는 지성과 솜씨의 탁월함에 매료된다. 하지만 아름다운 성품이 그 안에 깃들여 있지 않으면 그 지성과 솜씨는 위험하다. 그 이유는 탁월한 지성과 솜씨로 죄를 지을 수 있기 때문이다. 많은 사람을 파멸로 몰아갈 수 있기 때문이다.

우리가 거룩한 독서를 하는 가장 중요한 이유는 하나님을 알기 위해서다. 하나님의 임재 앞에서 하나님의 아름다움을 바라보기 위함이다. 그리고 그 임재 앞에서 즐거워하기 위해서다. 그러기 위해서는 우리의 영적 지식과 영적 감각을 더욱 개발해야 한다. 그때 우리는 예수님을 생각만 해도 기쁨이 충만해지는 경험을 하게 된다.

영적인 지식은 주로 영적인 아름다움을 아는 마음의 지식에 존재한다. 내가 여기서 마음의 지식이라고 말하는 이유는 영적인 지식에 속한 것이 단지 사변만이 아니며, 영적인 지식을 지성과 의지라는 두 감각 기능이 서로 분리해서 작용하듯이 명확하게 구분할 수 없기 때문이다. 마음이 어떤 대상의 달콤한 아름다움과 사랑스러움을 느낄 때, 그것은 그 대상을 생각만 해도 달콤함과 즐거움을 느낀다는 것을 의미한다. 대상의 아름다움이 주는 기쁨과 사랑스러움을 느끼면 본질상 마음의 지식을 낳는다. 그리고 미각과 성향과 의지를 소유하고 있는 영혼에게 영향을 끼치고 인상을 준다(조나단 에드워즈, 같은 책, 389쪽).

우리는 거룩한 독서를 통해 영적인 아름다움을 아는 마음의 지식을 소유하게 된다. 또한 영적인 아름다움을 즐거워하는 성향과 의지를 소유하게 된다. 물론 이런 지식을 소유하는 것은 은혜에 속하는 영역이다. 어떤 사람은 예수님을 믿는 순간부터 예수님의 성품과 그 아름다움을 즐거워하며 산다. 어떤 사람은 조금 시간이 더 걸리기도 한다. 하지만 영적 아름다움을 아는 지식도 관심을 갖고 갈망하면 성령님을 통해 소유할 수 있게 된다. 하나님은 우리의 갈망을 통해 역사하시는 분이다.

4. 거룩한 독서를 위한 성경 읽는 법을 배우도록 하라.

거룩한 독서가 무엇이며, 거룩한 독서를 왜 하느냐는 중요하다. 그와 함께 중요한 것은 거룩한 독서를 위해 성경을 읽는 방법을 배우는 것이다.

1) 천천히 읽으면서, 천천히 말씀 속으로 깊이 들어가도록 하라.

거룩한 독서를 위해서는 말씀을 천천히 읽어야 한다. 천천히 읽으면서 서서히 말씀 속으로 들어가야 한다. 깊이 들어가야 한다. 말씀 속에 들어가서 말씀 속에 자신이 완전히 동화되어야 한다. 우리가 말씀 안에 있는지, 말씀이 우리 안에 있는지 잘 모르는 경험을 할 수 있어야 한다. 몰입의 상태라고 해도 좋을 것이다.

우리가 연극을 관람하거나, 영화를 볼 때 어느 새 그 속에 들어가 있는 것을 경험하게 된다. 아주 재미있는 소설을 읽을 때도 흠뻑 젖어 들어가는 경험을 하게 된다. 자신을 잊은 상태가 바로 그런 상태다. 연극이나 소설에 나오는 극중 인물 중의 한 사람을 우리 자신과 동일시하기도 한다. 또는 극중 인물들과 대화하고 함께 흥분하기도 한다. 그런 상태가 몰입의 상태다.

말씀 속에 들어가게 되면 그 말씀이 우리 안에 자리를 잡게 된다. 그 순간이 말씀이 내면화되는 순간이다. 말씀이 내면화되면서 그 말씀이 우리 자신을 위한 말씀이 된다. 그 순간이 말씀이 개별화되는 순간이다. 개별화의 과정을 통해 우리는 성경에 나오는 인물들과 자신을 동일시하는 경험을 하게 된다. 알렉산더 화이트는 이렇게 말한다.

"당신은 거룩한 기름을 부음받은 당신의 상상력을 가지고 신약을 다시 펼친
다. 당신은 어떤 때는 세리가 되고, 어떤 때는 탕자가 되며… 어떤 때는 막달라
마리아가 되고, 어떤 때는 뜰에 있는 베드로가 된다… 그리하여 신약 성경 전
체가 모두 당신의 자서전이 된다." 알렉산더 화이트 (리처드 포스터, 《영적 훈련과
성장》, 생명의 말씀사, 69-70쪽 재인용)

내면화와 개별화의 과정은 거룩한 독서에서 아주 중요한 과정이다. 사실
말씀을 묵상할 때 내면화와 개별화의 과정을 충분히 거치게 되면 그 말씀은
결코 잊혀지지 않는 우리 존재의 한 부분이 된다. 그때 그 말씀은 우리 안에
영원히 살아 있는 말씀이 된다. 거룩한 독서는 성경 공부와 다르다. 리챠드
포스터는 성경 공부와 성경 묵상의 차이를 다음과 같이 구별해준다.

"성경 공부는 주석을 중심으로 하는 반면, 성경 묵상은 본문을 내면화하고
개별화하는 데 중점을 둔다. 기록된 말씀이 당신에게 말하는 살아 있는 말씀
이 되는 것이다."(리처드 포스터, 같은 책, 68쪽)

2) 말씀을 읽을 때 사랑의 편지처럼 읽도록 하라.
거룩한 독서는 말씀을 통해 사랑 속으로 들어가는 것이다. 말씀을 읽을
때 가장 중요한 것은 말씀에 대한 사랑이다. 하나님을 사랑할 때 하나님이
주신 말씀도 사랑하게 된다. 말씀을 즐거워하고, 말씀을 주신 하나님을 즐거
워할 때 우리는 깊은 깨달음에 이르게 된다.

"오직 여호와의 율법을 즐거워하여 그의 율법을 주야로 묵상하는도다"(시
1:2)

우리가 무엇을 즐거워하고, 누군가를 즐거워 할 때 우리는 주야로 묵상하게 된다. 연애하는 사람은 늘 사랑하는 사람으로 가득차 있다. 사랑하는 사람이 보낸 편지를 읽을 때는 전 존재로 그 편지를 읽게 된다. 그 편지를 마음에 두고 생각하게 된다. 본회퍼의 말을 기억하라.

> "당신이 사랑하는 사람의 말을 분석하려 하지 않고 말 그대로 받아들이는 것처럼, 하나님의 말씀을 받아들여서 마리아처럼 마음에 두고 생각하라" 본회퍼(리처드 포스터, 같은 책, 68쪽 재인용)

말씀을 사랑하는 사람은 말씀을 가까이 하는 것이 즐거움이 된다. 사랑이라는 것은 저절로 되는 것이 아니다. 사랑하기 위해서는 시간과 많은 에너지와 노력이 필요하다. 희생이 필요하다. 하루 아침에 사랑이 무르익을 수가 없다. 친밀한 사랑은 함께 있는 시간을 통해 무르익는다. 그러므로 하나님의 말씀을 대할 때 여유를 가지고 대해야 한다. 그리고 사랑으로 그 말씀 속으로 들어가야 한다.

말씀을 깨닫는 데 가장 중요한 것은 사랑이다. 사랑은 배움의 원리다. 깨달음의 원리다. 사랑하면 보게 된다. 사랑하면 이해하게 된다. 사랑하면 품게 된다. 사랑하면 사랑하는 대상이 우리의 존재의 한 부분이 된다. 사랑은 우리의 전 존재가 함께 움직이는 일이다. 어떻게 보면 엄청난 에너지가 필요하다. 그러나 그 에너지는 우리를 살리고, 우리 가슴에 불을 붙여주는 거룩한 에너지다.

3) 거룩한 상상력을 통해 말씀 속으로 들어가도록 하라.

거룩한 독서를 할 때 중요한 것은 거룩한 상상력이다. 말씀을 천천히 읽으면서 그 말씀의 세계 속으로 들어갈 때 우리는 상상이라는 문을 통해 들어가게 된다. 거룩한 상상력은 거룩한 독서의 열쇠다. 깊은 영적 친교의 거룩한 기술이다. 성화된 상상력은 우리를 믿음의 세계로, 묵상의 세계로 인도해 준다.

믿음은 바라는 것들의 실상이다. 믿음은 바라는 것이다. 바라보는 것이다. 거룩한 독서는 사랑하는 주님을 믿음으로 바라보는 것이다. 말씀을 통해 기도하는 중에 예수님을 만나고, 예수님을 바라보면서 깊은 사랑에 들어가는 것이 거룩한 독서다. 그때 중요한 것은 예수님을 바라보는 것이다. 우리를 바라보는 것만으로는 안 된다. 우리 자신만을 바라본다면 나르시시즘에 빠지게 된다. 지나친 자기 성찰에 빠지게 된다. 하지만 예수님을 바라볼 때 우리는 예수님을 닮아가게 된다.

상상력은 우리 신앙에 있어서 아주 중요한 역할을 한다. 상상력은 우리의 관심을 집중하게 해주고, 우리의 눈을 한곳에 집중하도록 도와준다. 우리가 깊이 깊이 말씀속으로 들어가지 못하는 이유는 산만함 때문이다. 집중하지 못하기 때문이다. 그러나 우리의 상상력을 잘 개발하면 우리의 집중력은 놀랍게 향상되는 것을 경험하게 된다.

누가복음 5장 1-11절을 거룩한 상상력을 동원해 읽어 보라. 그 말씀 속으로 들어가 갈릴리 해변가로 여행을 떠나도록 하라. 베드로가 그물을 씻는 것을 보라. 베드로의 빈 배에 앉아 말씀을 전하시는 예수님을 만나도록 하라. 예수님이 들려주신 음성을 듣도록 하라. 예수님의 말씀을 따라 깊은 곳에 그물을 내려 많은 고기를 잡은 베드로의 마음을 느껴보라. 그 충격, 그 두려움, 그 경이로움을 느껴보라. 예수님 앞에 무릎을 꿇고 자신이 죄인임을 고백하는 베드로의 모습을 바라보라. 깊은 곳에 그물을 내려 잡은 고기들을 모두 놓아두고 예수님을 따라가는 모습을 지켜보라.

우리가 거룩한 독서를 하는 이유는 우리의 존재 속에 예수님을 닮기 위함이다. 우리가 변화하고 성숙하게 되는 것은 영적인 일이다. 그것은 성령님이 하시는 일이다. 성령님은 우리의 상상력을 성화시켜 예수님을 바라보게 하신다. 예수님의 영광을 바라보게 하신다. 우리가 예수님을 바라보고, 또 바라볼 때 우리는 예수님의 모습을 닮게 된다. 예수님의 모습이 우리의 모습 가운데 각인되는 것을 경험하게 된다.

나가는 말

우리가 하나님을 즐거워할 때 하나님은 기뻐하신다. 우리의 삶을 지탱하는 힘 중의 하나는 즐거움이다. 진지함도 중요하지만 진지함은 때로 우리를 숨막히게 한다. 무엇이든지 지속하고 계속하기 위해서는 즐거움이 필요하다. 즐거움이 없으면 탁월함의 경지에 이르지 못한다. 우리는 즐거워하는 것 조금 더 하고 싶어 한다. 숙달의 경지는 연습에서 나오고, 연습은 놀이하는 마음에서 나온다. 독서하는 즐거움에 빠져 들면 조금 더 책을 읽기 원한다. 말씀 묵상과 기도에 맛을 들이면 조금 더 묵상하고, 조금 더 기도하고 싶어진다. 가장 탁월한 경지는 즐기는 경지다. 중국의 현인 공자는 "아는 것은 좋아하는 것만 못하고 좋아하는 것은 즐기는 것만 못하다"고 말했다.

하나님이 우리에게 주신 선물 중에 하나는 놀이다. 우리는 놀이를 통해 즐거움에 이르게 된다. 어린 아이들을 관찰해 보라. 잘 노는 것을 보게 된다. 잘 놀고, 잘 웃는 아이들이 건강하다. 놀이하는 법을 배운다면 무엇이든 쉬워질 수 있다. 자신이 하는 일에 의미를 부여할 줄 알고, 즐기는 마음으로 일을 하는 사람은 일이 놀이가 된다. 우리는 어른이 되면서 놀이를 상실해 버렸다. 그래서 우리는 다시 놀이하는 법을 배워야 한다. 우리는 놀이를 통해 치유를 받고, 놀이를 통해 즐거움을 회복해야 한다.

"놀지 못하는 상태에서 놀 수 있는 상태로 환자를 변화시키는 것이 심리치료의 목표다." 도널드 위니캇(Donald Winnicott), 신경정신과 의사 우리는 즐거워하는 것을 오래 하게 된다. 즐거워하면 빠져든다. 몰입의 경지에 이르게 된다. 그때 우리는 말할 수 없는 행복감을 경험하게 된다. 놀이 속에 빠져 들면 우리는 자아를 망각하게 된다. 주위를 의식하지 않게 된다. 우리는 놀이를 통해 속박에서 해방된다. 놀이를 통해 창의력이 계발된다.

"새로운 것의 창조는 지성이 아니라 놀이 충동에서 생겨난다. 창조하는 마음
은 좋아하는 대상과 함께 논다." 칼 쿠스타브 융

모든 일이 처음부터 쉽거나 즐길 수 있는 것은 아니다. 그렇지만 어느 경지에 들어가면 우리도 모르는 사이에 즐기게 된다. 그때 우리는 삶의 희열을 느끼게 된다. 나는 한때 말씀 묵상이 무척 어려웠다. 거룩한 독서도 어려웠다. 묵상하고 생각한다는 것이 힘들게 느껴졌다. 그런데 어느 날 생각을 즐기기로 마음먹었다. 게임을 하듯이 생각하고, 성스러운 놀이를 하듯이 말씀을 묵상하기로 했다. 그날 이후로 여러 각도에서 놀이를 하듯이 묵상하는 연습을 했다. 그 과정을 통해 깊은 묵상의 즐거움을 맛보게 되었다. 그 과정을 통해 이전에 전혀 생각하지 못했던 영감과 창조적인 아이디어가 떠오르는 것을 경험했다.

거룩한 독서를 통해 무엇보다 하나님의 선하심을 즐거워하도록 하라. 하나님의 가장 큰 기쁨은 우리가 하나님을 기뻐하는 것이다. 하나님이 하신 일은 아름답다. 창조의 일, 구속의 일은 정말 아름답다. 하나님의 기쁨은 창조에 있다. 또한 인류를 구원하는데 있다. 우리에게도 하나님이 기뻐하시는 것과 같은 기쁨이 내재해 있다. 우리가 무엇인가를 창조할 때, 누군가를 구원의 길로 인도할 때 충만한 기쁨을 느끼게 된다. 그 이유는 우리가 하나님의 형상을 닮았기 때문이다.

우리가 하나님을 즐거워할 때 하나님이 하신 일도 즐거워해야 하지만 하나님의 성품을 즐거워해야 한다. 무엇보다 하나님 자신을 즐거워해야 한다. 우

리는 아름다운 것을 보면 감탄한다. 아름다운 대상을 보면 다시 보고 싶어진다. 함께 있고 싶어진다. 아름다운 대상을 거듭 동경하게 된다.

우리가 사랑해야 할 대상은 바로 하나님이시다. 하나님을 사랑하고 즐거워할 때 우리는 세상이 줄 수 없는 성스러운 기쁨을 누리게 된다. 우리가 이 기쁨을 맛보게 되면 우리는 어떤 환경 가운데서도 승리할 수 있다. 사도 바울은 로마 옥중에서도 기뻐했다.

거룩한 독서를 통해 많은 유익을 누릴 수 있다. 그것은 말씀을 묵상하고, 그 말씀을 즐거워하는 사람에게 허락하신 하나님의 선물이다. 상급이다. 그렇지만 거기에 머물러서는 안 된다. 거룩한 독서의 즐거움의 절정은 하나님을 즐거워하는 것이다. 하나님의 아름다움을 바라보고 즐거워하는 것이다. 그 즐거움 속에서 하나님의 성품을 닮아가는 것이 거룩한 독서의 목표이다. 또한 그 하나님의 성품과 사랑을 통해 우리 가족과 이웃을 사랑하는 것이 거룩한 독서의 목표이다.

예수님을 닮아가는 거룩한 독서

|

로마서 8:29

들어가는 말: 하나님은 우리가 예수님을 닮기를 원하신다.

하나님은 우리를 하나님의 자녀로 삼으셨다. 하나님은 우리가 하나님의 독생하신 아들 예수님의 형상을 닮기를 원하신다. 하나님은 우리가 구원받은 하나님의 자녀가 된 다음에 계속해서 성장하길 원하신다. 그래서 예수님의 장성한 분량에 이르기를 원하신다.

"우리가 다 하나님의 아들을 믿는 것과 아는 일에 하나가 되어 온전한 사람을 이루어 그리스도의 장성한 분량이 충만한 데까지 이르리니 이는 우리가 이제부터 어린 아이가 되지 아니하여 사람의 속임수와 간사한 유혹에 빠져 온갖 교훈의 풍조에 밀려 요동하지 않게 하려 함이라 오직 사랑 안에서 참된 것을 하여 범사에 그에게까지 자랄지라 그는 머리니 곧 그리스도라"(엡 4:13-15)

하나님은 우리가 어린 아이가 되는 것을 원치 않으신다. 어린 아이는 속임수에 쉽게 넘어간다. 간사한 유혹에 빠진다. 쉽게 요동한다. 반면에 변화와 성숙을 통해 예수님의 충만한 분량에 이르게 되면 성숙한 그리스도의 제자로 성장하게 된다. 하나님은 우리가 그리스도의 장성한 분량이 충만한 데까지 이르기를 원하신다. 어린 아이의 일을 버리고 더 깊은 세계로 들어가길 원하신다.

> "내가 어렸을 때에는 말하는 것이 어린 아이와 같고 깨닫는 것이 어린 아이와 같고 생각하는 것이 어린 아이와 같다가 장성한 사람이 되어서는 어린 아이의 일을 버렸노라"(고전 13:11)

예수님을 닮아가는 거룩한 독서는 우리가 어린 아이의 단계에서 벗어나 장성한 그리스도의 제자가 되도록 도와준다. 말씀의 초보에 머물지 않고 장성한 단계에 이르도록 도와준다.

> "때가 오래 되었으므로 너희가 마땅히 선생이 되었을 터인데 너희가 다시 하나님의 말씀의 초보에 대하여 누구에게서 가르침을 받아야 할 처지이니 단단한 음식은 못 먹고 젖이나 먹어야 할 자가 되었도다 이는 젖을 먹는 자마다 어린 아이니 의의 말씀을 경험하지 못한 자요 단단한 음식은 장성한 자의 것이니 그들은 지각을 사용함으로 연단을 받아 선악을 분별하는 자들이니라"(히 5:12-14)

거룩한 독서는 성경을 읽되 깊이 읽고, 지각을 사용해서 읽는다. 지성과 감성과 영성을 총 동원해서 읽는다. 영적 감각을 민감하게 만들어 성경을 읽는다. 성경을 읽고, 성경에서 만나는 하나님의 마음을 읽는다. 또한 성경을 통해 우리 자신을 읽고 변화를 추구한다. 그런 과정에서 예수님의 얼굴을 구하고 그 얼굴의 영광을 보며, 그 얼굴의 형상을 닮아가는 것이다.

"우리가 다 수건을 벗은 얼굴로 거울을 보는 것 같이 주의 영광을 보매 그와 같은 형상으로 변화하여 영광에서 영광에 이르니 곧 주의 영으로 말미암음이니라"(고후 3:18)

하나님은 우리가 주의 영광을 보는 가운데 주님의 형상으로 변화되길 원하신다. 그리함으로 영광에서 영광에 이르는 것이다.

"하나님이 미리 아신 자들을 또한 그 아들의 형상을 본받게 하기 위하여 미리 정하셨으니 이는 그로 많은 형제 중에서 맏아들이 되게 하려 하심이니라" (롬 8:29)

바울은 우리를 하나님께서 예수님의 형상을 본받게 하기 위해 미리 정하셨다고 강조한다. 거룩한 독서의 절정이며, 마지막 목표는 성경을 읽고 묵상하는 중에 예수님의 형상을 닮아가는 것이다. 목표는 단순하다. 하지만 그 과정은 결코 쉬운 것만은 아니다. 그렇지만 하나님은 우리가 예수님을 닮아가는 데 필요한 모든 것을 은혜로 준비해 주셨다.

예수님을 닮아가는 과정을 깨닫는 것이 지혜다

하나님이 우리를 선택하시고 우리를 빚어 가시는 과정을 잘 아는 것이 중요하다. 모든 변화는 즉각적으로 일어나는 것이 아니다. 모든 변화에는 일정한 과정이 있다. 어린 아이가 어머니 자궁에 잉태되어 태어나는 과정을 생각해 보라. 출산의 순간은 일순간 같지만 아이가 어머니의 태에서 성장하기까지는 일정한 과정을 거쳐야 한다.

아무리 과학이 발달했다고 하지만 아직도 생명이 태어나는 과정은 단축할 수 없다. 단축해서도 안 된다. 만약 단축한다면 상당한 문제를 안고 태어나게 될 것이다. 우리가 예수님을 믿고 하나님의 자녀가 되는 순간 우리는 갓 태어난 어린 생명과 같다. 그 생명이 장성해서 예수님의 장성한 분량에 이르기까지는 긴 여정이 필요하다. 평생에 걸친 영적 순례의 여정이라고 해도 과언이 아니다.

첫째, 중생(Regeneration): 우리를 선택해서 거듭나게 하시는 하나님의 은혜

이 단계는 하나님의 은혜로운 선택으로 시작된다. 하나님이 친히 선택해 주시고, 하나님이 친히 찾아 오셔서 우리의 마음에 믿음을 심어주신다. 우리는 하나님이 심어주신 믿음을 따라 예수님을 영접함으로 구원을 받게 된다. 이 과정을 거듭남이라고 말한다.

"예수께서 대답하여 이르시되 진실로 진실로 네게 이르노니 사람이 거듭나지 아니하면 하나님의 나라를 볼 수 없느니라"(요 3:3)

"예수께서 대답하시되 진실로 진실로 네게 이르노니 사람이 물과 성령으로 나지 아니하면 하나님의 나라에 들어갈 수 없느니라"(요 3:5)

우리가 거듭나는 과정에서 물과 성령의 역사가 필요하다. 조금 더 구체적으로 말하면, 말씀과 성령과 보혈이 함께 역사하셔서 우리를 거듭나게 하신다.

"너희가 거듭난 것은 썩어질 씨로 된 것이 아니요 썩지 아니할 씨로 된 것이니 살아 있고 항상 있는 하나님의 말씀으로 되었느니라 그러므로 모든 육체는 풀과 같고 그 모든 영광은 풀의 꽃과 같으니 풀은 마르고 꽃은 떨어지되 오직 주의 말씀은 세세토록 있도다 하였으니 너희에게 전한 복음이 곧 이 말씀이니라"(벧전 1:23-25)

우리는 복음의 말씀으로 거듭났다. 또한 예수님의 보배로운 피로 거듭났다.

"너희가 알거니와 너희 조상이 물려 준 헛된 행실에서 대속함을 받은 것은 은이나 금 같이 없어질 것으로 된 것이 아니요 오직 흠 없고 점 없는 어린 양 같은 그리스도의 보배로운 피로 된 것이니라"(벧전 1:18-19)

이 과정에서 거듭난 영혼은 예수님을 믿고 예수님을 영접함으로 반응한 것이다.

"영접하는 자 곧 그 이름을 믿는 자들에게는 하나님의 자녀가 되는 권세를 주셨으니 이는 혈통으로나 육정으로나 사람의 뜻으로 나지 아니하고 오직 하나님께로부터 난 자들이니라"(요 1:12-13)

우리가 구원 받은 것은 오직 은혜로, 오직 믿음으로 된 것이다. 구원은 하나님의 선물이다. 하지만 그 선물은 축복의 패키지가 담긴 선물이다.

"너희는 그 은혜에 의하여 믿음으로 말미암아 구원을 받았으니 이것은 너희에게서 난 것이 아니요 하나님의 선물이라 행위에서 난 것이 아니니 이는 누구든지 자랑하지 못하게 함이라"(엡 2:8-9)

둘째, 칭의(Justification): 예수님의 의를 전가시켜 주시는 하나님의 칭의의 은혜

구원이 은혜로 주어지는 것처럼 칭의 즉 우리가 의롭다 하심을 입게 된 것도 은혜로 주어진다.

"또 미리 정하신 그들을 또한 부르시고 부르신 그들을 또한 의롭다 하시고

의롭다 하신 그들을 또한 영화롭게 하셨느니라"(롬 8:30)

우리가 의로운 것이 아니다. 우리는 의롭지 않다. 의로운 사람은 하나도 없다. 하나님이 그렇게 말씀을 통해 선언하셨다.

"기록된 바 의인은 없나니 하나도 없으며"(롬 3:10)

우리는 의인이 아니라 죄인이다. 그런데 하나님께서 의로운 예수님에게 우리의 죄를 전가시켜 십자가에 죽게 하셨다. 그리고 예수님의 의를 우리에게 대신 전가시켜 주신 것이다. 이것을 대체의 원리, 교환의 원리라고 말할 수 있다. 우리의 더러운 죄와 더러운 옷과 같은 누추한 의를 예수님이 가져가시고, 우리에게는 본래 존재하지 않았던 예수님의 의를 전가시켜 주신 것이다. 우리 은행 구좌에 없는 예수님의 의를 예수님이 넣어주신 것이다. 칭의는 법적인 선언이다. 예수님을 믿는 자를 의롭다고 선언해 주시는 것이다. 우리는 하나님의 은혜로 예수님을 믿음으로 값없이 의롭다 하심을 받게 된 것이다.

"이제는 율법 외에 하나님의 한 의가 나타났으니 율법과 선지자들에게 증거를 받은 것이라 곧 예수 그리스도를 믿음으로 말미암아 모든 믿는 자에게 미치는 하나님의 의니 차별이 없느니라"(롬 3:21-22)
"모든 사람이 죄를 범하였으매 하나님의 영광에 이르지 못하더니 그리스도 예수 안에 있는 속량으로 말미암아 하나님의 은혜로 값 없이 의롭다 하심을 얻은 자 되었느니라"(롬 3:23-24)

칭의의 은혜는 오직 믿음으로 주어지는 은혜이다.

"그러므로 우리가 믿음으로 의롭다 하심을 받았으니 우리 주 예수 그리스도

로 말미암아 하나님과 화평을 누리자"(롬 5:1)

"그러면 이제 우리가 그의 피로 말미암아 의롭다 하심을 받았으니 더욱 그로 말미암아 진노하심에서 구원을 받을 것이니"(롬 5:9)

의롭다는 것과 관련된 단어들은 정의와 공의다. 우리가 올바로 걸어가야 할 길, 우리가 올바로 살아야 하는 삶을 의미한다. 공평하고 차별이 없는 삶을 의미한다. 하지만 그보다 먼저 은혜로 받은 의에 대해 이해해야 한다. 그것은 하나님과의 올바른 관계를 의미한다.

"의(righteousness)란 올바른 관계(right relationship)을 의미한다."

예수님을 통해 하나님과 단절되었던 하나님의 관계가 새롭게 시작된 것이다. 하나님과 우리가 이제 하나님과 자녀 관계가 된 것이다. 그리함으로 의로우신 하나님을 닮아 의로운 삶을 살아 갈 수 있게 된 것이다. 의로운 삶을 살아서 의인이 된 것이 아니다. 하나님이 우리를 의인이라 불러주시고, 예수님의 의를 덧 입혀 주심으로 우리가 의로운 삶을 살 수 있게 된 것이다.

셋째, 성화(Sanctification): 우리를 거룩하게 만들어 주시는 하나님의 은혜

중생과 칭의와 마찬가지로 성화도 하나님의 은혜로 주어진다. 우리는 거룩하지 못하다. 그런데 예수님을 믿는 순간 하나님의 은혜로 예수님의 거룩을 덧 입혀 주신다. 하나님이 우리에게 주시는 거룩은 수동태다. 거룩, 즉 성화의 과정을 이해하기 위해서는 거룩에 대한 개념을 조금 살펴볼 필요가 있다. 거룩의 첫 번째 정의는 구별됨에 있다. 하나님이 특별한 목적을 위해 구별해서 정하시면 거룩해진다.

"거룩은 구별된 선택에 있다."

하나님이 히브리 노예들을 선택해서 바로의 손에서 건져 내신 후에 그들을 거룩한 백성이라고 부르셨다.

"너희가 내게 대하여 제사장 나라가 되며 거룩한 백성이 되리라 너는 이 말을 이스라엘 자손에게 전할지니라"(출 19:6)

우리가 예수님을 믿고 거듭날 때 하나님은 우리를 성도라고 부르신다. 우리는 죄인인데 하나님이 성도라고 불러 주시는 것이다.

"고린도에 있는 하나님의 교회 곧 그리스도 예수 안에서 거룩하여지고 성도라 부르심을 받은 자들과 또 각처에서 우리의 주 곧 그들과 우리의 주 되신 예수 그리스도의 이름을 부르는 모든 자들에게"(고전 1:2)

우리가 아는 것처럼 고린도교회의 교인들은 아주 문제가 많았다. 그런데 바울은 그들을 부를 때 성도라고 부르고 있다. 그 이유는 그리스도 예수 안에서 거룩해진 까닭이다. 그런 까닭에 우리는 자랑할 수 없다.

"거룩은 그리스도 예수 안에서 주어졌다"

"너희는 하나님으로부터 나서 그리스도 예수 안에 있고 예수는 하나님으로부터 나와서 우리에게 지혜와 의로움과 거룩함과 구원함이 되셨으니 기록된 바 자랑하는 자는 주 안에서 자랑하라 함과 같게 하려 함이라"(고전 1:30-31)

우리는 거룩케 하시는 예수님을 통해 거룩케 하심을 입은 사람들이다.

"거룩하게 하시는 이와 거룩하게 함을 입은 자들이 다 한 근원에서 난지라 그러므로 형제라 부르시기를 부끄러워하지 아니하시고"(히 2:11)

하나님은 또한 우리에게 거룩하라고 명하신다. 거룩에 관심을 갖고, 거룩을 추구하라고 말씀하신다. 그리함으로 예수님의 온전한 거룩함을 맛보고, 그 거룩함에 이르기를 원하신다. 거룩함의 아름다움과 거룩함의 영향력을 끼치는 사람이 되기를 원하신다.

"오직 너희를 부르신 거룩한 이처럼 너희도 모든 행실에 거룩한 자가 되라"(벧전 1:15)

"기록되었으되 내가 거룩하니 너희도 거룩할지어다 하셨느니라"(벧전 1:16)

"너희도 산 돌 같이 신령한 집으로 세워지고 예수 그리스도로 말미암아 하나님이 기쁘게 받으실 신령한 제사를 드릴 거룩한 제사장이 될지니라"(벧전 2:5)

"하나님을 따라 의와 진리의 거룩함으로 지으심을 받은 새 사람을 입으라"(엡 4:24)

거듭난 성도는 거룩함을 사랑하는 영적 감각을 갖게 된다. 그리함으로 거룩함에 이르는 영적 훈련을 좋아하게 된다. 우리 영혼을 더럽히는 죄를 미워하게 된다. 죄를 회개하게 된다. 죄를 버리게 된다. 더러운 사탄의 유혹을 물리치게 된다. 그리함으로 성화의 은혜에 이르게 된다.

"거룩은 정결함이다."

하나님은 우리를 존귀하게 여기신다. 또한 존귀하게 사용하시길 원하신다. 그런 까닭에 하나님은 우리가 정결하길 원하신다. 깨끗한 그릇이 되어 소중한 일에 요긴하게 쓰임받기를 원하신다.

"큰 집에는 금 그릇과 은 그릇뿐 아니라 나무 그릇과 질그릇도 있어 귀하게 쓰는 것도 있고 천하게 쓰는 것도 있나니 그러므로 누구든지 이런 것에서 자기를 깨끗하게 하면 귀히 쓰는 그릇이 되어 거룩하고 주인의 쓰심에 합당하며 모든 선한 일에 준비함이 되리라"(딤후 2:20-21)

거룩은 유쾌함이다. 더러우면 불쾌하다. 거룩은 성스러운 즐거움이다. 거룩은 진정한 아름다움이다. 토저는 거룩의 아름다움을 강조한다.

> 악한 것은 아름다울 수 없다. 성경은 "거룩한 아름다움 가운데 여호와께 경배할지어다"(시29:2)라고 가르친다. 거룩하지 못한 것이 귀엽고 예쁘고 심지어 매력적일 수도 있지만, 아름다울 수는 없다. 거룩한 것만이 결국 아름다울 수 있다(A. W. 토저, 《갓God》, 규장, 43쪽).

토저는 예수님이 오신 이유 중의 하나가 우리를 아름다우신 하나님께 이끌기 위한 것이라고 말한다.

> 그리스도는 우리를 아름다움의 본질이신 하나님께 데려가실 것이다. 그리스도는 우리를 모든 악으로부터, 기형과 영원한 추함으로부터, 즉 지옥으로부터 구해내어 거룩함과 완전함과 영원한 아름다움으로 이끌기 위해 오셨다(A. W. 토저, 같은 책, 44쪽).

조나단 에드워즈는 19살 때 《거룩의 길》이란 설교를 했다. 십대에 준비한 설교가 너무 탁월하다. 그는 이 설교에서 예수님의 거룩에 대해 다음과 같이 표현하고 있다.

> 거룩은 예수 그리스도와 일치하는 것입니다. … 우리는 그리스도의 모든 행동 속에서 그리스도의 거룩이 빛나는 것을 보았습니다. 우리는 그리스도의 거룩한 삶을 보았습니다. … 예수 그리스도를 본받는 사람, 예수 그리스도께서 우리에게 보여 주시고, 복음서 기자들이 우리에게 전해 준 예수 그리스도를 본받는 것이 거룩입니다(조나단 에드워즈, 《조나단 에드워즈 대표설교전집》, 부흥과 개혁사, 68쪽).

조나단 에드워즈는 거룩은 결코 우울한 것이 아니라고 강조한다. 그는 거룩은 가장 달콤하고 가장 사랑스럽다고 언급한다.

거룩에는 우리가 가장 열렬히 추구해야 할 만한 사랑스럽고 탁월한 특성이 있습니다. 거룩은 가장 아름답고 사랑스러운 것입니다. 사람들은 어릴 때부터 거룩을 우울하고, 까다롭고, 불쾌하고, 재미없는 것으로 생각하는 경향이 있습니다. 그러나 거룩은 달콤하고 아주 사랑스러운 것입니다. 거룩은 다른 모든 아름다움보다 월등하게 탁월한 최고의 아름다움이며 사랑스러움입니다. 거룩은 신적인 아름다움으로 사람의 영혼을 지상에 있는 다른 어떤 것보다 더욱 순수하고 천상에 속한 것으로 만들어줍니다. 거룩하게 된 영혼에 비교하면 이 세상은 진흙탕과 오물같이 더럽습니다. 거룩은 달콤하고, 사랑스럽고, 기쁘고, 고요하고, 안정적이며, 평안한 것입니다(조나단 에드워즈, 같은 책, 76쪽).

넷째, 영화(Glorification): 예수님의 형상을 닮은 영화에 이르게 하시는 하나님의 은혜

영화의 단계는 성도가 추구하는 마지막 단계다. 바울은 하나님이 부르신 그들을 의롭다 하시고, 의롭다 하신 그들을 영화롭게 하셨다고 말씀한다.

"또 미리 정하신 그들을 또한 부르시고 부르신 그들을 또한 의롭다 하시고 의롭다 하신 그들을 또한 영화롭게 하셨느니라"(롬 8:30)

고린도후서 3장 18절은 우리가 거듭 돌아가서 묵상해야 할 말씀이다. 이 말씀도 영화의 단계를 보여주는 말씀이다.

"우리가 다 수건을 벗은 얼굴로 거울을 보는 것 같이 주의 영광을 보매 그와

같은 형상으로 변화하여 영광에서 영광에 이르니 곧 주의 영으로 말미암음이니라"(고후 3:18)

예수님을 닮아가는 것은 일평생 지속되는 영적 순례의 여정이다

예수님을 닮아가는 것은 순간적으로 이루어지는 것이 아니다. 일평생 동안 지속되는 영적 순례의 여정을 통해 이루어진다.

• 영적 순례의 여정
첫째, 예수님을 믿는 데서 예수님을 아는 단계
예수님을 믿고 예수님을 영접함으로 우리의 신앙은 시작된다. 예수님을 믿는 것은 아주 중요하다. 믿음은 처음부터 끝까지 함께하는 영적 순례의 동반자다. 바울은 믿음으로 살았고, 믿음을 끝까지 지켰다.

"복음에는 하나님의 의가 나타나서 믿음으로 믿음에 이르게 하나니 기록된 바 오직 의인은 믿음으로 말미암아 살리라 함과 같으니라"(롬 1:17)
"나는 선한 싸움을 싸우고 나의 달려갈 길을 마치고 믿음을 지켰으니"(딤후 4:7)

믿음이 중요한 까닭은 믿음을 통해 진리를 알게 되기 때문이다. 알기 때문에 믿을 수 있지만 믿기 때문에 깨달음에 이르게 된다. 그런 까닭에 믿음과 깨달음은 함께 동행한다. 믿음이 중요하지만 믿음을 넘어서 경험적으로 예수님을 아는 단계로 성장해야 한다.

"우리가 다 하나님의 아들을 믿는 것과 아는 일에 하나가 되어 온전한 사람

을 이루어 그리스도의 장성한 분량이 충만한 데까지 이르리니"(엡 4:13)

"영생은 곧 유일하신 참 하나님과 그가 보내신 자 예수 그리스도를 아는 것
이니이다"(요 17:13)

여기서 안다는 것은 경험적으로 아는 것이다. 사도 요한이 안다고 말할 때
는 친밀한 교제를 통해 안다는 것을 의미한다.

"태초부터 있는 생명의 말씀에 관하여는 우리가 들은 바요 눈으로 본 바요
자세히 보고 우리의 손으로 만진 바라"(요일 1:1)

"우리가 보고 들은 바를 너희에게도 전함은 너희로 우리와 사귐이 있게 하
려 함이니 우리의 사귐은 아버지와 그의 아들 예수 그리스도와 더불어 누림이
라"(요일 1:3)

둘째, 예수님을 아는 단계에서 예수님을 사랑하는 단계

예수님을 아는 것과 예수님을 사랑하는 것은 함께 동행한다. 예수님을 믿
을 때 예수님을 알게 된다. 예수님을 알 때 예수님을 사랑하게 된다. 우리는
보지 못하는 분을 사랑할 수 있지만 알지 못하는 분을 사랑할 수는 없다. 사
랑하기 위해서는 어느 정도의 지식이 필요하다. 또한 사랑하는 것만큼 더욱
깊이 알게 된다.

지식이 없는 사랑은 있을 수가 없습니다. 전혀 알지 못하는 대상을 사랑한다
는 것은 인간의 성질에 합당한 일이 아닙니다. 전혀 이해가 되지 않는 대상에
마음을 기울일 수는 없는 것입니다. 영혼으로 하여금 사랑하도록 매력을 주는
이유들을 먼저 이해해야 합니다(조나단 에드워즈, 《그리스도를 아는 지식》, 지평 서
원, 24쪽).

지식 가운데 가장 소중한 지식은 하나님을 아는 지식이다. 그리스도의 놀라운 탁월성과 사랑을 아는 지식은 그리스도를 닮아가기 원하는 사람에게는 아주 소중한 지식이다.

이해의 문을 열지 않으면, 알아야 하는 대상이 마음에 좌정할 수 없게 되어 있는 것이 사람의 본질입니다. … 그리스도께서 죄인을 위해 어떻게 행하셨는지를 먼저 듣고 이해하기 전에는, 그런 일을 행하신 그리스도의 놀라운 탁월성과 사랑을 알 수 없습니다. 먼저 그런 것을 이해하지 못하면 신적 진리의 관대함과 탁월성을 알 수 없습니다(조나단 에드워즈, 같은 책, 지평 서원, 25쪽).

하나님을 아는 지식은 성경에 담겨 있다. 그 지식의 보화를 발견하고 소유하기 위해 거룩한 독서를 하는 것이다.

만일 금이나 진주와 같은 큰 보배가 있어 누구나 다 주워서 모을 수 있는 대로 가질 수 있는 처지라면, 그 일이 다 끝날 때까지 그 보배를 주워 모으는 일에 아예 일삼아 한다고 해서 누가 가치 없는 일이라고 생각하겠습니까? 그러나 성경에 들어 있고, 할 수 있다면 최대한 많이 가질 수 있게 공급되어 있는 하나님을 아는 지식의 보배는, 금이나 진주보다 훨씬 더 부요한 것입니다(조나단 에드워즈, 같은 책, 25쪽).

이 놀라운 하나님의 지식을 깨닫게 될 때 하나님을 더욱 사랑하게 된다. 그 때 하나님을 아는 단계에서 사랑하는 단계로 들어가게 된다. 예수님이 부활하신 후에 베드로를 만나 물으셨던 것은 사랑에 관한 것이다.

"그들이 조반 먹은 후에 예수께서 시몬 베드로에게 이르시되 요한의 아들 시몬아 네가 이 사람들보다 나를 더 사랑하느냐 하시니 이르되 주님 그러하나이

다 내가 주님을 사랑하는 줄 주님께서 아시나이다 이르시되 내 어린 양을 먹이
라 하시고"(요 21:15)

왜 사랑이 중요할까? 사랑이 누군가를 닮아가는 가장 강력한 에너지가 되
기 때문이다.

"사랑은 아름다움에 대한 매력이다."

"사랑의 아름다움의 극치는 성품에서 절정을 이룬다."

"사랑하면 끌리게 된다."

'사랑하면 그 대상을 늘 생각하게 된다."

"사랑하면 그 대상을 늘 가까이 하기를 원한다."

"사랑하면 사랑하는 대상이 기뻐하는 것을 함께 기뻐하게 된다."

"사랑하면 닮게 된다."

"우리 영혼은 우리가 사랑하는 것으로 물들여 진다."

사랑은 모든 영적 감정의 핵심을 이룬다. 하나님 사랑과 사람을 사랑하는
것이 기독교 신앙의 본질이다.

사랑은 모든 영적 감정들 가운데 가장 핵심적인 것이다. 이것이 바로 어떤 사
람이 예수님께 나아와 무엇이 가장 큰 계명이냐고 물었을 때, "네 마음을 다하
고 목숨을 다하고 뜻을 다하여 주 너의 하나님을 사랑하라 하셨으니 이것이
크고 첫째 되는 계명이요 둘째도 그와 같으니 네 이웃을 네 자신 같이 사랑하
라 하셨으니 이 두 계명이 모든 율법과 선지자의 강령이니라"(마 22:37-40)고 말
씀하신 이유이다(조나단 에드워즈,《영적 감정을 분별하라》, 생명의 말씀사, 41쪽).

조나단 에드워즈는 사랑이 모든 영적 감정들의 근원이라고 말한다. 하나님
을 사랑하는 까닭에 죄를 미워하고, 더러운 것을 미워하는 감정이 생겨난다

는 것이다. 또한 다른 감정도 함께 드러난다고 한다.

사랑은 많은 감정들 중의 하나일 뿐만 아니라 다른 모든 영적 감정들의 근원이라 할 수 있다. 심지어 사랑과 반대되는 감정인 증오도 사랑으로부터 싹트는 것이다. 다른 모든 영적 감정들, 즉 죄에 대한 증오, 하나님을 분노케 하는 것에 대한 두려움, 하나님의 선하심에 대한 감사, 하나님의 임재를 경험하는 기쁨, 하나님의 곁을 떠났을 때의 애통, 하나님을 바라는 소망, 하나님의 영광을 보고자 하는 열심 등도 하나님에 대한 뜨거운 사랑으로부터 우러나오는 것이다. 사랑은 모든 영적 감정의 결정체로 모든 경험을 가능케 하는 그곳으로 인도하는 근원이 된다(조나단 에드워즈, 같은 책, 42-43쪽).

하나님을 사랑할 때 하나님의 거룩하심을 사랑하게 된다. 하나님을 사랑할 때 하나님이 싫어하시는 것을 싫어하게 된다. 하나님이 미워하시는 것을 미워하게 된다. 그러는 과정에서 우리는 더욱 하나님을 닮아가게 된다.

셋째, 예수님을 사랑하는 단계에서 예수님을 갈망하는 단계

예수님을 사랑하게 되고, 그 사랑이 깊어지면 예수님을 갈망하게 된다. 예수님을 더욱 기뻐하게 된다. 예수님을 더욱 즐거워하게 된다.

"예수를 너희가 보지 못하였으나 사랑하는도다 이제도 보지 못하나 믿고 말할 수 없는 영광스러운 즐거움으로 기뻐하니"(벧전 1:8)

참된 사랑은 즐거움을 더해 준다. 성스러운 기쁨은 기독교의 표지다. 신비로운 기쁨을 경험하며 사는 것이 그리스도인들이다. 우리에게는 환경을 초월하는 기쁨이 함께 한다. 하나님을 알고, 그를 사랑하는 기쁨이 함께 한다.

"주께서 생명의 길을 내게 보이시리니 주의 앞에는 충만한 기쁨이 있고 주의 오른쪽에는 영원한 즐거움이 있나이다"(시 16:11)

하나님을 향한 사랑이 깊어지면 하나님을 더욱 갈망하게 된다. 이 갈망은 하나님을 더욱 깊이 사랑하고, 즐거워하는 갈망이다.

"내 영혼이 하나님 곧 살아 계시는 하나님을 갈망하나니 내가 어느 때에 나아가서 하나님의 얼굴을 뵈올까"(시 42:2)

"하나님이여 주는 나의 하나님이시라 내가 간절히 주를 찾되 물이 없어 마르고 황폐한 땅에서 내 영혼이 주를 갈망하며 내 육체가 주를 앙모하나이다"(시 63:1)

넷째, 예수님을 갈망하는 단계에서 예수님을 영화롭게 하는 단계

우리가 누군가를 사랑하면 그를 칭송하게 된다. 그를 찬양하게 된다. 그리함으로 그를 영화롭게 한다. 성경은 하나님을 영화롭게 하는 찬양으로 가득 차있다. 예수님을 영화롭게 하는 것이 예배다. 교회에서 드리는 예배뿐만 아니라 삶의 현장에서 드리는 예배를 통해 예수님을 영화롭게 할 수 있다.

예수님을 영화롭게 하는 것 중의 하나는 우리 모습 속에 예수님의 영광스러운 모습이 드러나는 것이다. 우리의 선한 행실 속에 예수님의 아름다움이 드러나는 것이다.

"이같이 너희 빛이 사람 앞에 비치게 하여 그들로 너희 착한 행실을 보고 하늘에 계신 너희 아버지께 영광을 돌리게 하라"(마 5:16)

예수님을 앙망하게 되면 예수님의 영광의 빛이 우리에게 임한다. 그 영광의 빛을 받아 우리도 그와 같은 형상으로 점점 변화하게 된다. 그런 과정에서 영광에서 영광에 이르게 된다. 사람들은 바로 그 모습을 보면서 하나님께 영광을 돌리게 된다.

"우리가 다 수건을 벗은 얼굴로 거울을 보는 것 같이 주의 영광을 보매 그와 같은 형상으로 변화하여 영광에서 영광에 이르니 곧 주의 영으로 말미암음이 니라"(고후 3:18)

예수님을 영화롭게 하는 단계가 바로 찬양과 경배의 단계다. 이 단계가 예수님처럼 하나님을 섬기고 이웃을 섬기는 단계다. 섬김을 통해 하나님을 영화롭게 하는 단계다. 섬김은 곧 예배다. 우리는 섬김을 통해 하나님께 영광을 돌릴 수 있다.

"인자가 온 것은 섬김을 받으려 함이 아니라 도리어 섬기려 하고 자기 목숨을 많은 사람의 대속물로 주려 함이니라"(막 10:45)

예수님의 성품을 닮게 하시는 은혜의 도구를 깨닫도록 하라

하나님은 우리를 변화시키실 때 특별한 은혜의 도구를 사용하신다. 하나님은 은혜의 도구를 통해 우리로 하여금 예수님을 닮아가게 하신다.

첫째, 말씀을 통해 예수님의 성품을 닮게 하신다.
우리는 성경을 통해 예수님을 만난다. 예수님의 탁월한 성품을 접하게 된다. 성경을 통해 하나님은 우리를 변화시키신다. 말씀은 우리를 교훈하시고 우리가 잘못된 길로 갈 때 바로 잡아준다.

"모든 성경은 하나님의 감동으로 된 것으로 교훈과 책망과 바르게 함과 의로 교육하기에 유익하니 이는 하나님의 사람으로 온전하게 하며 모든 선한 일을 행할 능력을 갖추게 하려 함이라"(딤후 3:16-17)

하나님은 말씀을 통해 우리를 정결케 하시고 거룩케 하신다. 우리를 예수님의 신부로 삼으시고 신부된 우리를 거룩하고 흠이 없게 하신다.

"너희는 내가 일러준 말로 이미 깨끗하여졌으니"(요 15:3)
"그들을 진리로 거룩하게 하옵소서 아버지의 말씀은 진리니이다"(요 17:17)
"남편들아 아내 사랑하기를 그리스도께서 교회를 사랑하시고 그 교회를 위하여 자신을 주심 같이 하라 이는 곧 물로 씻어 말씀으로 깨끗하게 하사 거룩하게 하시고 자기 앞에 영광스러운 교회로 세우사 티나 주름 잡힌 것이나 이런 것들이 없이 거룩하고 흠이 없게 하려 하심이라"(엡 5:25-27)

말씀을 읽을 때 다음과 같은 7가지 질문을 하면서 묵상하면 도움이 된다. 이 질문은 말씀을 천천히 읽고 관찰하고 해석하고 적용하는 모든 과정에 도움이 된다. 이 질문을 통해 하나님을 알고, 우리 자신이 어떻게 변화되어야 할 것인가를 깨닫게 된다. 이 질문은 성경 안에 있는 보석을 캐내는 질문들이다.

1) 하나님(성부 성자 성령)에 대해서 새롭게 알게 된 지식은 어떤 것인가?
2) 내가 새롭게 발견한 진리는 어떤 것인가?
3) 내가 따라야 할 모범은 어떤 것인가?
4) 내가 순종해야 할 명령은 어떤 것인가?
5) 내가 피해야 할 오류는 어떤 것인가?
6) 내가 버려야 할 죄는 어떤 것인가?
7) 내가 간구해야 할 약속은 어떤 것인가?

우리가 그냥 성경을 읽는 것보다 가슴에 질문을 품고 성경을 읽을 때 많은 것을 발견하고 깨닫게 된다. 무엇보다 하나님을 알고, 그 하나님의 모습을 닮아가게 된다. 거룩한 독서의 목표를 이루는 데 도움이 된다.

둘째, 기도를 통해 예수님의 성품을 닮게 하신다.

거룩한 독서는 거룩한 기도로 우리를 인도한다. 우리가 말씀을 읽고 기도할 때 성령님은 우리의 모습을 보게 하신다. 우리의 기도가 깊어질 때 깊은 기도 속에서 우리를 변화시켜 주시는 하나님을 향해 마음을 열게 된다. 그때 하나님이 우리를 변화시켜 주시는 것을 경험하게 된다. 변화는 우리의 일이 아니라 하나님의 일이다. 오직 하나님만이 우리를 자라게 하시고, 변화시키신다.

"하나님의 말씀과 기도로 거룩하여짐이라"(딤전 4:5)

특별히 회개 기도를 드릴 때 예수님의 보혈이 함께 역사하심으로 우리는 정결케 되는 은혜를 경험하게 된다. 말씀을 통해 깨달은 것을 따라 회개 기도를 하는 것은 우리 삶의 변화에 아주 중요하다. 우리가 빛 되신 예수님께 나아갈 때 우리는 그 빛 가운데서 우리 자신을 보게 된다. 그 때 성령님께서 빛을 비추어 주심으로 회개하게 된다. 복된 회개는 아름다운 회개다.

"그가 빛 가운데 계신 것 같이 우리도 빛 가운데 행하면 우리가 서로 사귐이 있고 그 아들 예수의 피가 우리를 모든 죄에서 깨끗하게 하실 것이요"(요일 1:7)
"만일 우리가 우리 죄를 자백하면 그는 미쁘시고 의로우사 우리 죄를 사하시며 우리를 모든 불의에서 깨끗하게 하실 것이요"(요일 1:9)

우리 자신의 기도뿐만 아니라 중보기도를 통해 예수님의 성품을 닮게 된다. 예수님은 베드로가 예수님을 세 번이나 부인할 것을 아시고 그를 위해 미리 중보기도를 드리셨다.

"시몬아, 시몬아, 보라 사탄이 너희를 밀 까부르듯 하려고 요구하였으나 그러나 내가 너를 위하여 네 믿음이 떨어지지 않기를 기도하였노니 너는 돌이킨 후에 네 형제를 굳게 하라"(눅 22:31-32)

예수님과 성령님은 지금도 우리를 위해 중보하고 계신다.

"누가 정죄하리요 죽으실 뿐 아니라 다시 살아나신 이는 그리스도 예수시니 그는 하나님 우편에 계신 자요 우리를 위하여 간구하시는 자시니라"(롬 8:34)
"그러므로 자기를 힘입어 하나님께 나아가는 자들을 온전히 구원하실 수 있으니 이는 그가 항상 살아 계셔서 그들을 위하여 간구하심이라"(히 7:25)
"이와 같이 성령도 우리의 연약함을 도우시나니 우리는 마땅히 기도할 바를 알지 못하나 오직 성령이 말할 수 없는 탄식으로 우리를 위하여 친히 간구하시느니라 마음을 살피시는 이가 성령의 생각을 아시나니 이는 성령이 하나님의 뜻대로 성도를 위하여 간구하심이니라"(롬 8:26-27)

셋째, 영적 훈련을 통해 예수님의 성품을 닮게 하신다.
영적 훈련은 하나님의 은총의 도구다. 성령님은 영적 훈련이란 도구를 통해 우리를 변화시켜 주신다. 우리는 영적 훈련이 필요하다는 것을 절실하게 깨달아야 한다. 또한 그것을 겸손하게 받아들여야 한다.

"나는 영원으로 향한 길을 가는 나그네로서 인생을 가고 있다. 나는 하나님의 형상으로 지음받았으나 그 형상에 손상을 입었으므로 어떻게 묵상해야 하

는지, 어떻게 예배해야 하는지, 어떻게 생각해야 하는지를 배워야 한다." 도널드
코건

리처드 포스터는 영적 훈련이 고통이 아니라 오히려 기쁨이라는 사실을
깨우쳐 준다. 영적 훈련이 율법이 아니라 은혜의 도구임을 배우게 된 것은 그
의 책 《영적 성장과 훈련》을 통해서다. 영적 훈련은 고역이라기보다는 즐거움
이 되어야 한다.

영적 훈련을 사람들의 얼굴에서 웃음을 빼앗아 가는 침울한 고역 같은 것으
로 생각해서는 안 된다. 즐거움이 모든 훈련의 기조이다. 훈련의 목적은 이기주
의와 공포의 노예로부터 자유함을 얻는 데 있다(리처드 포스터, 《영적 성장과 훈
련》, 생명의 말씀사, 30쪽).

영적 훈련에 가장 필요한 것은 하나님을 갈망하는 마음이다. 변화와 성숙
을 갈망하는 마음이다.

어떤 중요한 의미에서 보면 영적 훈련은 어려운 것이 아니다. 훈련을 위해 먼
저 신학적인 지식부터 쌓아야 할 필요는 없다. 갓 회심한 사람들도 훈련을 해
야 한다. 우선 요청되는 것은 하나님을 갈망하는 마음이다(리처드 포스터, 같은
책, 30-31쪽).

변화와 성숙은 인간의 노력이 아니라 하나님이 하시는 일이다. 그것은 우
리 내면의 일이다. 우리가 할 일은 하나님이 일하시도록 공간을 만들어 드리
는 것이다. 하나님이 일하실 수 있도록 영적 훈련에 참여하는 것이다.

우리 속에 필요한 변화는 하나님이 하시는 일이지 우리가 하는 일이 아니다.

필요한 것은 내적인 일이며 오직 하나님만이 그 내면의 일을 하실 수 있다. 우리는 하나님의 나라의 의에 도달할 수도 없고, 얻을 수도 없다. 오직 은혜로만 얻을 수 있을 뿐이다(리처드 포스터, 같은 책, 37쪽).

하나님의 은혜 안에서 성장하기 원한다면 우리는 선택적인 훈련을 지속해야 한다. 의도만 가지고 안 된다. 선택하고 결단해야 한다. 그리고 무엇보다 지속해야 한다. 모든 변화와 성숙에는 지속적인 훈련이 기초를 이루고 있다.

　하나님의 은혜는 인간의 힘으로 얻는 것도 아니고 얻을 수도 없지만, 우리가 은혜 안에서 성장하기를 원한다면 우리는 의식적으로 일련의 선택적 행동을 지속해야 한다. 여기에는 개인의 삶과 또 단체 생활 모두가 포함된다. 영적 성장이 바로 영적 훈련의 목적이다(리처드 포스터, 같은 책, 39쪽).

영적 훈련 중에 하나가 바로 거룩한 독서다. 거룩한 독서의 범위를 넓힌다면 성경과 함께 경건 도서가 해당될 것이다. 경건 서적은 우리로 하여금 하나님을 더욱 갈망하게 만든다. 우리를 변화시키는 은총의 도구다. 우리가 읽는 것이 우리를 만든다. 우리가 접촉하는 책들이 우리 생각에 자극을 주고 우리 행동에 영향을 준다. 우리 습관을 형성케 하고, 우리 습관이 우리 성품을 형성시킨다. 영성 훈련은 거룩한 습관을 형성하는 것이다. 거룩한 독서는 거룩한 습관을 형성하도록 돕는다.

넷째, 고난을 통해 예수님을 닮게 하신다.
예수님을 닮아가기 위해서는 고난의 신비를 반드시 이해해야 한다. 예수님은 고난을 통해 영광에 이르셨다. 예수님의 탁월함과 거룩함과 영화로우심은 십자가에서 나타났다. 예수님의 십자가가 바로 예수님의 영광이다.

"이르시되 미련하고 선지자들이 말한 모든 것을 마음에 더디 믿는 자들이여 그리스도가 이런 고난을 받고 자기의 영광에 들어가야 할 것이 아니냐 하시고 이에 모세와 모든 선지자의 글로 시작하여 모든 성경에 쓴 바 자기에 관한 것을 자세히 설명하시니라"(눅 24:25-26)

하나님은 우리에게 고난을 면제해 주시겠다고 말씀하지 않으셨다. 고난은 힘든 것이다. 고난은 고통이다. 아픔이다. 깨어짐이다. 부서짐이다. 으깨어짐이다. 하지만 하나님은 고난을 통해 예수님을 닮아가게 하신다. 모든 것이 합력하여 선을 이루게 하신다. 바로 하나님이 합력하여 이루시는 선은 우리가 하나님의 아들의 형상을 본받는 것이다.

"우리가 알거니와 하나님을 사랑하는 자 곧 그의 뜻대로 부르심을 입은 자들에게는 모든 것이 합력하여 선을 이루느니라 하나님이 미리 아신 자들을 또한 그 아들의 형상을 본받게 하기 위하여 미리 정하셨으니 이는 그로 많은 형제 중에서 맏아들이 되게 하려 하심이니라"(롬 8:28-29)

여기에 그리스도인의 기쁨의 비밀이 담겨 있다. 행복의 비결이 담겨 있다. 고난 자체는 고통스러운 일이다. 하지만 하나님께 고난을 맡길 때 하나님은 모든 것을 합력하여 선을 이루신다. 심지어 우리의 실수와 사람들의 악까지도 선한 것으로 만들어 주신다. 우리의 기쁨은 환경에 있는 것이 아니다. 우리의 기쁨은 하나님 안에 있는 것이다.

예수님은 슬픈 일을 만났을 때 슬퍼하셨다. 예수님은 힘든 일을 만났을 때 힘들어 하셨다. 하지만 모든 환경 속에서도 예수님 안에는 조용한 기쁨이 깃들어 있었다. 그 기쁨은 영생하시는 하나님 안에 있는 기쁨이다. 환경을 초월한 기쁨이다. 합력하여 선을 이루시는 하나님의 은혜를 확신하는 기쁨이다.

나사로가 병들어 죽었을 때 예수님은 눈물을 흘리셨다. 그것은 슬픈 일이었기 때문이었다. 하지만 마르다에게 "네가 믿으면 하나님의 영광을 보리라"고 말씀하셨다.

> "이에 예수께서 다시 속으로 비통히 여기시며 무덤에 가시니 무덤이 굴이라 돌로 막았거늘 예수께서 이르시되 돌을 옮겨 놓으라 하시니 그 죽은 자의 누이 마르다가 이르되 주여 죽은 지가 나흘이 되었으매 벌써 냄새가 나나이다 예수께서 이르시되 내 말이 네가 믿으면 하나님의 영광을 보리라 하지 아니하였느냐 하시니"(요 11:38-40)

하나님은 결국 우리 삶 속에서 일어나는 여러 가지 시험과 역경과 시련을 통해 하나님은 우리를 아름답게 만드신다. 우리가 처한 모든 상황에서도 우리가 바라보아야 할 분은 예수님이시다. 그때 우리는 모든 상황 속에서도 바울처럼 기쁨을 유지할 수 있다.

나가는 말: 거룩한 독서를 통해 변화의 성숙을 경험하도록 하라

거룩한 독서를 통해 얻는 축복은 무엇을 얻는 것이 아니라 무엇이 되는 것이다. 예수님이 주시는 축복을 얻는 것보다 예수님의 모습을 닮아가는 것이다. 엄밀히 말하면, 예수님을 닮아가는 것이 가장 큰 축복이다.

예수님은 우리를 사랑하셨다. 우리를 귀하게 여기셨다. 자신의 목숨보다 우리를 소중하게 여기셨다. 예수님이 십자가에서 우리를 위해 죽으신 것은 우리를 존귀하게 여기신 까닭이다. 하나님 아버지는 독생자 예수님을 희생할 만큼 우리를 사랑하셨다.

십자가에서 예수님은 유사 이래 존재해왔고 앞으로 존재할 모든 남자들, 여자들, 아이들을 얼마나 귀하게 여기시는지를 우리에게 보여주셨다. 이들 중에는 극악무도한 악을 저지른 사람들까지도 포함되어 있다. 주님은 자신의 목숨보다 우리 모두를 소중히 여기셨다(폴 맨워링,《영광이란 무엇인가?》, 순전한 나드, 173쪽).

예수님을 닮아갈수록, 우리는 예수님의 눈으로 사람들을 보게 된다. 예수님이 존귀히 여기는 것처럼 그들을 존귀히 여기게 된다. 그들 안에 담긴 하나님의 영광을 보게 된다. 바로 그 눈, 그 시선이 성스러운 눈이다. 그 시선은 우리 마음 깊은 곳에 담긴 그리스도의 마음에서 우러나온다. 존경은 사람들 안에 있는 영광을 볼 수 있도록 도와준다.

"존경은 다른 사람들 안에 있는 영광을 인식할 수 있는 능력이자 갈망이다."
폴 맨워링

우리가 만나는 모든 그리스도인들에게는 예수님의 영광이 깃들여 있다. 교회 공동체 안에서 서로를 만나 교제할 때 그 안에 거하시는 예수님을 바라보며 교제해야 한다. 또한 예수님 안에서 누리게 된 영광을 서로 바라보며 교제해야 한다.

거룩한 독서는 말씀을 따라 사는 것이다. 말씀 묵상이 깊어지면 말씀이 우리 존재 속에 스며들게 된다. 우리 핏속에 말씀이 흐르고, 우리 언어 속에 말씀이 나타나고, 우리 성품 속에 말씀이 드러나는 것이다. 말씀이 우리도 모르는 사이에 우리의 존재가 되고 우리의 삶이 된다. 우리의 눈빛이 되고 우리의 시선이 된다. 우리 안에서 예수님의 향기를 발하기 시작한다.

거룩한 독서는 우리를 말씀의 실천으로 이끈다. 거룩한 독서를 통해 하나님과 깊은 사랑의 교제를 나눈 후에, 우리는 그 사랑의 마음으로 세상을 향해 나아가야 한다. 우리는 하나님의 사랑과 하나님의 고요함과 하나님의 능력을 품고 세상에 나아가서 하나님의 말씀을 전해야 한다. 거룩한 독서가 사색으로만 끝나서는 안 된다. 거룩한 독서는 삶속에 나타나야 한다. 예수님은 말씀을 듣고 행하는 사람이 지혜로운 사람이라고 말씀하신다. 말씀이 육신이 되신 예수님처럼, 거룩한 독서를 통해 예수님의 말씀과 예수님의 성품이 우리 삶에서 존귀하게 드러나도록 해야 할 것이다.

"그러므로 누구든지 나의 이 말을 듣고 행하는 자는 그 집을 반석 위에 지은 지혜로운 사람 같으리니 비가 내리고 창수가 나고 바람이 불어 그 집에 부딪치되 무너지지 아니하나니 이는 주추를 반석 위에 놓은 까닭이요"(마 7:24-25)

· 주해홍(에스라 성경 통독 사역원 상임 대표)

연세대학교 행정학과를 졸업하고 도미하여 Boston University에서 경영학 석사학위(MBA)를 취득했다. California 주정부 감사관으로 25년간 근무하며, Pacific Christian College(현 Hope International University)에서 목회학 석사(M.Div.) 과정을 마쳤다. 40년간 성경을 가르치며 개발한 통독 교재를 통해서 지역교회 목회자와 성도들을 위한 성경읽기 운동을 펼치고 있으며, 미주 총신 신학교, 유니온 신학교에서 강의해 왔으며, 현재 미주장로회신학대학교 대학원의 성경통독 교수로 섬기고 있다. 현재는 에스라 성경통독 사역원을 설립하여 대표로 활동하고 있으며, 저서로 《성경 그리고 삶》, 《새벽통독기도회 지침서》, 《통큰통독》 등이 있다.

The
HOLY BIBLE

통전적
성경 읽기

통전적 성경 읽기

주해홍 목사

왜 성경을 읽어야 하는가?[1]

1. 성경(BIBLE)이 무엇인가?

성경이 모두 66권으로 되어 있다는 것은 다 아는 사실이다. 그러나 서로 다른 내용으로 된 별개의 66권이 모여 전집처럼 편집된 책으로 이해하는 사람들도 있다. 성경을 마치 윤리 도덕 교과서나, 이스라엘 백성이 가나안 땅을 정복하는 이스라엘 판 무협 소설처럼, 혹은 룻기 같은 책은 시어머니를 잘 공경해서 복 받은 유대 판 열녀전쯤으로 생각하는 사람들도 있다. 심지어는 성경이 마치 복주머니나 되는 것처럼 토정비결 보듯이 성경을 대하는 사람들도 있다.

성경이 무엇인가에 대해서 자신과의 관계 가운데 분명한 답이 곧 우리가

---

1 이 원고는 본인의 저서 《통큰통독》(도서 출판 에스라)의 서론 부분을 발췌 정리한 것이다.

성경 읽기에 거는 기대감이며, 그런 목적을 달성하기 위해 성경 읽기의 동기 부여를 받을 수 있다.

어느 미국 목사님이 성경의 영어 철자를 풀어서 성경을 다음과 같이 정의한 적이 있다.[2] B.I.B.L.E. 즉 B: Basic, I: Information, B: Before, L: Leaving, E: Earth. 라고 말이다. 이 말은 "성경은 이 땅에서 필요한 정보를 제공하는 책이다"라고 할 수 있다. 그렇다면 그 기본 정보(Basic Information)란 무엇일까? 그것은 바로 이 땅에 살아가는 우리에게 내리시는 하나님의 지침 같은 것이라고 말할 수 있다. 그것을 좀 더 솔직히 말하면 곧 "복(福)"을 받는 지침을 말한다. 복(福이)라는 한자어는 示, 一, 口, 田로 구성되는데, 그 의미가 시편 73:28의 의미와 같고 그것이 성경적 복이라는 사실을 알 수 있다. 즉, 田자는 밭 전자이지만 여기서는 에덴을 상징하는 것으로 본다.[3] 示는 神변으로서 하나님을 뜻하고, 口는 사람을 말하며, 一은 함께 한다는 뜻이라고 할 때 이것을 합쳐서 풀면 복(福)자는 "사람이 하나님과 함께 에덴에 있는 상태이다"라고 할 수 있다. 시편 기자는 시편 73:28에서 이렇게 말하고 있다. "하나님께 가까이 함이 내게 복이라…" 그렇다. 성경이 말하는 복은 여호와와의 온전한 관계로부터 오는 것이다. 여호와 하나님이 함께 해 주실 때만 얻어지는 복이다. 그래서 하나님은 임마누엘 하나님이실 때 우리에게 가장 복되신 하나님이시다. 하나님은 임마누엘이시다.

성경을 읽어야 하는 이유는 성경은 바로 이런 복된 기본 정보를 제공하는 책이고 그 복은 하나님과 관계가 온전하게 회복됨으로 흘러오는 복이고, 그 관계 회복은 성경을 읽어 하나님이 누구이신가를 바르게 알고 그 하나님과 관계를 맺을 때만 가능하다는 것이다. 그래서 성경을 꼭 읽어야 하는 것이다.

---

2 지금은 없어진 미국 남가주 Garden Grove에 소재했던 수정교회(Crystal Cathedral Church) 예배 설교 중에서.

3 밭 전(田)의 글자 모양이 창 2:10 "강이 에덴에서 흘러 나와 동산을 적시고 거기서부터 갈라져 네 근원이 되었으니"의 모양을 그린 상형 문자로 본다. 이런 것은 한자의 원형인 갑골문자를 연구하다가 한자(漢字)들 가운데 창세기 1장에서 11장까지의 내용을 담은 것으로 추정되는 상형 문자가 있음을 발견했다. C H Kang & Ethel R. Nelson "The Discovery of Genesis" Concordia Publishing House 1979 p 44.

그렇다고 성경을 덮어 놓고 열심히 읽는다고 되는 것이 아니다. 그런 복된 관계를 회복하는 성경읽기는 어떤 것인가를 설명하겠다.

2. 왜 성경을 읽어야 하는가?

성경은 창조 이야기부터 시작 한다. 창세기 1장은 하나님이 천지를 창조하셨다고 선포하고 그 6일간의 창조 과정을 기록하고 있다. 6일 째 마지막 창조 과정에서 짐승까지 창조하시고 긴급히 영계(靈界)의 회의를 소집하시고 마지막 마무리 과정을 논의하는 듯한 기사가 나온다. 그것이 창세기 1:26-28이다. 이 영계 회의의 회의록이라고 할까?

창 1:26-28 하나님이 이르시되 우리의 형상을 따라 우리의 모양대로 우리가 사람을 만들고 그들로 바다의 물고기와 하늘의 새와 가축과 온 땅과 땅에 기는 모든 것을 다스리게 하자 하시고 하나님이 자기 형상 곧 하나님의 형상대로 사람을 창조하시되 남자와 여자를 창조하시고 하나님이 그들에게 복을 주시며 하나님이 그들에게 이르시되 생육하고 번성하여 땅에 충만하라, 땅을 정복하라, 바다의 물고기와 하늘의 새와 땅에 움직이는 모든 생물을 다스리라 하시니라

이 논의가 6일째 짐승까지 창조하고 난 후에 이루어 진 것이라면 인간은 창조 과정의 마지막 구색 갖추기 위해 만들어진 존재라는 것으로 생각 할 수 있다. 그러나 요한 1서 4:8에서 "하나님은 사랑이심이라"라고 하셨고, 하나님이 사랑이라면 그 사랑의 대상이 필요하고 그 대상으로서 인간을 만드셨다는 유추가 가능하다.[4] 영국의 신약 주석가인 윌리엄 버클리(William Barclay) 목사님은 바로 이 문제를 그의 저서 사도신경과 요한1서 주석서에서 이렇게

---

4 William Barclay *The Apostles Creed Westminster John Knox Press 1998 p42*

다루고 있다. 그 사랑의 대상으로서의 인간을 창조 과정의 마지막 구색 갖추기로 만들었다고 생각할 수 없다.

그렇다면 이 인간 창조를 결정한 천상의 "우리"들의 회의는 언제 있을까를 유추하는 것은 매우 중요한 의미를 부여해 준다. 이런 것들이 곧 성경적 세계관의 근원적인 기초가 되기 때문이다.

하나님은 당신의 사랑을 나눠주고, 그렇게 사랑의 관계를 맺고 교제할 수 있는 대상으로서 인간을 창조하신 것이다. 그러므로 우리는 이 논의가 창조의 과정을 진행하시기 전에 이루어 졌다고 믿는 것이다. 그렇게 생각할 수 있는 것은 요한복음에서 말하는 "태초(arche)"가 주는 의미로 유추할 수 있다. 이 태초는 창세기의 시간과 공간이 시작되는 첫 점으로서의 태초보다 더 앞서는, 즉 시간과 공간이 형성되기 이전의 상태를 말한다. 이 때 이미 인간을 창조하시기로 결정하신 것이라고 믿는 것이다. 이것은 성경을 이해는 중요한 대전제(presupposition)이다. 그래서 인간을 처음부터 축복의 대상으로 복을 주시고 생육하고 번성하고 충만해서 하나님의 피조세계를 다스리는 청지기로 삼으셨다. 이것을 우리는 창조언약이라고 부른다. 맨 처음 약속이며 복 주신다는 약속이다. 이것을 또한 문화명령(Cultural Mandate)라고도 한다.

또한 창세기 1:26-28의 논의의 과정이 창조 이전에 이루어 졌다고 확신할 수 있는 구절이 에베소서 1:3-4이다.

에베소 1:3-4 찬송하리로다 하나님 곧 우리 주 예수 그리스도의 아버지께서 그리스도 안에서 하늘에 속한 모든 신령한 복을 우리에게 주사 곧 창세전에 그 리스도 안에서 우리를 택하사 우리로 사랑 안에서 그 앞에 거룩하고 흠 없게 하시려고

그러므로 하나님은 인간을 시간과 공간을 창조하는 그 태초 이전에 이미 인간을 그의 사랑을 나눌 대상으로서 창조하시기로 하셨다는 사실을 강하

게 믿게 된다. 이것이 우리의 원래의 모습이고 그것을 통해 우리는 영화로운 존재로 지음을 받았음을 알 수 있다. 시편 기자도 우리를 하나님보다 조금 못하게 만드시고 영화와 존귀로 관을 씌워 주셨다고 노래한다. 시편 8:5 이런 영화로움을 선악과 사건으로 인해 상실하게 되지만, 우리는 원래 영화로운 존재였다는 것은 믿음 가운데서 사실이다. 성경은 이렇게 인간 스스로 상실한 '영화로움'을 회복시키려는 하나님의 회복의 역사를 기록한 책이다. 우리는 그것은 구속의 역사라고 한다.

하나님께서는 인간을 이렇게 영화로운 존재로 창조했기 때문에 그러한 인간이 가장 살기 좋은 장소를 택해서 그곳에서 살게 해줄 필요가 있었다고 생각한다. 하나님께서는 인간이 살아갈 수 있는 조건에 적합한 모습으로 우주를 만드시고 그리고 인간을 창조하셨다.

창세기 2장에서 그 인간을 위해 창설한 동산이 얼마나 아름다운지 그 모습을 볼 수 있다. 그 곳에는 인간이 무엇이든지 마음대로 누릴 수 있도록 모든 완벽한 조건이 갖춰져 있던 동산이다. 하나님께서는 인간에게 그 동산을 다스릴 수 있는 권리를 인정해 주시고 그렇게 지낼 수 있도록 해주셨다. 무진장의 복을 누리고 살았다. 그것이 처음 약속이었다(창 2:16). 우리는 그렇게 영화로운 존재로 만들어 진 것이다.

그런데 사탄의 유혹과 잘못 발동된 인간의 자유의지(자기중심성)가 합작해서 하나님의 뜻을 거역하고(선악과 사건) 벌을 받아 복된 관계가 파괴되고 말았다. 이것을 우리는 타락이라고 한다. 타락은 인간의 죄로 말미암아 하나님과 관계가 끊어져 복의 흐름이 차단된 것을 말한다. 그러나 하나님은 신실하신 분이시고 모든 약속을 반드시 지키시는 분이시기에 맨 처음 약속(복주시고 충만케 하시는 창조 언약)을 지키시기 위해 관계를 다시 회복하는 구속의 역사를 시작하시게 되고, 성경은 그 역사의 모든 과정을 기록하는 책인 것이다. 다시 말하면 타락은 인간이 하나님과 관계가 불순종의 죄로 인해 관계가 끊어짐으로 "영화로움"의 지위를 상실한 것이고, 구속(회복)은 이 "영화로움"의 지위를 회복시켜 주는 것이다. 성경은 그것을 기록하고 있는 책이라는 것이다.

그래서 우리는 성경을 읽어야 하나님의 그 구속의 사랑을 알고 다시 그 하나님과 관계가 회복되며 태초의 복의 관계로 돌아가 이 땅에서 복된 삶을 살아 갈 수 있게 되는 것이다.

그 복은 성경의 가르침대로 '하나님과 함께 함으로' 오는 것이고, 성경은 '어떻게 해야 그 하나님과 함께 할 수 있는가(Basic Information)'를 가르쳐 주는 책이기 때문에 우리가 성경을 읽지 않고서는 그 하나님과 함께 하는 방법을 알 수 없다는 것이다.

성경의 복과 관계는 기독교 신앙의 핵심이다. 이 관계성과 관련하여 하나님의 속성 중에 우리에게 가장 귀한 속성은 임재하시는 하나님 즉 임마누엘의 속성이다. 하나님은 우리와 함께하시기를 원하셔서 우리를 지으셨다.

죄를 범한 인간이 하나님을 보면 죽게 되어 있지만, 죄가 들어오기 전에 인간은 동산에서 하나님과 함께 해도 죽지 않았을 뿐만 아니라 최고의 행복을 누리며 살았다(창 2장). 새 하늘과 새 땅에서 함께 하시는 하나님, 그래서 인간은 영화에 이르게 되었고 첫 에덴을 회복하게 되는 것이다(계21장). 그 사이에서는 성막, 그리고 예수그리스도를 통해서 우리에게 오시고, 함께하심을 볼 것이다. 그것이 성경의 이야기이고 메시지이다.

• 진정한 변화란 무엇인가?

성경이 말하는 변화는 성경 신학적 관점으로 가치관과 세계관이 바뀌는 본질의 변화를 말한다. 다시 말하면 권력의 이동(shift of power)의 현상이 일어나야 하는 것이다. 지금까지 나의 삶을 지배했던 권력이 사탄적 세속의 가치관으로부터 하나님의 권력으로 이동해야 한다는 말이다. 출애굽기 19:5에 시내산에서 관계가 회복되는 언약을 체결했을 때 제일 먼저 일어났던 것은 "소속의 변화"이었다.

성경은 그런 관계 회복을 통해 하나님의 원래의 창조 의도를 회복하게 하시려는 정보를 제공하는 책이라고 할 수 있다.

고후 10:4-5 우리의 싸우는 무기는 육신에 속한 것이 아니요 오직 어떤 견고한 진도 무너뜨리는 하나님의 능력이라 모든 이론을 무너뜨리며 하나님 아는 것을 대적하여 높아진 것을 다 무너뜨리고 모든 생각을 사로잡아 그리스도에게 복종하게 하니

우리의 가치관·세계관이 성경적으로 바뀌는 역사가 일어나야 한다. 이것이 진정한 본질의 변화이다. 성경이 말하는 변화는 우리가 누구인가를 깨닫게 함으로 우리의 가치관이 성경적으로 바뀌는 것을 말한다. 성경을 읽고 이런 변화를 체험하고 이루어야 한다. 그렇지 못한 성경 읽기는 무모하고, 무의미하고, 공적주의적 기대감에서 읽는 읽기일 뿐이다.

크리스천들은 성경을 읽어 그 지혜를 성경에서 배우고 세상을 지배하고 있는 시대정신과 그 징조를 파악할 수 있어야 한다.

이런 것이 이루어지기 위해서는 그 시대를 지배하는 잘못된 세속적이고 비성경적 삶의 원리(세계관)들을 거슬러 가야 한다는 말이다. 초대교회 시절 데살로니가를 찾은 바울 일행을 그 지방 사람들은 "천하를 어지럽게 하던 이 사람들"행 17:6이라고 했다. 이 말은 그들이 말하려고 하는 파괴주의자라는 말이 아니라 오히려 진정한 변화를 추구하던 자들이라는 말이다. 참된 변화의 근원은 주기도문에 나오는 것처럼 하늘에서 이루어 진 그분의 뜻이 이 땅에서, 내 삶에, 우리의 관계 속에서 이루어지는 것을 말한다. 그렇다면 하늘에서 이루어 진 그분의 뜻은 무엇인가? 성경은 그것을 보여 주는 것이다. 이것이 바로 Basic Information에 해당하는 것이다.

이 기본적 정보를 얻기 위해 우리는 성경을 덮어 놓고 읽으면 안 되고 중요한 성경 신학적 관점글과 성경의 핵심 메시지를 이해하기 위한 중요한 개념

들에 근거해서 성경을 읽어야 한다. 이런 관점으로 읽기 위해 줄거리 따라 읽기와 메시지 따라 읽기의 방법으로 성경을 읽어야 한다.

성경은 하나님의 피조 세계가 인간이 죄를 범함으로 잃어버린 에덴에서의 완벽한 행복을 회복시켜 주시려는 하나님의 사랑 이야기이다. 이 점을 간과하면 성경 읽기의 핵심을 놓치고 엉뚱한 해석들을 하게 될 것이다.

그런데 오늘 많은 성도들은 성경을 성경대로 읽지 않고 자기 식으로, "내가복음"에 의해서 읽고 이해하려고 하는 경향이 너무 강한다. 내려놓아야 할 자기중심성을 내려놓지 못하고, 순종하기를 원하지 않기 때문이다.

딤후 4:3-4 때가 이르리니 사람이 바른 교훈을 받지 아니하며 귀가 가려워서 자기의 사욕을 따를 스승을 많이 두고 또 그 귀를 진리에서 돌이켜 허탄한 이야기를 따르리라

마틴 로이드 존스(Martin Lloyd Jones)는 "자신의 이기적 의도로 성경을 읽지 마라"라고 경고한 적이 있다. 성경을 '내가복음'식으로 읽으려는 것은 자기중심성에 충실한 인간이 받을 수 있는 민감한 유혹이다. 신명기 4:2은 이렇게 기록하고 있다. "내가 너희에게 명하는 말은 너희는 가감하지 말고 내가 너희에게 명하는 너의 하나님의 명령을 지키라." 포스트모더니즘은 이것을 부인한다. 오늘 날 교회가 능력을 상실하고 세상을 오히려 더 어지럽게 하는 결정적 이유는 바로 여기에 있다. 성경은 성경대로 읽어야 한다.

3. 그러면 성경을 어떻게 읽어야 하는가?

바른 관점으로 성경 읽기는 세계관 바로 세우기이다.

기독교는 경전 종교이다. 기독교의 신앙과 영성은 성경의 원리위에 세워져야 한다. 성경을 Canon이라고도 한다. Canon은 규칙, 표준, 또는 척도라는 뜻이다. 궁극적으로 성경은 모든 판단기준이고, 가치와 세계관의 기초인 것

이다. 그것이 성경적 세계관이다. 그러기 위해 성경을 통전적(通典的)으로 이해하고, 전인격적(全人格的)읽어야 하는 것이다. 전인격적 성경 읽기는 인격의 3 요소인 지(知), 정(情), 의(意)를 다 동원하여 읽는다는 것이다. 또한 믿음의 총체는 하나님을 알고(지성적 읽기), 그 사실이 참이고 진리임을 인식하며 관계를 맺어 내 신앙 고백을 올려 드리며(감성적 읽기) 그래서 그것을 삶속에 실천하는 것이다(의지적 읽기).

전인격적 성경 읽기는 다음과 같이 읽는 것이다

1) 지성적 읽기 : 하나님 바로 알기-종말론적 구속의 역사

지성적 읽기는 우선 성경을 지식적으로 읽고, 공부하면서 읽으며, 성경 속의 지식과 사실들을 배우고 습득하는 것을 말한다. 그러나 그것은 단순히 지식 습득을 위한 공부로 끝나면 안 된다. 그러면 우리는 성경의 지식만 많이 아는 것으로 끝나버리고 머리만 커지고 가슴은 없어진다. 지식 습득을 위한 지성적 읽기의 초점은 하나님을 바로 아는 지식, 하나님에 대한 지식을 배우고 습득하는데 초점이 맞추어져 있어야 한다. 우리는 하나님을 성경적으로 알고 있기 보다는 나의 세속적 가치관으로 형성된 상식에 의해 하나님을 만들어 낼 수 있다. 출애굽기 32장에 나오는 이스라엘 백성들은 하나님에 대한 이해가 부족했기 때문에 금송아지를 만들고 하나님이라고 했던 기사를 읽을 수 있다. 오늘의 우리도 성경을 읽고 그 성경이 가르쳐 주는 하나님을 알지 못하면 우리는 우리가 원하는 하나님을 만들어 내어 버린다. 그래서 호세아는 "그러므로 우리가 여호와를 알자 힘써 여호와를 알자 그의 나타나심은 새벽 빛 같이 어김없나니 비와 같이, 땅을 적시는 늦은 비와 같이 우리에게 임하시리라 하니라"(호 6:3)라고 호소한다. 선지자 시대에 이스라엘 백성들은 참 하나님을 알지 못했다. 그것은 그들의 비극이었다. 호세아는 호세아서 4장에서 "내 백성이 지식이 없으므로 망하는도다 네가 지식을 버렸으니 나도 너를 버려 내 제사장이 되지 못하게 할 것이요 네가 네 하나님의 율법을 잊었으니 나도 네 자녀들을 잊어버리리라"(6절) 라고 했다. 여기서 말하는 지식은 하나님을 아는 지식을 말한다. 이 지성적 읽기를 통한 성경의 바른 지식과 사실을 파악하여 성경의 하나님을 바르게 알기 위해서는 먼저 줄거리를 따라 읽어야 한다.

성경을 줄거리 따라 읽는다고 했을 때 6하 원칙(누가, 언제, 어디서, 무엇을, 어떻게, 왜)에 의해 읽어 그 내용(사실)을 파악하는 것이다. 6하 원칙에 의거하여 시간 흐름이 중요한 의미를 가지고 있다.

성경은 추상적이고 관념적이며 철학적 진리를 단순히 나열한 책이 아니다. 하나님은 인간을 포함한 피조세계에 직접 관여하시는 섭리주 하나님이시다. 성경은 하나님의 그 통치 행위를 근거로 기록된 역사적이고 현실적인 책이기 때문에 성경 속의 시간성을 무시하고 읽을 수 없다.

따라서 성경은 먼저 그 줄거리를 따라 읽어야 한다. 그러나 우리가 가지고 있는 성경책 66권의 배열은 이런 줄거리를 따라 가는 시간 흐름에 근거해서 배열되어 있지 않다. 그래서 성경 읽기가 어려운 것이다. 그래서 본 교재에서는 성경 66권의 각 권의 독특성을 그대로 유지하되 성경 전체를 책 중심이 아닌 장 중심으로 해서 총 장수인 1,189장[5]을 시간 흐름 순에 의해 다시 재배열하였다.

사실 성경은 성경에 나오는 인물들이 중심이 된 인간 스토리, 휴먼 스토리가 아니다. 그 인간들을 통하여 역사하신 하나님의 스토리, His Story 즉 하나님의 이야기인 것이다. 우리가 역사를 History라고 할 때 사실 그 역사마저도 His Story 이다. 우리 인간들의 일반적인 역사도 하나님의 이야기라는

---

5 구약 총 929장, 신약 총260장 모두 1189장.

것이다. 왜냐하면 하나님이 이 우주 만물을 창조하신 창조주이시기 때문이다. 그래서 하나님은 이 모든 것을 하나님의 섭리 가운데 두시고 친히 역사하신다는 것이다. 그것이 바로 스토리 라인이다. 하나님의 역사라는 관점에서 스토리 라인을 따라가는 것이 굉장히 중요하다. 그렇게 스토리 라인을 잡아 갈 때 하나님이 우리에게 주시는 메시지를 분명히 읽어 낼 수 있기 때문이다. 그 역사의 핵심은 구속의 역사(Redemptive History)이다.

그리고 그 줄거리의 의미를 찾기 위해 성경을 관점을 가지고 읽어야 한다. 성경통독에 있어서 가장 중요한 것은 성경의 통전적(通典的) 의미를 파악하면서 읽는 것이기 때문이다. 통전적(通典的) 의미란 '일반적으로 적용되는 규칙(규범), 또는 어떤 경우에도 통하는 법전'이라고 국어사전은 정의하고 있다. 여기서는 신학적 관점과 개념을 지칭하는 것이고, 이것이 곧 소위 말하는 '맥'이라는 것이다. 성경 신학에 근거하는 세계관을 세우는 규범 같은 것을 말한다. 성경을 통독한다는 것은 통전적 의미를 파악한다는 것이고 통전적 의미를 파악하기 위해서는 전체를 처음부터 끝까지 일관성 있게 읽어야(coherent reading) 한다. 일관성 있는 독서를 하려면 본문의 "의미 창출 메카니즘"(meaning creating mechanism)을 알아야 한다. 의미는 한 절, 한 절의 의미를 그냥 합산해 나오는 것이 아니다. 한 스토리의 의미란 스토리 전체로서 전달되는 것이다. 즉 의미란 스토리 전체와 부분과의 관계 가운데서 생성된다. 이것은 한 권의 책에 대해서도 마찬 가지이다. 책 안에 나오는 여러 스토리 사이의 관계에 대한 이해가 없이는 그 책을 이해할 수 없다.[6] Bailey는 "성경은 부분의 종합이 아니고, 통일성을 가진 전체로 이해해야 한다"고 말한다.[7] 그래서 성경은 66권으로 편집된 전집 같은 책으로 읽는 것이 아니고, 하나의 통전적 이해의 줄거리[8]를 가진 66부작으로 된 한권의 책으로 읽어야 한다.

---

6 김지찬 "요단 강에서 바벨론 까지" 생명의 말씀사 2012 p 149
7 Kenneth E. Bailey "Jesus through Middle Eastern Eyes" IVP 2008 p 20
8 이것을 우리는 성경의 맥(脈)이라고 부를 수 있다.

성경은, 특히 구약은 다양한 주제로 구성되어 있는 것 같지만 실제로는 단일 주제로 되어 있다. 많은 성경학자들이 비록 여러 가지 주제를 언급하지만 성경은 그 한 가지 주제를 바탕으로 하고 있다는 사실이다. 그것은 곧 구속(Redemption)이다. 무엇을 향한 구속인가 하면 하나님 나라의 회복을 위한 구속이다. 구속은 하나님과의 관계 회복을 말하며 그 하나님의 주권을 회복하심을 보여주는 책이다.

성경 66권은 그 자체로 귀한 의미를 가지고 있는 보물 같은 책이다. 각권은 한 권 한 권이 독특성을 가지는 다양한 책이다. 성경 66권은 1,600년이라는 긴 시간 동안에 약 40여명의 인간 저자가 동원되어서 기록된 책이다. 그래서 각 성경이 쓰여진 시대적 배경을 깔고 그때그때 상황에 의해 쓰여진 책이다. 그 자체로 다양한 독특성을 갖고 있으나, 성경 66권이 하나의 큰 통일성을 갖는다는 것을 간과해서는 안 된다. 그래서 성경의 각 66권을 하나의 중요한 통일성의 끈으로 묶어야 되는 것이다.

실제로 성경 66권을 묶어 주는 통일성이 있다. 우리는 이 통일성을 성경신학이라고 하며, 또는 성경의 맥이라고도 한다. 성경의 맥과 성경신학적인 관점으로 읽기 위해서는 반드시 성경을 스토리 라인을 따라서 읽어야 한다. 성경을 스토리 라인으로 읽기 위해서는 66권을 성경책 순서가 아닌 시간 흐름 순서대로 재배열해야 한다. 현재 성경의 구성으로는 시간 흐름을 파악하기가 용의하지 않다.

이렇게 성경을 시간 흐름에 따라 분류해서 읽는 이유는 역사성을 고려해서 시대적 배경을 이해하며, 그 역사와 시대적 배경을 이해함으로 그 속에서 역사(役事)하시는 하나님의 마음을 이해하자는 취지이다. 나아가서 성경이 그 당시의 원독자(原讀者)에게 어떻게 적용되어졌고, 또 그것들이 오늘날 우리들의 삶 가운데 어떻게 적용되어지는가에 대해서 실감나게 이해할 수 있다. 그것을 우리는 텍스트(Text)와 콘텍스트(Context)의 관계로 이야기 할 수 있다.

성경을 읽고 우리의 삶이 말씀에 의해 변화되는 능력은 스토리 라인에서 나오는 것이 아니다. 그 스토리 라인을 배경으로 하는 메시지에서 나온다. 그래서 바른 삶으로 변화시키는 능력 있는 하나님의 메시지를 찾기 위해서는 성경 신학적 관점에 의거하는 줄거리와 메시지를 잡아야 하는 것이 매우 중요하다.

2) 감성적 읽기 : 그 하나님과 바른 관계 맺기–하나님 나라의 회복

그러나 성경읽기가 여호와를 아는 지식 습득으로서만 끝나면 안 된다. 그 여호와가 나와 어떤 상관이 있는가를 깨닫고 그 여호와와 관계 맺기를 해야 한다. 이것을 말씀의 내면화(Internalization)이라고 말하고 싶다. 또는 묵상과정이라고 할 수 있겠다. 말씀을 내 것으로 만들어야 말씀이 내게 능력을 발휘하게 된다.

타락은 하나님과 관계의 끊어짐이고, 구속은 그 반대의 개념으로 하나님과의 관계를 회복하는 것이다. 하나님의 형상(Image of God, Imago Dei)으로 지음을 받았다는 말은 그 하나님과의 관계 속에서만 존재 가치가 있는 것이다. 창세기 2:7에 보면 인간은 흙 + 하나님의 생기로 되어 있다고 했다. 인간의 존엄과 존재 가치는 하나님의 생기가 함께 할 때만 가능하다. 그러므로 우리는 하나님과의 관계 속에서 살아야 한다. 그러기 위해 하나님과 관계 회복은 필연적인 것이다. 이 감성적 읽기는 그런 관계 회복의 역사를 일으키는 읽기이다. 하나님과 관계 가운데 나의 진정한 고백을 올려 드리는 것이다.

우리의 삶을 변화시키는 것은 줄거리가 아니고 그 줄거리를 근거로 해서 나오는 메시지에 있다.

성경은 다른 종교의 경전처럼 추상적이고 관념적인 진리를 이야기하는 것이 아니다. 시간과 역사적 상황에 의해 전개되어지는 하나님의 역사하심, 하나님의 승리하심에 대한 글이다. 그러므로 성경의 시간성과 역사성을 무시하고 읽으면 성경을 바르게 이해할 수 없다.

우리는 성경의 줄거리 속에서 하나님의 역사 가운데서, 우리의 삶 속에 어떻게 역사하셨는가, 또는 하고 계시는가를 알아야 한다. 성경의 메시지는 역사성과 현실성에 근거한 것이기 때문에 현실적인 우리의 삶을 변화시키는 능력이 있다는 사실을 알 때 우리는 바른 메시지를 찾을 수 있다.

이 감성적 읽기를 통해서 우리는 하나님과의 바른 관계가 회복되어 하나님 나라가 우리 삶속에 세워지고 자라가고 이루어 질 것이다.

줄거리 따라 읽기가 사실에 근거하는 내용을 파악하는 것이라면, 메시지 따라 읽기는 그 내용을 어떻게 믿어야 하는 것을 확인하는 것이다. 그러므로 이 두 가지 방법은 동전의 양면처럼 병행되는 것이다.

3) 의지적 읽기 : 그 맺은 관계대로 살아가기－구별된(거룩한) 삶

성경 도처에서 "지켜 행하라"라고 수없이 외치고 있음을 읽을 수 있다. 특히 시내산 언약을 통해 하나님의 백성이 된 이스라엘에게 백성으로서 살아갈 규범인 십계명을 주시고 이 계명을 "지켜 행하라"라고 레위기 26장, 신명기 28장에 매우 강조하며, 구약 내내 이것을 매우 강조하고 있음을 읽을 수 있다. 특별히 분열 왕국 후반부부터 선지자들이 집중적으로 나타나는 것도 바로 이 "지켜 행함"과 직결되어 있다. 예수님도 그의 마지막 말씀에서 "… 내가 너희에게 분부한 모든 것을 가르쳐 지키게 하라…"(마 18:20)라고 하시면 지켜 행함을 매우 강조한다. 지켜 행하는 그것이 곧 순종이다. 그것은 곧 십계명적 영성을 실행하는 삶이다.

성경 읽기를 통해 변화되었다면 그 변화를 삶으로 표현해야 한다. 삶으로 실천함이 없는 변화는 진정한 변화가 아니다. 단순한 감정의 변화는 변화가 아니다. 예를 들어 설명하면, 지성적 읽기를 통해서 우리는 "예수님은 길이요 진리요 생명이다"는 사실을 배웠다. 그 다음 감성적 읽기를 통해서 그 예수님이 나의 길이요 진리요 생명이라는 진리를 나와의 관계 속에서 묵상하고 깨닫고 그렇게 관계를 맺고 고백을 이끌어내어야 한다. 그러고는 우리는 그 예수의 길로 내 삶을 살아가야 한다. "예수님이 나의 길이다"라고 고백하고는 그 길로 가지 않고 여전해 내 길로 가면 되겠는가?

고백은 있는데 삶이 없다는 것, 이것이 우리 그리스도인의 고민이다. 그것은 우리의 고백이 형성되는 과정이 잘못 되었기 때문일 것이다. 자기중심성이란 것이 문제이다.

약 2: 18, 26 어떤 사람은 말하기를 너는 믿음이 있고 나는 행함이 있으니 행함이 없는 네 믿음을 내게 보이라 나는 행함으로 내 믿음을 네게 보이리라 하리라 … 영혼 없는 몸이 죽은 것 같이 행함이 없는 믿음은 죽은 것이니라."

"행함으로 내 믿음을 네게 보이리라…" Make your faith public!

'행함이 없는 믿음은 죽은 믿음'이라고 했는데 이 행함은 단순히 외형적 변화를 추구하는 행함이 아닌 우리의 삶의 가치관과 세계관이 근원적으로 변화되어 일어나는 행함을 말한다. 단지 감정에 의거해서 자비를 베푸는 식의 행함에서 끝나는 것이 아니라 그것이 우리의 성경적 가치관에 의거하는 행함이어야 하는 것이다.

이사야 29:13 "주께서 이르시되 이 백성이 입으로는 나를 가까이 하며 입술로는 나를 공경하나 그들의 마음은 내게서 멀리 떠났나니 그들이 나를 경외함은 사람의 계명으로 가르침을 받았을 뿐이라"

마 7: 21 "나더러 주여 주여 하는 자마다 다 천국에 들어갈 것이 아니요 다만 하늘에 계신 내 아버지의 뜻대로 행하는 자라야 들어가리라"

행함은 곧 순종을 말한다. 순종도 내 생각, 내 판단대로 하는 것이 아니라 하나님이 제시하시는 원리와 원칙에 따라 행해야 한다는 것을 성경은 가르쳐 주고 있다. 그러기 위해서 세 가지 중요한 개념을 이해해야 한다. 이것은 성경이 주고자 하는 참 메시지를 이해하는 중요한 개념이다. 그 중요한 개념은 신위(神爲), 인위(人爲), 자기중심성(自己中心性)이다.

① 신위(神爲)

신위가 무엇인가 하면 곧 '하나님의 방법'이다. 신위의 신(神)은 '하나님' 神이고 위(爲)는 '이룬다, 행한다'는 뜻이다. 신위는 바로 '하나님이 이루신다'이다. 하나님의 방법대로 행한다는 뜻을 가지고 있는 용어이다. 신위(神爲)라는 단어는 곧 신본주의(神本主義)라고 할 수 있지만 그 보다 더 강한 의미를 담고 있다. 이 단어가 바로 하나님 나라를 뜻하는 의미를 갖고 있기 때문이다.

레위기 26:12 "네가 너희 중에 행하여…" 또 예레미아 33:2 "일을 행하는 여호와, 그것을 지어 성취하는 여호와…"라는 구절에서 보는 것처럼 '하나님이 이루시는 것'을 볼 수 있다. 그런데 하나님은 반드시 하나님의 방법으로 이루신다는 것이다. 성경 전체는 바로 그 사실을 보여 주고 있다. 몇 가지 예를 찾아보자. 인간이 죄를 범하고 부끄러운 곳을 가리려고 무화과 잎으로 옷을 지어 입은 것은 인간의 방법이었다. 하나님은 가죽 옷으로 대치했다. 그것은 하나님의 방법이기 때문이다. 노아에게 방주를 만들라고 했을 때 하나님이 직접 설계를 하셨고, 또한 동력과 방향타를 달아 주지 않았다. 그것은 하나님의 방법을 말한다. 성막을 보라. 성경에서 가장 많은 분량을 할애해서 기록한 사건이다. 그것은 하나님께서 친히 설계해 주시고 있음을 볼 수 있다. 하나님은 당신의 방법을 말해 주고 있는 것이다. 성경은 바로 하나님의 방법을 보여 주는 책이다. 인간의 방법으로 행하는 것이 아니라, 하나님께서 하나님의 방법으로 이루시는 것을 보여 준다. 우리는 그것은 신위(神爲)라고 한다. '하나님이 이루신다'는 말이다. 이 신위(神爲)는 인위(人爲)에 반대되는 개념이다. 인위(人爲)라는 말은 '인간이 이룬다'는 뜻으로 인간의 방법을 말한다.

② 인위(人爲)

인위(人爲)라는 개념은 사람이 주도권을 가지고 행한다는 의미이다. 인본주의(人本主義)라고 할 수 있다. 신위와 인위의 개념은 서로 상반된 개념이다. 신위와 인위의 개념 속에 자기중심성이라는 문제가 항상 끼어 있다. 그래서 우리는 우리의 삶이 하나님 뜻에 순종하는 삶을 살기 위해서 인위를 버리고 다시 말하면 자기중심성을 버리고 신위에 순종해야 한다는 것이다. 갈라디아서 5장 16-26절의 육체의 소욕과 성령의 소욕을 잘 묵상하라.

인위(人爲)라는 말은 노자(老子 B.C. 6세기 중국 초나라의 철학자)가 도덕경에서 인간의 문제가 벽에 부딪혔을 때 무위(無爲)의 세계로 돌아가는 것이 그 문제의 대안이요 해결이라고 말한 것에서 유래되었다고 생각한다. 이 무위사상은 B.C. 6세기 중국의 춘추 전국시대가 끝나갈 무렵 초나라의 사상가인 노자가 인생의 문제에 대한 답으로 제시한 것이다. 장 쟈크 루소(Jean-Jacques Rousseau, 1712년 - 1778년 스위스 제네바 태생의 낭만주의 철학자)는 "인간은 태어날 때에는 자유였으나 문명이 인간의 족쇄가 되고 있다."라고 그의 저서 "인간 불평등 기원론"에서 말한다. 인간은 그들이 만든 문명으로부터 오히려 자유롭지 못하게 된다는 것이다. 그것이 인위가 갖는 문제라는 것이다. 그래서 루소는 "자연으로 돌아가라", 즉 무위(無爲)의 세계로 돌아가라고 외친다. 무위(無爲)라는 의미는 '자연(自然)의 순리(順理)'를 말한다.

인위(人爲)가 주는 문제에 대한 대답은 무위(無爲)가 될 수 없다는 것이 바로 성경의 가르침이다. 성경의 가르침은 신위(神爲), 즉 하나님의 행하심, 다시 말해 하나님의 방법이 바로 문제의 해결의 대안이라는 것이다. 바로 그것이 예수님이 가르쳐 주신 기도문 중에 "뜻이 하늘에서 이룬 것 같이 땅에서도 이루어지이다"라는 기도의 내용이기도 하다. 땅의 문제(인위)는 바로 하늘에서 이루어 진 뜻(신위)에 의해서 해결되어져야 한다는 말이다. 성경 전체는 하나님의 방법을 일관되게 보여주고 있다. 성경의 모든 이야기가 그렇다. 그 하나님의 방법을 우리는 신위(神爲)라고 한다.

하나님의 통치하에 있다는 것은 하나님이 우주 만물의 주인이요 내 삶의 주인임을 자각하고 항상 그에게 순종하는 길이다. 그래서 하나님은 동산 한가운데, 즉 아담과 이브의 눈에 가장 잘 띄는 장소에 선악과나무를 두고 그것만은 따 먹지 말라고 함으로서 그들로 하여금 하나님이 이 모든 것의 주인이시다는 것을 늘 명심하게 하기 위해서였다. 하나님의 단 한 가지 소원은 바로 우리 인간의 주인이시요, 아버지가 되시기를 원하시는 것이다(출애굽기 19장의 언약 참조). 이것이 바로 성경의 주제이다.

③ 자기중심성(自己中心性)

인간이 죄를 범하게 된 가장 큰 문제가 무엇인가? 바로 자기중심성이 문제이다. 아담과 하와가 선악과를 따먹었던 것도 자기중심성이 발동했기 때문이다. 인간이 죄를 범하는 모든 범죄의 근원 속에 자기중심성이 깔려있다. 자기 뜻대로 살고자 하는 것, 즉 내 방법(My Way)을 외칠 때 하나님의 방법이 통하지 않는다. 그러나 하나님은 인간이 자기 방법대로가 아니라 하나님의 방법대로 살아가길 원하시는 모습을 성경 도처에서 볼 수 있다.

맺으며…

성도(聖徒)라는 단어는 거룩할 聖, 무리 徒의 구성이다. 이 때 거룩의 개념은 구별된다는 말이다. 모든 크리스천은 하나님 나라의 백성으로 구별된 자들이다. 원래 인간은 하나님 나라의 백성으로 구별되어 지음을 받은 존재임을 창세기에서 분명히 밝혀 주고 있다. 그러나 자기중심성이 잘못 발동이 되어 하나님의 백성으로 부터 세상의 백성으로 타락했다. 하나님은 인간의 원래의 지위를 회복시켜야만 하셨고, 성경은 그것이 어떻게 이루어지는 가를 보여 주고 있다. 창세기 3장 15절을 통해 그 약속을 하시고 아브라함을 통해 그 준비를 하신 후 모세를 통한 시내산 언약에서 그 지위의 회복을 이루신다. 하나님의 백성으로서 위치를 다시 회복한 인간은 그 지위를 유지하기 위해 세속과 구별되는 존재가 되어야 했다. 그래서 하나님은 그 구별의 기준을 "십계명"의 영성을 통해서 주시고, 그것을 '지켜 행하는 삶'을 살 것을 명시한다. 이것이 하나님께서 우리에게 성경을 주시는 이유이다. 그러나 구약 백성은 그 구별되는 삶을 살기를 실패하고 성도로서의 지위를 다시 상실한다.

신약은 그렇게 꿈꾸셨던 하나님 나라의 백성으로서의 지위 회복을 예수 그리스도의 사역을 통해 완성하시고 선포한다. 그러나 여전히 성도의 자격 유지는 하나님의 말씀을 "지켜 행하는 삶"을 살아야 함에 있는 것이다. 성경은 그 자격 유지의 요건에 대한 정보(Basic Information)를 제공하고 있는 것이다. 그러므로 우리는 반드시 성경을 읽어야 하고, 자격 유지의 조건을 파악하기 위해 성경을 통전적 이해의 바탕위에 읽어야 한다는 것이다.

· 참고 문헌

John H. Walton "Old Testament Today" Zondervan. 2004
James S. Bell "Guide to the Bible" Tyndale 2001
D. A. Canon "Introduction to New Testament" Zondervan 2005
Wayne Grudem "Systematic Theology" Zondervan, 1994
Donald Guthrie "New Testament Theology" IVP, 1981
John Bright "하나님의 나라" 컨콜디아사 1994
그레엄 골즈워디 "복음과 하나님 나라" 성서 유니온 2001
Thomas Schnaider "The King in His Beauty" Baker 2013
Alister E. McGrath "역사 속의 신학" 대한기독교서회 2005
John Bright "History of Israel" WWK 2000
Arnold B. Rhodes "The Might Act of God" John Knox Press 1964
정현구 "주기도문과 21세기 영성" 한들출판사 2003

이 책을 먹으라

성경 낭송에 관한 신학적, 목회적, 선교적 이해와 모델

2020년 7월 30일 초판 1쇄 발행

편저자 | 백신종 · 주해홍
펴낸이 | 주해홍
펴낸곳 | 미주한인 복음주의 신학회(KASET)
　　　　(주)도서출판 에스라
등록 | 2018년 1월 22일 제2018-000009호
연락처 | 미주 및 해외 각 지역 714-713-8833
　　　　한국 010-2834-5982
홈페이지 | 90daysbible.com
E-mail | haejoo518@gmail.com

공급처 | (주)비전북
전화 031-907-3927

ⓒ 에스라 성경통독사역원KASET, 2020

ISBN 979-11-960521-8-8 03230
잘못된 책은 바꾸어 드립니다.
책값은 뒤표지에 있습니다.

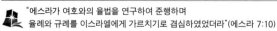

"에스라가 여호와의 율법을 연구하여 준행하며
율례와 규례를 이스라엘에게 가르치기로 겸심하였었더라"(에스라 7:10)